임동석중국사상100

춘추좌전

春秋左傳

左丘明 撰 / 林東錫 譯註

7. 宣公 8. 成公

　"상아, 물소 뿔, 진주, 옥. 진괴한 이런 물건들은 사람의 이목은 즐겁게 하지만 쓰임에는 적절하지 않다. 그런가 하면 금석이나 초목, 실, 삼베, 오곡, 육재는 쓰임에는 적절하나 이를 사용하면 닳아지고 취하면 고갈된다. 그렇다면 사람의 이목을 즐겁게 하면서 이를 사용하기에도 적절하며, 써도 닳지 아니하고 취하여도 고갈되지 않고, 똑똑한 자나 불초한 자라도 그를 통해 얻는 바가 각기 그 자신의 재능에 따라주고, 어진 사람이나 지혜로운 사람이나 그를 통해 보는 바가 각기 그 자신의 분수에 따라주되 무엇이든지 구하여 얻지 못할 것이 없는 것은 오직 책뿐이로다!"

　　《소동파전집》(34) 〈이씨산방장서기〉에서 구당(丘堂) 여원구(呂元九) 선생의 글씨

책머리에

무려 19만 6,800여 자나 되는 이 방대한 저술을 역주하는데 내가 생각해도 참 애 많이 썼다. 세상에 완벽함이란 없다. 완벽을 추구하는 것만으로도 이미 그 가치는 어느 정도 인정받을 수 있으리라는 소박한 자기 합리화에 만족한다.

자료를 모아 선뜻 손을 대었다가 너무 힘들고 지쳐 '내가 왜 이 짓을 하나?' 하고 후회해본 것이 한두 번이 아니다. 나에게는 단순반복 작업을 울면서라도 그냥 해내는 묘한 힘이 있다. 이는 어릴 때 깊은 산속에서 살 때 배운 철리哲理였다. 나뭇짐에 실어온 큰 등걸나무에 톱질을 하면서 백 번을 썰면 끊어지겠지 하던 의지였다. "당연한 고통은 참고 넘겨라. 그것이 이치에도 맞다"라는 자기 최면이었다. 이 작업도 그런 생각을 하면서 나도 모르게 다시 컴퓨터 앞에 앉아 있기 일쑤이며 풀리지 않던 부분이 다른 자료와 교차 검증하다가 해결되자 나도 모르게 성취감에 들떠 점심 식사도 거른 경우도 부지기수다. 공자가 말한 "吾嘗終日不食, 終夜不寢, 以思, 無益, 不如學也"가 바로 이러한 경지리라 감히 깨닫는 자체가 송구스럽다.

금년 새해 벽두 북경에 갔다가 책방에 들러 다시 자료를 눈에 띄는 대로 욕심내다가 그만 너무 많아졌음에도 이를 들고 오다가 우편으로 부칠 것을 그랬나 하고 끙끙대며 수속을 마치고 인천 공항을 나서면서는 그래도 얼른 볼 수 있으니 고생값이 있으렸다 하고 안위의 기쁨에 매서운 한겨울 추위도 반가웠다. 아니 조선시대 같았으면 이러한 책을 어찌 이토록 쉽게 얻어 볼 수 있었겠는가 하는 비교우위 행복감에 젖어 공항 리무진 버스 창문 밖을 내다보니 밤빛 찬란한 서울의 한강 가가 참으로 아름다운 곳이라는 생각이 들었다.

이렇게 다시 작업은 이어졌지만 지루한 재점검은 다시 반 년 넘더니 또 한해가 흘렀다. 들여다보면 볼수록 미진하거나 아차 잘못된 탈자, 오자, 오류가 나를 주눅들게 하였다. 마치 비밀 번호를 숨겨놓은 것과 같은 문장, 수수께끼를 풀도록 숙제를 안겨주는 것과 같은 내용, 역사적 배경과 인물의 특징, 242년의 얽히고 설킨 수많은 제후국들의 국내외 사정, 족보가 뒤얽힌 경대부들의 가계, 忠과 賊이 무시로 바뀌는 끝없는 반전의 인간군상, 봄풀 나서 봄 한 철 살고, 사람 나서 한 일생 산다는 만물의 원리를 번연히 알고 있으면서도 영원히 살 것처럼 욕심과 배신의 굴레 속에서 날뛰는 사람들의 이야기. 정말 너무 복잡하여 어떻게 손을 대고 어떻게 진행해 나아가야 할지 막막할 때가 많았다.

그보다 유가儒家의 경전이라는 엄숙한 명제 앞에 내 기분나는 대로 마구 풀이해 나갈 수도 없었다. '미언대의微言大義'라는 대원칙을 숨겨놓았고, 포폄褒貶과 시비是非를 바로잡고자 성인이 찬집했다니 범속한 사람이 다루어도 될까 적이 두려움이 엄습하기도 하였다. 아니 두예杜預는 천재성을 발휘하였고 스스로 '좌전벽左傳癖'이 있다고 자처할 정도였으니 내용을 훤히 알고 좋아서 한 일이었을 것이다. 그 때문에 그의 '집해集解'는 가위

믿을 만하고 경탄스럽다. 마찬가지로 '정의正義'를 붙인 공영달孔穎達이나 기타 수많은 학자들도 그 당시 공구서도 그리 많지 않았을 것이니 머릿속에 모든 것이 들어 있지 않고서야 어찌 한 치의 오차도 없이 그렇게 착종錯綜해 낼 수 있었겠는가?

그러나 나도 '이미 벌여놓은 춤'(已張之舞)이니 다 추고 무대에서 내려올 수밖에 없는 상황에 이제 마무리를 지었다. 미진하기 그지없지만 단락은 지어야 한다. 강호제현江湖諸賢께서 해량하시어 오류와 탈자, 누소漏疏함이 있을 것이란 전제 아래 참고해 주시기 바라며 끝없고 혹독한 질책을 내려 주시기도 아울러 바란다.

줄포茁浦 임동석林東錫이 부곽재負郭齋에서 적음.

일러두기

1. 책 이름은 《春秋左傳》,《春秋左氏傳》,《左氏春秋》,《左氏傳》,《左傳》 등 여러 가지가 있으나 《春秋》의 經文과 左丘明 傳文을 모두 포함한다는 뜻의 《春秋左傳》으로 하였다.

2. 이 책은 《左傳正義》(十三經注疏本, 臺灣 藝文印書館 印本),《春秋經傳集解》(杜預, 上海古籍出版社 活字本),《春秋左傳注》(楊伯峻, 中華書局),《左傳會箋》(竹添光鴻, 臺灣 鳳凰出版社 印本) 등을 저본으로 하여 相互 交叉 對照하여 經文과 傳文 전체를 완역한 것이다.

3. 그 외 《左傳全譯》(王守謙 外 貴州人民出版社 1991),《春秋左傳今註今譯》(李宗侗 臺灣商務印書館 1980),《左傳》(漢籍國字解全書 早稻田大學出版部 明治 42년(1909)) 등도 매우 유용한 참고 자료로 활용하였다.

4. '經文'은 전체 1,861조항을 001(隱公 元年. B.C.722. 己未)부터 1,861(哀公 16년. B.C.479. 壬戌) "夏四月己丑, 孔丘卒"까지 모두 일련번호를 부여하고 괄호 안에 공의 이름과 재위 연도 및 해당 기사의 일련번호를 넣어 찾기 쉽도록 하였다.

5. 각 해당 공의 재위 연도가 시작되는 앞에 周나라와 기타 諸侯國의 당해 연도 군주의 묘호와 이름을 표로 작성하고 이를 제시하여 이해에 도움이 되도록 하였다.

6. '傳文'은 해당 경문의 아래에 넣되 傳으로 조항의 구분을 표시하여 經文과의 관계 및 내용의 정확한 소속관계를 알 수 있도록 하였다.

7. 한문 원문을 앞에 제시하고 해석을 하였으며 해석 다음에 人名, 地名, 事件名, 用語, 御諱 등 해석상 註釋이 필요한 것들을 제시하고 풀이하였다.

8. 註釋은 이미 제시된 것이라 할지라도 해당 장의 이해에 필요하다고 여겨지는 것은 반복하여 실은 것도 있다.

9. 직역을 위주로 하였으나 문의를 순통하게 하기 위하여 일부 의역을 한 곳도 있으며, 특히 미묘한 '微言大義'를 위한 표현 등은 지면상 번거로운 해석을 피하기 위하여 부연설명하지는 않았다.

10. 주석의 근거는 孔穎達 疏나 기타 학자들의 의견을 인용할 경우 가능하면 이를 밝혔으며 그 문장은 따로 해석해 넣지 않고 원문을 그대로 제시하였다.

11. 작업상 오자, 탈자, 오류 등은 불가피하였던 부분에 대해서는 발견되는 대로 앞으로 계속 수정 보완해 나갈 것이다.

12. 이 책의 역주 작업에 참고한 문헌은 다음과 같다.

❈ 참고문헌

1. 《左傳注疏》十三經注疏本(宋本) 嘉慶 21년 江西 南昌府學開彫. 臺灣 藝文印書館 印本.

2. 《春秋經傳集解》晉, 杜預 上海古籍出版社 1988 上海

3. 《春秋管窺》(印本) 文淵閣本(故宮博物院所藏)

4. 《左傳會箋》(日, 1903)竹添光鴻 鳳凰出版社(覆印本) 1977 臺北

5. 《春秋左傳》(十三經全文標點本) 吳樹平 北京燕山出版社 1991 北京

6. 《春秋經傳集解》(四部叢刊) 晉, 杜預(撰) 唐, 陸德明(音義) 景玉田蔣氏藏本 書同文(電子版) 北京

7. 《春秋左傳》韓廬甫 普天出版社 1973 臺中 臺灣

8. 《春秋左傳注》楊伯峻 中華書局 2009 北京

9. 《左傳全譯》 王守謙(外) 貴州人民出版社 1991 貴陽 貴州

10. 《春秋左傳今註今譯》 李宗侗 臺灣商務印書館 1980 臺北

11. 《左傳》(漢籍國字解全書) 早稻田大學出版部 明治 42년(1909) 東京

12. 《春秋傳》 毛奇齡 〈皇淸經解〉 漢京文化事業有限公司 印本 1983 臺北

13. 《春秋說》 惠士奇 〈皇淸經解〉 漢京文化事業有限公司 印本 1983 臺北

14. 《春秋地理考實》 江永 〈皇淸經解〉 漢京文化事業有限公司 印本 1983 臺北

15. 《春秋正辭》 莊存與 〈皇淸經解〉 漢京文化事業有限公司 印本 1983 臺北

16. 《春秋異文箋》 趙坦 〈皇淸經解〉 漢京文化事業有限公司 印本 1983 臺北

17. 《左傳杜解補正》 顧炎武 〈皇淸經解〉 漢京文化事業有限公司 印本 1983 臺北

18. 《春秋左傳補註》 惠棟 〈皇淸經解〉 漢京文化事業有限公司 印本 1983 臺北

19. 《春秋左傳補疏》 焦循 〈皇淸經解〉 漢京文化事業有限公司 印本 1983 臺北

20. 《左氏春秋考證》 劉逢祿 〈皇淸經解〉 漢京文化事業有限公司 印本 1983 臺北

21. 《春秋左傳補注》 馬宗璉 〈皇淸經解〉 漢京文化事業有限公司 印本 1983 臺北

22. 《春秋左傳正義》 晉 杜預(注), 唐 孔穎達(疏) 〈四庫全書〉 文淵閣(印本) 臺灣
商務印書館

23. 《春秋釋例》 杜預(撰) 〈四庫全書〉 文淵閣(印本) 臺灣商務印書館

24. 《春秋左氏傳補注》 元 趙汸(찬) 〈四庫全書〉 文淵閣(印本) 臺灣商務印書館

25. 《左傳杜林合注》 明 趙如源(等) 〈四庫全書〉 文淵閣(印本) 臺灣商務印書館

26. 《春秋世族譜》 淸 陳厚耀(撰) 〈四庫全書〉 文淵閣(印本) 臺灣商務印書館

27. 《公羊傳注疏》 十三經注疏本(宋本) 嘉慶 21년 江西 南昌府學開彫. 臺灣
藝文印書館 印本.

28. 《穀梁傳注疏》 十三經注疏本(宋本) 嘉慶 21년 江西 南昌府學開彫. 臺灣
藝文印書館 印本.

29. 《春秋左傳詞典》楊伯峻·徐提(編) 中華書局 1985 北京

30. 《世本》周渭卿(點校) 齊魯書社 2010 濟南 山東

31. 《帝王世紀》晉, 皇甫謐(撰). 陸吉(點校) 齊魯書社 2010 濟南 山東

32. 《逸周書》袁宏(點校) 齊魯書社 2010 濟南 山東

33. 《竹書紀年義證》雷學淇 藝文印書館 1977 臺北

34. 《竹書紀年》張潔·戴和冰(點校) 齊魯書社 2010 濟南 山東

35. 《十三經注疏》藝文印書館 印本

36. 《史記》鼎文書局(活字本) 1978 臺北

37. 《二十五史》鼎文書局(活字本) 1978 臺北

38. 《中國歷史紀年表》華世出版社 1978 臺北

39. 《中國歷史大事年表》上海辭書出版社 1986 上海

40. 《中國歷史年表》柏楊 星光出版社 1979 臺北

41. 《中國帝王皇后親王公主世系錄》柏楊 星光出版社 1979 臺北

42. 《中國帝王譜》田鳳岐(編) 天津市普文印務公司 2003 天津

43. 《經學辭典》黃開國(編) 四川人民出版社 1993 成都

44. 《中國儒學辭典》趙吉惠·郭厚安(編) 遼寧人民出版社 1989 瀋陽

45. 《中國大百科全書》(哲學) 中國大百科全書出版社 1992 北京

46. 《中國大百科全書》(歷史) 中國大百科全書出版社 1992 北京

47. 《中國儒學百科全書》中國大百科全書出版社 1997 北京

48. 《郡齋讀書志》宋, 晁公武(撰), 孫猛(校證) 上海古籍出版社 1990 上海

49. 《簡明中國古籍辭典》邱蓮梅(編) 吉林文史出版社 1987 長春

50. 《詩經直解》陳子展 復旦大學出版社 1991 上海

51. 《四書集註》林東錫(譯) 東西文化社 2009 서울

52.《漢書藝文志問答》臺灣中華書局 1982 臺北

53.《列子集釋》新編諸子集成 中華書局 1979 北京

54.《荀子集解》(印本) 藝文印書館 1973 臺北

55.《中國通史》李符桐(外) 文鳳出版社 1973 臺北

56.《圖說中國歷史》周易(主編) 二十一世紀出版社 2002 南昌 江西

57.《圖說中國歷史》中央編譯出版社 2007 北京

58.《說話中國》李學勤(外) 上海文藝出版社 2004 上海

59.《中國史綱》張蔭麟 九州出版社 2005 北京

60.《上古史》張淸華 京華出版社 2009 北京

61.《正說中國三百五十帝》倉聖 黑龍江人民出版社 2006 哈爾濱

62.《中國歷史》聞君 北京工業大學出版社 2006 北京

63.《中國歷史》周佳榮(外) 香港教育圖書公司 1989 香港

64.《中國歷史博物》朝華出版社(編) 2002 北京

65.《國學導讀叢編》周何·田博元 康橋出版社 1979 臺北

66.《經學通論》王靜芝 國立編譯館 1982 臺北

67.《中國學術槪論》林東錫 傳統文化硏究會 2002 서울

68.《說文解字》,《太平御覽》,《山海經》등.

　　工具書 등 기타 文獻은 기재를 생략함.

Ⅰ.《春秋》

Ⅱ.《春秋左傳》

Ⅲ.《春秋左傳集解》

Ⅳ.《春秋釋例》

Ⅴ. 杜預

Ⅵ.《春秋左傳正義》

Ⅶ.孔穎達

Ⅰ.《春秋》

1. 史書로서의 《春秋》

'春秋'란 원래 孔子 이전 각 나라마다 있었던 '國史'를 통상적으로 부르던 일반명사였다. 예를 들면 《公羊傳》莊公(7년) 傳에 "不修春秋", "魯春秋云", 《左傳》昭公(2년) 傳에 "晉韓起聘魯, 觀書於太史氏, 見易象與魯春秋" 등의 기록은, 공자가 근거로 했다는 魯나라 사서는 이미 원래부터 '春秋'라 불렀던 것임을 알 수 있다. 또한 《國語》楚語의 "敎之以春秋"나 晉語의 "羊舌肸習 於春秋"로 보아 楚나라나 晉나라 역사도 역시 '춘추'라 불렀던 것임을 알 수 있다. 그 외,《管子》의 "故春秋之記",《韓非子》의 "魯哀公問於孔子云: 「春秋之記, 冬十二月, 霜不殺菽, 何謂記此?」",《戰國策》의 "今臣逃而奔齊趙,

是可著爲春秋” 등 많은 기록에 ‘史書’를 곧 ‘春秋’라 부른 예는 널리 찾을 수 있다.

한편, 여기서 말하는 《春秋》는 현존하는 중국 최초의 編年體 史書이며 동시에 儒家의 經典으로 초기 六經(五經)의 하나이다. 이는 공자가 魯나라 역사를 근거로 노나라 군주의 世系를 ‘紀’로 하여 簡策의 기록을 재정리한 것이다. 年, 時(四時), 月, 日(干支)을 근간으로 하였으며 그 중 時, 즉 四時, 春夏秋冬의 ‘春’과 ‘秋’ 두 글자를 취하여 《춘추》라 부르게 된 것이다. 공자가 《춘추》를 刪定하였다는 기록은 《孟子》, 《史記》, 《漢書》 등에 널리 실려 있다.

우선 《孟子》 滕文公(下)에 “世衰道微, 邪說暴行有作, 臣弑其君者有之, 子弑其父者有之. 孔子懼, 作春秋. 春秋, 天子之事也. 是故孔子曰:「知我者其惟春秋乎! 罪我者其惟春秋乎!」…… 孔子成春秋而亂臣賊子懼.”라 하였고, 離婁(下)에도 “孟子曰:「王者之迹熄而詩亡, 詩亡然後春秋作. 晉之乘, 楚之檮杌, 魯之春秋, 一也. 其事則齊桓·晉文, 其文則史. 孔子曰:『其義則丘竊取之矣.』」라 하였으며 盡心(下)에도 “春秋無義戰”이라 하는 등 가장 강하게 거론하였다. 이에 司馬遷은 《史記》 孔子世家에서 “子曰:「弗乎弗乎, 君子病沒世而名不稱焉. 吾道不行矣, 吾何以自見於後世哉?」乃因《史記》作春秋, 上至隱公, 下訖哀公十四年, 十二公. 據魯, 親周, 故殷, 運之三代. 約其文辭而指博. 故吳楚之君自稱王, 而春秋貶之曰‘子’; 踐土之會實召周天子, 而春秋諱之曰「天王狩於河陽」: 推此類以繩當世. 貶損之義, 後有王者擧而開之. 春秋之義行, 則天下亂臣賊子懼焉. 孔子在位聽訟, 文辭有可與人共者, 弗獨有也. 至於爲春秋, 筆則筆, 削則削, 子夏之徒不能贊一辭. 弟子受春秋, 孔子曰:「後世知丘者以春秋, 而罪丘者亦以春秋.」라 하여 자세히 설명하고 있으며, 〈十二諸侯年表〉 序에도 “孔子明王道, 干七十餘君, 莫能用; 故西觀周室, 論史記舊聞, 興於魯, 而次

《春秋》. 上記隱, 下記哀之獲麟, 約其文辭, 去其煩重, 以制義法. 王道備, 人事浹"이라 하였다. 班固의 《漢書》 藝文志에는 "古之王者世有史官, 君擧必書, 所以愼言行, 昭法式也. 左史記言, 右史記事, 事爲春秋, 言爲尙書, 帝王靡不同之. 周室旣微, 載籍殘缺, 仲尼思存前聖之業. ……"이라 하였다.

그러나 공자의 일상과 언행을 자세히 적은 《論語》에는 도리어 이러한 언급이나 기록이 단 한 마디도 없어 이 때문에 錢玄同 같은 학자는 《춘추》를 공자가 지었다고 확정적으로 말할 수는 없다고 회의를 표하기도 하였다. 좌우간 공자는 이 《춘추》를 육경의 하나로 삼아 제자들을 가르친 것으로 알려져 있으며 공자의 역사관, 정치관 등 사상의 일면을 깊이 담고 있는 고전이다.

한편 기록 내용은 경학 중에 《尙書》와 함께 역사 부분에 해당한다. 그러나 그 기록은 아주 간략하여 역사 배경이나 사건의 전말 등은 거의 알아볼 수 없을 정도의 綱目 위주로, 마치 '大事年表'와 같다. 문자의 숫자로 보아도 제일 많은 것이 47자(僖公 4년), 적게는 1자 '螟'(隱公 8년)로만 되어 있는 것도 있다. 이처럼 《춘추》는 기록이 매우 은미隱微하여 사건마다 오직 결과와 결론만 있을 뿐 경과나 전모는 생략되어 있다. 그 때문에 뒷사람의 많은 부연설명의 여지를 남기고 있었던 것이다.

모두 12편으로 되어 있으며 기간은 魯 隱公 원년(B.C. 722)으로부터 哀公 14년(B.C. 482)까지 242년 간, 12명의 公의 역사이며 대체로 1만 7,000여 자에, 그 經文의 條項도 1,834조에 불과하다. 그러나 이는 《公羊傳》과 《穀梁傳》을 기준으로 한 것이며 左傳에는 哀公 16년(B.C. 479) 4월 己丑 孔子의 죽음까지 기록하여 모두 244년까지이며 經文은 1,861조이다. 《公羊傳》 昭公 12년 傳의 徐彦 疏에는 《春秋說》을 인용하여 "孔子作春秋一萬八千字, 九月而

書成"이라 하여 "1만 8,000자이며 9개월 만에 마쳤다"라 하였으나 지금 이는 억설로 보고 있다.

　　한편 《춘추》는 공자가 직접 저술하고 교재로 사용한 육경의 하나이기 때문에 이를 해석하고 부연 설명한 저작들은 '傳'이라 불렀다. '漢'나라 때까지만 해도 이미 이러한 전이 5종류가 있었다. 즉 《公羊傳》, 《穀梁傳》, 《左氏傳》, 《鄒氏傳》, 《夾氏傳》이 그것이다. 이들 중 지금은 '公, 穀, 左'만 남아 이를 「春秋三傳」이라 하여 《춘추》 연구에 아주 중요한 자료로 활용되고 있다.

　　《公羊傳》과 《穀梁傳》은 《춘추》의 의리, 즉 '微言大義'를 疏正한 것이며, 《左氏傳》은 《춘추》 經文의 구체적인 史實과 역사적 경과, 배경 등을 서술한 것이다. 《漢書》 藝文志에 실려 있는 《春秋古經》 12편이 바로 《춘추》 經文만을 의미하는 것이 아닌가 한다. 한편, 《좌전》은 古文經을 근거로 한 것으로 보고 있으며, 《공양전》과 《곡량전》은 수文經을 근거로 한 것으로 보고 있다. 즉 금문과 고문은 문체는 같으나 금문은 莊公과 閔公(閔公은 2년밖에 되지 않음)의 합하여 한 편을 줄여 11편이 된 것이다. 그리고 《좌전》은 공자의 죽음(哀公 14년)까지 경문이 실려 있으나, '공·곡'은 '獲麟'(哀公 14년)에서 경문이 끝을 맺고 있어 2년 차이가 나는 것이다. 그러나 《춘추》의 경문은 지금 모두 삼전의 傳文 앞에 나누어 실려 있으며 단행본은 없다. 杜預는 《좌씨전》과 《춘추고경》을 합하여 集解를 붙여 《춘추좌씨전》이라 하였고, 《公羊傳》과 《穀梁傳》은 《춘추금문경》을 기준으로 이를 각기 傳文 앞에 실어 단행본 《춘추경》은 아예 사라지고 말았다. 그러나 금문의 《춘추경》과 《공양전》, 《穀梁傳》과의 배합은 실제 어느 때부터 시작되었는지는 확실치 않다. 何休의 《公羊傳解詁》에는 다만 傳文만 해석해 놓아 杜預의 《經傳集解》와는 체제가 다르며, 漢 熹平石經의 《공양전》 殘片에는 傳文만 있다. 이로 보아 漢末까지도 今文經과 傳은 각기 따로 있었던 것이 아닌가 한다, 다만 〈四庫全書總目提要〉에는 今文經과 《公羊傳》의 배합은 그 義疏를 쓴 唐의 徐彦에 의해, 또 《穀梁傳》과의 배합은 그 集解를 쓴 晉 范寧에 의해 시작된 것이라 보고 있다. 이러한 과정을 거쳐 宋代까지 오면서 九經, 十二經, 十三經 등의 변화를 거쳐 지금은 모두 十三經에 들어 있으며 이들만을 묶어 「春秋三傳」이라 하게 된 것이다.

2. 「十二公」과 「三世」

《春秋》에서 紀가 되는 魯나라 12公은 隱, 桓, 莊, 閔, 僖, 文, 宣, 成, 襄, 昭, 定, 哀公까지의 총 242년에 대한 기록은 흔히 公羊家들에 의하면 三世로 나뉜다. 즉 공자가 전해들은 세대(所傳聞之世), 공자가 들은 세대(所聞之世), 공자가 직접 보았던 세대(所見之世)이다.

(1) 孔子所傳聞之世(총 96년)
① 隱公(11)　② 桓公(18)　③ 莊公(32)　④ 閔公(2)　⑤ 僖公(33)

(2) 孔子所聞之世(총 85년)
⑥ 文公(18)　⑦ 宣公(18)　⑧ 成公(18)　⑨ 襄公(31)

(3) 孔子所見之世(총: 61년)
⑪ 昭公(32)　⑫ 定公(15)　⑬ 哀公(14)

3. 《春秋》의 本義(本旨)

　　《춘추》의 本義(本旨)는 대체로 「正名分」, 「寓褒貶」, 「明是非」 등 세 가지를 들고 있다. 그러나 혹은 '寓褒貶'을 大義로 삼고, '정명분'과 '명시비'를 그 하위개념으로 낮추어 설정하기도 하며 혹 '정명분'을 '명시비'와 같은 것으로 여겨 '정명분'과 '우포폄' 두 가지라고 하기도 한다. 그러나 司馬遷은 '微言大義'를 가장 주된 본지로 여겨《史記》太史公自序에서 "上大夫壺遂曰: 「昔孔子何爲而作春秋哉?」 太史公曰:「余聞董生曰: '周道衰廢, 孔子爲魯司寇, 諸侯害之, 大夫壅之. 孔子知言之不用, 道之不行也, 是非二百四十二年之中, 以爲天下儀表, 貶天子, 退諸侯, 討大夫, 以達王事而已矣.' 子曰: '我欲載之空言, 不如見之於行事之深切著明也.' 夫春秋, 上明三王之道, 下辨人事之紀, 別嫌疑, 明是非, 定猶豫, 善善惡惡, 賢賢賤不肖, 存亡國, 繼絶世, 補敝起廢, 王道之大者也. 易著天地陰陽四時五行, 故長於變; 禮經紀人倫, 故長於行; 書記先王之事, 故長於政; 詩記山川谷禽獸草木牝牡雌雄, 故長於風; 樂樂所以立, 故長於和; 春秋辯是非, 故長於治人. 是故禮以節人, 樂以發和, 書以道事, 詩以達意, 易以道化, 春秋以道義. 撥亂世反之正, 莫近於春秋. 春秋文成數萬, 其指數千. 萬物之散聚皆在春秋. 春秋之中, 弑君三十六, 亡國五十二, 諸侯奔走不得保其社稷者不可勝數. 察其所以, 皆失其本已. 故易曰'失之豪釐, 差以千里'. 故曰'臣弑君, 子弑父, 非一旦一夕之故也, 其漸久矣'. 故有國者不可以不知春秋, 前有讒而弗見, 後有賊而不知. 爲人臣者不可以不知春秋, 守經事而不知其宜, 遭變事而不知其權. 爲人君父而不通於春秋之義者, 必蒙首惡之名. 爲人臣子而不通於春秋之義者, 必陷簒弑之誅, 死罪之名. 其實皆以爲善, 爲之不知其義, 被之空言而不敢辭. 夫不通禮義之旨, 至於君不君, 臣不臣, 父不父, 子不子. 夫君不君則犯, 臣不臣則誅, 父不父則無道, 子不子則不孝. 此四行者, 天下之大過也. 以天下之大過予之, 則受而弗敢辭. 故春秋者, 禮義之大宗也. 夫禮禁未然之前, 法施已

然之後; 法之所爲用者易見, 而禮之所爲禁者難知.」라 하였다. 이에 여기서는 '정명분'과 '우포폄'을 예를 들어 간단히 설명하기로 한다.

(1) 「正名分」

① 事物의 名分을 바르게 함.

《論語》子路篇에 "子路曰: 「衛君侍子而爲政, 子將奚先?」 子曰: 「必也正名乎!」 子路曰: 「有是哉, 子之迂也! 奚其正?」 子曰: 「野哉, 由也! 君子於其所不知, 蓋闕如也. 名不正, 則言不順; 言不順, 則事不成; 事不成, 則禮樂不興; 禮樂不興, 則刑罰不中; 刑罰不中, 則民無所措手足. 故君子名之必可言也, 言之必可行也. 君子於其言, 無所苟而已矣.」라 하였으며 董仲舒의 《春秋繁露》深察名號篇에는 구체적으로 "《春秋》辨物之理, 以正其名, 名物如其眞, 不失秋毫之末, 故名賣石, 則後其五, 言退鷁, 則先其六. 聖人之謹於正名如此, 君子於其言, 無所苟而已, 五石六鷁之辭是也"라 하여 僖公 16년 "十有六年春王正月戊申朔, 隕石于宋五. 是月, 六鷁退飛, 過宋都"에서 '五'자를 뒤로, '六'자는 앞으로, '石'자를 '鷁'자로보다 먼저 쓴 것을 두고 분석한 것으로 《公羊傳》에는 "曷爲先言隕而後言石? 隕石記聞, 聞其磌然, 視之則石. 察之則五, …… 曷爲先言六而後言鷁? 六鷁退飛, 記見也. 視之則六, 察之則鷁, 徐而察之則退飛"라 하여 정확하고 과학적인 관찰을 통한 사물의 기록이라는 뜻이다.

② 君臣上下의 名分을 바로잡음.

《춘추》는 君臣, 上下, 尊卑, 貴賤 등의 名分을 중시하여 봉건 전통을 고수하고자 하였다. 예를 들면 楚와 吳는 자신들은 王을 참칭했지만 끝까지 '子'를 칭했고, 齊와 晉은 처음 작위를 받은 그대로 '侯'로 불렀으며, 宋은 비록 약소국이었지만 '公'으로 부른 예가 이것이다.

⑵「寓褒貶」

《춘추》의 포폄에 대한 판단은 기사 속에 나타난다. 예를 들면 36번이나 '弒君'의 사실을 기록하면서도 그 판단은 그 때의 상황이나 사건 발단의 원인, 선악의 소재에 따라 표현 방법이 달랐다.

이를 몇 가지 거론해 보면 다음과 같다.

① 隱公 4년 3월 戊申 "衛州吁弒其君完": '弒'를 넣어 州吁에게 죄가 있음을 밝힘.

② 桓公 2년 正月 戊申 "宋督弒其君與夷及其大夫孔父": 대부 孔父를 임금과 함께 적음으로써 그의 忠을 높임.

③ 文公 元年 10월 丁未 "楚世子商臣弒其君": '世子商臣'을 밝힘으로써 아들이 아버지이며 임금인 윗사람을 시해하였음을 표현한 것.

④ 宣公 2년 9월 乙丑 "晉趙盾弒其君夷皐": 임금을 죽인 자는 趙穿이었으나 趙盾이 이를 토벌하지 않았으므로 趙盾이 죽인 것으로 기록함.

⑤ 隱公 4년 9월: "衛人殺州吁于濮": 살을 넣어 마땅히 죽임을 당할 대상이었음을 시사하였으며 州吁가 당시 임금이었으나 君을 칭하지 않은 것은 백성이 인정하지 않았고, 濮이라는 지명까지 밝혀 衛人이 外力을 빌려 그를 죽였음을 드러낸 것.

⑥ 文公 16년 10월 "宋人弒其君杵臼": 피살된 임금(杵臼, 昭公)의 위치는 인정하여 '君'을 칭하였으나 그 자리를 스스로 지켜내지 못하였음을 지적한 것.

⑦ 文公 18년 "莒弑其君庶其": 나라 이름(莒)을 들어 그 임금을 시해했다는 것은 전체 백성의 원망을 샀다는 뜻으로 임금의 不德을 심히 폄하한 것이며 이곳에 마땅히 태자 僕의 이름이 거론되어야 하나 기록하지 않음.

⑧ 成公 18년 "晉弑其君州蒲": 실제 임금을 죽인 자는 欒書였음에도 그렇게 기록하지 않고 나라 이름을 들어 임금을 시해한 것으로 기록함으로써 임금의 악행이 지나쳐 백성의 이름으로 시해한 것임을 표현한 것.

4. 三傳의 차이

漢代까지 5가의 전이 있었음은 앞에 밝혔다. 지금은 三傳만 전하며 이 모두 十三經에 들어 있다. 그러나 이 三傳은 각기 다른 특색을 가지고 있다. 특히 각기 다른 각도와 관점에서 春秋 經文을 해석하였으므로 당연히 그 차이 및 장단점에 대하여 역대 이래 의견이 많았다. 그 중 元나라 吳澄의 평이 비교적 합당한 것으로 여기고 있다. 그는 "載事則左氏詳於公穀, 釋經則公穀精於左氏"라 하여 《좌전》은 사건의 서술에 뛰어났고, 《공양전》과 《곡량전》은 경문의 해석에 뛰어났다고 평가를 내린 것이다. 《좌전》은 역사 사건을 기록하여 경문의 짧고 간단한 표현을 알 수 있도록 뒷받침하고 있으며 《공·곡》은 訓詁의 傳으로 經義를 해석하는 데에 주력하였다. 특히 《공·곡》은 아예 질문을 만들어 제시하고 그 풀이의 정답을 밝혀줌으로써 포폄의 내용은 물론 서술에 사용된 낱자의 이유를 알 수 있도록 하고 있다.

　　그러나 范寧의 〈穀梁傳序〉에는 "左氏艷而富, 其失也誣; 公羊辯而裁, 其失也俗; 穀梁淸而婉, 其失也短"이라 하여 각기 단점을 들고 있으며, 그 밖에 鄭玄은 〈六論〉에서 "左氏善於禮, 公羊善於讖, 穀梁善於經"이라 하여 각기 그 장점을 들고 있다. 그 밖에 皮錫瑞는 《春秋通論》에서 "惟公羊兼傳大義微言, 穀梁不傳微言, 但傳大義. 左傳並不傳義, 特以紀事詳贍, 有可以贈春秋之義者"라 하였다.

Ⅱ.《春秋左傳》

1. 작자

《史記》,《漢書》 등에는 《春秋左傳》의 작자를 공자와 동시대 인물 左丘明
이라 하였으나 역대 이래 이에 대한 의혹은 끊임없이 제기되어 왔다. 무려
19만 6,800여 자나 되는 이 방대한 저술은 그 양이나 질, 내용으로 보아
일찍이 편찬자가 분명히 밝혀졌을 수도 있었으나 실제로는 그렇지 않다.

우선 左丘明이 지은 것으로 알려진 것은 《史記》 十二諸侯年表에 "是以
孔子明王道, 干七十餘君, 莫能用; 故西觀周室, 論史記舊聞, 興於魯, 而次《春秋》.
上記隱, 下記哀之獲麟, 約其文辭, 去其煩重, 以制義法. 王道備, 人事浹. 七十子
之徒口受其傳指, 爲有所刺譏褒諱挹損之文辭不可以書見也. 魯君子左丘明懼
弟子人人異端, 各安其意, 失其眞, 故因孔子史記具論其語, 成左氏春秋"라 한
것이 그것이다. 그 뒤 劉向, 劉歆, 桓譚, 班固 등도 이를 그대로 따랐으며
특히 班固는 《漢書》 藝文志에서 "古之王者世有史官, 君擧必書, 所以愼言行,
昭法式也. 左史記言, 右史記事, 事爲春秋, 言爲尙書, 帝王靡不同之. 周室旣微,
載籍殘缺, 仲尼思存前聖之業, 乃稱曰:「夏禮吾能言之, 杞不足徵也; 殷禮吾
能言之, 宋不足徵也. 文獻不足故也, 足則吾能徵之儀」以魯周公之國, 禮文備物,
史官有法. 故與左丘明觀其史記, 據行事, 仍人道, 因興以立功, 就敗以成罰.
假日月以定曆數, 藉朝聘以正禮樂, 所褒諱貶損, 不可書見. 口授弟子退而異言.
丘明恐弟子各安其意, 以失其眞. 故論本事而作傳, 明夫子不以空言說經也.
春秋所貶損大人當世君臣, 有威權勢力, 其事實皆形於傳, 是以隱其書而不宣,
所以免時難也. 及末世口說流行, 故有公羊·穀梁·鄒·夾之傳. 四家之中, 公羊·
穀梁立於學官, 鄒氏無師, 夾氏未有書"라 하였으며, 《漢書》 劉歆傳에도 "歆以
爲左丘明好惡與聖人同, 親見夫子, 而公羊·穀梁載七十子後, 傳聞之與親見之,

其詳略不同”이라 하여, 공자와 같은 시기에 몸소 겪은 일을 적은 것으로 보았다.

또한 杜預의 《春秋經傳集解》에는 “左丘明受經於仲尼, ……身爲國史, 躬覽載籍, 必廣記而備言之”라 하여 國史 벼슬로 몸소 많은 책을 보고 갖추어 적었다고까지 하였으며, 孔穎達은 《左傳正義》에서 沈氏의 말을 인용하여 “孔子將修春秋, 與左丘明乘, 如周, 觀書於周史, 歸而修春秋之經; 丘明爲之傳, 共爲表裡”라 하여 기정 사실화하였다.

2. 左丘明

左丘明이란 사람이 어느 때의 어떤 사람인지가 확실하지 않음으로써 문제가 발단된 것이다. 더구나 공자와 동시대로서 제자도 아니면서 공자의 經을 바탕으로 傳을 지었을 가능성은 확실성에서 의문을 자아낸다. 여러 역사 기록에 실린 것을 근거로 보면, 左丘明은 《左傳》의 작자라 알려진 것 외에 《漢書》 藝文志에는 魯나라 太師라 하였고, 《史記》, 《漢書》 등에는 魯나라 君子로서 공자와 동시대 인물이라 하였으며, 《論語》 公冶長篇에는 “子曰:「巧言·令色·足恭, 左丘明恥之, 丘亦恥之. 匿怨而友其人, 左丘明恥之, 丘亦恥之.」”라 하여 또한 공자보다 연장자로 공자가 존경하였던 인물로 보았으며 〈四書集註〉 夾註에는 “或曰:「左丘明非傳春秋者耶?」 朱子曰:「未可 知也.」”라 하여 朱子 당시에도 같은 인물인지 모른다고 하였다. 그런가 하면 《史記》 太史公自序에는 “左丘失明, 厥有國語”라 하여 실명한 뒤 발분하여 《國語》를 지은 인물로 보았다. 이로 인해 여기서 말하는 左丘明이 어느 때 인물인지, 《左傳》을 지은 바로 그 사람인지, 또는 《左傳》은 과연 春秋經目에 대해 傳을 쓰는 입장에서 씌어진 것인지 하는 의문이 생긴다. 더구나 經을 근거로 하였다면 어찌하여 《春秋經》보다 멀리 17년이나 더 많은지, 《左傳》과 《國語》는 같은 체재로 쓰인 책이 아닌 점, 즉 《左傳》이 편년사임에 비해 《國語》는 別國史이며 이를 근거로 《國語》를 「春秋外傳」이라고도 부르게 된 경위, 《左傳》은 과연 劉歆이 위조한 것인가 등의 문제가 속출한다. 이 때문에 唐의 趙匡, 宋의 王安石·葉夢得·鄭樵, 元의 程端學, 淸의 劉逢祿, 그리고 근대의 康有爲·錢玄同(이상 張心澂의 《僞書通考》를 참조할 것) 등은 모두 의심을 버리지 못하였다. 趙匡은 《論語》에서 말한 左丘明은 공자보다 앞선 시대의 현인으로, 《左傳》을 지은 左氏는 公羊이나 穀梁처럼 모두가 공자 문인 이후의 인물로 논어에 보이는 좌구명과는 전혀 다른 인물이라 하였고, 王安石은 11가지를 들어 《左傳》은 左丘明의 작이 아니라 하였다. 또 葉夢得은 《左傳》의 기록에 智伯까지 등장하는 것으로 보아 전국시대에 이루어진 것이라 하였으며, 鄭樵는 8가지를 들어 《左傳》의 작자 左氏는 丘明이 아니고 楚나라의 다른 인물이라 하였다. 그리고 청대에 今文學에 대한 홍기로 劉逢祿은 《左氏春秋考證》을 지었고, 康有爲는 《新學僞經考》를 지어 劉歆이 《國語》를 근거로 僞造한 것이라 주장하였다. 한편 左丘明의 이름에 대해서도 어떤 이는 左丘는 複姓(衛聚賢, 《左傳的硏究》), 복성이 아니다(兪正燮, 《癸巳類稿》), 혹은 左는 官名이며 丘가 姓씨이고 明이 이름이며 이를 丘氏傳이라 하지 않은 것은 孔子 弟子들이 孔子의 이름(丘)을 휘(諱)하여 한 것(劉師培, 《左傳問答》) 등 다양한 의견이 있다.

3. 《左傳》의 出現

이 《좌전》이 언제 나타났는지에 대해서는 확실치 않다. 대체로 세 가지 說이 있다.

① 漢代에 秘府에 소장되었다가 劉歆에 의해 발견되었다는 설

《漢書》劉歆傳에 실려 있는 劉歆의 〈移讓太常博士書〉에 "春秋左氏, 丘明所修, 皆古文舊書. ……藏於秘府, 伏而未發. 孝成皇帝, 閔學殘文缺, 稍離其眞. 乃陳發秘藏, 校理舊文, 得此三事"라 하였는데 여기서 三事란 《左傳》,《古文尙書》,《逸禮》를 가리킨다. 또 劉歆本傳에 "歆校秘書, 見古文春秋左氏傳. ……初左氏傳多古字·古言, 學者傳訓故而已. 及歆治左氏, 引傳文以解經, 轉相發明, 由是章句義理備焉"이라 하여 劉歆이 《左傳》을 발견하게 된 경위가 설명되어 있다.

② 漢初에 張蒼이 바쳤다는 설

許愼의 《說文解字》序에 "北平侯張蒼, 獻春秋左氏傳"이라 하였고,《隋書》經籍志에는 이 설을 근거로 "左氏, 漢初出於張蒼之家, 本無傳者"라 하였다.

③ 공자의 구택 벽 속에서 발견되었다는 설

王充의 《論衡》案書篇에 "春秋左氏傳者, 蓋藏孔壁中. 孝武皇帝時, 魯恭王壞孔子教授堂以爲宮. 得佚春秋三十篇·左氏傳也"라 한 것이 그 근거이다.

그러나 이상의 세 가지 설은 모두 충분한 믿음을 주지 못하며, 더구나 서한 이전의 책에는 기록이 전혀 없어 더욱 알 길이 없다.

4. 《左傳》과 《春秋》와의 관계

《좌전》에 대하여 고문학자들은 《春秋經》을 해석한 것이라 하였다. 고래로 '傳'이란 '經'의 다음 단계의 기록으로 《博物志》文籍考에 "聖人制作曰經, 賢者著述曰傳·曰章句·曰解·曰論·曰讀"이라 하였다. 그러나 금문학자들은 《左傳》을 별개의 史書로 보아 《춘추》를 해석한 것이 아니고 《呂氏春秋》과 같은 계통이라 여겼다. 따라서 《公羊傳》, 《穀梁傳》과 같은 계열로 취급하여 묶어서 三傳이라 하는 것은 부당하다고 주장한다. 이는 《左傳》이 史實에 대한 기록 위주로서 公·穀처럼 訓詁를 위주로 한 經文 해석이 아니기 때문이다. 더구나 三傳과 經과 傳을 비교해 보면 《左傳》과 다른 두 傳의 현격한 차이를 발견할 수 있다.

① 《左傳》과 經文·傳文은 서로 다루고 있는 부분이 다르다. 즉 《左傳》에서는 經文이 魯 哀公 16年, 즉 공자의 卒年까지로 되어 있어, 실제 《春秋》 本經의 魯 哀公 14년보다 2년이 많다. 또 傳文에 있어서도 哀公 27년을 넘어 다음의 悼公 4년까지 이어져 《春秋》 본경에 비하면 무려 17년이나 더 많다.

② 《左傳》과 《春秋》를 비교해 보면 經에서는 다루었으나 傳에서는 다루지 않고 빠진 부분이 있다. 예를 들면 莊公 26년의 經文에는 "春: 公伐戎." "夏: 至自伐戎." "曹殺其大夫." "秋: 公會宋人, 齊人伐徐." "冬: 十有二月癸亥朔, 日有食之"등의 기록이 있으나, 傳에는 전혀 상세한 기록이 없이 다만 간단한 다른 이야기만 나열되어 있다. 이에 대해 杜預는 《集解》에서 "此年經傳各自言其事者, 或經是直文, 或策書雖存, 而簡牘散落, 不究其本末. 故傳下復申解, 但書傳事而已"라 하여 강변을 하고 있지만 어쨌든 公·穀 二傳과는 크게 다르다.

5. 《左傳》의 傳授

　陸德明의 《經典釋文》에 의하면 左丘明은 이를 曾申에게, 申은 衛의
吳起에게, 吳起는 그의 아들 吳期에게, 期는 다시 楚의 鐸椒에게, 鐸椒은
趙의 虞卿에게, 이는 다시 荀況에게, 荀況은 다시 張蒼에게 전수한 것으로
되어 있으며, 이때부터 한인의 《左傳》 연구가 시작되었다고 한다. 그 후에
賈誼, 張禹, 翟方進, 劉歆 등이 계속해서 이어왔으며, 유흠은 이를 동한의
賈逵에게 전하였는데, 가규는 《左傳長義》, 《左氏解詁》 등을 지었다. 그 뒤에
陳元, 鄭衆, 馬融, 服虔 등은 모두 주석을 달았으며 한말의 鄭玄에 이르러
《鍼膏盲》, 《發墨守》, 《起廢疾》을 지어 何休와 대립하였다. 그 후 진에
이르러 杜預는 《左傳》에 심취하여 賈逵, 服虔의 注를 중심으로 하여 《春秋
經傳集解》와 《春秋釋例》를 지어 지금까지 전하고 있다. 청대에도 《左傳》에
대한 연구가 깊었으며, 그 중에 洪亮吉의 《春秋左傳詁》, 李貽德의 《賈服
古注輯述》과 劉文淇의 《春秋左氏傳舊注疏正》, 姚培謙의 《春秋左傳補輯》,
章炳麟의 《春秋左傳讀》, 현대 왕백상의 《春秋左傳讀本》, 楊伯峻의 《春秋
左傳注》 등을 대표로 꼽을 수 있다. 그리고 日本에서도 일찍이 竹添光鴻의
《左傳會箋》이 明治 36년(1903)에 나와 널리 알려져 있다.

Ⅲ.《春秋左傳集解》

西晉 杜預가 지은 것으로《춘추좌전》에 관한 해석들을 모으고 자신의 의견과 주석을 추가한 것으로 현존《춘추좌전》에 대한 最古의 해석서이다. 두예는 西晉 開國 元勳으로 정치와 군사면에서도 커다란 공훈을 세운 인물이기도 하다. 그는 三國의 마지막 吳나라를 평정하고 돌아와 그 당시 새로 출토된〈汲冢叢書〉를 참조하여 비로소 이 책을 마쳤다고 하였다(序文을 볼 것). 당시 晉나라 武帝 太康 2년(281)으로부터 5년이 소요된 것이다. 序文에서 그는《춘추》와《좌전》의 성격, 가치,《좌씨》의 經傳 조례를 歸納, 漢代 古文經學에 있어서의「春秋學」에 대한 개괄을 집중적으로 설명하고 있다. 《集解》는 모두 30권이며 馬融, 鄭玄의 '分傳附經'의 방법을 택하여 원래 《춘추》와 분리되어 있던《좌전》을 하나로 묶어 배합하였다고 하였다. 이에 劉歆, 賈逵, 許淑, 潁谷 등의 설을 광범위하게 채택하였으며 거기에 더하여 결론과 문자의 훈고, 文意의 해석에 精密함을 다하였으며, 제도와 지리 등에 대해서도 아주 상세하게 주석을 더하여 독창적인 주석서로 탄생시켰다. 이 때문에 唐代〈五經正義〉와 淸代〈十三經注疏〉에는 모두 杜預의 이 《집해》를 표준으로 하였던 것이다.

이《집해》의 판본은 아주 널리 판각되어 단행본과 孔穎達 疏를 함께 묶은 合刊本 등이 있었다. 단행본으로는 宋代〈巾箱本〉, 嘉定 9년의 興國軍의 〈遞修本〉,〈足利本〉, 송대〈鶴林于氏刊本〉,〈相台岳氏本〉,〈永懷堂本〉 등이 있으며, 합간본으로〈注疏本〉, 남송 慶元 연간 吳興의〈沈中賓刊本〉,〈明監本〉, 〈汲古閣本〉, 淸 阮元의〈阮刻本〉 및〈四庫全書本〉 등이 있다.

IV. 《春秋釋例》

　　《춘추》와 《좌전》에 대한 依例를 밝힌 현존 最古의 全釋 자료이다. 역시 西晉 杜預가 지은 것이며 《集解》와 함께 저술한 것으로 原書는 모두 40部 15卷이다. 《崇文總目》의 목록에 의하면 모두 「53例」였으나 明나라 때 이미 사라지고 〈永樂大全〉에 30篇이 수록되어 있다. 〈四庫全書〉에는 이를 바탕으로 하고 다른 典籍을 輯佚하여 15권, 47편으로 정리하여 싣고 있다. 그 중 43편은 '例'라 칭하여 〈公卽位例〉, 〈會盟例〉 등이 있으며 나머지 4편은 《釋土地名》, 《世族譜》, 《經傳長曆》, 《會盟圖疏》 등으로 되어 있다. 지금 전하는 것으로 〈四庫全書本〉외에 〈聚珍本〉, 〈葉氏山房本〉, 〈古經解匯函本〉 등이 있다. 《釋例》는 《春秋經》의 '條貫'은 모두 《左傳》에 나타나 있다고 여겼으며 《좌전》의 條貫 依例는 모두 '凡'이라는 표현에 귀속시켰다. 따라서 《左傳》에 '凡'이라 귀납된 글자 50여 조항을 '五十凡'이라 하여 이는 周公의 '正例'에서 나온 것이라 하였다. 이러한 주장은 뒷사람에게 큰 영향을 미쳐 南朝 齊나라 杜乾光은 이를 위해 《引序》를 지었다 하나 지금은 전하지 않는다.

V. 杜預(222-284)

　《春秋左傳集解》(春秋經傳集解)를 지은 杜預는 西晉 초기 경학가이며 정치가, 군사가로 널리 알려진 인물이다. 자는 元凱, 京兆郡 杜陵(지금의 陝西 西安) 사람이다. 魏末에 한 때 鎭西將軍 鍾會의 副官으로 長史가 되어 蜀을 멸하는 전투에 참가하기도 하였고 법률을 제정하는 작업에 임하기도 하였다. 司馬氏가 西晉을 건국하자 武帝(司馬炎) 太始 연간에는 河南尹을 거쳐 文官 黜陟考課法을 만들기도 하였다. 武帝를 도와 吳나라 공격에 나서서 羊祜가 죽자 鎭南大將軍·荊州都督諸軍事가 되어 吳나라 평정에 온힘을 쏟았다. 과연 오나라를 멸하고 실질적인 통일 대업을 이루자 그 공으로 當陽侯에 봉해지기도 하였다. 평소 經學을 좋아하여 스스로 "左傳癖을 가지고 있다" 라 할 정도였으며 당시 玄學의 영향도 받은 것으로 알려져 있다. 만년에 《春秋左氏傳經傳集解》, 《春秋釋例》, 《春秋長曆》 등을 지어 '春秋學'을 집대성 하였다. 그는 《춘추》에 대하여 '正例'와 '變例'라는 條例를 만들어 正例는 周公으로부터, 變例는 孔子로부터 나왔다는 설을 제창하기도 하였다. 그 중 《經傳集解》는 南朝와 隋, 唐, 宋, 明에 이르도록 장기간 學官에 교재로 채택되었으며 그 공로는 중국 경학에 큰 영향을 미친 것으로 널리 평가받고 있다.

　그의 逸話는 《世說新語》 등 많은 전적에 널리 실려 있으며, 그의 傳記는 《三國志》와 《晉書》에 전하고 있다. 그 중 두 史書의 전을 轉載하여 참고로 삼는다.

○ 杜預傳

1.《三國志》(16) 魏書 杜畿·杜恕傳(附)

甘露二年, 河東樂詳年九十, 上書訟畿之遺績, 朝廷感焉. 詔封恕子預爲豐樂亭侯, 邑百戶.

(註) 預字元凱, 司馬宣王女壻. 王隱《晉書》稱預智謀淵博, 明於理亂, 常稱「德者非所以企及, 立功立言, 所庶幾也」. 大觀群典, 謂《公羊》·《穀梁》, 詭辨之言. 又非先儒說《左氏》未究丘明意, 而橫以二傳亂之. 乃錯綜微言, 著《春秋左氏傳集解》, 又參考衆家, 謂之〈釋例〉, 又作〈盟會圖〉·〈春秋長曆〉, 備成一家之學, 至老乃成. 尚書郎摯虞甚重之, 曰:「左丘明本爲《春秋》作傳, 而《左傳》遂自孤行;〈釋例〉本爲傳設, 而所發明何但《左傳》, 故亦孤行.」預有大功名於晉室, 位至征南大將軍, 開府, 封當陽侯, 食邑八千戶. 子錫, 字世嘏, 尚書左丞.

2.《晉書》(34) 杜預傳

杜預字元凱, 京兆杜陵人也. 祖畿, 爲尚書僕射. 父恕, 幽州子史. 預博學多通, 明於興廢之道, 常言:「德不可以企及, 立功立言, 可庶幾也.」初, 其父與宣帝不相能, 遂以幽死, 故預久不得調.

文帝嗣立, 預尚帝妹高陸公主, 起家拜尚書郎, 襲祖爵豐樂亭侯. 在職四年, 轉參相府軍事. 鍾會伐蜀, 以預爲鎮西長史. 及會反, 僚佐並遇害, 唯預以智獲免, 增邑千一百五十戶.

與車騎將軍賈充等定律令, 既成, 預爲之注解, 乃奏之曰:「法者, 蓋繩墨之斷例, 非窮理盡性之書也. 故文約而例直, 聽省而禁簡. 例直易見, 禁簡難犯.

易見則人知所避, 難犯則幾於刑厝. 刑之本在於簡直, 故必審名分. 審名分者, 必忍小理. 古之刑書, 銘之鍾鼎, 鑄之金石, 所以遠塞異端, 使無淫巧也. 今所注皆網羅法意, 格之以名分. 使用之者執名例以審趣舍, 伸繩墨之直, 去析薪之理也.」詔班于天下.

泰始中, 守河南尹. 預以京師王化之始, 自近及遠, 凡所施論, 務崇大體. 受詔爲黜陟之課, 其略曰:「臣聞上古之政, 因循自然, 虛己委誠, 而信順之道應, 神感心通, 而天下之理得. 逮至淳樸漸散, 彰美顯惡, 設官分職, 以頒爵祿, 弘宣六典, 以詳考察. 然猶倚明哲之輔, 建忠貞之司, 使名不得越功而獨美, 功不得後名而獨隱, 皆疇咨博詢, 敷納以言. 及至末世, 不能紀遠而求於密微, 疑諸心而信耳目, 疑耳目而信簡書. 簡書愈繁, 官方愈僞, 法令滋章, 巧飾彌多. 昔漢之刺史, 亦歲終奏事, 不制算課, 而清濁粗舉. 魏氏考課, 即京房之遺意, 其文可謂至密. 然由於累細以違其體, 故歷代不能通也. 豈若申唐堯之舊, 去密就簡, 則簡而易從也. 夫宣盡物理, 神而明之, 存乎其人. 去人而任法, 則以傷理. 今科舉優劣, 莫若委任達官, 各考所統. 在官一年以後, 每歲言優者一人爲上第, 劣者一人爲下第, 因計偕以名聞. 如此六載, 主者總集採案, 其六歲處優舉者超用之, 六歲處劣舉者奏免之, 其優多劣少者敘用之, 劣多優少者左遷之. 今考課之品, 所對不鈞, 誠有難易. 若以難就優, 以易而否, 主者固當準量輕重, 微加降殺, 不足復曲以法盡也. 〈己丑詔書〉以考課難成, 聽通薦例. 薦例之理, 即亦取於風聲. 六年頓薦, 黜陟無漸, 又非古者三考之意也. 今每歲一考, 則積優以成陟, 累劣以取黜. 以士君子之心相處, 未有官故六年六黜清能, 六進否劣者也. 監司將亦隨而彈之. 若令上下公相容過, 此爲清議大積, 亦無取於黜陟也.」

司隸校尉石鑒以宿憾奏預, 免職. 時虜寇隴右, 以預爲安西軍司, 給兵三百人, 騎百匹. 到長安, 更除秦州刺史, 領東羌校尉·輕車將軍·假節. 屬虜兵强盛, 石鑒時爲安西將軍, 使預出兵擊之. 預以虜乘勝馬肥, 而官軍懸乏, 宜幷力大運, 須春進討, 陳五不可·四不須. 鑒大怒, 復奏預擅飾城門官舍, 稽乏軍興, 遣御史檻車徵詣廷尉. 以預尙主, 在八議, 以侯贖論. 其後隴右之事卒如預策.

是時朝廷皆以預明於籌略, 會匈奴帥劉猛擧兵反, 自幷州西及河東·平陽, 詔預以散侯定計省闥, 俄拜度支尙書. 預乃奏立藉田, 建安邊, 論處軍國之支要. 又作人排新器, 興常平倉, 定穀價, 較鹽運, 制課調, 乃以利國外以救邊者五十餘條, 皆納焉. 石鑒自軍還, 論功不實, 爲預所糾, 遂相讐恨, 言論誼譁, 並坐免官, 以侯兼本職. 數年, 復拜度支尙書.

元皇后梓宮將薦於峻陽陵. 舊制, 旣葬, 帝及群臣卽吉. 尙書奏, 皇太子亦宜釋服. 預議「皇太子宜復古典, 以諒闇終制」, 從之.

預以時曆差舛, 不應晷度, 奏上〈二元乾度曆〉, 行於世. 預又以孟津渡險, 有覆沒之患, 請建河橋于富平津. 議者以爲殷周所都, 歷聖賢而不作者, 必不可立故也. 預曰:「『造舟爲梁』, 則河橋之謂也.」 及橋成, 帝從百僚臨會, 擧觴屬預曰:「非君, 此橋不立也.」 對曰:「非陛下之明, 臣亦不得施其微巧」周廟欹器, 至漢東京猶在御坐. 漢末喪亂, 不復存, 形制遂絕. 預創意造成, 奏上之, 帝甚嘉歎焉. 咸寧四年秋, 大霖雨, 蝗蟲起. 預上疏多陳農要, 事在〈食貨志〉. 預在內七年, 損益萬機, 不可勝數, 朝野稱美, 號曰「杜武庫」, 言其無所不有也.

時帝密有滅吳之計, 而朝議多違, 唯預·羊祜·張華與帝意合. 祜病, 擧預自代, 因以本官假節行平東將軍, 領征南軍司. 及祜卒, 拜鎭南大將軍·都督荊州諸軍事, 給追鋒車·第二駙馬. 預旣至鎭, 繕甲兵, 耀威武, 乃簡精銳, 襲吳西陵督張政, 大破之, 以功增封三百六十戶. 政, 吳之名將也, 據要害之地, 恥以無備取敗, 不以所喪之實告于孫晧. 預欲間吳邊將, 乃表還其所獲之衆於晧. 晧果召政, 遣武昌監劉憲代之. 吳大軍臨至, 使其將帥移易, 以成傾蕩之勢.

預處分既定, 乃啓請伐吳之期. 帝報待明年方欲大舉, 預表陳至計曰:「自閏月以來, 賊但敕嚴, 下無兵上. 以理勢推之, 賊之窮計, 力不兩完, 必先護上流, 勤保夏口以東, 以延視息, 無緣多兵西上, 空其國都. 而陛下過聽, 便用委棄大計, 縱敵患生. 此誠國之遠圖, 使舉而有敗, 勿舉可也. 事爲之制, 務從完牢. 若或有成, 則開太平之基, 不成, 不過費損日月之間, 何惜而不一試之! 若當須後年, 天時人事不得如常, 臣恐其更難也. 陛下宿議, 分命臣等隨界分進, 其所禁持, 東西同符, 萬安之舉, 未有傾敗之慮. 臣心實了, 不敢以曖昧之見自取後累. 惟陛下察之.」預旬月之中又上表曰:「羊祜與朝臣多不同, 不先博畫而密與陛下共施此計, 故益令多異. 凡事當以利害相較, 今此舉十有八九利, 其一二止於無功耳. 其言破敗之形亦不可得, 直是計不出己, 功不在身, 各恥其前言, 故守之也. 自頃朝廷事無大小, 異意鋒起, 雖人心不同, 亦由恃恩不慮後難, 故輕相同異也. 昔漢宣帝議趙充國所上事效之後, 詰責諸議者, 皆叩頭而謝, 以塞異端也. 自秋已來, 討賊之形頗露. 若今中止, 孫晧怖而生計, 或徙都武昌, 更完修江南諸城, 遠其居人, 城不可攻, 野無所掠, 積大船於夏口, 則明年之計或無所及.」時帝與中書令張華圍棊, 而預表適至. 華推枰斂手曰:「陛下聲明神武, 朝野清晏, 國富兵強, 號令如一. 吳主荒淫驕虐, 誅殺賢能, 當今討之, 可不勞而定.」帝乃許之.

預以太康元年正月, 陳兵于江陵, 遣參軍樊顯・尹林・鄧圭・襄陽太守周奇等率衆循江西上, 授以節度, 旬日之間, 累克城邑, 皆如預策焉. 又遣牙門管定・周旨・伍巢等率奇兵八百, 泛舟夜渡, 以襲樂鄉, 多張旗幟, 起火巴山, 出於要害之地, 以奪賊心. 吳都督孫歆震恐, 與伍延書曰:「北來諸軍, 乃飛渡江也.」吳之男女降者萬餘口, 旨・巢等伏兵樂鄉城外. 歆遣軍出距王濬, 大敗而還. 旨等發伏兵, 隨歆軍而入, 歆不覺, 直至帳下, 虜歆而還. 故軍中爲之謠曰:「以計代戰一當萬.」於是進逼江陵. 吳督將伍延僞請降而列兵登陣, 預攻克之. 既平上流,於是沅湘以南, 至于交廣, 吳之州郡皆望風歸命, 奉送印綬, 預仗節稱詔而綏撫之. 凡所斬及生獲吳都督·監軍十四, 牙門·郡守百二十餘人. 又因兵威, 徙將士屯戍之家以實江北, 南郡故地各樹之長吏, 荊土肅然, 吳人赴者如歸矣.

王濬先列上得孫歆頭, 預後生送歆, 洛中以爲大笑. 時衆軍會議, 或曰:「百年之寇, 未可盡克. 今向暑, 水潦方降, 疾疫將起, 宜俟來冬, 更爲大擧」預曰:「昔樂毅藉濟西一戰以幷强齊, 今兵威已振, 譬如破竹, 數節之後, 皆迎刃而解, 無復著手處也.」遂指授群帥, 徑造秣陵. 所過城邑, 莫不束手. 議者乃以書謝之.

孫晧旣平, 振旅凱入, 以功進爵當陽縣侯, 增邑幷前九千六百戶, 封子耽爲亭侯, 千戶, 賜絹八千匹.

初, 攻江陵, 吳人知預病瘿, 憚其智計, 以瓠繫狗頸示之. 每大樹似瘿, 輒斫使白, 題曰「杜預頸」. 及城平, 盡捕殺之.

預旣還鎮, 累陳家世吏職, 武非其功, 請退. 不許.

預以天下雖安, 忘戰必危, 勤於講武, 修立泮宮, 江漢懷德, 化被萬里. 攻破山夷, 錯置屯營, 分據要害之地, 以固維持之勢. 又修邵信臣遺跡, 激用滍淯諸水以浸原田萬餘頃, 分疆刊石, 使有定分, 公私同利. 衆庶賴之, 護曰「杜父」. 舊水道唯沔漢達江陵千數百里, 北無通路. 又巴丘湖, 沅湘之會, 表裏山川, 實爲險固, 荊蠻之所恃也. 預乃開楊口, 起夏水達巴陵千餘里, 內瀉長江之險, 外通零桂之漕. 南土歌之曰:「後世無叛由杜翁, 孰識知名與勇功.」

預公家之事, 知無不爲. 凡所興造, 必考度始終, 鮮有敗事. 或譏其意碎者, 預曰:「禹稷之功, 期於濟世, 所庶幾也.」

預好爲後世名, 常言「高岸爲谷, 深谷爲陵」, 刻石爲二碑, 紀其勳績, 一沈萬山之下, 一立峴山之上, 曰:「焉知此後不爲陵谷乎!」

預身不倦, 敏於事而慎於言. 旣立功之後, 從容無事, 乃耽思經籍, 爲《春秋左氏經傳集解》. 又參攷衆家譜第, 謂之〈釋例〉. 又作〈盟會圖〉·〈春秋長曆〉, 備成一家之學, 比老乃成. 又撰《女記讚》. 當時論者謂預文義質直, 世人未之重, 唯秘書監摯虞賞之, 曰:「左丘明本爲《春秋》作傳, 而《左傳》遂自孤行.〈釋例〉本爲傳設, 而所發明何但《左傳》, 故亦孤行」時王濟解相馬, 又甚愛之, 而和嶠頗聚斂, 預常稱「濟有馬癖, 嶠有錢癖」. 武帝聞之, 謂預曰:「卿有何癖?」對曰:「臣有《左傳》癖.」

預在鎭, 數餉遺洛中貴要. 或問其故, 預曰:「吾但恐爲害, 不求益也.」

預初在荊州, 因宴集, 醉臥齋中. 外人聞嘔吐聲, 竊窺於戶, 止見一大蛇垂頭而吐. 聞者異之. 其後徵爲司隷校尉, 加位特進, 行次鄧縣而卒, 時年六十三. 帝甚嗟悼, 追贈征南大將軍·開府儀同三司, 諡曰成.

預先爲遺令曰:「古不合葬, 明於終始之理, 同於無有也. 中古聖人改而合之, 蓋以別合無在, 更緣生以示教也. 自此以來, 大人君子或合或否, 未能知生, 安能知死, 故各以己意所欲也. 吾往爲臺郎, 嘗以公事使過密縣之邢山. 山上有冢, 問耕父, 云是鄭大夫祭仲, 或云子産之冢也, 遂率從者祭而觀焉. 其造冢居山之頂, 四望周達, 連山體南北之正而邪東北, 向新鄭城, 意不忘本也. 其隧道唯塞其後而空其前, 不塡之, 示藏無珍寶, 不取於重深也. 山多美石不用, 必集洧水自然之石以爲冢藏, 貴不勞工巧, 而此石不入世用也. 君子尚其有情, 小人無利可動, 歷千載無毀, 儉之致也. 吾去春入朝, 因郭氏喪亡, 緣陪陵舊義, 自表營洛陽城東首陽之南爲將來兆域. 而所得地中有小山, 上無舊冢. 其高顯雖未足比邢山, 然東奉二陵, 西瞻宮闕, 南觀伊洛, 北望夷叔, 曠然遠覽, 情之所安也. 故遂表樹開道, 爲一定之制. 至時皆用洛水圓石, 開隧道南向, 儀制取法於鄭大夫, 欲以儉自完耳. 棺器小斂之事, 皆當稱此,」

子孫一以遵之, 子錫嗣.

VI.《春秋左傳正義》

　　唐 太宗 貞觀 연간에 孔穎達이 찬술한 〈五經正義〉, 즉 《周易正義》, 《毛詩正義》, 《尚書正義》, 《禮記正義》, 《春秋左傳正義》의 하나이다. 孔穎達은 谷那律, 楊士勛, 朱長才, 馬嘉運, 王德韶, 蘇德融 등과 함께 당시 전하던 五經을 편찬, 정리하고 趙弘智의 심의를 거쳐 貞觀 16년(642)에 완성하였다. 이에 대해 《舊唐書》 孔穎達傳에는 "先是, 與顏師古·司馬才章·王恭·王琰等諸儒受詔撰定 《五經義訓》, 凡一百八十卷, 名曰《五經正義》. 太宗下詔曰:「卿等博綜古今, 義理 該洽, 考前儒之異說, 符聖人之幽旨, 實爲不朽.」라 하여 처음에는《五經義訓》이었 으나 太宗이 정식 이름으로《五經正義》라 한 것이며, 《貞觀政要》崇儒學篇에도 "太宗又以文學多門, 章句繁雜, 詔師古與國子祭酒孔穎達等諸儒, 撰定五經疏義, 凡一百八十卷; 名曰《五經正義》, 付國學施行"라 하여 같은 기록이 실려 있다.

　　그 중《春秋左傳正義》는 注文은 杜預의 주를, 疏文은 劉炫의 義疏를 기본 으로 하고 沈文何의 주로 보충하되 두 사람 주가 마땅하지 않을 때 자신의 의견을 가하여 밝혔다. 모두 36권이었다. 한편 書名에 대해서는 唐나라 때에는 《春秋正義》로 불렸으나 宋 慶元 紹興刻本부터《春秋左傳正義》라 하였으나, 宋 劉叔剛의 〈刻本〉에는 다시《附釋音春秋左傳注疏》로 개명되었으며 권수도 60권으로 재편되었다. 그 뒤 淸 乾隆 英武殿本에는 이름을《春秋左氏傳注疏》로 하여 60권으로 하되 〈正義序〉 1권, 〈左傳序〉 1권, 〈原目〉 1권, 〈傳述人〉 1권이 더 있으며 말미에는 모두 〈校刊記〉가 실려 있다. 그 뒤 阮元 校刊本도 역시 60권으로 편정하였다. 한편 〈四庫繕寫本〉에서는 다시 이름을《春秋左傳正義》 (60권)라 하였으며 〈四庫全書總目提要〉에는 "有注疏而後左氏之義明, 左氏之 義明而後二百四十二年內善惡之迹一一有征"이라 평하였다. 이러한 과정을 거쳐 오늘날 〈十三經注疏本〉에는 《春秋左傳正義》로 굳어져 널리 활용되고 있다.

Ⅶ. 孔穎達(574-638)

　　《春秋左傳正義》를 쓴 孔穎達은 당나라 초기 경학가이며 자는 沖元, 冀州 衡水(지금의 河北 衡水) 사람이다. 북조 때 태어난 관료 집안 출신으로 당시 유학자이며 천문학자였던 劉焯에게 배워 隋 煬帝 大業 초(605) 明經科에 급제하여 河內郡博士에 올랐다. 隋末 대란 때에는 虎牢(武牢)로 피신하였다가 秦王 李世民이 王世充을 평정한 뒤 秦王府 文學館學士를 거쳐 高祖(李淵) 武德 9년(626)에 國子博士에 올랐다. 唐 太宗(李世民) 貞觀 초에 曲阜縣男으로 봉해졌다가 곧이어 給事中으로 자리를 옮겼으며 貞觀 6년(632) 國子司業에 올랐다. 그 뒤 太子右庶子를 거쳐 魏徵과 함께 《隋史》를 편찬하였고 그 공으로 散騎常侍에 올랐다. 11년에는 《五禮》를 편찬하였고 책이 완성되자 작위가 子爵으로 승격되었다. 이듬해 국자좨주國子祭酒가 되어 東宮의 侍講을 맡았으며 顔師古, 司馬才, 王恭, 王琰 등과 《五經義訓》을 편찬하여 貞觀 16년(642) 이를 완성하였다. 모두 180권의 방대한 책으로 太宗이 이를 《五經正義》로 명명하여 널리 반포하도록 하였다. 17년 벼슬을 버리고 관직에서 물러났으며 18년 凌煙閣에 그 도상이 걸리는 영광을 얻기도 하였다. 貞觀 22년 생을 마치고 昭陵에 陪葬되었다. 太常卿을 추증받았으며 시호는 憲이다. 그의 일화는 《貞觀政要》 등에 널리 실려 있으며 전기는 《舊唐書》와 《新唐書》에 모두 실려 있다. 이를 전재하여 참고로 삼는다.

○ 孔穎達傳

1.《舊唐書》(73) 孔穎達傳

孔穎達字沖遠, 冀州衡水人也. 祖碩, 後魏南臺丞. 父安, 齊青州法曹參軍. 穎達八歲就學, 日誦千餘言. 及長, 尤明《左氏傳》·鄭氏《尙書》·王氏《易》·《毛詩》· 《禮記》, 兼善算曆, 解屬文. 同郡劉焯名重海內, 穎達造其門, 焯初不之禮, 穎達 請質疑滯, 多出其意表, 焯改容敬之. 穎達固辭歸, 焯固留不可, 還家, 以教授 爲務. 隋大業初, 舉明經高第, 授河內郡博士. 時煬帝徵諸郡儒官集于東都, 令國子秘書學士與之論難, 穎達爲最. 時穎達少年, 而先輩宿儒恥爲之屈, 潛遣刺客圖之, 禮部尙書楊玄感舍之於家, 由是獲免. 補太學助教. 屬隋亂, 避地於武牢. 太宗平王世充, 引爲秦府文學館學士. 武德九年, 擢授國子博士. 貞觀初, 封曲阜縣男, 轉給事中.

時太宗初卽位, 留心庶政, 穎達數進忠言, 益見親待. 太宗嘗問曰:「《論語》 云:『以能問於不能, 以多聞於寡, 有若無, 實若虛.』何謂也?」穎達對曰:「聖人 設敎, 欲人謙光. 己雖有能, 不自矜大, 仍就不能之人求訪能事; 己之才藝雖多, 猶以爲少, 仍就寡少之人更求所益. 己之雖有, 其狀若無; 己之雖實, 其容若虛. 非唯匹庶, 帝王之德, 亦當如此. 夫帝王內蘊神明, 外須玄默, 使深不可測, 度不 可知.《易》稱『以蒙養正』,『以明夷莅衆』, 若其位居尊極, 炫燿聰明, 以才凌人, 飾非拒諫, 則上下情隔, 君臣道乖, 自古滅亡, 莫不由此也.」太宗深善其對.

六年, 累除國子司業. 歲餘, 遷太子右庶子, 仍兼國子司業. 與諸儒議曆及明堂, 皆從穎達之說. 又與魏徵撰成《隋史》, 加位散騎常侍. 十一年, 又與朝賢修定 《五禮》, 所有疑滯, 咸諮決之. 書成, 進爵爲子, 賜物三百段. 庶人承乾令撰《孝經 義疏》, 穎達因文見意, 更廣規諷之道, 學者稱之. 太宗以穎達在東宮數有匡諫, 與左庶子于志寧各賜黃金一斤, 絹百匹. 十二年, 拜國子祭酒, 仍侍講東宮.

十四年, 太宗幸國學觀釋奠, 命穎達講《孝經》, 既畢, 穎達上〈釋奠頌〉, 手詔褒美. 後承乾不循法度, 穎達每犯顏進諫. 承乾乳母遂安夫人謂曰:「太子成長, 何宜屢致面折?」穎達對曰:「蒙國厚恩, 死無所恨.」諫諍逾切, 承乾不能納.

先是, 與顏師古·司馬才章·王恭·王琰等諸儒受詔撰定《五經義訓》, 凡一百八十卷, 名曰《五經正義》. 太宗下詔曰:「卿等博綜古今, 義理該洽, 考前儒之異說, 符聖人之幽旨, 實爲不朽.」付國子監施行, 賜穎達物三百段. 時又有太學博士馬嘉運駁穎達所撰《正義》, 詔更令詳定, 功竟未成. 十七年, 以年老致仕. 十八年, 圖形於凌煙閣, 讚曰:「道光列第, 風傳闕里. 精義霞開, 掞辭飆起.」二十二年卒, 陪葬昭陵, 贈太常卿, 諡曰憲.

2. 《新唐書》(198) 儒學傳(孔穎達)

孔穎達字仲達, 冀州衡水人. 八歲就學, 誦記日千餘言, 闇記《三禮義宗》. 及長, 明服氏《春秋傳》·鄭氏《尙書·詩·禮記》·王氏《易》, 善屬文, 通步曆. 嘗造同郡劉焯, 焯名重海內, 初不之禮. 及請質所疑, 遂大畏服.

隋大業初, 舉明經高第, 授河內郡博士. 煬帝召天下儒官集東都, 詔國子秘書學士與論議, 穎達爲冠, 又年最少, 老師宿儒恥出其下, 陰遣客刺之, 匿楊玄感家得免. 補太學助教. 隋亂, 避地虎牢.

太宗平洛, 授文學館學士, 遷國子博士. 貞觀初, 封曲阜縣男, 轉給事中. 時帝新卽位, 穎達數以忠言進. 帝問:「孔子稱『以能問於不能, 以多聞於寡, 有若無, 實若虛』. 何謂也?」對曰:「此聖人敎人謙耳. 己雖能, 仍就不能之人以咨所未能; 己雖多, 仍就寡少之人更資其多. 內有道, 外若無; 中雖實, 容若虛. 非特匹夫,君德亦然. 故《易》稱『蒙以養正』, 『明夷以莅衆』. 若其據尊極之位, 衒聰燿明, 恃才以肆, 則上下不通, 君臣道乖. 自古滅亡, 莫不由此.」帝稱善. 除國子司業, 歲餘, 以太子右庶子兼司業. 與諸儒議曆及明堂事, 多從其說. 以論撰勞, 加散騎常侍, 爵爲子.

皇太子令穎達撰《孝經章句》, 因文以盡箴諷. 帝知數爭太子失, 賜黃金一斤·絹百匹. 久之, 拜祭酒, 侍講東宮. 帝幸太學觀釋菜, 命穎達講經, 畢, 上〈釋奠頌〉, 有詔褒美. 後太子稍不法, 穎達爭不已, 乳夫人曰:「太子旣長, 不宜數面折之.」對曰:「蒙國厚恩, 雖死不恨.」剴切愈至. 後致仕, 卒, 陪葬昭陵, 贈太常卿, 謚曰憲.

初, 穎達與顏師古·司馬才章·王恭·王琰受詔撰《五經義訓》, 凡百餘篇, 號《義贊》, 詔改爲《正義》云. 雖包貫異家爲詳博, 然其中不能無謬冗, 博士馬嘉運駁正其失, 至相譏詆. 有詔更令裁定, 功未就. 永徽二年, 詔中書門下與國子三館博士·弘文館學士考正之, 於是尚書左僕射于志寧·右僕射張行成·侍中高季輔就加增損, 書始布下.

3.《貞觀政要》

1)「規諫太子」(12)

貞觀中, 太子承乾數虧禮度, 侈縱日甚, 太子左庶子于志寧撰《諫苑》二十卷諷之. 是時太子右庶子孔穎達每犯顏進諫. 承乾乳母遂安夫人謂穎達曰:「太子長成, 何宜屢得面折?」對曰:「蒙國厚恩, 死無所恨!」諫諍愈切. 承乾令撰《孝經義疏》, 穎達又因文見意, 愈廣規諫之道. 太宗並嘉納之, 二人各賜帛五百匹, 黃金一斤, 以勵承乾之意.

2) 「謙讓」(19)

貞觀三年, 太宗問給事中孔穎達曰:「《論語》云:『以能問於不能, 以多問於寡; 有若無, 實若虛』. 何謂也?」孔穎達對曰:「聖人設教, 欲人謙光. 己雖有能, 不自矜大, 仍就不能之人, 求訪能事. 己之才藝雖多, 猶病以爲少, 仍就寡少之人, 更求所益. 己之雖有, 其狀若無; 己之雖實, 其容若虛. 非惟匹庶, 帝王之德, 亦當如此. 夫帝王內蘊神明, 外須玄默, 使深不可知. 故《易》稱『以蒙養正』,『以明夷莅衆』. 若其位居尊極, 炫耀聰明, 以才陵人, 飾非拒諫, 則上下情隔, 君臣道乖. 自古滅亡, 莫不由此也.」太宗曰:「《易》云:『勞謙, 君子有終, 吉.』誠如卿言.」詔賜物二百段.

3) 「崇儒學」(27)

貞觀四年, 太宗以經籍去聖久遠, 文字訛謬, 詔前中書侍郎顔師古於秘書省考定五經. 及功畢, 復詔尙書左僕射房玄齡集諸儒重加詳議. 時諸儒傳習師說, 舛謬已久, 皆共非之, 異端蜂起. 而師古輒引晉宋已來古本, 隨方曉答, 援據詳明, 皆出其意表, 諸儒莫不歎服. 太宗稱善者久之, 賜帛五百匹, 加授通直散騎常侍, 頒其所定書於天下, 令學者習焉. 太宗又以文學多門, 章句繁雜, 詔師古與國子祭酒孔穎達等諸儒, 撰定五經疏義, 凡一百八十卷; 名曰《五經正義》, 付國學施行.

附釋音春秋左傳注疏卷第二 隱元年盡二年

杜氏注　孔穎達疏

春秋經傳集解隱第一

○陸曰解佳買反舊夫子之經與丘明之傳各卷杜氏合而釋之故曰經傳集解隱公名息姑惠公之子母聲子謚法不尸其位曰隱第一此不題左氏傳公羊穀梁二傳既顯姓別之此不言自見

疏　正義曰五經題篇皆出注者之意人各有心故題無常準此本經傳別行則經傳各自有題注者以意裁定其本難可復知據今服虔所注題云隱公左氏傳解誼第一不題春秋二字然則春秋二字蓋是經之題也服言左氏傳三字蓋本傳之題也杜既集解經傳春秋此書之大名故以春秋冠其上序說左氏言已備悉故略去左氏而爲此題焉經傳集解四字是杜所加其餘皆舊本也經者常也言事有典法可常遵用也傳者傳也博釋經意傳示後人分年相附集而解之故謂之經傳集解隱公魯君侯爵杜君采大史公書世本旁引傳記以爲世族譜略記國之興滅譜云魯姬姓文王子周公旦之後也周公股肱周室成王封其子伯禽於曲阜爲魯侯今魯國是也自哀以下九世二百一十七年而楚滅魯依魯世家伯禽至隱公凡○十三君兄弟相及者五人隱公名息姑伯禽七世孫惠公弗皇○子聲子所生平王四十九年卽位是歲歲在豕韋禮記檀弓曰死謚周道也周法天子至於大夫既死則累其德行而爲之謚周書謚法云隱拂不成曰隱魯實侯爵而稱公者五等之爵雖尊卑殊號臣子尊其君父皆稱爲公是禮之常也字書云第訓次也一者數之始此卷於次第當其一也

杜氏

疏　正義曰杜氏名預字元凱畿之孫恕之子也陳壽魏志云杜畿字伯侯京兆杜陵人也漢御史大夫杜延年之後文帝時爲尚書僕射封樂亭侯試船溺死追贈太僕謚戴侯也恕字務伯官至幽州刺史預司馬宣王女壻也王隱晉書云預知謀深博明於治亂常稱德者非所企及立言立功預所庶幾也大觀羣典謂公羊穀梁詭辯之言又非先儒說左氏未究丘明之意橫以二傳亂之乃錯綜微言著春秋左氏經傳集解又參考衆家爲之釋例又作盟會圖春秋長厤備成一家之學至老乃成預有大功名於晉室位至征南大將軍開府封當陽侯荊州刺史食邑八千戶時人號爲武庫不言名而言氏者注述之人義在謙退不欲自言其名故但言杜氏毛君孔安國馬融王肅之徒其所注書皆稱爲傳鄭玄則謂之爲注而此於杜氏之下更無稱謂者以集解之名已題在上故止云杜氏而已劉炫云不言名而云氏者漢承焚書之後諸儒各載學名不敢布於天下但欲傳之私族自題其氏爲謙之辭

傳惠公元妃孟子

言元妃明始適夫人也子宋姓○惠公名不皇謚法愛人好與曰惠其子隱公讓國之君元妃芳非反傳曰嘉耦曰妃適本又作嫡同丁歷反

疏　○傳惠公元配孟子○正義曰惠公名弗皇孝公之子也謚法愛民好與曰惠釋詁云元始也妃匹也始匹者言以前未曾娶而此人始爲匹故注云言元妃明始適夫人也妃者名通適妾故傳云陳哀公元妃鄭姬生悼大子偃師二妃生公子留下妃生公子勝元者始也長也一元之字兼始適兩義故云始適夫人也然則有始而非適若孟任之類是也亦有適而非始若哀姜之類是也妃者配匹之言非有尊卑之異其尊卑殊稱則曲禮所云天子之妃曰后諸侯曰夫人大夫曰孺人士曰婦人庶人曰妻是也鄭玄以爲后之言後蓋執治內事在夫之後也夫之言扶言能扶成人君之德也孺之言屬言其繫屬人也婦之言服言其服事人也妻之言齊言與夫齊等也庶人之賤見其齊等也以上因其爵之尊卑爲立別號其實皆配夫通以妃爲稱少牢饋食禮云以某妃配某氏是大夫之妻亦稱妃也孟仲叔季兄弟姊妹長幼之別字也孟伯俱長也禮緯云庶長稱孟然則適妻之子長者稱伯妾子長於妻子則稱爲孟所以別適庶也故杜注文十五年及釋例皆云慶父爲長庶故或稱孟氏沈氏亦然案傳趙莊子之妻晉景公之姊則趙武適妻子也而武稱趙孟荀偃之卒也士匄請後曰鄭甥可則荀吳妾子也而吳稱知伯豈知氏常爲適而稱伯趙氏恒爲庶而稱孟者也蓋以趙氏趙盾之後盾爲庶長故子孫恒以孟言之與慶父同也推此言之知氏荀首之後傳云中行伯之季弟則俱是適妻之子但林父荀首並得立家故荀首子孫亦從適長稱伯也或可春秋之時不能如禮孟伯之字無適庶之異蓋從心所欲而自稱之耳契姓子宋是殷後故子爲宋姓婦人以字配姓故稱孟子

孟子卒

不稱薨不成喪也無謚先夫死不得從夫謚○謚實至反

疏　注不稱至夫謚○正義曰魯之夫人皆稱薨舉謚此獨無謚公卒故特解之定十五年姒氏卒傳曰不成喪則知此不稱薨亦不成喪也案傳例不赴則不稱薨然則此云不成喪者正謂不赴於諸侯也周禮小史卿大夫之喪賜謚讀誄止賜卿大夫不賜婦人則婦人法不當謚故號當繫夫釋例曰謚者典於周之始王變質從文於是有諱焉傳曰周人以諱事神名

《春秋左傳注疏》(十三經注疏本) 臺灣 藝文印書館 覆印本

春秋左傳卷十二

【註】盡、十年、

成公

【註】名黑肱、宣公子、諡法、安民立政曰成、

【經】元年、春、王正月、公即位、

【註】無傳、

二月、辛酉、葬我君宣公、

【註】無傳、喪禮が調たとなり、

無冰、

【註】無傳、周二月、今之十二月、而無冰、書冬溫、時ならず溫かなり、

三月、作丘甲、

【註】周禮、九夫爲井、四井爲邑、四邑爲丘、丘十六井、出戎馬一匹、牛三頭、四丘爲甸、甸六十四井、出長轂一乘、戎馬四匹、牛十二頭、甲士三人、步卒七十二人、此甸所賦、今魯使丘出之、譏重斂、故書、軍兵を増すことである【注】周。今魯では甸の地より出すべき大軍を丘より出させた、是では課役の過ぐるをそしつた、

夏、臧孫許及晉侯盟于赤棘、

【註】晉地、魯晉合體したなり、

秋、王師敗績于茅戎、

【註】茅戎、戎、別種、不言戰、王者、至尊、天下莫之得校、故以自敗爲文、不書敗地而書茅戎、明爲茅戎所敗、書秋、從告、【注】茅。校。王の御人數が敗れた【注】茅。校は物を張り合ふこと、王に對して張り合ふものはない、それ故戰が有てもそれを書かず、たゞ自然に敗れたとは書く也、○不書。何れの地で敗れたとは書さぬ、然れども茅戎と書たは、茅戎に敗られたと云ことを明したものである、

《左傳》〈漢籍國字解全書〉早稻田大學出版部(日) 明治 43년(1909)

春秋正義卷第二

國子祭酒上護軍曲阜縣開國子臣孔穎達等奉

勅撰

春秋經傳集解隱公第一

正義曰五經題篇皆出注者之意人各有心故題非一準此本經
傳別則經傳各自有題注者以意裁定其本難可復知服
度所注題云隱公无氏傳解誼第一不題春秋二字然則春秋二
字蓋是經之題也服言无氏傳三字蓋本傳之題也杜既集解經
傳春秋此書之大名故以春秋冠其上序說左氏言已備悉故略
去左氏而當此題寫經傳集解四字是杜所加其餘皆歸本也經
者常也言是有典法可常遵用也傳者傳也博釋經意傳示後人
分年相附集而解之故謂之經傳集解隱公尊君俊爵杜君未
大史公督古本旁引傳記以為起族譜略記國之興滅譜
姓文王子周公旦之後也周公股肱周室成王封其子伯禽於曲
阜為魯侯今魯國是也自袁以下九世二百一十七年而楚之滅魯

《春秋正義》四部叢刊 續編 經部

襄公 盡二十二年

經十有六年春王正月葬晉悼公

晉侯宋公衞侯鄭伯曹伯莒子邾子薛伯杞

伯小邾子于溴梁戊寅大夫盟晉人執莒子

邾子以歸齊侯伐我北鄙夏公至自會五月

甲子地震叔老會鄭伯晉荀偃衞甯殖宋人

伐許秋齊侯伐我北鄙圍成大雩冬叔孫豹

《春秋經傳》中國版刻圖錄 宋刻本(杭州)

春秋傳卷第一

左朝散郎充徽猷閣待制提舉江州太平觀賜紫金魚袋臣胡安國奉
聖旨纂修

隱公上

孟子曰王者之迹熄而詩亡詩亡然後春秋作今按邶　而下多
春秋時詩也而謂詩亡然後春秋作何也自　離降爲國風天下
無復有雅而王者之詩亡矣春秋作於隱公適當雅亡之後又按
小雅正月刺幽王詩也而曰赫赫宗周褒姒烕之逮魯孝公之末
幽王已爲犬戎所斃惠公　年周既東矣春秋不作於孝公惠公
者東遷之始流風遺俗猶有存者鄭武公入爲司徒善於其職則
猶用賢也　侯捍王于艱錫之秬鬯則猶有誥命也王曰其歸視
爾師則諸侯猶來朝也義和之蠲諡爲丈侯則列國猶有請也及
平王在位日久不能自強於政治棄其九族葛藟有終遠兄弟之
刺不撫其民周人有束薪蒲楚之譏至其晚年失道滋甚乃以天

차 례

春秋左傳 ３

7. 宣公 (총 18년)

8. 成公 (총 18년)

春秋左傳 上

1. 隱公(총 11년)

2. 桓公(총 18년)

3. 莊公(총 32년)

4. 閔公(총 2년)

春秋左傳 중

5. 僖公(총 33년)

6. 文公(총 18년)

春秋左傳 중

9. 襄公(총 31년)

春秋左傳 下

10. 昭公(총 32년)

春秋左傳 下

11. 定公(총 15년)

12. 哀公(총 27년)

7. 〈宣公〉

◎ 魯 宣公 在位期間(18년: B.C.608~591년)

文公의 아들. 그러나 《新序》 節士篇에는 宣公을 文公의 아우라
하였음. 이름은 俀(퇴). 孔穎達 《左傳》 疏와 《公羊傳》의 疏에는 《世本》을
인용하여 '倭'라 하여 일부 다름. 어머니는 敬嬴. B.C.608~591년까지
18년간 재위함. 〈諡法〉에 "善問周達曰宣"이라 함.

115. 宣公 元年(B.C.608) 癸丑

周	匡王(姬班) 5년	齊	惠公(元) 원년	晉	靈公(夷皐) 13년	衛	成公(鄭) 27년
蔡	文公(申) 4년	鄭	穆公(蘭) 20년	曹	文公(壽) 10년	陳	靈公(平國) 6년
杞	桓公(姑容) 29년	宋	文公(鮑) 3년	秦	康公(稻) 원년	楚	莊王(旅) 6년
許	昭公(錫我) 14년						

❋ 759(宣元-1)

元年春王正月, 公卽位.

원년 봄 주력周曆 정월, 선공宣公이 즉위하였다.

【元年】宣公 원년은 齊 惠公(元), 秦 共公(稻)과 같은 원년임.
＊無傳

❋ 760(宣元-2)

公子遂如齊逆女.

공자 수遂가 제齊나라에 가서 제나라 공녀公女를 맞이하였다.

【公子遂】魯나라 공자이며 대부. 東門襄仲.

【逆女】'逆'은 '迎'과 같으며 '女'는 公女. 公女는 제후의 딸. 아들일 경우 '公子'라 부름.

傳

元年春王正月, 公子遂如齊逆女, 尊君命也.

원년 봄 주력 정월, 공자 수遂가 제나라에 가서 공녀를 맞이한 것은 노 선공이 명령을 존중하였기 때문이다.

【尊君命】杜預 注에 "諸侯之卿, 出入稱名氏, 所以尊君命也. 傳於此發者, 與還 文不同, 故釋之"라 함.

✹ 761(宣元-3)

三月, 遂以夫人婦姜至自齊.

3월, 수遂가 부인 부강婦姜과 함께 제齊나라에서 돌아왔다.

【婦姜】시어머니(선공의 어머니, 즉 문공의 夫人)가 있으므로 '婦'자를 쓴 것이며 '姜'은 齊나라 성씨.

傳

三月, 遂以夫人婦姜至自齊. 尊夫人也.

3월, 수遂가 노 선공의 부인 부강婦姜을 모시고 제齊나라로부터 돌아왔다고 한 것은 부인夫人을 높인 것이다.

【遂】'公子遂'라 쓰지 않고 '遂'자만 쓴 것을 말함. 杜預 注에 "公子, 當時之寵號, 非族也, 故傳不言「舍族」"이라 함.
【夫人】'婦人'과 다르며 임금 아내의 칭호.

✿ 762(宣元-4)

夏, 季孫行父如齊.

여름, 계손행보季孫行父가 제齊나라에 갔다.

【季孫行父】季文子. 魯나라 대부. 魯나라 三桓의 하나인 季孫氏 집안.

㊀

夏, 季文子如齊, 納賂以請會.

여름, 계문자季文子가 제齊나라에 간 것은 제나라 군주에게 뇌물을 바치고 두 나라 군주가 만남을 요청하기 위한 것이었다.

【季文子】季孫行父. 文子는 시호.
【納賂】뇌물을 바침. 이는 宣公은 簒位한 것과 같아 미리 齊 惠公(元)과 만나 회맹을 함으로서 뒤에 이 문제를 다시는 거론하지 않도록 하고자 한 것임. 杜預 注에 "宣公簒立, 未列於會, 故以賂請之"라 하였으며 뇌물로 준 것은 濟水의 서쪽 토지라 하였음.

＊ **763**(宣元-5)

晉放其大夫胥甲父于衛.

진晉나라가 그 대부 서갑보胥甲父를 위衛나라로 추방하였다.

【放】放逐함. 멀리 추방함. 杜預 注에 "放者, 受罪黜免, 宥之以遠"이라 함.
【胥甲父】胥甲. 僖公 11년 經文을 볼 것. 晉나라 대부이며 下軍佐를 지냈음.
　胥克의 아버지.

⑱

晉人討不用命者, 放胥甲父于衛, 而立胥克.
先辛奔齊.

진晉나라가 군령軍令을 지키지 않은 자를 처벌하여 서갑보胥甲父를 위衛
나라로 쫓아내고 그 아들 서극胥克을 세웠다.
　선신先辛은 제齊나라로 달아났다.

【不用命】군령을 따르지 않음. 이는 文公 12년 河曲之役에서의 사건을 연루시킨
　것이 아닌가 함.
【胥克】胥甲의 아들. 아버지 뒤를 이어 下軍佐가 됨. 杜預 注에 "克, 甲之子"라 함.
【先辛】胥甲의 副官.

＊ **764**(宣元-6)

公會齊侯于平州.

선공이 제후齊侯와 평주平州에서 만났다.

【齊侯】齊 惠公(元). B.C.608~599년까지 10년간 재위하고 頃公(無野)이 뒤를 이음. 이때가 그의 원년이었음.
【平州】齊나라 땅. 지금의 山東 萊蕪縣 서쪽.

㊀

會于平州, 以定公位.

노 선공과 제齊 혜공惠公이 평주平州에서 만나 선공의 지위를 안정시켰다.

【以定公位】簒位한 宣公의 지위를 인정하여 안정시킴.

❀ 765(宣元-7)

公子遂如齊.

공자 수遂가 제齊나라에 갔다.

【公子遂】東門襄仲.

㊀

東門襄仲如齊拜成.

동문양중東門襄仲이 제齊나라로 가서 두 나라 군주의 모임이 성사된 것을 감사드렸다.

【拜成】앞장의 회의 성사에 대하여 고마움을 표시하게 위한 사절로 간 것임.
杜預 注에 "謝得會也"라 함.

※ **766(宣元-8)**

六月, 齊人取濟西田.

6월, 제인齊人이 제서濟西의 땅을 차지하였다.

【濟西田】濟水 서쪽의 토지. 원래 曹나라 땅이었으나 僖公 31년에 의하면 晉
文公이 魯나라에 준 땅이었음. 이는 앞서 이미 주기로 하였던 賂物이었음.
《史記》年表에 "齊惠公元年, 取魯濟西之田"이라 함.

傳
六月, 齊人取濟西之田, 爲立公故, 以賂齊也.

6월, 제齊나라가 노魯나라 제수濟水 서쪽 땅을 차지하였다는 것은,
노 선공이 군주가 된 것을 제나라로부터 인정받기 위하여 제나라에 준
것이다.

※ **767(宣元-9)**

秋, 邾子來朝.

가을, 주자邾子가 내조하였다.

【邾子】邾나라 군주. 子爵. 桓公 15년에 한 번 魯나라를 예방한 적이 있으며 이때
선공이 즉위하여 빙문한 것으로 보임.
＊無傳

☀ 768(宣元-10)

楚子·鄭人侵陳, 遂侵宋.

晉趙盾帥師救陳.

宋公·陳侯·衛侯·曹伯會晉師于棐林, 伐鄭.

초楚 장왕莊王과 정인鄭人이 진陳나라를 침공하고 이어 송宋나라까지 쳐
들어갔다.

진晉나라 조돈趙盾이 군사를 이끌고 진陳나라를 구하였다.

송宋 문공文公, 진陳 영공靈公, 위衛 성공成公, 조曹 문공文公이 진晉나라
군사와 비림棐林에서 모여 정나라를 쳤다.

【楚子】당시 楚나라 군주는 莊王(侶)으로 재위 6년째였음. 春秋五霸의 마지막
패자였음. 陳과 宋을 친 것은《史記》年表에 “楚莊王六年, 伐宋·陳, 以倍我服
晉故”라 하였음.
【趙盾】晉나라 대부. 趙衰의 아들. ‘盾’은 ‘돈’으로 읽음. 趙宣子, 趙孟으로도 부름.
그 후손이 뒤에 春秋末 晉나라 六卿의 하나가 되며 다시 戰國시대 趙나라를
일으킴. 그가 宋나라를 친 것은 魯 文公 17년의 일이었음.
【宋公】당시 宋나라 군주는 文公(鮑)으로 재위 3년째였음.
【陳侯】당시 陳나라 군주는 靈公(平國)으로 재위 6년째였음.
【衛侯】당시 衛나라 군주는 成公(鄭)으로 재위 27년째였음.
【曹伯】당시 曹나라 군주는 文公(壽)으로 재위 10년째였음.

【棐林】《公羊傳》에는 '斐林'으로 되어 있으며 지금의 河南 新鄭縣 동쪽.
【伐鄭】孔穎達 疏에 "晉本興師爲救陳·宋, 但楚師已去, 故四國之君往會晉師,
　與共伐鄭. 言「于棐林」者, 行會禮然後伐. 桓十五年, 公會宋公·衛侯·陳侯于裒,
　伐鄭」, 亦行會禮乃伐, 與此同也"라 함.

　　㊋

宋人之弑昭公也, 晉荀林父以諸侯之師伐宋, 宋及晉平, 宋文公
受盟于晉.
　又會諸侯于扈, 將爲魯討齊, 皆取賂而還.
　鄭穆公曰:「晉不足與也.」
　遂受盟于楚.
　陳共公之卒, 楚人不禮焉.
　陳靈公受盟于晉.
　秋, 楚子侵陳, 遂侵宋.
　晉趙盾帥師救陳·宋. 會于棐林, 以伐鄭也.
　楚蒍賈救鄭, 遇于北林, 囚晉解揚, 晉人乃還.

　송宋나라 사람이 소공昭公을 죽인 일로 진晉나라 순림보荀林父가 제후들
군사들로써 송나라를 치자 송나라는 진나라와 화친을 맺고, 송宋 문공
文公은 진나라로부터 명命을 받기로 하였다.
　다시 제후들과 호扈에서 만나 노魯나라를 위하여 제齊나라를 치려다가
모두가 뇌물을 받고 돌아갔다.
　그러자 정鄭 목공穆公이 말하였다.
　"진晉나라를 맹주로 삼기에는 부족하다."
　그리고 드디어 초楚나라에게 맹약을 맺고 말았다.
　진陳 공공共公이 세상을 떠났을 때 초나라는 예를 다하지 않았다.
　진陳 영공靈公은 진晉나라를 맹주로 받들기로 맹세하였다.

가을, 초楚 장왕莊王은 진陳나라를 침공하고 나서 송나라도 친 것이며, 진晉나라 조돈趙盾이 군사를 이끌고 진陳·송 두 나라를 구하고 비림棐林에서 제후들과 합세하여 정나라를 쳤던 것이다.

그러자 초나라 위가蔿賈가 정나라를 구원하여 북림北林에서 진晉나라 군사와 만나, 진나라 대부 해양解揚을 포로로 잡자 진나라가 되돌아가고 말았던 것이다.

【昭公】公孫杵臼. 宋 成公을 이어 왕위에 올랐으며 재위 9년 만인 魯 文公 16년 (B.C.611) 시해를 당해 죽었으며 文公(鮑)이 그 뒤를 이음. 그의 시해 사건은 文公 16년의 經文을 볼 것.

【荀林父】荀伯. 中行桓子. 中行伯. 中行軍의 장수가 되어 이를 성씨로 삼았으며 뒤에 晉 六卿의 하나인 중항씨(中行氏)의 선조가 됨. 그가 송나라를 친 것은 文公 17년을 볼 것.

【扈】鄭나라 지명. 지금의 河南 原武縣 서북쪽.《一統志》에 "今河南武原縣西 北有扈亭"이라 함. 魯 文公 15년과 17년 두 차례 이곳에서 회맹을 갖기로 하였 으나 모두 陳나라가 제후들에게 뇌물을 뿌려 무산시켰음.

【鄭穆公】이름은 蘭. B.C.627~606년까지 22년간 재위하고 靈公(夷)이 그 뒤를 이음.

【陳共公】이름은 朔. B.C.631~614년까지 18년간 재위하고 靈公(平國)이 그 뒤를 이음. 魯 文公 13년을 볼 것.

【陳靈公】이름은 平國. 陳 共公의 뒤를 이어 왕위에 올라 B.C.613~599년까지 15년간 재위하고 成公(午)이 그 뒤를 이음.

【蔿賈】楚나라 대부 伯嬴. 孫叔敖의 아버지.

【北林】鄭나라 땅.《水經注》에 "林亭在鄭北, 南去新鄭故城四十里, 以南有林鄕亭, 故杜預據是爲北林, 最爲密矣"라 함.

【解揚】晉나라 대부. 文公 8년의 傳을 볼 것.

✸ **769(宣元-11)**

冬, 晉趙穿帥師侵崇.

겨울, 진晉나라의 조천趙穿이 군사를 이끌고 숭崇을 침공하였다.

【趙穿】晉나라 대부. 趙盾의 堂弟. 晉 靈公을 시해한 인물이기도 함.
【崇】나라 이름. 지금의 陝西 鄠縣 동쪽에 있었음. 고대 崇侯 虎의 나라. 그러나
《公羊傳》에는 '柳'로 되어 있으며 崇侯 虎는 周 文王에게 이미 망하여 당시까지
있을 수 없다는 등 각가의 의견이 다름.

㊊

晉欲求成於秦.
趙穿曰:「我侵崇, 秦急崇, 必救之. 吾以求成焉.」
冬, 趙穿侵崇. 秦弗與成.

진晉나라가 진秦나라와 화해하려 하였다.
그러자 조천趙穿이 이렇게 말하였다.
"우리가 숭崇나라를 칩시다. 진秦나라는 숭나라가 위급하다고 여기면
틀림없이 구원하러 나설 것입니다. 우리는 그때 화해를 요구해도 됩니다."
겨울, 조천은 숭나라를 침공하였지만 진秦나라는 화해하려 하지 않았다.

【秦】당시 秦나라 군주는 共公(稻)이었음.
【急崇】秦나라는 자신의 與國인 崇나라가 위급하다고 여기게 될 것임을 말함.

✹ 770(宣元-12)

晉人·宋人伐鄭.

진晉나라와 송宋나라가 정鄭나라를 쳤다.

晉人伐鄭, 以報北林之役.

於是晉侯侈, 趙宣子爲政, 驟諫而不入, 故不競於楚.

진晉나라가 정鄭나라를 친 것은 북림北林에서의 싸움에 대한 보복을 위한 것이었다.

그때 진晉 영공靈公은 사치를 일삼고 있었으며 조선자趙宣子가 정치를 맡고 있어 여러 차례 충간하였지만 듣지 않아 그 때문에 진나라는 초나라와 세력을 다투지 못하게 된 것이었다.

【北林之役】 楚나라가 鄭나라를 도와 解揚이 사로잡히고 물러설 수밖에 없었던 전투. 앞장의 傳文을 볼 것. 杜預 注에 "報囚解揚"이라 함.

【侈】 奢侈를 부림.

【趙宣子】 趙盾. 당시 晉나라 조정의 실력자.

【驟諫】 자주 간언을 함. '驟'는 '屢', 혹은 '數'(삭)과 같음.《史記》晉世家에 "趙盾·隨會前數諫, 不聽"이라 함.

【不競】 당시 晉나라와 楚나라는 서로 霸者가 되고자 힘을 쏟았으나 그 뒤로 楚 莊王이 점차 패자의 자리를 굳히게 됨. 杜預 注에 "爲明年鄭伐宋張本"이라 함.

116. 宣公 2年(B.C.607) 甲寅

周	匡王(姬班) 6년	齊	惠公(元) 2년	晉	靈公(夷皐) 14년	衛	成公(鄭) 28년
蔡	文公(申) 5년	鄭	穆公(蘭) 21년	曹	文公(壽) 11년	陳	靈公(平國) 7년
杞	桓公(姑容) 30년	宋	文公(鮑) 4년	秦	康公(稻) 2년	楚	莊王(旅) 7년
許	昭公(錫我) 15년						

❋ 771(宣2-1)

二年春王二正壬子, 宋華元帥師及鄭公子歸生帥師, 戰于
大棘.

宋師敗績, 獲宋華元.

2년 봄 주력 2월 임자날, 송宋나라 화원華元이 군사를 이끌고 정鄭나라
공자 귀생歸生이 이끄는 군사와 대극大棘에서 싸웠다.

송나라가 크게 패하고 화원이 사로잡혔다.

【壬子】2월에는 壬子가 없었음.
【華元】宋나라 대부 華御事의 아들.
【歸生】鄭나라 공자. 子家. 文公 2년의 傳文을 볼 것.
【大棘】宋나라의 지명. 지금의 河南 睢縣 남쪽.

【敗績】全軍이 대패하였을 때 쓰는 말. 莊公 11년 傳에 "凡師, 敵未陳曰敗某師, 皆陳曰戰, 大崩曰敗績"이라 함.

㊀

二年春, 鄭公子歸生受命于楚伐宋, 宋華元·樂呂御之.

二月壬子, 戰于大棘, 宋師敗績, 囚華元, 獲樂呂, 及甲車四百六十乘, 俘二百五十人, 馘百人.

狂狡輅鄭人, 鄭人入于井, 倒戟而出之, 獲狂狡.

君子曰:「失禮違命, 宜其爲禽也. 戎, 昭果毅以聽之之謂禮. 殺敵爲果, 致果爲毅. 易之, 戮也. 將戰, 華元殺羊食士, 其御羊斟不與. 及戰, 曰:『疇昔之羊, 子爲政; 今日之事, 我爲政.』與入鄭師, 故敗. 君子謂:『羊斟非人也, 以其私憾, 敗國殄民, 於是刑孰大焉?』《詩》所謂『人之無良』者, 其羊斟之謂乎! 殘民以逞.」

宋人以兵車百乘·文馬百駟以贖華元于鄭.

半入, 華元逃歸.

立于門外, 告而入.

見叔牂, 曰:「子之馬然也.」

對曰:「非馬也, 其人也.」

旣合而來奔.

宋城, 華元爲植, 巡功.

城者謳曰:「睅其目, 皤其腹, 弃甲而復. 于思于思, 棄甲復來.」

使其驂乘謂之曰:「牛則有皮, 犀兕尚多, 弃甲則那?」

役人曰:「從其有皮, 丹漆若何?」

華元曰:「去之! 夫其口衆我寡.」

2년 봄, 정鄭나라 공자 귀생歸生이 초楚나라의 명을 받아 송宋나라를 치자, 송나라 화원華元과 악려樂呂가 정나라 군사를 막았다.

2월 임자날, 대극大棘에서 싸워 송나라 군사가 패하여 정나라는 화원

華元을 사로잡고 악려樂呂도 붙잡히고 말았으며, 전차 460승과 포로 250명, 귀를 자른 시신도 100구나 되었다.

이 싸움에서 송나라 대부 광교狂狡가 정나라 사람을 마주하여 싸웠는데 정나라 사람들이 우물에 빠지자 그는 창을 거꾸로 잡아 창 자루를 잡도록 하여 끌어올려주었건만 정나라 사람은 도리어 광교를 잡아버리는 것이었다.

군자는 이렇게 말하였다.

"군사의 법도를 잃고 군령軍令을 어겼으니 그가 잡힌 것은 당연한 일이다. 군사란 윗사람으로서는 과果와 의毅를 밝혀 알려주어 아랫사람으로 하여금 그 명을 따르도록 하는 것을 일러 법도라 한다. 적을 죽임에는 과果를 다하여야 하고, 과果를 완수함을 의毅라 한다. 이를 어기면 곧 죽음을 당한다. 장차 싸움에 나가기 전, 화원은 양을 잡아 군사들에게 먹였는데 그의 마부 양짐羊斟에게는 고기가 주어지지 않았다. 싸움에 임하자 양짐은 '어젯밤의 양고기는 당신께서 주관하셨지만 오늘 싸우는 일은 내가 주관하게 될 거요'라 하였다. 그리고는 화원을 태운 채 정나라 군사 진영 안으로 달려 들어갔으며 그 때문에 송나라 군사가 패하게 된 것이었다. 군자는 양짐을 두고 '그는 사람이 아니다. 사사로운 감정으로 나라의 군사를 패하게 하고 백성들을 죽였으니 받아야 할 형벌로써 이보다 더 큰 이보다 큰 죄가 어디 있겠는가?' 《시詩》에 '사람으로서 양심 없는 자'라 하였으니 이는 양짐 같은 자를 두고 이른 것이 아니겠는가! 그는 백성들의 생명을 빼앗으면서까지 자신의 분풀이를 하였다."

송宋나라는 정鄭나라에게 전차 1백 승, 무늬 말 4백 필을 주고 대신 화원을 대속하여 정나라로부터 돌려받기로 하였다.

그리하여 그 숫자의 반이 정나라로 들어갔을 때 화원은 그만 달아나 송나라로 돌아왔다.

그는 도읍의 성문 밖에 서서 자기가 돌아왔노라고 고하고 성안으로 들어갔다.

그리고 그는 숙장叔牂(羊斟)을 보자 이렇게 말하였다.

"그대의 말이 적진으로 뛰어 들어갔기에 내가 잡힌 것이다."

그러자 숙장이 대답하였다.

"말이 그런 게 아니라, 그 말을 부린 내가 그렇게 하였습니다."

그는 이렇게 대답하고는 노魯나라로 달아나버렸다.

송나라가 성을 쌓는 일에 화원이 주관하게 되어 공사 현장을 순시하게
되었다.

그때 성 쌓는 사람들이 이렇게 노래하는 것이었다.

"눈알은 툭 솟았고 배는 불룩하기도 한데 갑옷 버리고 돌아왔다네. 털보
수염 그자가 갑옷을 내던지고 되돌아왔다네."

그러자 화원은 자기 수레에 같이 타고 있는 사람으로 하여금 이렇게
대꾸하도록 하였다.

"소가 있다면 가죽이 있지. 우리 송나라에는 무소와 외뿔소가 아직도
많이 있는데, 한 벌의 갑옷쯤 버린 것이 무슨 문제가 된다는 것인가?"

그랬더니 일꾼들이 말하였다.

"비록 갑옷 만들 가죽이야 있다 하더라도 갑옷에 칠할 붉은 칠, 검은
칠은 어찌한단 말이오?"

그러자 화원은 말하였다.

"어서 가자! 저 사람들의 입은 많지만 우리의 입은 적다."

【樂呂】宋나라 司寇. 대부.
【獲】'사로잡히다'로 보았으나 죽음을 당한 것으로 여김.
【馘】'괵'으로 읽으며 전투에서 상대의 귀를 잘라 이를 戰功의 首級 계산으로
　삼는 것.
【百人】'人'자는 원래 없었음. 注에 "馘百人, 或馘百者, 人, 衍"이라 함.
【狂狡】宋나라 사람. 전투에 참여하여 우물에 빠진 적군 鄭나라 병사를 구하려
　하였다가 도리어 죽음을 당함.
【輅】상대함. 적군과 상대하여 싸움. 注에 "輅, 迎也"라 함. 僖公 15년을 볼 것.
【果毅】'果'는 과단성, 전투에서는 상대의 사정을 고려할 수 없음. '毅'는 그러한
　정신으로 전투에 임하는 것을 말함.《大戴禮記》四代篇에 "是以祭祀昭有神明,
　燕食昭有慈愛, 宗廟之事昭有義, 率禮朝廷昭有五官, 無廢甲冑之戒昭果毅以聽"
　이라 함.

【羊斟】 인명으로 보는 견해와 양고기 국물로 보는 두 가지가 있음. 《史記》 宋世家에는 ‘羊羹’으로 되어 있어 ‘마부에게 양고기 국물을 주지 않았다’로 되어 있음. 그러나 다음 傳文의 叔牂을 보면 인명으로 여겨짐. 한편 王引之는 이름에 ‘羊’자가 들어 있어 양고기를 먹으면 불길할 것이라 여겨 일부러 주지 않은 것으로 보았음.

【疇昔】 어젯밤. ‘誰昔’으로도 표기하던 雙聲連綿語. 《禮記》 檀弓(上) “予疇昔之夜, 夢坐奠於兩楹之間”의 鄭玄 注에 “注昔, 猶前日也”라 하였으며, 《詩經》 陳風 墓門의 “知而不已, 誰昔然矣”의 鄭玄 箋에 “誰昔, 昔也”라 함.

【詩】 《詩經》 鄘風 鶉之奔奔篇에 “鶉之奔奔, 鵲之彊彊. 人之無良, 我以爲兄. 鵲之彊彊, 鶉之奔奔. 人之無良, 我以爲君”이라 함.

【逞】 快意로 삼음. 분풀이로 삼음.

【文馬】 색깔에 무늬가 있는 좋은 말. 혹은 말을 잘 꾸며 화려하게 함을 뜻하기도 함.

【叔牂】 羊斟을 가리킴. 杜預 注에 “叔牂, 羊斟也. 卑賤得先歸”라 하였음. 그러나 孔穎達 疏에는 賈逵의 말을 인용하여 “叔牂, 宋守門大夫”라 하였음.

【子之馬然也】 ‘그대의 말이 적군 진영으로 들어가 타고 있던 내가 그렇게 잡히게 된 것’이라는 뜻.

【旣合】 그렇게 대답을 함. 그렇게 대꾸를 함. ‘合’은 ‘答’과 같음. 疊韻互訓. 杜預 注에 “叔牂言畢, 遂奔魯. 合, 猶答也”라 함.

【植】 ‘치’로 읽음. 杜預 注에 “植, 將主也”라 하였고 “植, 直吏反”이라 함. 주관하는 사람. 총책임자의 임무를 맡음.

【睅目】 ‘睅’은 솟은 눈. 툭 튀어나온 눈. 《說文》에 “大目也”라 하였고, 杜預 注에는 “出目”이라 함.

【皤腹】 ‘皤’는 배가 불룩함. 큰 배. 杜預 主에 “大腹”이라 함.

【于思于思】 ‘于’는 어조사. ‘思’는 ‘偲’(시)와 같음. 《詩經》 齊風 盧令에 “其人美且偲”라 하였고 釋文에 “偲, 多鬚貌”라 함. 杜預 注에는 “于思, 多鬚之貌”라 함. 그러나 孔穎達 疏에는 賈逵의 말을 인용하여 “于思, 白頭貌”라 하여 흰 머리를 뜻하는 것으로 보았음.

【犀兕】 ‘犀’는 물소. ‘兕’는 푸른색을 띤 들소의 일종. 고대 갑옷의 재료로 牛革, 犀革, 兕革 등 세 가지가 널리 쓰였다 함. 《周禮》 考工記 函人에 “犀甲壽百年, 兕甲壽二百年”이라 함.

【丹漆】 갑옷에 칠하는 붉은 색과 옻칠.

秦師伐晉.

진秦나라 군사가 진晉나라를 쳤다.

夏, 晉人·宋人·衛人·陳人侵鄭.

여름, 진인晉人, 송인宋人, 위인衛人, 진인陳人이 정鄭나라를 침공하였다.

(傳)
秦師伐晉, 以報崇也, 遂圍焦.
夏, 晉趙盾救焦, 遂自陰地, 及諸侯之師侵鄭, 以報大棘之役.
楚鬪椒救鄭, 曰:「能欲諸侯, 而惡其難乎?」
遂次于鄭, 以待晉師.
趙盾曰:「彼宗競於楚, 殆將斃矣. 姑益其疾.」
乃去之.

진秦나라 군사가 진晉나라를 침공한 것은 숭崇나라를 쳤던 일을 보복하기 위한 것이었으며 드디어 초焦를 포위하였다.

여름, 진晉나라 조돈趙盾이 초를 구하고 드디어 음지陰地로부터 제후들의 군사들과 정鄭나라를 침공하여 대극大棘에서의 싸움에 보복을 하였다.

초楚나라 대부 투초鬪椒가 정나라를 구원하면서 이렇게 말하였다.

"능히 제후들을 휘어잡고자 하면서 어찌 그 난관을 싫다고 하겠는가?"

그리고 정나라에 머물면서 진晉나라 군사를 기다렸다.

그때 조돈이 말하였다.

"저 투초의 종족은 초나라에서는 세력을 다투는 큰 집안이지만 아마 곧 죽고 말 것이다. 잠시 그의 급한 성질을 더 키워주리라."

그리고는 그곳을 떠나버렸다.

【報崇】宣公 원년의 經文과 傳文을 볼 것.

【焦】晉나라의 읍 이름. 지금의 河南 陝縣 서쪽.

【趙盾】趙宣子. 晉나라 대부이며 실력자.

【陰地】晉나라 땅. 지금의 河南 盧氏縣 동북쪽.

【大棘之役】宣公 2년의 經文 및 傳文을 볼 것.

【鬪椒】子越椒. 楚나라 대부. 당시 楚나라 令尹. 鬪椒. 字는 '子越', 또는 伯棼. 초나라 若敖는 아들 鬪伯比를 두었는데, 伯比는 令尹이었던 子文과 司馬였던 子良을 낳았고, 子良이 椒를 낳았음. 따라서 子文의 조카가 됨.

【次】군사가 주둔함을 뜻함. 莊公 3년 傳에 "凡師, 一宿爲舍, 再宿爲信, 過信爲次"라 함.

【益其疾】그의 거만 떠는 고질병을 더하게 함. 杜預 注에 "欲示弱而驕之. 爲四年 楚滅若敖氏張本"이라 함.

※ 774(宣2-4)

秋九月乙丑, 晉趙盾弑其君夷皐.

가을 9월 을축날, 진晉나라 조돈趙盾이 군주 이고夷皐를 시해하였다.

【乙丑】9월 26일.

【趙盾】趙宣子. 晉나라 대부이며 실력자.

【夷皐】晉 靈公. 襄公(驩)의 뒤를 이어 B.C.620~607년까지 14년간 재위하고 成公(黑臀)이 그 뒤를 이음.《公羊傳》에는 '夷獋'로 되어 있음.

㉓

晉靈公不君, 厚欲以彫牆; 從臺上彈人, 而觀其辟丸也; 宰夫胹熊蹯不熟, 殺之, 寘諸畚, 使婦人載以過朝.

趙盾·士季見其手, 問其故, 而患之.

將諫, 士季曰:「諫而不入, 則莫之繼也. 會請先, 不入, 則子繼之.」

三進, 及溜, 而後視之, 曰:「吾知所過矣, 將改之.」

稽首而對曰:「人誰無過, 過而能改, 善莫大焉.《詩》曰:『靡不有初, 鮮克有終.』夫如是, 則能補過者鮮矣. 君能有終, 則社稷之固也, 豈唯羣臣賴之? 又曰『袞職有闕, 惟中山甫補之』, 能補過也. 君能補過, 袞不廢矣.」

猶不改.

宣子驟諫, 公患之, 使鉏麑賊之.

晨往, 寢門闢矣, 盛服將朝.

尚早, 坐而假寐.

麑退, 歎而言曰:「不忘恭敬, 民之主也. 賊民之主, 不忠; 弃君之命, 不信. 有一於此, 不如死也.」

觸槐而死.

秋九月, 晉侯飲趙盾酒, 伏甲, 將攻之.

其右提彌明知之, 趨登, 曰:「臣侍君宴, 過三爵, 非禮也.」

遂扶以下.

公嗾夫獒焉, 明搏而殺之.

盾曰:「弃人用犬, 雖猛何爲!」

鬪且出, 提彌明死之.

初, 宣子田于首山, 舍于翳桑, 見靈輒餓, 問其病.

曰:「不食三日矣.」

食之, 舍其半.

問之. 曰:「宦三年矣, 未知母之存否, 今近焉, 請以遺之.」

使盡之, 而爲之簞食與肉, 寘諸橐以與之.

旣而與爲公介, 倒戟以禦公徒而免之.

問何故. 對曰:「翳桑之餓人也.」
問其名居, 不告而退, 遂自亡也.

진晉 영공靈公은 임금답지 못하여 많은 세금을 거두어 담장까지도 조각할 정도였으며, 궁전 위에서 사람들에게 탄환을 쏘아 사람들이 피하려고 허둥거리는 광경을 보고 즐기기도 하였으며, 한번은 요리사가 곰발바닥을 삶았는데 제대로 익지 않았다고 그를 죽여 삼태기에 담아 여인들로 하여금 이를 이고 조정을 지나가게 할 정도였다.

조돈趙盾과 사계士季가 죽은 요리사의 삐죽이 나온 손을 보고 그 까닭을 물어보고는 걱정을 하였다.

조돈이 영공에게 충간을 하려 하자 사계가 말하였다.

"그대 같은 이가 충간하였다가 받아들여지지 않으면 그 뒤 더 이상 충간할 만한 인물이 없습니다. 제가 먼저 들어갈 테니 충간해서 받아들여지지 않으면 그때 그대가 내 뒤를 이어 충간하십시오."

사계가 세 번씩이나 궁전의 처마 밑 빗물 떨어지는 곳에서 충간을 하자 임금은 그제야 뒤돌아보더니 이렇게 말하는 것이었다.

"내 심하게 한 바를 알고 있으니 장차 고치도록 하겠소."

그러자 사계는 머리를 조아리며 대답하였다.

"사람이라면 누군들 잘못이 없겠습니까? 잘못을 알고 이를 고칠 수 있다면 그것보다 더 좋은 일은 없습니다. 《시》에 '처음 시작은 잘 하려 하지 않은 것이 없건만 끝을 제대로 맺는 자는 드물도다'라 하였습니다. 무릇 이와 같다면 능히 허물을 고치는 자는 적다는 말입니다. 임금께서 능히 유종의 미를 거두신다면 우리나라 사직은 튼튼하게 될 것입니다. 어찌 저희 신하들만이 복을 받는 것이겠습니까? '삼공으로 있는 자에게 잘못이 있으면, 중산보仲山甫가 그것을 바로잡았네'라 하였습니다. 이것은 능히 허물을 바로잡을 수 있음을 말한 것입니다. 임금께서 능히 잘못을 바로잡아주신다면 임금의 자리는 폐지되지 않을 것입니다."

그러나 영공은 자신의 잘못을 고치지 않았다.

그리하여 조선자趙宣子가 자꾸 간언을 하자 영공은 이를 몹시 싫어하여

서예鉏麑로 하여금 조돈을 죽여 없애도록 하였다.

서예가 아침 일찍 조돈의 집으로 갔더니 그의 침실 문이 활짝 열려 있었고 조돈은 마침 조복朝服을 입고 조정으로 나가려는 참이었다.

그런데 아직 너무 이른 아침이라 그는 앉은 채 졸고 있었다.

서예는 물러나와 탄복하며 이렇게 하였다.

"군주를 공경스럽게 대해야 한다는 것을 잊지 않으니 이러한 자야말로 백성의 주인이다. 백성의 주인을 죽이는 것은 불충不忠이며, 그렇다고 임금의 명령을 저버리는 것은 불신不信이다. 이 둘 가운데 하나라도 범하는 것은 차라리 죽느니만 못하다."

그리고 홰나무에 자신의 머리를 찧어 죽고 말았다.

가을 9월, 진 영공이 조돈에게 술대접을 하고 무장한 병사들을 숨겨 그를 죽이려 하였다.

그런데 조돈의 전차 오른쪽 전사 시미명提彌明이 이를 알고 급히 달려가 그 술자리로 올라서며 말하였다.

"신하가 임금을 모시고 잔치할 때 석 잔을 넘어서는 것은 예가 아닙니다."

조돈은 맨발로 뛰어 내려갔다.

영공이 사나운 개에게 소리를 질러 그에게 덤벼들도록 하자 시미명은 그 개를 손으로 때려죽였다.

조돈이 영공에게 이렇게 소리쳤다.

"사람을 버리고 개를 등용하시니, 그 개가 아무리 사납다 한들 무슨 일을 할 수 있겠소이까!"

조돈은 병사들과 맞서 싸우면서 빠져 나왔으나 시미명은 그만 죽고 말았다.

당초, 조선자(趙盾)가 수산首山에서 사냥하면서 뽕나무 그늘에 자리를 잡고 있었었을 때 그는 영첩靈輒이라는 자가 굶주리고 있는 것을 보고 무슨 병이 있느냐고 물었다.

그러자 영첩은 이렇게 대답하였다.

"사흘 동안 아무것도 먹지 못하였습니다."

그리하여 조선자가 그에게 밥을 주었더니 거기에 그는 밥의 반절을 남기는 것이었다.

조선자가 그 까닭을 묻자 그는 이렇게 말하였다.

"저는 나라에 3년간 벼슬하였으나 어머니가 잘 계시는지조차 모르고 있습니다. 이제는 어머니 계시는 집이 가까우니 청컨대 남은 이 밥을 어머니께 보내드릴 수 있도록 해주십시오."

조선자는 그가 남긴 밥을 마저 다 먹도록 하고 다시 그를 위해 밥과 고기를 표주박에 담아 자루에 넣어 주었다.

이윽고 영첩은 영공의 호위병으로서 거기에 참여하게 되었다가 그는 가지고 있던 창을 거꾸로 하여 영공의 병사들을 막아 조선자로 하여금 죽음을 면하게 해 주었던 것이다.

조선자가 그 이유를 묻자 영첩은 이렇게 대답하였다.

"제가 바로 지난날 뽕나무 아래에서 굶주리던 그 사람입니다."

조선자가 그의 이름과 살고 있는 곳을 물었으나 그는 대답도 하지 않고 물러나 혼자 사라지고 말았다.

【晉靈公】《呂氏春秋》過理篇에 "晉靈公無道"라 하였고 《潛夫論》浮侈篇에도 "晉靈公厚賦以雕牆"이라 하였음.

【宰夫】 궁중 요리사.

【胹】 요리 중 푹 삶는 조리법.

【寘諸畚】 '寘'(치)는 '置'와 같으며, '諸'(저)는 '之於'의 합음자. '畚'은 삼태기.

【士季】 晉나라 대부. 士會, 隨季, 范會, 隨會 등 여러 이름으로 불림. 士蔿의 손자 이며 士穀과 형제. 隨 땅을 채읍으로 하여 '隨會', 혹 '隨武子'라고도 불렀으며 다시 范땅을 채읍으로 하여 '范武子'로도 불림. 한때 秦나라로 망명하는 등 우여곡절을 겪기도 함. 그 후손이 뒤에 晉나라 六卿의 하나인 范氏로 발전함.

【溜】 처마 밑의 빗물 떨어지는 곳. 沈欽韓 〈補注〉에 "溜謂簷下水溜之處"라 함.

【詩】《詩經》大雅 蕩篇에 "蕩蕩上帝, 下民之辟. 疾威上帝, 其命多辟. 天生烝民, 其命匪諶. 靡不有初, 鮮克有終. 文王曰咨, 咨女殷商. 曾是彊禦, 曾是掊克, 曾是 在位, 曾是在服. 天將惛德, 女興是力"이라 함.

【哀職有闕, 惟中山甫補之】《詩經》大雅 烝民篇에 "人亦有言, 柔則茹之, 剛則吐之. 維仲山甫, 柔亦不茹, 剛亦不吐, 不侮矜寡, 不畏彊禦. 人亦有言, 德輶如毛, 民鮮

克擧之. 我儀圖之, 維仲山甫擧之, 愛莫助之. 袞職有闕, 維仲山甫補之”라 함. ‘袞職’의 袞은 龍무늬가 들어 있는 옷으로 천자 밑의 三公이 입었음. 따라서 삼공을 대신한 말임. ‘仲山甫’는 周 宣王 때의 名臣.

【袞不廢矣】곤복을 입고 있는 군주의 지위가 사라지지 않음. 여기서의 ‘袞’은 당시 周나라 天子國을 보위하는 諸侯의 뜻으로 진 영공을 삼공에 비유하여 말한 것.

【驟諫】자주 간언을 함. ‘驟’는 ‘屢’, 혹은 ‘數’(삭)과 같음.《史記》晉世家에 “趙盾·隨會前數諫, 不聽”이라 하였고《國語》晉語(5)에도 “靈公虐, 趙宣子驟諫, 公患之”라 함.

【鉏麑】晉 靈公의 신하이며 力士.《史記》晉世家에 “使鉏麑刺趙盾”이라 함.

【假寐】눈을 감고 조는 것. 혹은 눈을 감고 정신을 수양하고 있는 모습이라고도 함.

【槐】홰나무. 회화나무. 고대 정승의 집안에는 홰나무를 심었으며 趙盾의 뜰 나무에 머리를 찧어 죽음.《國語》晉語(5) 韋昭 注에 “庭, 外朝之庭也. 周禮, 王之外朝三槐, 三公位焉; 則諸侯之朝三槐, 三卿位焉”이라 함. 한편 이상의 고사는《國語》晉語(5)에 “靈公虐, 趙宣子驟諫, 公患之, 使鉏麑賊之. 晨往, 則寢門辟矣, 盛服將朝, 早而假寐. 麑退, 歎而言曰:「趙孟敬哉! 夫不忘恭敬, 社稷之鎭也. 賊國之鎭不忠, 受命而廢之不信, 享一名於此, 不如死.」觸庭之槐而死. 靈公將殺趙盾, 不克. 趙穿攻公於桃園, 逆公子黑臀而立之, 實爲成公”이라 하였고《說苑》(立節篇)에도 “晉靈公暴, 趙宣子驟諫, 靈公患之, 使鉏之彌賊之; 鉏之彌晨往, 則寢門闢矣, 宣子盛服將朝, 尙早, 坐而假寢, 之彌退, 歎而言曰:「不忘恭敬, 民之主也. 賊民之主, 不忠; 棄君之命, 不信. 有一於此, 不如死也.」遂觸槐而死”라 하였으며,《呂氏春秋》(過理篇)에도 “趙盾驟諫而不聽, 公惡之, 乃使沮麑見之, 不忍賊, 曰:「不忘恭敬, 民之主也! 賊民之主, 不忠; 棄君之命, 不信. 一於此, 不若死.」乃觸廷槐而死”라 함.《史記》(晉世家)에도 “靈公患之, 使鉏麑刺趙盾. 盾閨門開, 居處節. 鉏麑退, 歎曰:「殺忠臣, 棄君命, 罪一也.」遂觸樹而死”라 하여 널리 실려 있음.

【將攻之】靈公이 趙盾을 죽이고자 함.《公羊傳》에는 “靈公聞之, 怒, 滋欲殺之甚. 衆莫可使往者, 於是伏甲于宮中, 召趙盾而食之”라 함.

【提彌明】‘提’는 注에 ‘提本又作衹. 上支反’이라 하여 ‘시’로 읽음. 趙宣子(趙盾)의 전차 오른쪽을 담당했던 副官.《公羊傳》에는 ‘祁彌明’으로,《史記》晉世家에는 ‘示彌明’으로 되어 있음.

【三爵】석 잔의 술. 조선자로 하여금 술을 더 마시지 못하도록 한 것.

【嗾】개를 부리는 소리. ‘嗾’와 같음.《方言》에 “秦晉之西鄙, 自冀隴而西, 使犬曰嗾”라 함.

【獒】 사나운 개. 猛犬.

【首山】 首陽山. 雷首山이라고도 하며 지금의 山西 永濟縣 남쪽.

【翳桑】 뽕나무 그늘. 杜預 注에 "翳桑, 桑之多蔭翳者"라 함. 《呂氏春秋》(報更篇)에는 '觙桑', 《淮南子》(人間訓)에는 '委桑', 《公羊傳》과 《史記》(晉世家)에는 '桑下'로 되어 있음. 그러나 江永과 王引之는 지명으로 보아야 한다고 여겼음.

【靈輒】 인명. 뒤에 靈公의 호위병이 되어 趙宣子를 죽이고자 하는 잔치에 호위를 맡았다가 격투 와중에 趙宣子(趙盾)를 살려줌. 《呂氏春秋》 報更篇에 "昔趙宣孟將上之絳, 見觙桑之下, 有餓人臥不能起者, 宣孟止車, 爲之下食, 蠲而餔之, 再咽而後能視. 宣孟問之曰:「女何爲而餓若是?」對曰:「臣宦於絳, 歸而糧絶, 羞行乞而憎自取, 故至於此.」宣孟與脯一朐, 拜受而弗敢食也. 問其故, 對曰:「臣有老母, 將以遺之」宣孟曰:「斯食之, 吾更與女.」乃復賜之脯二束與錢百, 而遂去之. 處二年, 晉靈公欲殺宣孟, 伏士於房中以待之, 因發酒於宣孟. 宣孟知之, 中飮而出. 靈公令房中之士疾追而殺之. 一人追疾, 先及宣孟之面曰:「嘻, 君擧! 吾請爲君反死」宣孟曰:「而名爲誰?」反走對曰:「何以名爲! 臣觙桑下之餓人也.」還鬪而死. 宣孟遂活. 此書之所謂德幾無小者也. 宣孟德一士猶活其身, 而況德萬人乎? 故《詩》曰:「赳赳武夫, 公侯干城」, 「濟濟多士, 文王以寧」. 人主胡可以不務哀士? 士其難知, 唯博之爲可, 博則無所遁矣"라 함.

【宦】 나라에 봉사함. 벼슬함. 떠돌이 벼슬살이를 말함.

【公介】 '公'은 靈公, '介'는 介甲. 즉 군주의 호위병.

【倒戟】 창을 거꾸로 쥠.

【名居】 이름과 주소. 지금 살고 있는 곳을 알아 보답하고자 하였던 것임.

【自亡】 杜預 注에 "輒亦去"라 하여 영첩 자신이 스스로 사라진 것으로 보았으나 王引之는 趙盾이 그 자리를 떠난 것으로 보았음. 《呂氏春秋》에는 靈輒은 "還鬪而死"로 되어 있음.

㊀

乙丑, 趙穿攻靈公於桃園.

宣子未出山而復.

大史書曰:「趙盾弒其君」, 以示於朝.

宣子曰:「不然.」

對曰:「子爲正卿, 亡不越竟, 反不討賊, 非子而誰?」

宣子曰:「嗚呼!《詩》曰:『我之懷矣, 自詒伊感.』其我之謂矣!」
孔子曰:「董狐, 古之良史也, 書法不隱. 趙宣子, 古之良大夫也,
爲法受惡. 惜也, 越竟乃免.」
宣子使趙穿逆公子黑臀于周而立之.
壬申, 朝于武宮.

을축날, 조천趙穿이 영공靈公을 도원桃園에서 죽였다.

그때 조선자趙宣子는 다른 나라로 달아나다 국경의 산을 넘지 못하고 있었는데 그 소식을 듣고 되돌아왔다.

태사大史가 그 사건을 이렇게 기록하였다.

"조돈이 그의 군주를 죽였다."

그리고는 그 기록을 조정에 전시하였다.

이에 조선자가 말하였다.

"내가 죽이지 않았다."

태사는 이렇게 대답하였다.

"그대는 나라의 정경正卿으로서 다른 나라로 망명하다가 국경을 넘어가지 않았고 돌아와서는 군주를 죽인 자를 토벌하지 않고 있으니 죽인 자가 그대가 아니고 누구라는 것입니까?"

조선자는 탄식하며 말하였다.

"아! 《시》에 '내가 품은 생각이 스스로 나에게 걱정만 남겼구나'라 하였는데 이는 나 같은 사람을 두고 한 말이로구나!"

공자孔子가 말하셨다.

"동호董狐는 옛날의 훌륭한 사관史官으로서 법도대로 기록하여 사실을 숨기지 않았다. 조선자는 옛날의 훌륭한 대부로다. 법을 위하여 자신의 악명을 받아들였다. 아까운 일이로다. 그가 국경을 넘었더라면 그 악명을 면하였을 터인데."

조선자는 조천에게 공자 흑둔黑臀을 주周나라에서 맞이하여 임금으로 세우도록 하였다.

임신날, 선조 무공武公의 사당에 제사를 올리며 이를 알렸다.

【乙丑】9월 26일.

【趙穿】晉나라 대부. 趙盾의 堂弟.

【攻靈公】《孔子家語》正論篇에는 "趙穿殺靈公"이라 하였고,《史記》晉世家에도
"盾遂奔, 未出晉境. 乙丑, 盾昆弟將軍趙穿襲殺靈公於桃園, 而迎趙盾. 趙盾素貴,
得民和; 靈公少, 侈, 民不附, 故爲弑易. 盾復位"라 하여 영공을 죽인 것으로 되어
있음. 〈金澤文庫本〉에는 '攻'이 '煞'로 표기되어 있음.

【桃園】궁궐 안의 정원 이름.

【大史】太史. 董狐를 가리킴. 당시 역사기록을 맡았던 인물.

【詩】杜預 注에 "逸詩也"라 하였으나 지금의 《詩經》邶風 雄雉篇에 "雄雉于飛,
泄泄其羽. 我之懷矣, 自詒伊阻. 雄雉于飛, 下上其音. 展矣君子, 實勞我心. 瞻彼
日月, 悠悠我思. 道之云遠, 曷云能來. 百爾君子, 不知德行. 不忮不求, 何用不臧"
이라 하여 실려 있음.

【董狐】太史의 이름. 역사 기록에 어떤 압력에도 굴하지 않고 사실대로 기록한
인물로 널리 거명됨. 杜預 注에 "不隱盾之罪"라 함.

【越竟乃免】국경을 넘어 다른 나라로 망명하면 군주와 인연이 끊어져 나중에
악행을 저지른 사람(趙穿)을 응징할 책임이 없기에 이렇게 말한 것임. '越竟'은
'越境'과 같으며《史記》晉世家에는 "出竟"으로 되어 있음. 沈欽韓 〈補注〉에는
"言倉皇出奔他國, 義不再返, 乃可逃弑君之名"이라 함.

【公子黑臀】晉 成公. 晉 文公의 아들이며 襄公의 아우. 그가 태어날 때 신이 궁둥이에
'使有晉國'이라 검은 글씨를 써 준 꿈을 꾸어 붙여진 이름. 周나라에 망명해 있었
으며 이때 趙穿이 맞이하여 군주로 세움.《國語》周語(下)에 "且吾聞成公之生也,
其母夢神規其臀而墨曰「使有晉國」, 故名之曰黑臀"이라 함. 한편《史記》晉世家
에는 "趙盾使趙穿迎襄公弟黑臀于周而立之, 是爲成公. 成公者, 文公少子. 其母周
女也"라 함. 그는 B.C.606~600년까지 7년간 재위하고 景公(獳)이 그 뒤를 이음.

【壬申】10월 5일.

【武宮】晉나라를 중흥시킨 曲沃 武公(稱)의 사당. 진나라는 새 임금이 들어서면
반드시 무공의 사당에 가서 이를 고하였음. 僖公 14년을 볼 것.

㉑

初, 麗姬之亂, 詛無畜羣公子, 自是晉無公族.

及成公卽位, 乃宦卿之適而爲之田, 以爲公族.

又宦其餘子, 亦爲餘子; 其庶子爲公行.

晉於是有公族·餘子·公行.

趙盾請以括爲公族, 曰:「君姬氏之愛子也. 微君姬氏, 則臣狄人也.」

公許之.

冬, 趙盾爲旄車之族, 使屛季以其故族爲公族大夫.

지난날, 여희麗姬의 난 때, 여희는 여러 공자를 기르지 않겠다고 맹서하여 그때부터 진晉나라에는 공족公族이라는 것이 없어졌다.

그런데 성공成公이 즉위하자 경卿의 적장자嫡長子에게 벼슬을 주고 그들에게 토지까지 주어 공족으로 삼았다.

그리고 그 적장자의 나머지 아들들에게 벼슬을 주어 이들을 여자餘子라 하고, 그 서자들은 공항公行의 호칭을 주었다.

진나라는 이에 공족, 여자, 공항이라는 벼슬이 생기게 되었다.

조돈趙盾은 조괄趙括을 공족으로 삼을 것을 청원하며 말하였다.

"괄括은 군주의 딸께서 사랑하던 아들입니다. 군주의 딸이 아니었더라면 저는 적狄나라 사람이 되었을 것입니다."

성공은 그의 청원을 들어주었다.

겨울, 조돈은 모거旄車가 되었고 병계屛季를 자신 씨족을 이끄는 공족대부公族大夫가 되도록 해 주었다.

【麗姬之亂】麗姬는 驪姬. 晉 獻公의 부인으로 자신의 소생 奚齊를 세우고자 太子(申生), 重耳(文公), 夷吾(惠公) 등에게 온갖 모함을 하여 이들이 모두 국외로 탈출하는 등 대소동을 일으켰던 여인. 전체 기록에 모두 '驪姬'로 되어 있으나 유독 이곳만 '麗姬'로 표기되어 있음. 僖公 4년 등을 참조할 것.

【成公】黑臀. 趙穿에 의해 周나라에서 돌아와 왕위에 오름.

【宦卿之適】〈阮刻本〉에는 '宦卿之適子'로 되어 있음. '適'은 '嫡'과 같음.

【公族】公室의 핏줄을 인정하여 이들에게 세습권을 부여하는 卿 이상의 벼슬.

【餘子】嫡子(適子)에 상대되는 말로《周禮》地官 少司徒에 "凡國之大事, 治民; 大故, 致餘子"라 하여 公族 맏아들이 아닌 그 나머지 아우들에게 주는 벼슬이며 호칭.

【公行】'공항'으로 읽음. 庶子들에 주는 벼슬이나 호칭. 공족과 行列(항렬)이 같다는 뜻. 杜預注에 "庶子, 妾子也. 掌率公戎行"이라 하였으며, 疏에 '行, 戶郎反'이라 함.

【趙盾】趙宣子. 重耳(文公)가 망명할 때 狄에서 적의 군주가 딸 叔隗를 주자 이를 중이가 조최(趙衰)에게 양보하여 조최와 숙외 사이에 났으며 뒤에 돌아와 晉나라 실력자가 됨.

【君姬氏】趙姬. 晉 成公의 누이동생이며 文公의 딸. 趙盾의 아버지 趙衰의 아내로 晉 文公이 돌아와 왕위에 오르자 조최에게 자신의 딸을 주어 趙括을 낳음. 僖公 24년 傳에 "文公妻趙衰, 生原同·屛括·樓嬰"이라 함.

【括】趙括. 屛括. 屛季. 趙盾의 이복동생. 趙衰와 君姬氏 사이에 난 아들.

【愛子】趙括은 趙姬의 둘째 아들로 형 原同이 있었지만 형을 추천하지 않은 것은 趙姬가 가장 사랑했던 아들이었기 때문이었음을 내세운 것.

【微君姬氏】'微'는 '만약 ~이 아니었더라면'의 否定의미의 假定文을 구성함. 趙盾은 狄 여인의 소생으로 文公의 딸 君姬氏가 王妃가 되자 狄에 있던 趙盾 등을 귀국하도록 배려해 주어 들어올 수 있었음. 僖公 24년 傳文을 볼 것.

【旄車】'餘子'와 같음. '公路'라고도 함. 원래는 諸侯가 타는 수레로서 戰時에 이를 담당하는 임무를 맡아 그 때문에 '餘子'를 이렇게 지칭한 것임.

【屛季】趙括. 屛括. '季'는 막내일 경우 字에 이를 더하여 불렀음.

【故族】그의 일족. 조최 이후의 친족들을 가리킴.

【公族大夫】공족을 이끄는 대부.

✹ 775(宣2-5)

冬十月乙亥, 天王崩.

겨울 10월 을해날, 천자가 붕어하였다.

【乙亥】10월 6일.

【天王】周나라 천자 匡王. 이름은 姬班. 頃王(姬壬臣)의 뒤를 이어 B.C.612~607년까지 6년간 재위하고 定王(姬瑜)이 뒤를 이음. 《史記》周本紀에 "匡王六年, 崩, 弟瑜立, 是爲定王"이라 함.

＊無傳

117. 宣公 3年(B.C.606) 乙卯

周	定王(姬瑜) 원년	齊	惠公(元) 3년	晉	成公(黑臀) 원년	衛	成公(鄭) 29년
蔡	文公(申) 6년	鄭	穆公(蘭) 22년	曹	文公(壽) 12년	陳	靈公(平國) 8년
杞	桓公(姑容) 31년	宋	文公(鮑) 5년	秦	康公(稻) 3년	楚	莊王(旅) 8년
許	昭公(錫我) 16년						

✺ 776(宣3-1)

三年春王正月, 郊牛之口傷, 改卜牛, 牛死, 乃不郊.
猶三望.

　3년 봄 주력 정월, 교제郊祭의 희생 소가 입을 다쳐 다른 소로 점을
쳤으나 소가 죽어 교제를 그만두었다.
　삼망三望은 그대로 지냈다.

【郊】 郊外에서 풍작과 국가의 안녕을 기원하는 제사.
【牛】 날짜를 점쳐서 제사에 사용하는 소는 '牲'이라 하고, 날짜를 점치기 전에
　　준비만 되어 있는 소는 '牛'라 함.《公羊傳》에 "養牲養二, 卜. 帝牲不吉, 則扳稷牲
　　而卜之. 帝牲在于滌三月. 於稷者, 唯具是視"라 함.
【三望】 '望'은 '望祭'. 제후가 자신의 영내 산천에 지내는 제사. 魯나라의 三望은
　　東海, 泰山, 淮水였음. 僖公 31년 傳을 볼 것.

〈傳〉

三年春, 不郊, 而望, 皆非禮也.
望, 郊之屬也.
不郊, 亦無望可也.

3년 봄, 교제郊祭를 지내지 않고 망제望祭만을 지낸 것은 예에 맞지 않은 일이었다.
망제는 교제에 하속下屬된 제사이다.
교제를 지내지 않는다면 망제도 지내지 않는 것이 옳다.

【非禮】 杜預 注에 "言牛雖傷·死, 當更改卜取其吉者, 郊不可廢也"라 함.
【郊之屬】 郊祭의 하부 제사. 부속된 제사. 상급의 제사를 지내지 않았으면 그에 부속된 제사는 지내지 않아야 함.

※ 777(宣3-2)

葬匡王.

천자 광왕匡王을 안장하였다.

【葬匡王】 천자는 7개월이 지나 안장하는 것이 원칙인데 넉 달 만에 안장한 것은 너무 서두른 것이라 여겼음. 杜預 注에 "四月而葬, 速"이라 함.
＊無傳

〈傳〉

晉侯伐鄭, 及郔.
鄭及晉平, 士會入盟.

진晉 성공成公이 정鄭나라를 쳐서 연郔 땅까지 이르렀다.

정나라는 진나라와 화평을 맺어, 진나라 사회土會가 정나라로 들어가 맹약을 맺았다.

【晉侯】 晉 成公(黑臀).
【郔】 지금의 河南 滑縣. 〈石經〉 등에는 '延'으로 되어 있음.
【土會】 晉나라 대부. 隨季, 土季, 范會, 隨會, 季武子 등 여러 이름으로 불림. 土蔿의 손자이며 土穀과 형제. 隨 땅을 채읍으로 하여 '隨會', 혹 '隨武子'라고도 불렀으며 다시 范 땅을 채읍으로 하여 '范武子'로도 불림. 한때 秦나라로 망명하는 등 우여곡절을 겪기도 함. 그 후손이 뒤에 晉나라 六卿의 하나인 范氏로 발전함. 杜預 注에 "爲夏楚侵鄭傳"이라 함.

❋ 778(宣3-3)

楚子伐陸渾之戎.

초楚 장왕莊王이 육혼陸渾의 융戎을 쳤다.

【楚子】 楚 莊王(侶, 旅). 春秋五霸의 다섯 번째 霸者.
【陸渾之戎】 戎族의 하나로 지금의 河南 嵩縣 동북과 伊川縣 등지에 분포하고 있었음. 允姓으로 원래 甘肅 安西縣 서남 瓜州城에 살다가 이곳으로 옮겨옴. 僖公 23년 傳文을 볼 것. 그러나 《穀梁傳》에는 '陸渾戎', 《公羊傳》에는 '賁渾戎'으로 되어 있어 '之'자가 없음.

傳

楚子伐陸渾之戎, 遂至於雒, 觀兵于周疆.
定王使王孫滿勞楚子.

楚子問鼎之大小·輕重焉.

對曰:「在德不在鼎. 昔夏之方有德也, 遠方圖物, 貢金九牧, 鑄鼎象物, 百物而爲之備, 使民知神姦. 故民入川澤·山林, 不逢不若. 螭魅罔兩, 莫能逢之. 用能協于上下, 以承天休. 桀有昏德, 鼎遷于商, 載祀六百. 商紂暴虐, 鼎遷于周. 德之休明, 雖小, 重也. 其姦回昏亂, 雖大, 輕也. 天祚明德, 有所底止. 成王定鼎于郟鄏, 卜世三十, 卜年七百, 天所命也. 周德雖衰, 天命未改. 鼎之輕重, 未可問也.」

초楚 장왕莊王이 육혼陸渾의 융을 쳐서 드디어 낙수雒水에 이르러 주周나라 강역 안에서 관병식觀兵式을 가졌다.

정왕定王은 대부 왕손만王孫滿을 보내어 초 장왕을 위로하도록 하였다.

그러자 초 장왕이 구정九鼎의 크기와 무게를 물었다.

왕손만이 답하였다.

"천자가 되는 것은 그 사람의 덕德에 따른 것이지 구정 크기에 있는 것은 아닙니다. 옛날 하夏나라는 바야흐로 큰 덕이 있어, 먼 나라들은 저마다 그들 나라 안의 기이한 형상을 그려 올리고, 구주九州의 수령들이 각기 동銅을 바쳐 그것으로 큰 솥을 만들었습니다. 그 솥에 여러 가지 모양을 새겨 넣어 모든 사물의 모습이 모두 갖추어졌으며 백성들로 하여금 훌륭한 신과 나쁜 요괴를 알도록 하였습니다. 그리하여 백성들이 천택川澤이나 산림에 들어가서도 그 형상과 같지 않은 것은 만나지 않게 되었고 이매螭魅나 망량罔兩 따위는 더 이상 만나는 일이 없었던 것입니다. 이로써 능히 위아래가 화합하여 하늘의 아름다운 복을 받을 수 있었습니다. 그런데 걸왕桀王이 덕을 닦지 않아 그 구정九鼎은 상商(殷)나라로 옮겨져 6백 년이 흘렀습니다. 그러다 상나라 주왕紂王이 포학하게 굴자 구정은 다시 주周나라로 옮겨진 것입니다. 구정을 얻는 천자의 덕이 아름답고 밝으면 구정이 비록 작아도 매우 무게가 나갑니다. 그러나 천자의 덕이 어리석고 간악하면 구정이 비록 크다 해도 아주 가벼워집니다. 하늘의 복과 밝은 덕은 정해진 한계가 있습니다. 주 성왕成王이 당시 도읍 겹욕郟鄏에 구정을 안치하고 대수代數를 점쳤더니 30대가 이어진다고 하였고, 주나라 햇수를 점쳤더니 7백 년

동안 이어진다고 하였으니 이것이 주나라 왕실에 내린 천명天命입니다. 지금
주나라의 덕이 비록 쇠하였다고는 하나 천명은 아직 바뀐 것이 아닙니다.
그러니 구정의 무게는 물을 것이 못 됩니다.”

【雒】洛水. 陝西 洛南縣 冢領山(冢嶺山)에서 발원하여 河南 洛陽을 거쳐 鞏縣의
河水로 흘러드는 黃河의 지류. 한편 ‘雒’과 洛의 문자 표기 차이에 대하여
《博物志》(6) 地理考에 “舊洛陽字作水邊各. 漢, 火行也, 忌水, 故去水而加隹. 又魏
於行次爲土, 水得土而流, 上得水而柔, 故復去隹加水, 變雒爲洛焉”이라 하였
으며, 《三國志》(魏書 文帝紀) 注에도 “魏略曰: 詔以漢火行也, 火忌水, 故「洛」去
「水」而加「隹」. 魏於行次爲土, 土, 水之牡也, 水得土而乃流, 土得水而柔, 故除
「隹」加「水」, 變「雒」爲「洛」”이라 함.
【周疆】周나라 왕실 영토의 강역. 周나라 교외. 《史記》 楚世家에는 ‘觀兵於
周郊’로 되어 있으며 《水經注》에는 “周王城東南門, 名曰鼎門, 蓋九鼎所從
入也. 故謂是地爲鼎中, 楚之問鼎於此”라 함.
【定王】 당시 주나라 천자. 匡王(姬班)의 아우이며 이름은 姬瑜. B.C.606∼586년
까지 21년간 재위하고 簡王(姬夷)이 뒤를 이음.
【王孫滿】周나라 대부. 僖公 33년 傳에 “王孫滿尙幼”라 하여 이때는 그보다 21년
뒤임. 《史記》 楚世家에 “莊王曰:「子無阻九鼎, 楚國折鉤之喙, 足以爲九鼎.」
王孫滿曰:「嗚呼! 郡王其忘之乎?」”의 구절이 이어져 있음.
【鼎】九鼎. 三足兩耳의 모습으로 만든 아홉 개의 솥. 원래 夏禹가 九州의 구리를
모아 주조하였으며 원래 종묘의 제사 기구로 쓰였으나 뒤에는 천자와 국가의
천명을 뜻하는 상징물로 쓰임. 夏, 殷, 周 삼대를 거쳐 天子國에 전수되었으며
이때는 주나라 왕실에 안치되어 있었음. 《史記》 周本紀에 “楚莊王伐陸渾之戎,
次洛, 使人問九鼎”이라 하였고, 戰國時代에도 《戰國策》 첫 장에도 秦나라가
이 九鼎을 취하고자 그 무게를 물어본 사건이 실려 있음.
【問鼎】 자신이 天子의 지위를 갖겠다는 뜻. 杜預 注에 “示欲偪周取天下”라 함.
【夏】夏禹. 夏나라 禹王을 말함. 최초의 世襲王朝 夏나라를 건국하고 더 이상
전쟁이 없도록 천하의 구리를 모아 무기 대신 九鼎을 만들었다 함.
【圖物】 지방 山川의 기이한 것들을 그린 그림.
【金】 당시의 金은 구리(銅)를 가리킴.
【九牧】 九州의 牧者. 九州의 수령들. 천하를 九州로 나누었으며 각 州에 수령을

두어 이들을 '牧'이라 불렀음. 《禮記》王制 "州有伯" 鄭玄 注에 "殷之州長曰伯,
虞夏及周皆曰牧"이라 함.

【神姦】좋은 신과 간악한 괴물(요괴)에 대한 구분.

【不逢不若】구정에 새겨진 그림과 같지 않은 이상한 사물은 만나는 경우가 없음.
백성들이 편안한 삶을 누리게 되었음을 말함. 고대 精靈에 대한 두려움을 사라
지게 하였음을 뜻함.

【螭魅罔兩】螭魅는 산속의 괴물. 罔兩은 물속의 귀신. 杜預 注에 "螭, 山神獸形;
魅, 怪物. 罔兩, 水神"이라 함. '罔兩'은 '蝄蜽', '魍魎' 등으로도 표기하며 疊韻
連綿語의 물명. 《博物志》(9)에 "水之怪爲龍·罔象, 木石之怪爲夔·罔兩, 土之
怪爲羵羊, 火之怪爲宋無忌"라 하였으며 그 외 《國語》(魯語 下)에 "季桓子穿井,
獲如土缶, 其中有羊焉. 使問之仲尼, 曰:「吾穿井而獲狗, 何也?」對曰:「以丘之
所聞, 羊也. 丘聞之, 木石之怪曰: 夔 蝄蜽; 水之怪曰: 龍 罔象; 土之怪曰: 羵羊.」"
이라 하였고 이 고사는 《史記》(孔子世家), 《漢書》(五行志), 《說苑》(辨物篇), 《韓詩
外傳》(佚文), 《搜神記》(12〈穿井獲羊〉), 《法苑珠林》(11), 《琱玉集》(12) 등에 널리
실려 있음.

【天休】하늘이 내리는 복. 杜預 注에 "民無災害, 則上下和而受天祐"라 함.

【桀】夏나라의 末王. 妹姬에게 빠져 천하를 괴롭히던 포악한 군주로 널리 지칭됨.
殷(商)의 湯에게 망함.

【載祀】햇수. 《爾雅》釋天에 "夏曰歲, 商曰祀, 周曰年, 唐虞曰載"라 함.

【六百】殷(商)의 왕조 기간은 6백여 년이었음. 《史記》殷本紀 集解에 "殷凡
三十世, 六百餘年"이라 하였고, 《漢書》律曆志에 "自伐桀至武王伐紂,
六百二十九歲"라 함.

【紂】殷나라 妹王. 妲己에게 빠져 酒池肉林, 炮烙之刑 등의 고사를 남겼으며
걸과 함께 폭군의 대명사로 늘 거론됨. 周 武王(姬發)에게 망함.

【鼎遷於周】武王이 紂를 멸하고 九鼎을 周나라로 옮김. 《逸周書》世俘篇에
"甲子朝至接於商, 則咸劉商王紂. 辛亥, 薦俘殷王鼎"이라 함.

【休明】아름답고 밝음. '休'는 '아름답다'의 뜻,

【祚】복을 내려줌.

【底止】하늘이 덕으로써 내려준 사람이 제한되어 있음. '底는' '이르게 해주다'의
뜻. 杜預 注에 "底, 致也"라 함. '지'로 읽음.

【成王】西周의 임금. 姬誦. 武王의 아들이며 周公(姬旦)의 조카. 어려서 왕위에
올라 周公이 섭정함.

【郟鄏】周나라의 옛 수도. 成周를 가리킴. 지금의 河南 洛陽縣 서쪽 郟鄏陌. 注에
"郟鄏, 今河南也. 武王遷之, 成王定之"라 함.
【世三十·年七百】九鼎을 안치하고 周나라 代數와 햇수를 점쳤더니 30世代
700年이라 하였음.《漢書》律曆志에 의하면 "周凡三十六王, 八百六十七歲"라 함.

* 779(宣3-4)

夏, 楚人侵鄭.

여름, 초楚나라가 정鄭나라를 쳤다.

傳

夏, 楚人侵鄭, 鄭卽晉故也.

여름, 초楚나라가 정鄭나라를 침공한 것은 정나라가 진晉나라에 가까이
하고 있었기 때문이다.

【卽晉】진나라에 가까이 함. 당시 楚 莊王은 패자의 지위를 확보하기 위하여
晉나라와 다투었으나 晉 靈公 이후 晉나라는 전혀 힘을 발휘하지 못하였고,
이에 초나라가 제후국들을 휘어잡으려 하고 있었음.

* 780(宣3-5)

秋, 赤狄侵齊.

가을, 적적赤狄이 제齊나라를 쳤다.

【赤狄】春秋時代 狄族은 白狄, 赤狄 등으로 나누었으며 潞氏, 甲氏, 留吁, 鐸辰 등은 赤狄의 나라였음. 赤狄은 주로 지금의 山西 長治縣 서쪽에 분포하였음. *無傳

✹ 781(宣3-6)

宋師圍曹.

송宋나라 군사가 조曹나라를 포위하였다.

【宋】당시 宋나라 군주는 文公(鮑)으로 재위 5년째였음.
【曹】당시 曹나라 군주는 文公(壽)으로 재위 12년째였음.

㉖

宋文公卽位三年, 殺母弟須及昭公子, 武氏之謀也.
使戴·桓之族攻武氏於司馬子伯之館, 盡逐武·穆之族.
武·穆之族以曹師伐宋.
秋, 宋師圍曹, 報武氏之亂也.

송宋 문공文公 즉위 3년, 문공이 자신의 아우 수須와 소공昭公의 아들을 죽인 것은 송 무공武公의 자손이 난을 일으키자 그들 무리를 없애기 위한 것이었다.

그는 대공戴公·환공桓公의 자손들로 하여금 무공의 자손 중에 사마司馬 자백子伯의 집에서 공격하도록 하여 무공·목공의 자손들을 모두 축출하였다.

이에 무공·목공의 자손들이 조曹나라의 군사를 끌고 와서 송나라를 친 것이다.

　가을, 송나라 군사가 조나라를 포위한 것은 무공 자손의 일족을 도와 난을 일으킨 조나라에 대해 보복을 하기 위한 것이었다.

【文公】宋 文公(鮑). 즉위 3년은 魯 宣公 원년에 해당함.
【須】公子 須. 文公(鮑)과 같은 어머니의 친동생. 이름은 須. 당시 司城이었음.
【昭公】이름은 杵臼. 襄公의 아들. 기록에 따라 成公의 막내아들로 되어 있기도
　함.《史記》宋世家에 "成公卒, 成公弟禦殺太子及大司馬公孫固而自立爲君, 宋人
　共殺君禦而立成公少子杵臼, 是爲昭公"이라 하였으나 〈年表〉에는 "宋昭公杵臼,
　襄公之子"라 함. 그러나 본《左傳》文公 16년에 宋 昭公이 襄公夫人을 "君祖母"
　라 부른 것으로 보아 昭公은 成公의 아들이며 襄公의 손자임.
【昭公子】昭公(杵臼)의 아들. 武穆의 족인들이 昭公의 아들을 추대하여 文公을
　축출하려 하였음.
【武氏】宋 武公의 후손들.
【戴桓之族】宋나라 戴公과 桓公의 후손들로 이들은 文公을 지지하고 있었음.
　桓公(御說)은 B.C.681～651년까지 31년간 재위하고 襄公(玆父)이 그 뒤를 이음.
【司馬子伯】華耦. 文公 16년 傳文을 볼 것.
【武·穆之族】宋 武公과 穆公의 후손들로 자신 계열이 왕위에서 멀어지자
　불만을 품고 난을 일으킨 것임. 宣公 3년 傳에 "盡出武穆之族"이라 하여 이들은
　모두 曹나라로 도망하였음. 이 사건은 文公 18년을 볼 것.

❋ 782(宣3-7)

　冬十月丙戌, 鄭伯蘭卒.

　겨울 10월 병술날, 정鄭나라 군주 난蘭이 죽었다.

【丙戌】10월 23일.
【蘭】鄭 穆公의 이름. B.C.627～606년까지 22년간 재위하고 그 뒤를 靈公(夷)이
　이었으나 곧바로 襄公(堅)에게 왕위가 넘어감.《史記》鄭世家에 "二十二年,
　鄭繆公卒, 子夷立, 是爲靈公"이라 함.

㉥

冬, 鄭穆公卒.

初, 鄭文公有賤妾曰燕姞, 夢天使與己蘭, 曰:「余爲伯儵. 余, 而祖也. 以是爲而子. 以蘭有國香, 人服媚之如是.」

旣而文公見之, 與之蘭而御之.

辭曰:「妾不才, 幸而有子. 將不信, 敢徵蘭乎?」

公曰:「諾.」

生穆公, 名之曰蘭.

文公報鄭子之妃曰陳嬀, 生子華·子臧.

子臧得罪而出, 誘子華而殺之南里, 使盜殺子臧於陳·宋之間.

又娶于江, 生公子士.

朝于楚, 楚人酖之, 及葉而死.

又娶于蘇, 生子瑕·子俞彌, 俞彌早卒.

洩駕惡瑕, 文公亦惡之, 故不立也.

公逐羣公子, 公子蘭奔晉, 從晉文公伐鄭.

石癸曰:「吾聞姬·姞耦, 其子孫必蕃. 姞, 吉人也, 后稷之元妃也. 今公子蘭, 姞甥也, 天或啓之, 必將爲君, 其後必蕃. 先納之, 可以亢寵.」

與孔將鉏·侯宣多納之, 盟于大宮而立之, 以與晉平.

穆公有疾, 曰:「蘭死, 吾其死乎! 吾所以生也.」

刈蘭而卒.

겨울, 정鄭 목공穆公이 세상을 떠났다.

당초, 정鄭 문공文公에게는 천한 첩이 있어 이름을 연길燕姞이라 하였는데 문공은 꿈에 천사天使가 그 연길에게 난蘭을 주며 이렇게 말하는 것을 보게 되었다.

"나는 백조伯儵이다. 너의 조상이다. 이로써 너의 아들로 삼도록 하리라. 난초는 나라에서 가장 향기로우니 후일 사람들은 이와 같이 그를 따르고 사랑하리라."

이윽고 문공은 그 여인을 발견하고 그에게 난초를 주며 자신을 모시도록 하였다.

그러자 연길은 고맙게 여기며 이렇게 말하였다.

"첩은 재능이 없어 총애를 받아 아들을 가진다 하더라도 장차 사람들은 그 사실을 믿지 않을 것입니다. 그때 감히 이 난초로 증거를 삼아도 되겠습니까?"

문공이 말하였다.

"좋다."

뒤에 그녀가 목공을 낳자 아들 이름을 난蘭이라 하였다.

문공은 정鄭나라 공자이자 숙부인 자의子儀의 아내 진규陳嬀와 간통하여 자화子華와 자장子臧을 낳았다.

자장이 죄를 짓고 국외로 달아나자 문공은 자화를 꾀어 남리南里에서 죽이고, 자객으로 하여금 진陳나라와 송宋나라의 국경에서 자장까지 죽여 버렸다.

그리고 문공은 다시 강江나라에서 아내를 맞아 공자 사士를 낳았다.

공자 사가 초楚나라에 갔을 때 초나라 사람이 그에게 짐독을 먹여 그는 섭葉 땅에 이르러 죽고 말았다.

문공은 다시 소蘇나라에서 아내를 맞아 자하子瑕와 자유미子俞彌를 낳았으나 자유미는 일찍 죽었다.

대부 설가洩駕가 자하를 미워하자 문공 역시 자하를 미워하여 그 때문에 자하는 태자가 되지 못하였다.

문공이 이렇게 여러 공자들을 몰아내자 공자 난은 진晉나라로 달아났다가 진晉 문공文公이 정나라를 칠 때 함께 따라나섰다.

석계石癸가 말하였다.

"내 듣기로 '희성姬姓과 길성姞姓이 결혼하여 짝이 되면 그 자손들이 틀림없이 번창할 것'이라 하더이다. 길성의 사람은 길吉한 사람으로 후직后稷의 원비元妃가 바로 길성이었습니다. 지금 공자 난蘭은 길성의 부인이 낳았습니다. 하늘이 혹 그분을 돕는다면 틀림없이 장차 임금이 될 것이며, 그 후손도 틀림없이 번창할 것입니다. 그러니 먼저 그분을 맞아들인다면 가장 높은 총애를 받을 수 있을 것입니다."

그리고 대부 공장서孔將鉏, 후선다侯宣多와 함께 공자 난을 맞아들여 태궁
大宮에서 맹약을 맺고 태자로 세워서 진晉나라와 화평을 맺었다.

정 목공이 병이 들어 자리에 눕게 되자 이렇게 말하였다.

"난이 시들어 죽으면 나도 죽는 것인가! 나는 난초로 인해 태어났으니
말이다."

난초를 잘라버리자 과연 목공은 세상을 떠나고 말았다.

【鄭文公】穆公(蘭)의 아버지. 이름은 捷. B.C.672~628년까지 45년간 재위함.

【燕姞】南燕이 姞姓이었으며 南燕 출신의 천한 여인이었음을 알 수 있음.

【夢天使與己蘭】천사가 그 여인(燕姞)에게 난초를 주며 말을 하는 것을 문공이
꿈에서 본 것임.

【伯鯈】南燕의 先祖. 李貽德의 〈輯述〉에 "黃帝之子得姓者十二, 姞其一也. 伯鯈
當是受姞姓者"라 함.

【國香】나라 안에서 가장 향기로움.

【服媚】가까이 하여 몸에 지니며 사랑함. '服'은 '佩'와 같음.

【御之】자신을 모시도록 함. 그 여인을 사랑하여 아이를 갖도록 함.

【徵蘭】징표로 난초를 내세움.《史記》鄭世家에 "以夢告文公, 文公幸之, 而予之
草蘭爲符"라 함.

【報鄭子之妃曰陳媯】'報'는 '通姦, 姦淫, 淫姦, 私通'의 뜻.《詩經》邶風 雄雉의
孔穎達 疏에 服虔의 말을 인용하여 "淫親屬之妻曰報. 漢律, 淫季父之妻曰報"라
하였으며,《晉書》石勒載記(下)에도 "又下書禁國人不聽報嫂"라 함. 鄭子는 子儀.
文公의 숙부. 桓公 18년 傳에 "祭仲逆鄭子於陳而立之"라 하였고, 莊公 14년 傳
에는 "傳瑕殺鄭子及其二子而納厲公"이라 함. 子儀는 陳나라에 있을 때 아내를
娶하였으며 그를 '陳媯'라 불렀음. 문공은 이 여인과 사통하여 자장과 자화를 나음.

【子臧】文公과 陳媯 사이에 난 첫째 아들. 그는 뒤에 죄를 짓고 宋나라로 도망
하였음. 僖公 24년 傳에 "鄭子華之弟子臧出奔宋"이라 함.

【誘子華而殺之南里】子華를 죽인 것은 僖公 16년을 볼 것. 南里는 정나라 지명.
지금의 河南 新鄭縣 남쪽.

【使盜殺子臧於陳·宋之間】子臧을 죽인 것은 僖公 24년을 볼 것.

【江】나라 이름. 楚나라에게 멸망함.

【公子士】文公과 江妃 사이에 난 아들. 뒤에 楚나라에 사신으로 갔다가 楚나라가

江나라를 멸망시킬 때 公子 士의 어머니가 江나라 출신이라 하여 酖毒(鴆毒)을
몰래 먹여 죽여 버림.

【葉】楚나라 지명. 지금의 河南 葉縣 남쪽의 葉城.

【蘇】溫 땅을 중심으로 있던 고대 작은 나라. 蘇忿生의 고국으로 보기도 함.

【洩駕】鄭나라 대부. 僖公 31년 傳에 "鄭洩駕惡公子瑕, 鄭伯逆惡之, 故公子瑕
  出奔楚"라 하였고, 《史記》鄭世家에는 "初, 鄭文公有三夫人, 寵子五人, 皆以
  罪蚤死"라 하였음. 여기에서의 三夫人은 陳嬀, 江妃, 蘇妃이며 五子는 子華,
  子臧, 公子士, 子瑕, 子兪彌였음.

【從晉文公伐鄭】晉 文公이 鄭나라를 치자 蘭이 따라감. 僖公 30년 傳에 "初,
  鄭公子蘭出奔晉, 從於晉侯伐鄭, 請無與圍鄭. 許之, 使待命于東"이라 하였고,
  《史記》鄭世家에는 "公怒, 漑逐群公子. 子蘭奔晉, 從晉文公圍鄭"이라 함.

【石癸】정나라 대부.

【姬姓】鄭나라의 성씨. 鄭 文公을 말함.

【姞姓】南燕의 성씨. 蘭의 어머니 燕姞을 말함.

【耦】'偶'와 같음. 배우자가 됨. 서로 짝이 됨. 婚姻함.

【后稷】棄. 周나라 선조. 姬姓이며 그의 元妃가 姞姓이었음.

【姞甥】燕姞이 낳았으니 姞姓 南燕의 조카가 되는 신분이라는 뜻.

【亢寵】가장 높은 총애. 杜預 注에 "亢, 極也"라 하였고, 《周易》乾卦 上九의
  爻辭에 '亢龍有悔'라 함.

【孔將鉏】鄭나라 대부.

【侯宣多】鄭나라 대부. 그는 穆公을 세운 뒤 그 총애를 믿고 권세를 부려 소동을
  일으킨 적도 있음. 그에 대해서는 僖公 30년 및 文公 20년을 참조할 것.

【大宮】정나라 선조의 위패를 모신 사당. '태궁'으로 읽음.

【晉平】晉나라와 화평을 이룸. 《史記》鄭世家에 "時蘭事晉文公甚謹, 愛幸之,
  乃私于晉, 以求入鄭爲太子. 晉文公欲入蘭爲太子, 以告鄭. 鄭大夫石癸曰: 「吾聞
  姞姓乃后稷之元妃, 其後當有興者. 子蘭母, 其後也. 且夫人子盡已死, 餘庶子
  無如蘭賢. 今圍急, 晉以爲請, 利孰大焉!」遂許晉, 與盟, 而卒立子蘭爲太子, 晉兵
  乃罷去"라 함.

【刈蘭】세 가지로 해석함. 난초 꽃이 피니 이를 누군가가 자르자 목공이 죽었
  다는 설과 목공이 스스로 과연 그러한가를 실험하기 위해 잘라보도록 하였더니
  목공이 죽었다는 설. 그리고 어떤 사람이 아무것도 모른 채 난초를 잘랐더니
  목공이 죽었다는 설 등임. 杜預 注에 "傳言穆氏所以大興於鄭, 天所啓也"라 함.

葬鄭穆公.

정鄭 목공穆公의 장례를 치렀다.

【葬】당시 관례로 諸侯는 5개월 만에 장례를 치르도록 되어 있으나 미처 그 기간이
되기 전에 장례를 치렀음을 지적한 것.
＊無傳

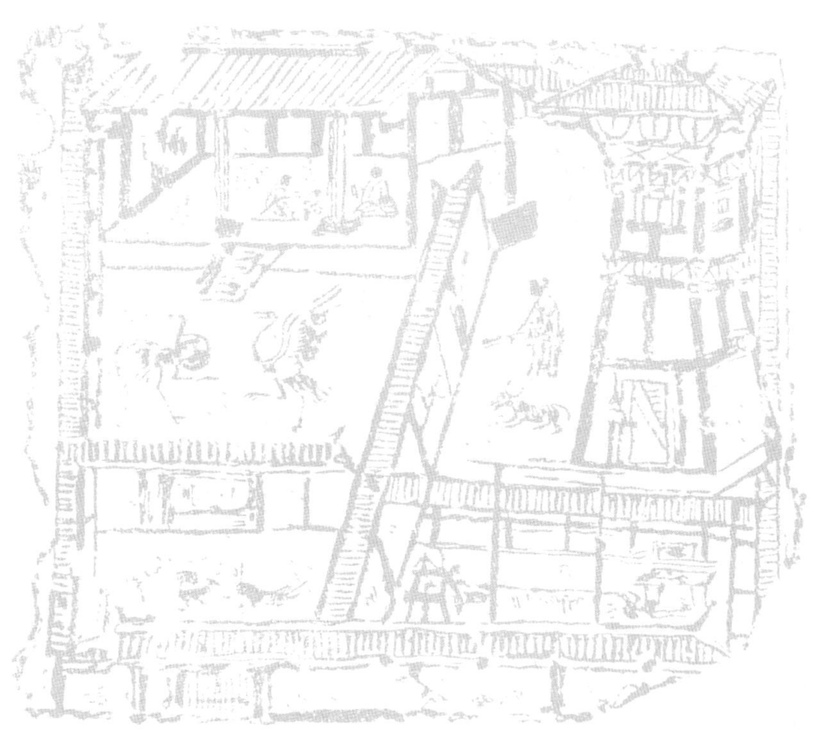

118. 宣公 4年(B.C.605) 丙辰

周	定王(姬瑜) 2년	齊	惠公(元) 4년	晉	成公(黑臀) 2년	衛	成公(鄭) 30년
蔡	文公(申) 7년	鄭	靈公(夷) 원년	曹	文公(壽) 13년	陳	靈公(平國) 9년
杞	桓公(姑容) 32년	宋	文公(鮑) 6년	秦	康公(稻) 4년	楚	莊王(旅) 9년
許	昭公(錫我) 17년						

❋ 784(宣4-1)

四年春王正月, 公及齊侯平莒及郯.

莒人不肯, 公伐莒, 取向.

4년 봄 주력 정월, 선공과 제齊나라 군주가 함께 거莒나라와 담郯나라가
화친을 맺도록 해 주었다.

그런데 거나라가 거부하자 선공은 거나라를 치고 상向을 차지하였다.

【齊侯】당시 齊나라 군주는 惠公(元) 4년이었음.

【郯】춘추시대 소국.《一統志》에 "今山東郯城縣西南三十里有古郯城"이라 함.
郯나라는 少暭의 後孫으로 己姓이었음. 그러나《史記》秦本紀贊에 의하면
伯益의 盈姓(嬴姓)에서 분파되어 나온 것으로 되어 있음.

【向】원래 나라 이름. '상'으로 읽음. 지금의 山東 郯城縣 서남에 있었으며 莒나라가
이를 차지하여 거나라의 邑이 되었음. 隱公 2년 참조.

傳

四年春, 公及齊侯平莒及郯, 莒人不肯.

公伐莒, 取向, 非禮也.

平國以禮, 不以亂.

伐而不治, 亂也.

以亂平亂, 何治之有?

無治, 何以行禮?

4년 봄, 선공과 제齊 혜공惠公이 거莒나라와 담郯나라가 서로 화친을 맺도록 하였으나 거나라가 거부하였다.

선공이 거나라를 쳐서 상向 땅을 빼앗은 것은 예에 맞지 않는 일이었다.

다른 나라를 화평하게 하는 것은 예로써 해야 하며 혼란으로써 할 일은 아니다.

상대를 쳐서 통치를 할 수 없도록 하는 것은 난을 짓는 짓이다.

난으로써 난을 다스린다면 어찌 다스림이 있겠는가?

통치하지 못하게 한다면 어찌 예를 행할 수 있겠는가?

【伐而不治】 토벌하여 그들로 하여금 통치를 이루지 못하도록 함.
【以亂平亂】 혼란으로써 혼란을 평정함.

● 785(宣4-2)

秦伯稻卒.

진秦나라 군주 도稻가 죽었다.

【稻】秦 共公의 이름. 康公(罃)의 뒤를 이어 B.C.608~604년까지 4년간 재위하고 桓公(榮)이 그 뒤를 이음. 그러나 《左傳》에는 그의 諡號가 밝혀지지 않았으며

《穀梁傳》疏에《世本》을 인용한 것과《史記》秦本紀에 의해 '共公'으로 여기고
있음. 한편《史記》年表에는 이름으로 '和'라 하였으나 도리어 〈秦本紀〉索隱
에는 이름을 '䅥'라 하였음. 게다가 본《左傳》에는 文公 4년(B.C.604)에 죽은 것
으로 되어 있으나 〈秦本紀〉에는 재위 5년 만인 이듬해(B.C.603)에 죽은 것으로
되어 있어 재위연대가 각기 다름.
＊無傳

✸ 786(宣4-3)

夏六月乙酉, 鄭公子歸生弑其君夷.

여름 6월 을유날, 정鄭나라 공자 귀생歸生이 군주 이夷를 시해하였다.

【乙酉】6월 26일.
【歸生】鄭나라 공자. 子家. 당시 鄭나라 대부였음. 文公 2년 傳을 볼 것.
【夷】鄭 靈公의 이름. 穆公(蘭)의 태자였다가 목공이 죽자 그 뒤를 이음. 처음
에는 諡號가 '幽公'이었으나 뒤에 '靈公'으로 고침. 재위 1년 만에 歸生에게 시해
당하고 말았으며 襄公(堅)이 그 뒤를 이음.《史記》年表에 "鄭靈公夷元年, 公子
歸生以黿故殺靈公"이라 함.

㉮
楚人獻黿於鄭靈公.
公子宋與子家將見.
子公之食指動, 以示子家, 曰:「他日我如此, 必嘗異味.」
及入, 宰夫將解黿, 相視而笑.
公問之, 子家以告.
及食大夫黿, 召子公而弗與也.
子公怒, 染指於鼎, 嘗之而出.

公怒, 欲殺子公, 子公與子家謀先.
子家曰:「畜老, 猶憚殺之, 而況君乎?」
反譖子家.
子家懼而從之.
夏, 弑靈公.
書曰:「鄭公子歸生弑其君夷」, 權不足也.
君子曰:「仁而不武, 無能達也.」
凡弑君, 稱君, 君無道也; 稱臣, 臣之罪也.
鄭人立子良. 辭曰:「以賢, 則去疾不足; 以順, 則公子堅長.」
乃立襄公.
襄公將去穆氏, 而舍子良.
子良不可, 曰:「穆氏宜存, 則固願也. 若將亡之, 則亦皆亡, 去疾
何爲?」
乃舍之, 皆爲大夫.

초楚나라 사람이 큰 자라를 정鄭 영공靈公에게 바쳤다.

공자 송宋과 자가子家가 임금을 뵈러 들어갈 때 자공子公의 둘째손가락이 저절로 떨리자 그는 자가에게 보이며 이렇게 말하였다.

"다른 날에도 내 둘째손가락이 이렇게 저절로 떨린 적이 있는데 그때는 틀림없이 별미를 먹었다네."

그들이 궁중으로 들어가 요리사가 큰 자라를 해부하고 있는 것을 보고 두 사람은 서로 마주보며 웃음을 띠었다.

영공이 묻자 자가가 그 까닭을 말하였다.

영공은 대부들에게 그 자라고기를 먹여 줄 때 자공을 불러다 놓고서도 그에게는 고기를 나누어 주지 않는 것이었다.

자공은 노하여 고기 삶은 솥에 손가락을 담갔다가 그 손가락을 빨면서 나가버렸다.

영공이 노하여 자공을 죽이려 하자 자공은 자신이 죽기 전에 먼저 그를 죽이려고 자가와 함께 모의하였다.

그러자 자가는 이렇게 말하였다.

"집 안에 기르는 가축도 늙으면 죽이기를 꺼리거늘 하물며 군주를 죽일 수 있겠는가?"

자공이 오히려 자가를 모함하겠다고 하자 자가는 두려워 자공의 제의를 따르고 말았다.

여름, 영공이 시해를 당하였다.

경經에 '정나라 공자 귀생歸生이 그 군주 이夷를 죽였다'라고 쓴 것은 그가 자공을 말리는 권위가 모자랐음을 밝힌 것이다.

군자가 말하였다.

"자가는 어질기는 하지만 용감하지 못하여 능히 그 저지하는 일을 달성할 수가 없었다."

무릇 신하가 군주를 시해하였을 때 임금의 이름을 기록한 것은 그 임금이 무도하였을 경우이며, 임금을 시해한 신하의 이름을 기록한 것은 신하에게 죄가 있을 경우이다.

정나라에서 자량子良을 임금으로 세우려 하자 자량은 이렇게 사양하였다.

"어짊으로 기준을 삼는다면 나(去疾)는 부족하고, 나이 순서로 따진다면 공자 견堅이 연장자입니다."

그리하여 양공襄公을 임금으로 세웠다.

양공은 장차 목공穆公의 아들들을 모두 없애려 하면서 자량만을 남겨 두고자 하였다.

그러자 자량은 불가하다면서 이렇게 말하였다.

"목공의 아들들이 모두 온전히 남는다면 그것이 진실로 내가 바라던 것입니다. 만약 장차 이들을 모두 없애고자 한다면 모두가 없어져야지 나 거질을 남겨두어서 어쩌겠다는 것입니까?"

그리하여 그들을 그대로 두고 모두 대부로 삼았다.

【黿】 큰 자라. 《說文》에 "黿, 大鱉也"라 함. 속어로 脚魚, 혹 團魚라 함. 《史記》 年表에 "鄭靈公夷元年, 公子歸生以黿故殺靈公"이라 함.

【公子宋】鄭나라 대부이며 자는 子公.

【子家】鄭나라 대부이며 역시 공자. 이름은 歸生.

【食指】둘째손가락. 엄지는 大指, 혹, 巨指라 하며 둘째손가락은 食指, 셋째는 將指, 넷째는 無名指, 다섯째는 小指라 함.

【宰夫】궁중 요리사.

【解】이를 잡아 요리를 하고자 해체함.

【弗與】일부러 주지 않음. 杜預 注에 “欲使指動無效”라 하여 손가락이 움직인 것이 아무런 효과가 없음을 알려주려 한 것이라 함.

【譖】모의한 자체를 뒤집어씌워 영공에게 참훼할 것이라 위협한 것. 그러나 《說苑》復恩篇에는 “楚人獻黿於鄭靈公, 公子家見公子宋之食指動. 謂公子家曰: 「我如是必嘗異味.」 及食大夫黿, 召公子宋而不與, 公子宋怒, 染指於鼎, 嘗之而出. 公怒欲殺之. 公子宋與公子家謀先, 遂弒靈公”이라 하였고, 《史記》鄭世家에는 “靈公元年, 春. 楚獻黿於靈公. 子家·子公將朝靈公, 子公之食指動, 謂子家曰: 「他日指動, 必食異物.」 及人, 見靈公進黿羹, 子公笑曰: 「果然.」 靈公問其笑故, 具告靈公. 靈公召之, 獨弗予羹. 子公怒, 染其指, 嘗之而出. 公怒, 欲殺子公. 子公與子家謀先. 夏, 弒靈公”이라 하여 이 구절이 없음.

【權不足】子公의 지위가 子家(歸生)보다 높았던 것이 아닌가 함. 杜預 注에 “子家權不足以禦亂, 懼譖而從弒君, 故書以首惡”이라 함.

【仁而不武】원래 歸生(子家)은 靈公을 시해할 의도가 없었으며 나아가 ‘畜老’ 운운하며 인자함을 보였으나 결국 참훼의 위협에 겁을 먹고 시해에 참여한 것은 자신의 용기(武)가 부족하였기 때문이며 이는 그가 영공을 죽인 것과 같다는 뜻임. 杜預 注에 “初稱畜老, 仁也; 不討子公, 是不武也. 故不能自通於人道, 而陷弒君之罪”라 함.

【稱君·稱臣】經에 ‘鄭公子歸生弒其君夷’라 하여 ‘歸生’(子家)과 ‘夷’(靈公)의 이름을 직접 쓴 것은 ‘임금은 무도하고 신하는 죄가 있음’을 밝힌 것으로 해석한 것임.

【子良】鄭 穆公의 庶子. 이름은 去疾. 임금 자리를 공자 堅(襄公)에게 양보함.

【堅】子堅. 鄭 襄公이 됨. 鄭 靈公의 아우, 혹은 庶兄이라고도 함. 《史記》鄭世家에 “鄭人欲立靈公弟去疾, 去疾讓曰: 「必以賢, 則去疾不肖; 必以順, 則公子堅長.」 堅者, 靈公庶弟, 去疾之兄也. 於是立子堅, 是爲襄公”이라 하였으나 徐廣이 인용한 〈年表〉에는 “靈公庶兄”이라 함.

【穆氏】穆公의 아들들.《史記》에는 '繆氏'로 되어 있음. 襄公도 穆公의 아들이었
으므로 자신의 여러 형제를 모두 없애려 한 것임.《史記》鄭世家에 "襄公立,
將盡去繆氏. 繆氏者, 殺靈公子公之族家也"라 함.
【舍子良】子良을 살려두기로 한 것은 자신에게 임금 자리를 양보하였기 때문
이라 하였음. 杜預 注에 "以其讓己"라 함.
【大夫】穆公에게는 13명의 아들이 있었으며 뒤에 그 중 罕, 駟, 豐, 游, 印, 國,
良은 '七穆'이라 불리며 대를 이어 홍성하였다 함.

✹ 787(宣4-4)

赤狄侵齊.

적적赤狄이 제齊나라를 쳤다.

【赤狄】春秋時代 狄族은 白狄, 赤狄 등으로 나누었으며 潞氏, 甲氏, 留吁, 鐸辰
등은 赤狄의 나라였음. 적적은 주로 지금의 山西 長治縣 서쪽에 분포하였음.
宣公 3년에도 침입하였음.
＊無傳

✹ 788(宣4-5)

秋, 公如齊.

가을, 선공이 제齊나라에 갔다.

＊無傳

✹ 789(宣4-6)

公至自齊.

선공이 제齊나라로부터 돌아왔다.

【自齊】 돌아와 종묘에 고하였으므로 기록한 것. 桓公 2년 전을 볼 것.
＊無傳

✹ 790(宣4-7)

冬, 楚子伐鄭.

겨울, 초楚 장왕莊王이 정鄭나라를 쳤다.

【楚子】 당시 楚나라 군주는 春秋五霸의 마지막 霸者였던 莊王(侶, 旅) 9년째였음.

㊀

初, 楚司馬子良生子越椒.
子文曰:「必殺之! 是子也, 熊虎之狀而豺狼之聲; 弗殺, 必滅若
敖氏矣. 諺曰:『狼子野心.』是乃狼也, 其可畜乎?」
子良不可.
子文以爲大慼.
及將死, 聚其族, 曰:「椒也知政, 乃速行矣, 無及於難.」
且泣曰:「鬼猶求食, 若敖氏之鬼不其餒而!」
及令尹子文卒, 鬪般爲令尹, 子越爲司馬, 蒍賈爲工正.
譖子揚而殺之, 子越爲令尹, 己爲司馬.
子越又惡之, 乃以若敖氏之族, 圄伯嬴于轑陽而殺之, 遂處烝野,

將攻王.

　王以三王之子爲質焉, 弗受, 師于漳澨.

　秋七月戊戌, 楚子與若敖氏戰于皐滸.

　伯棼射王, 汰輈, 及鼓跗, 著於丁寧.

　又射, 汰輈, 以貫笠轂.

　師懼, 退.

　王使巡師曰:「吾先君文王克息, 獲三矢焉, 伯棼竊其二, 盡於是矣.」

　鼓而進之, 遂滅若敖氏.

　初, 若敖娶於䢵, 生鬭伯比.

　若敖卒, 從其母畜於䢵, 淫於䢵子之女, 生子文焉.

　䢵夫人使弃諸夢中, 虎乳之.

　䢵子田, 見之, 懼而歸.

　夫人以告, 遂使收之.

　楚人謂乳穀, 謂虎於菟, 故命之曰鬭穀於菟.

　以其女妻伯比.

　實爲令尹子文.

　其孫箴尹克黃使於齊, 還及宋, 聞亂.

　其人曰:「不可以入矣.」

　箴尹曰:「弃君之命, 獨誰受之? 君, 天也, 天可逃乎?」

　遂歸, 復命, 而自拘於司敗.

　王思子文之治楚國也, 曰:「子文無後, 何以勸善?」

　使復其所, 改命曰生.

당초, 초楚나라 사마司馬 자량子良이 아들 자월초子越椒를 낳았다.

그러자 자문子文(鬭穀於菟)이 말하였다.

"이 아이는 반드시 죽여 없애거라! 곰과 호랑이의 모습을 하고, 승냥이와 이리의 소리를 내고 있다. 죽이지 않으면 틀림없이 우리 약오씨若敖氏 가문을 멸망시킬 아이로다. 속담에 '이리 새끼는 마음이 늘 들판에 있다'라 하였다. 이 아이는 바로 이리다. 그런데 어찌 기를 수 있겠는가?"

자량은 그렇게 할 수 없다고 하였다.

그래서 자문은 그것을 큰 근심거리로 여겼다.

그리하여 그는 죽음에 이르자 씨족들을 모아놓고 이렇게 말하였다.

"자월초가 정권을 잡거든 모두들 서둘러 국외로 떠나거라. 재난이 미치지 않도록 말이다."

그리고 울며 또다시 말을 이었다.

"귀신도 제사를 받아먹기를 요구하는데 우리 약오씨의 귀신들은 배를 곯지 않을까!"

영윤 자문이 죽자 아들 투반鬪般이 영윤이 되고, 자월초가 사마司馬, 위가蔿賈는 공정工正이 되었다.

그 뒤에 위가가 영윤 자양子揚(鬪般)을 모함하여 죽이자 자월초가 영윤이 되고, 위가 자신은 사마가 되었다.

그런데 자월초가 이번에는 위가를 미워하여 이에 약오씨의 일족을 이용하여 백영伯嬴(蔿賈)을 요양轑陽에 잡아 가두었다가 죽여 버리고는 드디어 증야烝野에 머무르며 장차 초왕楚王(莊王)을 공격할 참이었다.

당시 초 장왕은 문왕·성왕·목왕 세 선왕들의 아들을 인질로 보내려 하였으나 자월초가 이를 받아주지 않자 장수漳水 근처로 군사를 출동시키게 되었다.

가을 7월 무술날, 초 장왕은 약오씨와 고호皋滸에서 전투를 벌였다.

그때 백분伯棼이 왕에게 활을 쏘아, 그 화살이 왕이 탄 전차 앞쪽의 끌채를 지나 북을 올려놓은 받침을 꿰뚫고 그 아래에 있는 징에 맞았다.

다시 쏘자 화살은 전차 앞쪽의 끌채를 지나 수레의 중심을 꿰뚫었다.

군사들이 놀라 뒤로 물러났다.

그러자 왕은 사람을 시켜 군사를 순시하며 이렇게 말하도록 하였다.

"우리 선군 문왕文王께서 식息나라를 쳐서 이기고는 그 나라의 신비한 화살 세 개를 얻으셨다. 백분이 그 두 개를 훔쳐갔는데 그걸 여기에서 다 써버렸다."

그리고 북을 치며 진격하여 드디어 약오씨를 멸망시키고 말았다.

당초, 약오若敖는 운鄖나라에서 아내를 맞이하여 투백비鬪伯比를 낳았다.

약오가 죽자 투백비는 어머니를 따라 운나라에 가서 그곳에서 자랐는데 그는 운나라 임금의 딸과 간음하여 자문子文을 낳았다.

운나라 임금 부인이 그 아이(子文)를 몽夢이라는 습지대에다 버리도록 하였더니 호랑이가 나타나 아기에게 젖을 먹이는 것이었다.

운나라 임금이 사냥을 나갔다가 이를 보고는 두려워하며 되돌아갔다.

임금의 부인이 그 사실을 고백하고는 드디어 그 아이를 다시 거두어 오도록 하였다.

초나라 사람들은 젖 먹이는 일을 '누穀'라 하고 호랑이를 '오도'於菟라 하여 그 때문에 그 아이의 이름을 '투누오도'鬪穀於菟라 하였다.

그 군주의 딸을 투백비의 아내로 삼았다.

그 아이가 바로 영윤 자문이었던 것이다.

자문의 손자로서 잠윤箴尹 벼슬에 있던 극황克黃이 제齊나라에 사신으로 갔다가 귀국하는 길에 송나라에 이르렀을 때, 고국 초나라에 난이 일어났다는 소식을 듣게 되었다.

그를 따르던 수행원이 말하였다.

"본국으로는 들어갈 수 없습니다."

잠윤이 말하였다.

"군주의 명령을 버리면 유독 어떤 사람이 나를 받아주겠는가? 임금은 하늘이다. 하늘을 어찌 피하여 도망할 수 있겠는가?"

그리고는 드디어 돌아가 보고하고 스스로 사패司敗에게 나서서 구속을 청하였다.

장왕은 그의 할아버지 자문이 영윤으로 있을 때 초나라를 다스린 공을 생각하여 이렇게 말하였다.

"자문의 후손이 없어진다면 어떻게 그 선을 권장할 수 있겠는가?"

그리고 그를 관직에 복직시키며 이름을 '생生'이라 고쳐 부르도록 하였다.

【子良】鬪伯比의 아들이며 令尹 子文(鬪子文)의 아우. 司馬 벼슬을 하고 있었음. 鬪伯比는 若敖와 鄖女 사이에 난 아들.

【子越椒】鬪椒, 字는 子越. 鬪伯棼 등 여러 이름으로 불림. 文公 9년 전을 볼 것.

鬪伯比의 손자이며 子良의 아들. 난을 일으켰다가 楚 莊王에게 멸망함.

【子文】鬪子文. 楚나라 영윤 子文. 子良의 형이며 子越椒의 삼촌. 若敖氏 집안의
어른. 鬪伯比의 첫째 아들이며 鬪伯比가 邧(鄖)나라 임금 딸과 사통하여 낳은
아들로 夢澤의 들에 버렸으나 호랑이가 젖을 먹여 키워 '호랑이 젖을 먹고 자란
아이'라는 뜻의 초나라 방언 '누오도'(穀於菟)라는 이름을 갖게 되었음. 자는
子文.

【豺狼之聲】승냥이나 이리의 울음소리를 냄. 매우 불길하게 여겼음. 昭公 28년
傳을 볼 것.

【若敖氏】楚나라 武王의 조부. 楚나라 선대 군주로서 이름은 熊儀. 그 후손이
그 王號를 성씨로 취한 것임. 楚나라는 원래 熊姓으로 熊勇, 熊嚴, 熊霜, 熊徇,
熊鄂을 거쳐 若敖(熊儀)를 낳게 됨. 若敖는 B.C.790~764년까지 27년간 재위하고
霄敖가 6년을 이은 다음 蚡冒가 다시 14년을 거쳐 武王(B.C.740~690년 재위),
文王(B.C.689~677년 재위), 成王(B.C.671~626년 재위), 穆王(B.C.625~614)을 거쳐
당시의 莊王(B.C.610~591년 재위)으로 이어진 것이며, 그 중 若敖王의 후손은
대대로 若敖를 성으로 취하여 사용하였으며 鬪氏로도 중복하여 표기하였음.
한편 이들이 사사롭게 조직한 군사를 '若敖軍'이라고도 부름.

【狼子野心】이리 새끼는 마음이 늘 산야에 있어 野性(獸性)을 버리지 못함.
따라서 사람이 길들일 수가 없고 만약 기르면 끝내 사람을 해치게 된다는 뜻.
《國語》楚語(下)에도 이 말이 실려 있으며 昭公 28년 傳에도 "及堂, 聞其聲
而還, 曰:「是豺狼之聲也. 狼子野心.」"이라 함.

【不其餒而】'제사 지내는 자손이 끊어져 조상의 귀신들이 굶주리지 않겠는가!'의
뜻. '而'는 語助辭로 뜻은 없음.

【鬪般】'鬪班'으로도 표기하며 子揚. 令尹 子文의 아들. 申公鬪班으로도 부름.

【蒍賈】자는 伯嬴. 초나라 대부. 처음에는 子越椒를 도왔으나 뒤에 도리어 그에게
미움을 받아 죽음을 당함. 그 아들 孫叔敖가 莊王 때 令尹이 되어 楚나라를
부흥시켰음. 僖公 27년을 볼 것.

【工正】관직 이름. 百工을 다스리는 장관.

【譖子揚而殺之】蒍賈(伯嬴)가 子越椒(子越, 鬪椒)를 위하여 영윤 子揚(鬪班, 鬪般)을
모함하여 죽이고 대신 子越椒(鬪椒, 伯棼)를 영윤으로 앉히도록 하였으며
자신은 司馬 벼슬을 차지함.

【子越又惡之】子越椒가 영윤이 되자 이번에는 蒍賈(伯嬴)와 사이가 벌어져 그를
미워하여 결국 轑陽에 가두었다가 죽여 없앰.

【轑陽】 楚나라의 읍. 지금의 湖北 鍾祥縣의 臼水가 漢水로 흘러 들어가는 곳. 일명 合容渡라고도 함.

【烝野】 楚나라 읍. 지금의 湖北 江陵 부근.

【三王之子】 초나라 文王(熊貲), 成王(熊頵), 穆王(熊商臣)의 자손. 莊王이 이들을 인질로 보내어 子越椒와 협상을 벌이고자 한 것임.

【漳滋】 漳水 가. 杜預 注에 "漳滋, 漳水邊"이라 함. 漳水는 湖北 南漳縣 荊山의 남녘에서 동남쪽으로 흘러 鍾祥·當陽을 거쳐 沮水와 합쳐짐.

【戊戌】 7월 9일.

【皐滸】 초나라 지명. 漳滋의 남쪽.

【伯棼】 鬪伯棼, 子越椒.

【汏輈】 '汏'는 '통과하다'의 뜻. 輈는 수레의 끌채.

【鼓跗】 북을 올려놓는 받침대. 鼓架.

【丁寧】 군사용 징. 鉦《國語》吳語 "鳴鐘鼓丁寧"의 韋劭 注에 "丁寧, 謂鉦也"라 함. 疊韻連綿語의 物名.

【笠轂】 杜預 注에 "兵車無蓋, 尊者則邊人執笠依轂而立, 以禦寒暑, 名曰笠轂"이라 하였으나 고대 수레는 지붕이 있어 논리에 맞지 않은 것으로 보고 있음. 수레의 중심 부분으로 보는 것이 타당할 것임.

【先君文王】 息나라를 멸한 莊王의 선대 임금. 이름은 熊貲. B.C.689~677년까지 13년간 재위함. 莊公 14년 傳을 볼 것.

【三矢】 息나라로부터 획득한 신비한 화살 세 개. 그중 두 개를 伯棼(子越椒)이 훔쳐갔는데 이번에 두 개를 모두 앞서 상황대로 이미 모두 사용하여 더 이상 없음을 말함. 따라서 군사들로 하여금 두려워하지 말고 공격할 것을 독려한 것. 이로써 若敖氏를 멸한 것에 대하여《史記》楚世家에는 "莊王九年, 相若敖氏. 人或讒之於王, 恐誅, 反攻王, 王擊滅若敖氏族"이라 하여 이곳과 다름.

【鄖】 '鄖'으로도 표기하며 나라 이름. 杜預 注에 "鄖, 本又作鄖"이라 함. 지금의 湖北 安陸縣에 있었음. 桓公 11년에는 '鄖'으로 표기되어 있음.

【鄖子】 鄖나라 임금. 고대 소수민족이나 四夷의 군주에게도 '子'를 붙여 불렀음.

【夢】 雲夢澤. 원래는 '雲'과 '夢'이 서로 다른 이름이었으나 합하여 '雲夢'이 됨. 습지이며 못 이름. 湖北 雲夢縣에 있음.

【穀於菟】 '누오도'로 읽으며 楚나라 方言으로 '호랑이 젖을 먹고 자란 아이'라는 뜻. '穀'은 音은 '奴口反'(讀如耨)라 하여 '누'로 읽음. '穀'은 楚나라 방언으로 '젖, 젖을 먹이다'의 뜻으로 音을 취한 것이기는 하나, 本字는 '穀'임.〈金澤文庫〉

本에는 '觳'자로 되어 있으며 《說文解字》에도 '觳, 乳也'라 하여 本字가 따로
있었던 것으로 보임. 그 밖에 《漢書》敍傳의 注에 "牛羊乳汁曰觳"라 하여 通假로
사용한 예가 보임. 한편 '於'의 音은 '오'(於, 音烏). '菟'의 음은 '도'(音徒)라 하여
'오도'로 읽으며 초나라 방언으로 '호랑이'의 뜻.《漢書》敍傳에는 '穀於檡'로
되어 있으며 《論語》公冶長篇의 皇侃 疏에는 '穀於菟',《左傳會箋》에는
'穀於菟' 등으로 표기되어 있음.

【鬪穀於菟】'鬪'는 鬪氏 성을 앞에 붙인 것으로 다른 기록에는 이 글자가 생략
되어있음. 王引之 〈述聞〉에 "傳凡言'命之曰某'者, 皆名也, 未有連姓言之者. '鬪'字
蓋涉他篇'鬪穀於菟'而衍.《漢書》敍傳'故名穀於檡',《論語》公冶長篇皇疏'故名之
曰穀於菟', 皆無'鬪'字"라 함. 杜預 注에 "鬪氏始自子文爲令尹"이라 함.

【箴尹】楚나라 관직 이름. 諫爭하는 직무를 맡음.《呂氏春秋》勿躬篇 高誘 注에
"楚有箴尹之官, 諫臣也"라 함. 그러나 定公 4년에는 '鍼尹固'라 보여 '鍼尹'으로도
표기하였으며 哀公 16년에는 '箴尹固'라 하여 같은 官名으로 보임.

【克黃】子揚(鬪般, 鬪班)의 아들이며 子文(穀於菟)의 손자.

【司敗】楚나라 관직 이름으로 형벌을 담당하였으며 다른 나라의 司寇에 해당함.

【復其所】예전의 관직(箴尹)으로 복귀시킴.

【生】孔穎達 疏에 "言應死而重生"이라 함. 惠士奇의 〈補注〉에 의하면 漢代
劉向이 이름을 '更生'으로 바꾼 것은 이 고사에 근거하였다 함.

㊜

冬, 楚子伐鄭, 鄭未服也.

겨울, 초楚 장왕莊王이 정鄭나라를 친 것은 정나라가 초나라에 복종하지
않았기 때문이었다.

【未服】당시 楚 莊王이 패자였음. 杜預 注에 "前年楚侵鄭, 不獲成, 故曰「未服」"
이라 함.

119. 宣公 5年(B.C.604) 丁巳

周	定王(姬瑜) 3년	齊	惠公(元) 5년	晉	成公(黑臀) 3년	衛	成公(鄭) 31년
蔡	文公(申) 8년	鄭	襄公(堅) 원년	曹	文公(壽) 14년	陳	靈公(平國) 10년
杞	桓公(姑容) 33년	宋	文公(鮑) 7년	秦	桓公(榮) 원년	楚	莊王(旅) 10년
許	昭公(錫我) 18년						

✹ 791(宣5-1)

五年春, 公如齊.

5년 봄, 선공이 제齊나라에 갔다.

【齊】 당시 齊나라는 惠公(元) 5년이었음.

㊀

五年春, 公如齊, 高固使齊侯止公, 請叔姬焉.

5년 봄, 선공이 제齊나라에 갔을 때 제나라 대부 고고高固가 제 혜공으로 하여금 선공을 머물러 있도록 하고, 숙희叔姬를 자신의 아내로 달라고 청하도록 하였다.

【高固】齊나라 대부. 高宣子로도 부름. 高氏는 國氏와 함께 제나라 大姓이었음.
【止公】杜預 注에 "留公强成婚"이라 함.
【叔姬】魯 宣公의 딸. 고고가 제 혜공으로 하여금 그를 혜공의 아내로 삼도록
　선공에게 청하도록 일러줌.

✹ 792(宣5-2)

　夏, 公至自齊.

　여름, 선공이 제齊나라에서 돌아왔다.

　㊀

　夏, 公至自齊, 書, 過也.

　여름, 선공이 제齊나라로부터 돌아왔다는 것은 제나라에서 머문 기간이
길어 돌아올 때가 지났음을 기록한 것이다.

　【過】시간을 지나치게 지체함. 앞 장 高固가 그를 돌아가지 못하도록 '使齊侯
　止公'이라 한 이유 때문임.

✹ 793(宣5-3)

　秋九月, 齊高固來逆叔姬.

　가을 9월, 제齊나라 대부 고고高固가 와서 숙희叔姬를 맞이하였다.

【高固】齊나라 대부. 高宣子로도 부름. 高氏는 國氏와 함께 제나라 大姓이었음.
襄公 29년 傳의 孔穎達 疏에 《世本》을 인용하여 "敬仲(高傒)生莊子, 莊子生傾子,
傾子生宣子"라 함.
【叔姬】《公羊傳》과 《穀梁傳》에는 '子叔姬'로 되어 있으나 '子'자를 넣었을
경우 이미 시집을 간 여자를 가리키므로 이는 맞지 않음. 따라서 다음 傳文의
'子叔姬'는 이미 齊 惠公의 아내가 되었으므로 '子'자를 추가한 것임. 다음 장을
참조할 것.

㊙

秋九月, 齊高固來逆女, 自爲也.
故書曰「逆叔姬」, 卿自逆也.

　가을 9월, 제齊나라 고고高固가 숙희叔姬를 맞이하였다는 것은 그가 직접
와서 혜공의 아내가 될 여자를 맞아갔음을 말한 것이다.
　그 때문에 경經에 '숙희를 맞이하였다'라 기록한 것은, 제나라 경卿 직접
와서 맞아간 것임을 밝힌 것이다.

【自爲】직접 와서 맞이해 감.
【卿自逆】卿의 지위를 가진 자가 직접 왔음을 말함.

＊ **794**(宣5-4)

叔孫得臣卒.

　숙손득신叔孫得臣이 죽었다.

【叔孫得臣】魯나라 대부. 叔牙의 손자. 魯 文公의 신하. 莊叔으로도 불림. 한편

이 經文에서 날짜를 기록하지 않은 것에 대해 杜預 注에는 "不書日, 公不與小斂"
이라 하여 宣公이 그의 小斂에 참여하지 않았기 때문이라 하였음.《彙纂》에도
"仲遂身爲逆者, 其卒也且書其日, 而況得臣乎?"라 함.
＊無傳

✹ 795(宣5-5)

冬, 齊高固及子叔姬來.

겨울, 제齊나라 고고高固와 자숙희子叔姬가 왔다.

【子叔姬】魯 宣公의 딸로 齊 惠公(元)의 부인이 된 叔姬. 이미 시집을 갔으므로
'子'자를 더 붙인 것임.

㊀

冬, 來, 反馬也.

겨울, 고고高固와 숙희叔姬가 노나라를 방문한 것은 결혼 때 빌려 쓴 말을
돌려주기 위해서였다.

【來】이 문장은 經文「齊高固及子叔姬來」를 줄여서 표기한 것임.
【反馬】말을 되돌려 줌. 숙희가 제나라로 시집갈 때 사용하였던 말을 이번에
되돌려 주었음을 말함. 결혼 때 타고 간 말은 되돌려 보내지 않고 있다가
아내와 화목하지 못하면 아내를 그 말에 태워 되돌려 보내는 예법이 있었음.
그리하여 신분이 높은 자가 부인을 맞이할 때에는 말과 수레를 보내지 않고
있다가 3개월 뒤에 그것을 돌려보내 부인을 내칠 일이 없을 것임을 나타내는
것. 이러한 예를 '反馬之禮'라 함. 그러나 이는 원래 '士昏禮'에 해당하는 것으
로서 왕실에는 맞지 않아 기롱한 것이라 함. 孔穎達의 疏에 "至三月廟見夫婦

之情旣固, 則夫家遣使反其所留之馬, 以示與之偕老, 不復歸也. 法當遣使, 不合親行. 高固因叔姬歸寧, 遂親自反馬, 與之俱來, 故經傳具見其事, 以示譏也"라 함.

✹ 796(宣5-6)

楚人伐鄭.

초楚나라가 정鄭나라를 쳤다.

【鄭】 이때 鄭나라는 襄公(堅)이 즉위하였음.

㊛

楚子伐鄭, 陳及楚平.
晉荀林父救鄭, 伐陳.

초楚 장왕莊王이 鄭나라를 친 것은 진陳나라가 초나라와 화평을 맺었기 때문이었다.
　그러자 진晉나라 순림보荀林父가 정나라를 구하고 진陳나라를 쳤다.

【伐鄭】《史記》鄭世家에는 "楚怒鄭受宋賂縱華元, 伐鄭"이라 하여 鄭나라가 宋나라 뇌물을 받고 華元을 풀어주었기 때문이라 하였으며,《晉世家》에는 "成公三年, 鄭伯初立, 附晉而棄楚. 楚怒, 伐鄭"이라 함.
【荀林父】 荀伯. 中行桓子. 中行伯. 中行軍의 장수가 되어 이를 성씨로 삼았으며 뒤에 晉 六卿의 하나인 중항씨(中行氏)의 선조가 됨.
【救鄭伐陳】 당시까지도 楚(莊王)나라와 晉(成公)나라는 霸者의 지위를 놓고 심하게 경쟁하였음을 알 수 있음.

120. 宣公 6年(B.C.603) 戊午

周	定王(姬瑜) 4년	齊	惠公(元) 6년	晉	成公(黑臀) 4년	衛	成公(鄭) 32년
蔡	文公(申) 9년	鄭	襄公(堅) 2년	曹	文公(壽) 15년	陳	靈公(平國) 11년
杞	桓公(姑容) 34년	宋	文公(鮑) 8년	秦	桓公(榮) 2년	楚	莊王(旅) 11년
許	昭公(錫我) 19년						

✸ 797(宣6-1)

六年春, 晉趙盾·衛孫免侵陳.

6년 봄, 진晉나라 조돈趙盾과 위衛나라 손면孫免이 진陳나라를 쳤다.

【趙盾】晉나라 대부. 趙衰의 아들. '盾'은 '돈'으로 읽음. 趙宣子, 趙孟으로도 부름.
그 후손이 뒤에 春秋末 晉나라 六卿의 하나가 되며 다시 戰國시대 趙나라를
일으킴.
【孫免】衛나라 대부. 劉文淇 〈疏證〉에 "孫免, 杜無注. 免, 止見此年經, 當是衛
大夫"라 함.

㊀

六年春, 晉, 衛侵陳, 陳卽楚故也.

6년 봄, 진晉나라와 위衛나라가 진陳나라를 침공한 것은 진陳나라가 초楚나라에게 가까워졌기 때문이었다.

【卽楚】 '卽'은 가까워짐. 앞 장의 傳 "陳及楚平" 때문이었음.

* 798(宣6-2)
夏四月.

여름 4월.

㊀
夏, 定王使子服求后于齊.

여름, 주나라 천자 정왕定王께서 대부 자복子服을 노나라에 보내어 제齊나라로부터 왕후王后를 맞이할 수 있도록 해 줄 것을 부탁하였다.

【定王】 周나라 천자. 姬瑜. 匡王(姬班)의 아우이며 B.C.606~586년까지 21년간 재위함.
【子服】 周나라 대부.
【后】 王의 부인을 '后'라 하며 諸侯의 婦人은 '夫人', 혹 '妃'라 함.

* 799(宣6-3)
秋八月, 螽.

가을 8월, 메뚜기 떼가 일어났다.

＊無傳

㊀

秋, 赤狄伐晉, 圍懷及邢丘, 晉侯欲伐之.
中行桓子曰: 「使疾其民, 以盈其貫, 將可殪也. 〈周書〉曰: 『殪戎殷.』
此類之謂也.」

　가을, 적적赤狄이 진晉나라를 공격하여 회懷 땅을 포위하고 형구邢丘에
까지 이르자 진晉 성공成公이 그들을 치고자 하였다.
　그러자 중항환자中行桓子가 말하였다.
　"그 백성들을 괴롭혀 악행이 더할 수 없을 지경에 이르면 장차 망하고
말 것입니다. 〈주서周書〉에 '은殷나라를 망하게 하였다'라 한 것은 이러한
경우를 두고 한 말입니다."

【赤狄】春秋時代 狄族은 白狄, 赤狄 등으로 나누었으며 潞氏, 甲氏, 留吁, 鐸辰
　등은 赤狄의 나라였음. 적적은 주로 지금의 山西 長治縣 서쪽에 분포하였음.
【懷】지금의 河南 武陟縣 서남쪽. 《韓詩外傳》(3)에 "武王伐紂, 到于邢丘, 更名
　邢丘曰懷"라 하여 아래의 회와 같은 지명이라 하였으나 《史記》 秦本紀에는
　"昭襄王四十一年夏, 攻魏, 取邢丘·懷"라 하여 각기 다른 두 곳으로 되어 있음.
【邢丘】晉나라 읍 이름. 지금의 河南 溫縣 동쪽.
【中行桓子】荀林父. 荀伯. 中行伯. 中行軍의 장수가 되어 이를 성씨로 삼았으며
　뒤에 晉 六卿의 하나인 중항씨(中行氏)의 선조가 됨.
【盈其貫】그 악행이 극도에 이름. '盈貫'은 '滿貫'과 같음. 《韓非子》 說林(下)에
　"有與悍者鄰, 欲賣宅而避之. 人曰: 「是其貫將滿矣, 子姑待之」 答曰: 「吾恐其
　以我滿貫也.」 遂去之"라 함. '貫'은 원래 동전꾸러미를 꿰는 것을 말함. 더 이상
　꿸 수 없도록 가득 채움.
【殪】'죽다, 망하다'의 뜻.

【殄戎殷】殷나라 紂王의 惡行을 조장하여 결국 殷나라를 망하도록 함.《尙書》
周書 康誥篇에 "王若曰:「孟侯·朕其弟, 小子封! 惟乃丕顯考文王, 克明德愼罰.
不敢侮鰥寡, 庸庸祗祗威威顯民. 用肇造我區夏, 越我一二邦以修, 我西土惟時
怙冒, 聞于上帝, 帝休, 天乃大命文王, 殄戎殷, 誕受厥命, 越厥邦厥民惟時敍. 乃
寡兄勖, 肆汝小子封, 在玆東土.」"라 함. 한편 본 장의 말미 杜預 注에 "爲十五年
晉滅狄傳"이라 함.

● 800(宣6-4)

冬十月.

겨울 10월.

㉮

冬, 召桓公逆王后于齊.

겨울, 소환공召桓公이 제齊나라에서 왕후王后를 맞이하였다.

【召桓公】周 왕실의 卿士. 定王을 대신하여 后를 맞이하러 간 것. 杜預 注에
"召桓公, 王卿士. 事不關魯, 故不書. 爲成二年王甥舅張本"이라 함.
【王后】앞 장의 傳文 내용이 성사되어 召桓公이 齊나라에 가서 왕후를 맞이하게
된 것임.

㉮

楚人伐鄭, 取成而還.

초_楚나라가 정_鄭나라를 쳐서 화평의 맹약을 성사시키고 돌아갔다.

【成】화평의 맹약을 이룸. 杜預 注에 "九年·十年傳所稱厲之役, 蓋在此"라 함.

㊀

鄭公子曼滿與王子伯廖語, 欲爲卿.
伯廖告人曰: 「無德而貪, 其在《周易》豐☲☳之離☲☲, 弗過之矣.」
間一歲, 鄭人殺之.

정_鄭나라 공자 만만_{曼滿}이 왕자 백료_{伯廖}와 이야기를 나누면서 경_卿이 되고 싶다고 하였다.

백료는 다른 사람에게 이렇게 말하였다.

"만만은 덕은 없으면서 욕심만 가득하다.《주역_{周易}》에 풍괘_{豐卦}가 변하여 이괘_{離卦}가 되는 경우가 있는데 그처럼 3년을 넘기지 못하고 죽을 것이다."

과연 한 해를 건너뛴 뒤에 정나라 사람이 만만을 죽였다.

【曼滿】鄭나라 公子이며 대부.
【王子伯廖】鄭나라에 대부. 杜預 注에 "二子, 鄭大夫"라 하였으나 周나라 왕자가 아닌가 함. 鄭나라는 '王子'라는 칭호를 쓸 수 없었음. 沈欽韓〈補注〉에 "王子 似是周人, 非鄭大夫, 鄭無王子也"라 함.
【卿】周나라 卿士가 되고 싶다는 뜻으로 봄. '卿'은 周 王室의 卿士로써 제후국의 군주와 같은 등급임. 따라서 伯廖는 周나라에서 온 王子일 가능성이 있음.
【豐之離】《周易》豐卦는 55번째 괘. '風火雷(離下震上)'로 구성되어 있으며 "豐: 亨, 王假之; 勿憂, 宜日中. 象曰: 豐, 大也; 明以動, 故豐. 「王假之」, 尚大也; 「勿憂, 宜日中」, 宜照天下也. 日中則昃, 月盈則食; 天地盈虛, 與時消息, 以況於人乎? 況於鬼神乎? 象曰: 雷電皆至, 豐; 君子以折獄致刑. 初九, 遇其配主, 雖旬无咎, 往有尚. 象曰: 「雖旬无咎」, 過旬災也. 六二, 豐其蔀, 日中見斗, 往得疑疾, 有孚 發若, 吉. 象曰: 「有孚發若」, 信以發志也. 九三, 豐其沛, 日中見沫; 折其右肱, 无咎. 象曰: 「豐其沛」, 不可大事也; 「折其右肱」, 終不可用也. 九四, 豐其蔀, 日中

見斗; 遇其夷主, 吉. 象曰:「豐其蔀」, 位不當也;「日中見斗」, 幽不明也;「遇其夷主」, 吉行也. 六五, 來章, 有慶譽, 吉. 象曰: 六五之吉, 有慶也. 上六, 豐其屋, 蔀其家, 闚其戶, 闃其无人, 三歲不覿, 凶. 象曰:「豐其屋」, 天際翔也;「闚其戶, 闃其无人」, 自藏也"라 하였고, 離卦는 30번째 괘. '離爲火(離下離上)'로 구성되어 있으며 "離: 利貞, 亨; 畜牝牛吉. 象曰: 離, 麗也; 日月麗乎天, 百穀草木麗乎土. 重明以麗乎正, 乃化成天下; 柔麗乎中正, 故亨, 是以「畜牝牛吉」也. 象曰: 明兩作, 離; 大人以繼明照于四方. 初九, 履錯然, 敬之, 无咎. 象曰:「履錯之敬」, 以辟咎也. 六二, 黃離, 元吉. 象曰:「黃離元吉」, 得中道也. 九三, 日昃之離, 不鼓岳而歌, 則大耋之嗟, 凶. 象曰:「日昃之離」, 何可久也? 九四, 突如其來如, 焚如, 死如, 棄如. 象曰:「突如其來如」, 无所容也. 六五, 出涕沱若, 戚嗟若, 吉. 象曰: 六五之吉, 離王公也. 上九, 王用出征, 有嘉折首, 獲匪其醜, 无咎. 象曰: 王用出征, 以正邦也"라 함. 豐卦의 上六 陰爻가 변해서 陽爻가 되면 離卦가 됨을 말함. 豐卦 上六의 爻辭에 '고요하여 사람을 3년 동안 볼 수 없다. 凶하다'(三歲不覿, 凶)라 하였음.

【弗過之矣】《周易》의 괘 풀이처럼 3년을 지나지 못하여 죽을 것이라는 뜻.

【間一歲】사이에 한 해를 둠. 즉 2년 뒤를 말함.

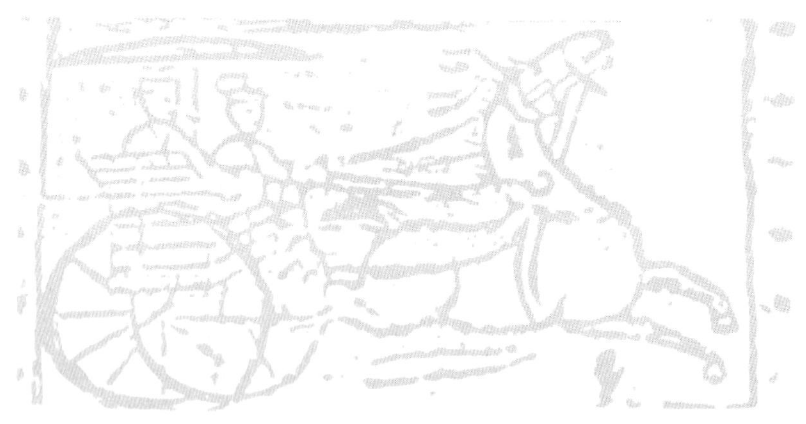

121. 宣公 7年(B.C.602) 己未

周	定王(姬瑜) 5년	齊	惠公(元) 7년	晉	成公(黑臀) 5년	衛	成公(鄭) 33년
蔡	文公(申) 10년	鄭	襄公(堅) 3년	曹	文公(壽) 16년	陳	靈公(平國) 12년
杞	桓公(姑容) 35년	宋	文公(鮑) 9년	秦	桓公(榮) 3년	楚	莊王(旅) 12년
許	昭公(錫我) 20년						

❋ 801(宣7-1)

　七年春, 衛侯使孫良夫來盟.

　7년 봄, 위衛 성공成公이 손량부孫良夫를 사자로 노나라에 보내어 동맹을
맺도록 하였다.

　【衛】 당시 衛나라 군주는 成公(鄭) 31년째였음.
　【孫良夫】 孫桓子. 衛나라 대부.

　㉾

　七年春, 衛孫桓子來盟, 始通, 且謀會晉也.

7년 봄, 위衛나라 손환자孫桓子가 노나라로 와서 동맹을 맺은 것은 선공 즉위 후 비로소 통호하기 위한 것이었으며, 아울러 진晉나라와 만날 일을 상의하기 위한 것이었다.

【孫桓子】衛나라 대부. 孫良夫.
【始通】魯 宣公이 즉위한 이후 처음으로 통호를 위해 찾아온 것.
【謀會晉】뒤에 黑壤之會의 사전 조율 작업이었음.

＊802(宣7-2)

夏, 公會齊侯伐萊.

여름, 선공이 제齊 혜공惠公과 함께 내萊나라를 쳤다.

【齊侯】齊 惠公(元).
【萊】姜姓의 나라. 지금의 山東 平陰縣. 혹 昌邑縣, 黃縣 등이라고 함.《史記》 齊世家에 "萊侯來伐, 與之爭營丘"라 함. 孔穎達 疏에는 "《世族譜》不知萊國之姓. 齊侯召萊子者, 不爲其姓姜也. 以其比隣小國, 意陵蔑之, 故召之, 欲使從送諸姜 宗婦來向魯耳. 萊子以其輕侮, 故不肯會"라 함.

傳
夏, 公會齊侯伐萊, 不與謀也.
凡師出, 與謀曰「及」, 不與謀曰「會」.

여름, 선공이 제齊 혜공惠公과 만나 내萊나라를 친 것은 서로가 미리 함께 계획한 일은 아니었다.

무릇 군사를 출동시킨 일을 말할 때 서로 같이 꾀하였을 때는 '급及'이라 하고, 서로 미리 꾀하지 않았을 때는 '회會'라 한다.

【與謀】杜預 注에 "與謀者, 謂同志之國相與講議利害, 計成而行之, 故以相連及 爲文. 若不獲已應命而出, 則以外合爲文. 皆據魯而言"이라 함.

※ 803(宣7-3)

秋, 公至自伐萊.

가을, 선공이 내萊를 정벌하고 돌아왔다.

＊無傳

※ 804(宣7-4)

大旱.

가뭄이 크게 들었다.

＊無傳

㊉

赤狄侵晉, 取向陰之禾.

적적赤狄이 진晉나라를 쳐들어가 상음向陰의 벼를 가지고 갔다.

【赤狄】春秋時代 狄族은 白狄, 赤狄 등으로 나누었으며 潞氏, 甲氏, 留吁, 鐸辰
등은 赤狄의 나라였음. 적적은 주로 지금의 山西 長治縣 서쪽에 분포하였음.
【向陰】晉나라 땅. 江永은 "山西省濟源縣西南有向城, 向陰其在此歟?"라 함.

✸ 805(宣7-5)

冬, 公會晉侯·宋公·衛侯·鄭伯·曹伯于黑壤.

겨울, 선공이 진후晉侯, 송공宋公, 위후衛侯, 정백鄭伯, 조백曹伯과 흑양黑壤
에서 만났다.

【黑壤】'黃父'라고도 하며 晉나라 땅. 지금의 山西 沁水縣과 翼城縣 사이의 烏嶺.
文公 17년 傳을 볼 것. 이 黑壤之會의 사전 조율은 앞 장의 傳文을 볼 것.
【晉侯】당시 각 제후들은 晉 成公(黑臀), 宋 文公(鮑), 衛 成公(鄭), 鄭 襄公(堅),
曹 文公(壽)이었음.

㉮

鄭及晉平, 公子宋之謀也, 故相鄭伯以會.
冬, 盟于黑壤.
王叔桓公臨之, 以謀不睦.
晉侯之立也, 公不朝焉, 又不使大夫聘, 晉人止公于會.
盟于黃父, 公不與盟, 以賂免.
故黑壤之盟不書, 諱之也.

정鄭나라와 진晉나라가 화평을 맺은 것은 정나라 공자 송宋의 모책에
의한 것이었으며, 그 때문에 공자 송이 정鄭 양공襄公을 도와 진나라 군주와
만난 것이다.

겨울, 제후들이 흑양黑壤에서 동맹을 맺었다.

그때 주나라 왕숙환공王叔桓公이 그 회의에 참석하여 진晉나라에 복종하지 않은 나라들에 대하여 상의하였다.

진晉 성공成公이 즉위하였을 때 노 선공이 찾아가지 않았고 대부를 대신 보내지도 않았다고 진晉나라 사람이 그 회의에서 선공을 잡아 붙들어 놓았다.

이에 황보黃父에서의 동맹에 선공은 참여하지도 못하였고 진나라에게 뇌물을 주고서야 겨우 곤경에서 벗어날 수 있었다.

그 때문에 흑양에서 맹약에 대하여 기록하지 않은 것이며 이는 그 사실을 꺼렸기 때문이었다.

【公子宋】鄭나라 공자.

【鄭伯】鄭 襄公(堅). B.C.604~587년까지 18년간 재위함.

【王叔桓公】周나라의 卿士.

【不睦】晉나라 成公과 화목하지 않아 복종하지 않음. 齊나라와 陳나라를 말함.

【晉侯之立】晉 成公(黑臀)이 임금 자리에 오른 것은 宣公 3년이었음.

【黃父】黑壤과 같은 곳.

【諱之】魯 宣公이 붙잡힌 사실을 밝히기를 꺼려함. 그 때문에 經에 기록하지 않은 것임.

122. 宣公 8年(B.C.601) 庚申

周	定王(姬瑜) 6년	齊	惠公(元) 8년	晉	成公(黑臀) 6년	衛	成公(鄭) 34년
蔡	文公(申) 11년	鄭	襄公(堅) 4년	曹	文公(壽) 17년	陳	靈公(平國) 13년
杞	桓公(姑容) 36년	宋	文公(鮑) 10년	秦	桓公(榮) 4년	楚	莊王(旅) 13년
許	昭公(錫我) 21년						

✹ 806(宣8-1)

八年春, 公至自會.

8년 봄, 선공이 모임에서 돌아왔다.

【會】黑壤之盟(黃父之盟)을 가리킴.
＊無傳

㊝

八年春, 白狄及晉平.
夏, 會晉伐秦.
晉人獲秦諜, 殺諸絳市, 六日而蘇.

8년 봄, 백적白狄이 진晉나라와 화평을 맺었다.

여름, 진晉나라와 함께 진秦나라를 쳤다.

진晉나라가 진秦나라의 간첩을 잡아 도읍 강絳의 저잣거리에서 죽였는데 엿새가 지나자 그가 다시 살아났다.

【白狄】지금의 陝西 延安縣 부근에 살았던 狄族의 한 갈래.
【絳】晉나라 도성. 지금의 山西 翼城縣, 혹 侯馬市라고도 함.
【蘇】소생함. '甦'와 같음.《史記》年表에 "晉成公六年, 與魯伐秦, 獲秦諜, 殺之
  絳市, 六日而蘇"라 하여 연도가 다름.

❀ 807(宣8-2)

夏六月, 公子遂如齊, 至黃乃復.

여름 6월, 공자 수遂가 제齊나라로 가다가 황黃에 이르렀다가 되돌아왔다.

【公子遂】東門襄仲. 魯나라 대부이며 公子. 仲遂로도 부름.
【黃】지금의 山東 周平縣.
 ＊無傳

❀ 808(宣8-3)

辛巳, 有事于大廟.

仲遂卒于垂.

壬午, 猶繹, 萬入, 去籥.

신사날, 태묘大廟에 제사가 있었다.

동문양중東門襄仲 수遂가 수垂에서 죽었다.

임오날, 그런데 도리어 역제繹祭를 지내며 만무萬舞를 태묘 안에서 행하였고 피리는 불지 않았다.

【辛巳】6월 16일.

【有事】禘祭를 가리킴.

【大廟】太廟. 魯나라 시조 周公(姬旦)의 위패를 모신 사당.

【仲遂】東門襄仲. 公子 遂.

【垂】齊나라 땅. 지금의 山東 東平縣.

【壬午】6월 17일.

【猶繹】繹은 큰 제사를 지낸 다음날 지내는 작은 제사. 큰 제삿날 공자 수가 죽었으므로 역제는 지내지 말았어야 한다는 뜻임. 경이 죽었을 때는 역제를 지내지 않음.《禮記》檀弓(下)를 볼 것.

【萬入去籥】萬은 舞樂이며 籥은 피리. 무악을 태묘 안에서 행하였지만 밖으로 소리가 새어나가는 것을 피하기 위해 피리를 불지 않았다는 뜻이라 함.

傳

有事于大廟, 襄仲卒而繹, 非禮也.

태묘大廟에서 큰 제사를 지내던 날, 동문양중東門襄仲이 죽었는데도 역제繹祭를 지낸 것은 예에 맞지 않은 일이었다.

【非禮】《禮記》檀弓(下)에 "仲遂卒于垂, 壬午猶繹, 萬入去籥. 仲尼曰:「非禮也. 卿卒不繹.」"이라 함.

❋ 809(宣8-4)

戊子, 夫人嬴氏薨.

무자날, 부인 영씨嬴氏가 훙거하였다.

【戊子】 6월 23일.
【嬴氏】 敬嬴. 文公(興)의 둘째 부인이며 宣公의 어머니. 文公 18년 전을 볼 것.
《公羊傳》과 《穀梁傳》에는 모두 '熊氏'로 되어 있음.
＊無傳

❋ 810(宣8-5)

晉師·白狄伐秦.

진晉나라 군사와 백적白狄이 진秦나라를 쳤다.

【白狄】 狄人 무리의 한 지파. 僖公 33년을 볼 것.

❋ 811(宣8-6)

楚人滅舒·蓼.

초楚나라가 서舒와 요蓼 두 나라를 멸망시켰다.

【舒·蓼】 여러 舒族 중의 한 갈래로 지금의 安徽 舒城縣 지역에 분포하던 작은
나라. 杜預는 각기 두 나라로 보았음. 文公 14년 傳에 "子孔·潘崇將襲群舒,
使公子爕與子儀守, 而伐舒蓼"라 하였음. 그러나 '蓼'는 文公 5년에 이미 楚

나라에게 망하여 하나의 나라가 아닌가 함. 혹 '舒族의 蓼나라'일 수도 있음.
《穀梁傳》에는 '蓼'자가 '鄝'자로 되어 있음.

楚爲衆舒叛, 故伐舒·蓼, 滅之.
楚子疆之, 及滑汭, 盟吳·越而還.

초楚나라는 여러 서舒나라들이 반항한다는 이유로 서舒·요蓼 두 나라를
쳐서 이들을 멸망시켰다.

그리고 초 장왕은 국경선을 정비하여 활수滑水 가까이까지 넓히고 오吳
나라·월越나라와 동맹을 맺고 돌아갔다.

【衆舒】 群舒와 같음. 여러 舒族들.

【疆】 국경선을 바르게 잡음. 杜預 注에 "正其界也"라 함.

【滑汭】 滑水 가. 滑水는 安徽 合肥縣 동쪽을 흐름. '汭'는 물이 큰 강물과 합치는
　　　 合水處 입구.

【吳】 姬姓. 周 太王(古公亶父)의 맏이 太伯이 세운 나라. 姬姓. 지금의 江蘇
　　　 蘇州市. 그러나 吳나라 이름은 《左傳》에는 여기에 처음 등장하며 孔穎達의
　　　 疏에 "至壽夢而稱王. 壽夢以上世數可知而不紀其年. 壽夢元年, 魯成公之六年也.
　　　 夫差十五年獲麟之歲也. 二十三年, 魯哀公之二十二年, 而越滅吳"라 함. 뒤에
　　　 夫差가 오만을 부리다가 越王 句踐에게 망함.

【越】 越나라 역시 여기에 처음 등장하며 《史記》 越世家에 "其先禹之苗裔而夏
　　　 后帝少康之庶子也"라 함. 姒姓으로 지금의 浙江 紹興(옛 會稽)을 중심으로 句踐
　　　 때 크게 발전하였으며 일부 春秋五霸에서 宋 襄公 대신 句踐을 넣기도 함.
　　　 孔穎達 疏에 "濱在南海, 不與中國通. 後二十餘世至於允常, 魯定公五年始伐吳.
　　　 允常卒, 子句踐立, 是爲越王. 越王元年, 魯定公之十四年也. 魯哀公二十二年,
　　　 句踐滅吳, 霸中國, 卒. 春秋後七世, 大爲楚所破, 遂微弱矣"라 함. 楚나라에게
　　　 망함.

＊ 812(宣8-7)

秋七月甲子, 日有食之, 旣.

가을 7월 갑자날, 개기일식이 있었다.

【甲子】7월 그믐날. '七'은 글자가 '十'자와 비슷하여 잘못 기록한 것으로 보고
있음. 그해 10월 갑자날에 개기일식이 있었다 함.
【旣】皆旣日蝕을 뜻함.
＊無傳

㉔

晉胥克有蠱疾, 郤缺爲政.
秋, 廢胥克, 使趙朔佐下軍.

진晉나라 대부 서극胥克이 고질蠱疾에 걸려 극결郤缺이 정권을 쥐게 되었다.
가을, 극결은 서극을 파면하고 조삭趙朔을 하군좌下軍佐로 삼았다.

【胥克】胥甲父의 아들. 아버지 뒤를 이어 下軍佐가 됨. 杜預 注에 "克, 甲之子"
라 함.
【蠱疾】'蠱'는 옛날 의학이 발달하기 전 바이러스 등에 의해 걸리는 병을 말함.
전염이 되기도 하고 精神錯亂을 일으키기도 하며 그 원인을 몰라 귀신에게
당하거나 精靈 등의 해코지에 의해 걸리는 것으로 여겼음.《說文》에 "腹中蠱也"
라 하였고, 段玉裁 注에 "中蠱皆讀去聲, 蠱食物也. 腹中蠱者, 謂腹內中蟲食之
毒也"라 하였음. 昭公 元年 傳에 "疾如蠱, 非鬼非食, 惑以喪志"라 함.
【郤缺】晉나라 대부 郤芮의 아들. 郤成子.
【趙朔】趙盾의 아들. 杜預 注에 "朔, 盾之子, 代胥克. 爲成十七年胥童怨郤氏張本"
이라 함.
【下軍佐】佐는 副將. 輔佐官.

※ 813(宣8-8)

冬十月己丑, 葬我小君敬嬴, 雨, 不克葬.
庚寅, 日中而克葬.

　　겨울 10월 기축날, 우리 소군小君 경영敬嬴을 안장할 때 비가 내려 장례를
마치지 못하였다.
　　경인날, 한낮에 장례를 마쳤다.

【己丑】 10월 26일.
【小君】 제후의 부인을 小君이라 함.
【敬嬴】 文公(興)의 둘째 부인이며 宣公의 어머니. 文公 18년 傳文을 볼 것.《公
羊傳》과《穀梁傳》에는 모두 '頃熊'으로 되어 있음.
【庚寅】 己丑(10월 26일) 다음날인 27일. 고대 十干 중 '甲, 丙, 戊, 庚, 壬'의 날은
'剛日'이라 하였고, '乙, 丁, 己, 辛, 癸'는 '柔日'이라 하여 장례는 반드시 柔日에
하였음. 여기서는 비로 인해 부득이 庚寅날까지 장례를 치른 것은 본래의
의도가 아니었음을 밝힌 것임.
【日中】 한낮. 정오 근처의 시간.

傳
冬, 葬敬嬴, 旱, 無麻, 始用葛茀.
雨, 不克葬, 禮也.
禮, 卜葬, 先遠日, 避不懷也.

　　겨울, 부인 경영敬嬴의 장례에 가뭄으로 인하여 삼麻을 구할 수가 없어
처음으로 칡으로 꼰 새끼를 썼다.
　　비가 내려 장례를 지내지 않은 것은 예에 맞는 일이었다.

　예에 있어서 장례날을 점칠 때는 먼저 그 달의 길일 가운데에서 가장 먼 날을 택하는데 이는 죽은 자를 그리워하지 않는다는 비난을 피하기 위해서이다.

【葛茀】 '茀'은 '綍', '綒'과 같음. 棺을 묶어 下棺하는 줄을 말하며 원래 베로 꼬아 사용하였음. 天子는 六綍, 諸侯는 四綍, 大夫와 士는 二綍을 사용하였다 함.
【先遠日】 장례 날짜를 점칠 때 그 달의 下旬에서 柔日을 찾으며 없을 경우 中旬, 上旬으로 거꾸로 짚어옴.
【避不懷】 懷念의 정을 저버리고 빨리 장례를 치르고자 한다는 비난을 피하고자 하는 것임. '懷'는 懷念. 죽은 자를 그리워하여 하루라도 장례를 미루고자 함.

● **814(宣8-9)**

城平陽.

평양平陽에 성을 쌓았다.

【平陽】 魯나라 읍. 지금의 山東 新泰縣 서쪽 平陽 故城.

㊝

城平陽, 書, 時也.

평양平陽에 성을 쌓았다는 것은 때에 맞았으므로 기록한 것이다.

【時】 농사철을 피해 장정을 동원할 수 있는 때였음을 말함.

✹ 815(宣8-10)

楚師伐陳.

초楚나라 군사가 진陳나라를 쳤다.

【伐晉】《史記》年表에 "陳靈公十三年, 楚伐我"라 함.

㉡

陳及晉平. 楚師伐陳, 取成而還.

진陳나라가 진晉나라와 가까워지자 초楚나라 군사가 진陳나라를 쳐
화친을 성사시키고 귀환하였다.

【成】화친을 성사시킴. 이 역시 晉과 楚의 霸權 다툼으로 인한 사건이었음. 杜預
注에 "言, 晉楚爭强"이라 함.

123. 宣公 9年(B.C.600) 辛酉

周	定王(姬瑜) 7년	齊	惠公(元) 9년	晉	成公(黑臀) 7년	衛	成公(鄭) 35년
蔡	文公(申) 12년	鄭	襄公(堅) 5년	曹	文公(壽) 18년	陳	靈公(平國) 14년
杞	桓公(姑容) 37년	宋	文公(鮑) 11년	秦	桓公(榮) 5년	楚	莊王(旅) 14년
許	昭公(錫我) 22년						

✹ 816(宣9-1)

九年春王正月, 公如齊.

9년 봄 주력 정월, 선공이 제齊나라에 갔다.

* 無傳

✹ 817(宣9-2)

公至自齊.

선공이 제齊나라에서 돌아왔다.

* 無傳

✹ 818(宣9-3)

夏, 仲孫蔑如京師.

여름, 중손멸仲孫蔑이 경사京師에 갔다.

【仲孫蔑】孟獻子. 魯나라 대부. 孟文伯(穀)의 아들이며 公孫敖의 손자. 魯나라
門閥.
【京師】天子가 있는 周나라 도성. 지금의 洛陽.

㉑

九年春, 王使來徵聘.
夏, 孟獻子聘于周. 王以爲有禮, 厚賄之.

9년 봄, 천자 정왕定王이 노나라에 사신을 보내어 빙문하게 할 것을
요구하였다.
여름, 맹헌자孟獻子가 주周나라 왕실을 예방하였다.
천자는 맹헌자가 예의가 바르다고 여겨 그에게 후한 선물을 내렸다.

【王】당시 천자는 定王(姬瑜) 7년째였음.
【孟獻子】仲孫蔑. 노나라 대부.

✹ 819(宣9-4)

齊侯伐萊.

제齊 혜공惠公이 내萊나라를 쳤다.

【齊侯】당시 齊나라 군주는 惠公(元) 재위 9년째였음.
【萊】지금의 山東 東萊에 있던 작은 나라. 李廉의《春秋諸傳會通》에 "東萊有萊山,
從齊之小國也. 齊自七年會魯伐之, 今年又自伐之, 卒於襄六年而滅之矣"라 함.
＊無傳

❋ 820(宣9-5)

秋, 取根牟.

가을, 노魯나라가 근모根牟를 점령하였다.

【根牟】나라 이름. 魯나라의 附庸國. 지금의 山東 沂縣 동남쪽.

⑲
秋, 取根牟, 言易也.

가을, 근모根牟를 점령하였다는 것은 쉽게 차지하였음을 말한 것이다.

【易】큰 저항이나 싸움 없이 쉽게 점령하였음을 말함. 襄公 13년 傳에도 "凡書取,
言易也"라 함

❋ 821(宣9-6)

八月, 滕子卒.

8월, 등滕나라 군주가 죽었다.

【滕子】滕나라 군주. 滕 昭公. 子爵. 滕나라는 周 文王의 아들 叔繡가 받았던 封國. 侯爵이었으며 지금의 山東 滕縣 일대. 戰國시대 齊나라에게 망함.

㊧

滕昭公卒.

등滕나라 소공昭公이 세상을 떠났다.

【昭公】이름은 알 수 없음. 隱公 7년 傳에 "滕侯卒, 不書名, 未同盟也"라 하여 이름을 밝히지 않은 것은 노나라와 동맹관계가 아니었기 때문임.

✸ 822(宣9-7)

九月, 晉侯·宋公·衛侯·鄭伯·曹伯會于扈.

9월, 진후晉侯·송공宋公·위후衛侯·정백鄭伯·조백曹伯이 호扈에서 만났다.

【晉侯】당시 각 제후들의 군주는 晉 成公(黑臀), 宋 文公(鮑), 衛 成公(鄭), 鄭 襄公(堅), 曹 文公(壽)이었음.
【扈】鄭나라 지명. 지금의 河南 原武縣 서북쪽.《一統志》에 "今河南武原縣西北有扈亭"이라 함. 文公 7년을 볼 것.

✸ 823(宣9-8)

晉苟林父帥師伐陳.

진晉나라 순림보荀林父가 군사를 이끌고 진陳나라를 쳤다.

【荀林父】荀伯. 中行桓子. 中行伯. 中行軍의 장수가 되어 이를 성씨로 삼았으며 뒤에 晉 六卿의 하나인 중항씨(中行氏)의 선조가 됨.《史記》年表에 "使桓子伐楚. 以諸侯師伐陳, 救鄭"이라 하여 본 장의 내용과 다름.

※ 824(宣9-9)

辛酉, 晉侯黑臀卒于扈.

신유날, 진晉나라 군주 흑둔黑臀이 호扈에서 죽었다.

【辛酉】9월에는 신유날이 없었음. 杜預 注에 "日誤"라 함.
【黑臀】晉 成公의 이름. 晉 文公의 아들. 晉 文公의 아들이며 襄公의 아우. 그가 태어날 때 신이 궁둥이에 '使有晉國'이라 검은 글씨를 써 준 꿈을 꾸어 붙여진 이름.《史記》晉世家에 "趙盾使趙穿迎襄公弟黑臀于周而立之, 是爲成公. 成公者, 文公少子. 其母周女也"라 하여 周나라에 망명해 있다가 趙穿이 靈公을 시해하고 이를 맞이하여 군주로 세움.《國語》周語(下)에 "且吾聞成公之生也, 其母 夢神規其臀而墨曰「使有晉國」, 故名之曰黑臀"이라 함. 晉 成公이 되어 B.C.606~600년까지 7년간 재위하고 景公(獳)이 그 뒤를 이음.
【扈】鄭나라 지명. 지금의 河南 原武縣 서북쪽. 회담을 하고 있던 곳에서 죽은 것이며 당시 扈는 진나라 땅이었을 것으로 봄.

傳

會于扈, 討不睦也.
陳侯不會, 晉荀林父以諸侯之師伐陳.
晉侯卒于扈, 乃還.

호屬에서 모임을 가진 것은 진晉나라에 복종하지 않고 있던 나라들을 성토하기 위한 것이었다.

진陳 영공靈公이 모임에 참가하지 않자, 진晉나라 순림보荀林父는 제후들의 군사를 이끌고 진陳나라를 공격한 것이다.

이때 진晉 성공이 호屬에서 세상을 떠나자 귀환하여 되돌아왔다.

【討不睦】 진나라를 패자로 인정하지 아니하고 초나라에 기대던 나라들. 齊나라와 陳나라를 가리키는 것이라 함. 앞서 宣公 7년 黑壤之盟에서는 '謀不睦'이라 하여 사전 모책을 논의한 것이며, 이번 屬之會에서는 '討不睦'이라 하여 정식으로 성토 내지 토벌에 나선 것임.
【荀林父】 荀伯. 中行桓子. 中行伯. 中行軍의 장수가 되어 이를 성씨로 삼았으며 뒤에 晉 六卿의 하나인 중항씨(中行氏)의 선조가 됨. 《史記》 晉世家에 "七年, 成公與楚莊王爭彊, 會諸侯于屬. 陳畏楚不會. 晉使中行桓子伐陳"이라 함.

✸ 825(宣9-10)

冬十月癸酉, 衛侯鄭卒.

겨울 10월 계유날, 위衛 성공成公 정鄭이 죽었다.

【癸酉】 10월 15일.
【鄭】 衛 成公의 이름. 衛 文公(燬, 燬)을 이어 B.C.634~600년까지 35년간 재위하고 穆公(速)이 그 뒤를 이음.
＊無傳

※ 826(宣9-11)

宋人圍滕.

송宋나라가 등滕나라를 포위하였다.

【滕】周 文王의 아들 叔繡가 받았던 封國. 侯爵이었으며 지금의 山東 滕縣 일대.
戰國시대 齊나라에게 망함.

㊅

冬, 宋人圍滕, 因其喪也.

겨울, 송宋나라가 등滕나라를 포위한 것은 등나라가 초상 중이었던 틈을
탄 것이었다.

【喪】滕 昭公의 喪을 말함. 宣公 9년을 참조할 것.

※ 827(宣9-12)

楚子伐鄭.

초楚 장왕莊王이 정鄭나라를 쳤다.

【楚子】楚 莊王을 가리킴.《史記》年表에 "楚莊十四年, 伐鄭"이라 함.

㊅

楚子爲厲之役故, 伐鄭.

초楚 장왕莊王이 여厲에서의 싸움에 보복하기 위해서 정鄭나라를 친
것이다.

【厲之役】宣公 6년을 볼 것. 杜預 注에 "六年楚伐鄭, 取成於厲. 旣成, 鄭伯逃歸"
　라 함.

※ 828(宣9-13)
　晉郤缺帥師救鄭.

진晉나라 극결郤缺이 군사를 이끌고 정鄭나라를 구하였다.

【郤缺】晉나라 대부 郤芮의 아들. 郤成子.《史記》年表에 "楚莊王十四年, 伐鄭.
　晉郤缺救鄭, 敗我"라 함.

傳
晉郤缺救鄭, 鄭伯敗楚師于柳棼.
國人皆喜, 唯子良憂曰:「是國之災也, 吾死無日矣!」

진晉나라 극결郤缺이 정鄭나라를 구원해 주자 정鄭 양공襄公이 초楚나라
군사를 유분柳棼에서 패배시켰다.
　온 나라 사람들이 모두 기뻐하였지만 오직 자량子良만은 이렇게 걱정
하였다.
　"이것은 나라의 재앙이 될 것이다. 내가 죽을 날도 얼마 남지 않았구나!"

【鄭伯】당시 鄭나라 군주는 襄公(堅)으로 재위 5년째였음.
【柳棼】鄭나라 땅. 지금의 河南 襄城縣 동쪽 汾丘.

【子良】鄭나라 公子 去疾. 鄭 穆公(蘭)의 庶子. 임금 자리를 공자 堅(襄公)에게 양보하였던 인물. 패자가 될 나라를 쳐서 이긴 것은 축하할 일이 아니라 재앙이라 여긴 것임. 한편 말미 杜預 注에 "自是晉楚交兵伐鄭, 十二年卒有楚子入鄭之禍"라 함. 이상 2장은 經文의 순서에 맞추어 위치를 바꾼 것임.

✺ 829(宣9-14)

陳殺其大夫洩冶.

진陳나라가 그 대부 설야洩冶를 죽였다.

【洩冶】陳나라 대부.《公羊傳》과《穀梁傳》에는 '泄冶'로 표기되어 있음. 靈公의 淫行을 간언하다가 죽음을 당함.

⑫

陳靈公與孔寧·儀行父通於夏姬, 皆衷其衵服, 以戲于朝.
洩冶諫曰:「公卿宣淫, 民無效焉, 且聞不令. 君其納之!」
公曰:「吾能改矣.」
公告二子, 二子請殺之.
公弗禁, 遂殺洩冶.
孔子曰:「《詩》云:『民之多辟, 無自立辟.』其洩冶之謂乎!」

진陳 영공靈公이 공녕孔寧, 의행보儀行父와 함께 대부 하어숙夏御叔의 아내 하희夏姬와 간통하면서, 이들이 저마다 하희의 속옷을 입고는 조정에서 히히덕거리고 있었다.
대부 설야洩冶가 충간하였다.
"공公과 경卿의 신분으로 음탕한 짓을 드러내놓고 떠벌리면 백성이 본받을 것이 없습니다. 그리고 이 일을 다른 나라에서 듣게 되면 좋지 못합니다. 임금께서는 그 속옷을 거두십시오!"

영공이 말하였다.

"내 이런 짓을 하지 않도록 행실을 고치겠소."

영공이 그 일을 공녕과 의행보 두 사람에게 고하자, 두 사람은 설야를 죽여 없앨 것을 청하였다.

영공은 그들을 말리지 않았고 결국 그들은 설야를 죽이고 말았다.

공자가 말하였다.

"《시》에 '백성들이 비뚤어진 자가 많으면, 나 혼자라도 바른 법도를 세우겠노라 하는 자가 없게 된다'라 하였다. 이는 설야와 같은 경우를 두고 한 말이로다!"

【陳靈公】 이름은 平國. 共公(朔)의 뒤를 이어 B.C.613~599년까지 재위하고 夏姬의 아들 夏徵舒에게 시해당하여 죽음. 成公(午)이 그 뒤를 이음.

【孔寧】 陳나라 경. 公孫寧으로도 부름.

【儀行父】 역시 陳나라 경.

【夏姬】 鄭 穆公의 딸이며 陳나라 대부 御叔의 아내. 夏徵舒의 어머니. '夏'는 御叔의 식읍으로 보이며, 혹 夏徵舒의 할아버지 少西의 字가 '子夏'였으므로 '夏'자를 성씨로 삼았다고도 함. 夏御叔은 《國語》 楚語(上)에 의하면 그는 陳 公子 夏의 아들이라 하였음. 하희는 그 뒤 楚 莊王, 公子 側, 申公巫臣 등이 서로 차지하고자 암투를 벌이는 등 국제적으로 많은 사건을 일으킨 천하의 淫女로 널리 알려졌음. 成公 2년의 傳文을 볼 것.

【衷其衵服】 여자의 속옷을 속에 입음. 衵服은 여자의 속곳을 뜻함. 《說文》에 "衷, 裏褻衣"라 함. '衵'은 《說文》에 "日日所常衣也"라 하였고, 杜預 注에는 "近身衣"라 함. 《穀梁傳》에도 "陳靈公通於夏徵舒之家, 孔孫寧·儀行父亦通其家, 或衣其衣, 或衷其襦, 以相戲於朝"라 함.

【聞】 다른 나라에 그 소문이 퍼짐. 이상의 고사는 賈誼 《新書》 雜事에 "紂殺王子比干, 而箕子被髮而佯狂; 陳靈公殺泄冶, 而鄧元去陳以族徙. 自是之後, 殷倂於周, 陳亡於楚. 以其殺比干與泄冶, 而失箕子與鄧元也"라 함.

【詩】《詩經》大雅 板篇에 "天之牖民, 如壎如篪. 如璋如圭, 如取如攜. 攜無曰益, 牖民孔易. 民之多辟, 無自立辟"이라 하여 '多辟'은 '郭辟'으로 되어 있음. '辟'은 '僻'과 같음. '偏僻되다'의 뜻. 한편《孔子家語》子路初見篇에 "子貢曰:「陳靈公 宣淫於朝, 泄治正諫而殺之, 是與比干諫而死同, 可謂仁乎?」子曰:「比干於紂, 親則諸父, 官則少師, 忠報之心, 在於宗廟而已, 固必以死爭之, 冀身死之後, 紂將 悔寤, 其本志情在於仁者也. 泄治之於靈公, 位在大夫, 無骨肉之親, 懷寵不去, 仕於亂朝, 以區區之一身, 欲正一國之淫昏, 死而無益, 可謂損矣.《詩》云:『民之 多辟, 無自立辟』其泄治之謂乎?」"라 함.

124. 宣公 10年(B.C.599) 壬戌

周	定王(姬瑜) 8년	齊	惠公(元) 10년	晉	景公(獳) 원년	衛	穆公(速) 원년
蔡	文公(申) 13년	鄭	襄公(堅) 6년	曹	文公(壽) 19년	陳	靈公(平國) 15년
杞	桓公(姑容) 38년	宋	文公(鮑) 12년	秦	桓公(榮) 6년	楚	莊王(旅) 15년
許	昭公(錫我) 23년						

❀ 830(宣 10-1)

十年春, 公如齊.

10년 봄, 선공이 제齊나라에 갔다.

❀ 831(宣 10-2)

公至自齊.

선공이 제齊나라에서 돌아왔다.

＊無傳

❋ 832(宣 10-3)

　齊人歸我濟西田.

　제齊나라가 우리 노나라 땅이었던 제수濟水의 서쪽 땅을 돌려주었다.

　【齊西田】宣公 원년 즉위하자마자 齊나라로부터 즉위를 인정받기 위해 주었던
땅을 제나라에서 다시 돌려준 것임. 宣公 원년의 經文과 傳文을 볼 것.

　㉝

　十年春, 公如齊.
　齊侯以我服故, 歸濟西之田.

　10년 봄, 선공이 제齊나라에 갔다.
　제 혜공惠公은 우리 노나라가 자신에게 복종하고 있다고 여겨 노나라
땅이었던 제수濟水 서쪽 땅을 우리에게 돌려준 것이다.

　【濟西之田】杜預 注에 "公比年朝齊故"라 함.

❋ 833(宣 10-4)

　夏四月丙辰, 日有食之.

　여름 4월 병진날, 일식이 있었다.

　【丙辰】4월 병진은 '朔日'이었으나 이를 기록하지 않은 것은 사관이 빠뜨린
것이라 함. 지금의 천문계산으로 B.C.599년 3월 6일 金環日蝕이 있었음.
　＊無傳

✹ **834(宣 10-5)**

己巳, 齊侯元卒.

기사날, 제齊 혜공惠 원元이 죽었다.

【己巳】 4월 14일.
【元】 齊 惠公의 이름. 懿公(商人)의 뒤를 이어 魯 惠公의 즉위와 같은 해인 B.C.608년에 즉위하여 B.C.599년까지 재위하고 10년 만에 생을 마침. 頃公(無野)이 뒤를 이음.《史記》齊世家에 "十年, 惠公卒, 子頃公無野立"이라 함.

✹ **835(宣 10-6)**

齊崔氏出奔衛.

제齊나라의 최씨崔氏가 위衛나라로 달아났다.

【崔氏】 齊나라 대부 崔杼를 가리킴. '氏'를 넣은 것은 그 씨족이 모두 달아났음을 말함.《穀梁傳》에 "氏, 擧族而出之之辭也"라 함.

㊧
夏, 齊惠公卒.
崔杼有寵於惠公, 高·國畏其偪也, 公卒而逐之, 奔衛.
書曰「崔氏」, 非其罪也; 且告以族, 不以名.
凡諸侯之大夫違, 告於諸侯曰:「某氏之守臣某, 失守宗廟, 敢告.」
所有玉帛之使者則告; 不然, 則否.

여름, 제齊 혜공惠公이 죽었다.

대부 최저崔杼는 혜공에게 사랑을 받고 있었는데 고씨高氏와 국씨國氏는 최저의 핍박을 두려워하고 있던 터라 혜공이 죽자 이들이 그를 축출하여 위衛나라로 달아난 것이다.

경經에 '최씨'라고 기록한 것은 그에게 죄가 없음을 말한 것이며 아울러 그 일족을 고하면서 그 이름은 밝히지 않은 것이다.

무릇 제후의 대부가 자기 나라를 떠날 때 다른 제후들에게 '아무개 씨의 수신守臣 아무개는 종묘를 지키지 못하기에 감히 고합니다'라고 한다.

그러나 옥백玉帛을 예물로 가지고 간 적이 있는 사신일 경우에는 이렇게 고하고, 그렇지 않은 경우라면 이를 고하지 않는다.

【崔杼】齊나라 대부. 그러나 최저는 襄公 25년(B.C.548)에 齊 莊公을 시해한 인물로 이곳과 시간적으로 51년 뒤임. 따라서 이때 崔杼는 매우 어렸을 것이며 惠公에게 총애를 받아 高氏와 國氏들이 두려워하여 축출하였다는 것은 일부 의아한 면이 있음.《唐書》宰相世系表에 "崔氏出自姜姓, 齊丁公伋嫡子季子讓 國叔乙, 食采於崔, 遂爲崔氏. 濟南東朝陽西北有崔氏城是也. 季氏生穆伯, 穆伯 生沃, 沃生野, 八世孫夭生杼, 爲齊正卿"이라 함. 한편《論語》公冶長篇에 "崔子 弒齊君, 陳文子有馬十乘, 棄而違之"라 함.
【高國】齊나라 大姓으로 모두 上卿을 하고 있던 벼슬 집안이었음. 여기서의 高氏는 '高固(高宣子)', 國氏는 '國佐'가 아닌가 함.
【違】방축을 당함. 杜預 注에 "放, 奔放也"라 함.
【守臣】집안을 지켜야 할 신하. '某氏之守臣某'에서 앞의 '某'자는 姓, 뒤의 '某'자는 이름을 말한 것이라 함. 孔穎達 疏에 "若言'崔氏之守臣杼'也"라 함.
【宗廟】자신 집안의 사당.
【玉帛之使】정식으로 招聘이나 報聘의 임무를 띠고 간 적이 있었던 나라로 망명할 경우를 말함.
【否】망명한 나라에 처음 가는 경우에는 자신의 사정을 告하지 않음.

※ 836(宣 10-7)

公如齊.

선공이 제齊나라에 갔다.

【如齊】齊 惠公(元)이 죽어 魯 宣公이 조문을 간 것임.

㊉

公如齊奔喪.

선공이 제齊나라에 간 것은 혜공惠公의 상喪에 조문을 하기 위해 급히 간 것이다.

【奔喪】급히 달려가 조문을 함. 宣公은 자신이 즉위할 때 齊 惠公(元)의 은혜를 입었기 때문에 이처럼 급히 달려간 것이라 함. 元年 앞부분 經文들을 참조할 것.

※ 837(宣 10-8)

五月, 公至自齊.

5월, 선공이 제齊나라에서 돌아왔다.

＊無傳

✱ 838(宣10-9)

癸巳, 陳夏徵舒弑其君平國.

계사날, 진陳나라 하징서夏徵舒가 그의 군주 평국平國을 시해하였다.

【癸巳】 5월 8일.
【夏徵舒】 夏姬와 御叔 사이에 난 아들. 宣公 9년의 經文 및 傳文을 볼 것.
【平國】 陳 靈公의 이름. 共公(朔)의 뒤를 이어 B.C.613~599년까지 15년간 재위
하고 夏徵舒에게 이때 시해를 당하여 죽음. 成公(午)이 그 뒤를 이음.

⑯

陳靈公與孔寧·儀行父飲酒於夏氏.
公謂行父曰:「徵舒似女.」
對曰:「亦似君.」
徵舒病之. 公出, 自其廐射而殺之.
二子奔楚.

진陳 영공靈公이 공녕孔寧, 의행보儀行父와 함께 하씨夏氏의 집에서 술을
마셨다.
그때 영공이 의행보에게 말하였다.
"하징서夏徵舒는 모습이 너와 닮았다."
그러자 의행보가 이렇게 대답하였다.
"역시 임금을 닮기도 하였지요."
하징서는 무척 괴로워하다 영공이 그 자리에서 나왔을 때, 마구간에서
활을 쏘아 영공을 죽여 버렸다.
공녕과 의행보 두 사람은 초楚나라로 달아났다.

【孔寧·儀行父】 陳나라 대부. 孔寧은 公孫寧으로도 부름. 宣公 9년을 볼 것.

【病之】 괴로워함. 속상해함. 杜預 注에 "靈公卽位於今十五年, 徵舒已爲卿, 年大, 無嫌是公子. 蓋以夏姬淫放, 故謂其子爲似以爲戲"라 하였고 《史記》陳世家에는 "十四年, 靈公與其大夫孔寧·儀行父皆通於夏姬, 衷其衣以戲於朝. 泄冶諫曰: 「君臣淫亂, 民何效焉?」靈公以告二子, 二子請殺泄冶, 公弗禁, 遂殺泄冶. 十五年, 靈公與二子飮於夏氏. 公戲二子曰: 「徵舒似汝.」二子曰: 「亦似公.」徵舒怒. 靈公 罷酒出, 徵舒伏弩廐門射殺靈公. 孔寧·儀行父皆奔楚, 靈公太子午奔晉. 徵舒自立 爲陳侯. 徵舒, 故陳大夫也. 夏姬, 御叔之妻, 舒之母也. 成公元年冬, 楚莊王爲夏 徵舒殺靈公, 率諸侯伐陳. 謂陳曰: 「無驚, 吾誅徵舒而已.」已誅徵舒, 因縣陳而 有之, 群臣畢賀. 申叔時使於齊來還, 獨不賀. 莊王問其故, 對曰: 「鄙語有之, 牽牛 徑人田, 田主奪之牛. 徑則有罪矣, 奪之牛, 不亦甚乎? 今王以徵舒爲賊弑君, 故徵 兵諸侯, 以義伐之, 已而取之, 以利其地, 則後何以令於天下! 是以不賀.」莊王曰: 「善.」乃迎陳靈公太子午於晉而立之, 復君陳如故, 是爲成公. 孔子讀《史記》至楚 復陳, 曰: 「賢哉楚莊王! 輕千乘之國而重一言.」"이라 함.

✹ 839(宣 10-10)

六月, 宋師伐滕.

6월, 송宋나라 군사가 등滕나라를 쳤다.

【滕】周 文王의 아들 叔繡가 받았던 封國. 侯爵이었으며 지금의 山東 滕縣 일대. 戰國시대 齊나라에게 망함.

㊉

滕人恃晉而不事宋, 六月, 宋師伐滕.

등滕나라가 진晉나라를 믿고 송宋나라를 섬기지 않자 6월에 송나라 군사가 등나라를 친 것이다.

【滕】滕나라는 宋나라의 하수노릇을 하기에 괴로워한 내용이 襄公 27년, 定公
元年 등에 보임.

❈ 840(宣 10-11)

公孫歸父如齊.
葬齊惠公.

공손귀보公孫歸父가 제齊나라에 갔다.
제齊 혜공惠公의 장례를 치렀다.

【公孫歸父】魯나라 대부. 東門襄仲(公子 遂)의 아들. 字는 子家. 지금의 河北 唐縣
출토의 '歸父敦'은 그가 만든 鑄物(鐘鼎遺物)임이 밝혀지기도 함.
＊無傳

❈ 841(宣 10-12)

晉人·宋人·衛人·曹人伐鄭.

진인晉人·송인宋人·위인衛人·조인曹人이 정鄭나라를 쳤다.

【伐鄭】杜預 注에 "鄭及楚平故"라 함. 晉과 楚의 霸權 다툼의 일환이었음.

㉮
鄭及楚平, 諸侯之師伐鄭, 取成而還.

정鄭나라가 초楚나라와 화평을 맺자 제후들의 군사가 정나라를 쳐서 화친을 맺겠다는 약속을 받고 돌아갔다.

【取成】 '成'은 화평 조약을 성사시킴을 뜻함. 杜預 注에 "前年敗楚師, 恐楚深怨, 故與之平"이라 함.

❋ 842(宣 10-13)

秋, 天王使王季子來聘.

가을, 천자가 왕계자王季子를 노나라에 사자로 보내어 빙문하게 하였다.

【王季子】 劉康公. 周나라 왕실의 卿士.《公羊傳》에는 천왕(定王, 姬瑜)의 '母弟'라 하였고, 《穀梁傳》에는 '王子'라 하였음. '母弟'는 왕의 同母弟이며 '王子'의 경우 왕의 庶兄이나 庶弟를 뜻함. 따라서 '王子'일 경우 定王의 아들이되 定王의 庶弟일 가능성이 있음.

⑭

秋, 劉康公來報聘.

가을, 유강공劉康公이 와 우리 노나라가 주周나라를 예방하였던 일에 대한 보답을 하였다.

【劉康公】 王季子. 식읍은 劉, 시호는 康公이었음. '劉'는 지금의 河南 緱氏縣 서북쪽 땅.
【報聘】 답례로 찾아옴. 孟獻子가 周王을 예방했던 일의 답방이었음. 杜預 注에 "報孟獻子之聘. 卽王季子也"라 함.

✵ 843(宣 10-14)

公孫歸父帥師伐邾, 取繹.

공손귀보公孫歸父가 군사를 이끌고 주邾나라를 쳐 역繹을 점령하였다.

【公孫歸父】魯나라 대부. 東門襄仲(公子 遂)의 아들. 字는 子家. 지금의 河北 唐縣 출토의 '歸父敦'은 그가 만든 鑄物(鐘鼎遺物)임이 밝혀지기도 함.
【繹】'嶧'과 같음. 지금의 山東 鄒縣 嶧山 서북.《公羊傳》에는 '蘱'로 되어 있음.

㊉

師伐邾, 取繹.

노魯나라 군사가 주邾나라를 쳐 역繹 땅을 차지하였다.

【取繹】杜預 注에 "爲子家如齊傳"이라 함.

✵ 844(宣 10-15)

大水.

큰 홍수가 났다.

＊無傳

✹ 845(宣10-16)

季孫行父如齊.

계손행보季孫行父가 제齊나라에 갔다.

【季孫行父】魯나라 대부 季文子. 杜預 注에 "齊侯初卽位"라 하여 惠公(元)이 죽고
頃公(無野)의 즉위를 위해서 간 것임.

⑭
季文子初聘于齊.

계문자季文子가 제齊나라의 새 군주의 즉위를 위해 처음으로 제나라를
예방하였다.

【季文子】魯나라 대부. 季孫行父.

✹ 846(宣10-17)

冬, 公孫歸父如齊.

겨울, 공손귀보公孫歸父가 제齊나라에 갔다.

【公孫歸父】魯나라 대부. 東門襄仲(公子 遂)의 아들. 字는 子家.

✹ 847(宣 10-18)

齊侯使國佐來聘.

제齊나라 군주가 국좌國佐를 보내어 빙문하게 하였다.

【齊侯】 여기서의 齊侯는 頃公을 가리키나 惠公이 죽은 지 1년이 넘지 않았고
頃公 元年은 다음해로 시작됨.
【國佐】 齊나라 대부. 國歸父의 아들이며 國武子로 불림. 國氏는 齊나라 문벌
집안이었음.

㊉

冬, 子家如齊, 伐邾故也.

겨울, 자가子家가 제齊나라에 간 것은 주邾나라를 쳤던 일을 해명하기
위해서였다.

【子家】 公孫歸父의 字.
【伐邾故】 杜預 注에 "魯侵小, 恐爲齊所討, 故往謝"라 함.

㊉

國武子來報聘.

제齊나라 국무자國武子가 답례하기 위해 빙문하였다.

【國武子】 齊나라 대부. 國佐. 國歸父의 아들.
【報聘】 子家가 邾나라 침략을 해명하기 위해 갔던 일에 대한 답방.

❀ 848(宣 10-19)

饑.

기근이 들었다.

【饑】 杜預 注에 "有水災, 嘉穀不成"이라 함.
＊無傳

❀ 849(宣 10-20)

楚子伐鄭.

초楚 장왕莊王이 정鄭나라를 쳤다.

【楚子】 楚 莊王을 가리킴.
【伐鄭】 鄭나라가 晉나라와 가까워졌기 때문. 앞 장의 經文 및 傳文 참조.

㊀

楚子伐鄭. 晉士會救鄭, 逐楚師于潁北.
諸侯之師戍鄭.

초楚 장왕莊王이 정鄭나라를 치자 진晉나라 대부 사회士會가 정나라를
구원하여 초나라 군사를 영수潁水 북쪽으로 쫓아내었다.
　제후들의 군사들은 정나라를 지켰다.

【士會】 晉나라 대부. 隨季, 隨會, 士季, 范會 등 여러 이름으로 불림. 士蔿의 손자
　이며 士穀과 형제. 隨땅을 채읍으로 하여 '隨會', 혹 '隨武子'라고도 불렀으며

다시 范땅을 채읍으로 하여 '范武子'로도 불림. 한 때 秦나라로 망명하는 등
우여곡절을 겪기도 함. 그 후손이 뒤에 晉나라 六卿의 하나인 范氏로 발전함.
【潁北】潁水의 북쪽. 지금의 河南 禹縣, 襄城縣, 許昌縣 등지.

㊀

鄭子家卒.

鄭人討幽公之亂, 斲子家之棺, 而逐其族.

改葬幽公, 諡之曰「靈」.

정鄭나라 자가子家가 죽었다.

정나라 사람들이 자가가 유공幽公을 죽여 난동을 일으켰던 일을 성토
하면서 자가의 관을 부수고 그의 일족들을 축출하였다.

그리고 유공의 장례를 다시 치르고, 시호를 '영靈'이라 바꾸었다.

【子家】歸生. 鄭나라 공자. 字는 子家. 당시 鄭나라 대부였음. 鄭 靈公을 시해
하였음. 宣公 4년을 볼 것.
【斲】'착'으로 읽음. '斫'과 같음. 관을 부수어 시체를 드러냄.
【幽公】鄭 靈公을 가리킴. 이름은 夷. 穆公의 태자였다가 목공이 죽자 그 뒤를
이음. 鄭 穆公(蘭)이 죽고 뒤를 이었으나 재위 1년 만에 歸生에게 시해당하고
말았음. 襄公(堅)이 그 뒤를 이음. 처음에는 諡號가 '幽公'이었으나 본문에서
처럼 '靈公'으로 고침.

125. 宣公 11年(B.C.598) 癸亥

周	定王(姬瑜) 9년	齊	頃公(無野) 원년	晉	景公(獳) 2년	衛	穆公(速) 2년
蔡	文公(申) 14년	鄭	襄公(堅) 7년	曹	文公(壽) 20년	陳	成公(午) 원년
杞	桓公(姑容) 39년	宋	文公(鮑) 13년	秦	桓公(榮) 7년	楚	莊王(旅) 16년
許	昭公(錫我) 24년						

● 850(宣11-1)

十有一年春王正月.

11년 봄, 주력 정월.

● 851(宣11-2)

夏, 楚子·陳侯·鄭伯盟于辰陵.

여름, 초楚 장왕莊王, 진陳 성공成公, 정鄭 양공襄公이 진릉辰陵에서 동맹을 맺었다.

【楚子】楚 莊王(侶, 旅).
【陳侯】陳 成公(午).
【鄭伯】鄭 襄公(堅).
【辰陵】陳나라 땅.《河南通志》에 "辰亭在西華縣西"라 함.《穀梁傳》에는 '夷陵'
　으로 되어 있으며 '夷陵'은 지금의 河南 淮陽縣 서쪽임.

傳

十一年春, 楚子伐鄭, 及櫟.
子良曰:「晉·楚不務德而兵爭, 與其來者可也. 晉·楚無信, 我焉
得有信?」
乃從楚.
夏, 楚盟于辰陵, 陳·鄭服也.

11년 봄, 초楚 장왕莊王이 정鄭나라를 공격하여 역櫟까지 쳐들어갔다.
정나라 대부 자량子良이 말하였다.
"진晉나라와 초나라는 덕을 닦기에는 힘쓰지 않고 무력으로 다투고만
있다. 그러니 우리는 쳐들어오는 나라 쪽에 복종하기만 하면 된다. 진나라와
초나라가 신의가 없는데 어찌 우리나라만 신의를 지킬 수 있겠는가?"
그리하여 초나라에 복종하기로 하였다.
여름, 초나라가 진릉辰陵에서 동맹을 맺은 것은 진陳나라와 정나라가
복종해 왔기 때문이었다.

【櫟】지금의 河南 禹縣. 桓公 15년을 볼 것.
【子良】정나라 공자 去疾. 宣公 4년을 볼 것.
【晉楚】역시 아직 패권 다툼이 확정되지 않았으며 그 가운데에 처하였던 정나라는
　항시 두 나라의 틈에서 고통을 겪었음.

✹ 852(宣 11-3)

公孫歸父會齊人伐莒.

공손귀보公孫歸父가 제齊나라 사람과 만나 거莒나라를 쳤다.

【公孫歸父】魯나라 대부. 東門襄仲(公子 遂)의 아들. 字는 子家. 지금의 河北 唐縣 출토의 ‘歸父敦’은 그가 만든 鑄物(鐘鼎遺物)임이 밝혀지기도 함.
＊無傳

傳

楚左尹子重侵宋, 王待諸郔.

초楚나라의 좌윤左尹 자중子重이 송宋나라를 칠 때 초楚 장왕莊王은 연郔 땅에서 그를 기다리고 있었다.

【左尹】楚나라 令尹 다음의 관직.
【子重】楚나라 大夫이며 公子. 이름은 嬰齊. 楚 莊王의 아우. 將軍, 令尹 등으로 고루 거침. 成公 2년을 볼 것.
【郔】楚나라 땅으로 지금의 河南 項城縣 근처. 鄭나라 郔과는 다른 곳임.

傳

令尹蒍艾獵城沂, 使封人慮事, 以授司徒.
　量功命日, 分財用, 平板榦, 稱畚築, 程土物, 議遠邇, 略基趾, 具餱糧, 度有司.
　事三旬而成, 不愆于素.

영윤令尹 위애렵蒍艾獵이 기沂에 성을 쌓으면서 봉인封人으로 하여금 공사를 설계하도록 하고 사도司徒에게 그 일을 주어 착공하도록 하였다.

그는 공사의 분량을 미리 헤아려 준공까지의 날짜를 정하고, 자재를 적당히 나누어 공사에 모자람이 없게 하였다. 그리고 성을 쌓을 때 쓰이는 판자나 기둥을 나란히 두고, 흙을 나르는 삼태기와 흙을 찧어 다지는 절굿공이의 수를 고르게 나누었으며, 성 쌓는 데 필요한 흙의 분량을 미리 계산하고 그 흙을 운반하는 거리의 원근을 헤아렸다. 또한 성벽 토대土臺의 넓이를 돌아다니며 정하고, 충분한 식량을 마련하였으며, 유사有司의 재능을 따져 적당한 임무를 주었다.

공사는 30일 만에 완성되었는데 처음의 계획에서 조금도 벗어남이 없었다.

【蔿艾獵】孫叔敖를 가리킴. 蔿敖, 艾獵 등으로도 불림. 蔿賈의 아들. 훌륭한 어머니를 두어 《列女傳》에 '兩頭蛇', '陰德陽報' 등의 고사로 유명한 초나라 영윤. 孔穎達 疏에는 《世本》을 인용하여 "艾獵爲叔敖之兄"이라 하였으나 이는 오류로 보고 있음.

【沂】楚나라 지명. 지금의 河南 正陽縣 경계.

【封人】국경을 지키는 관리. 여기서는 토목공사 담당관.

【司徒】인부들의 감독관.

【量功】공사 분량을 미리 계산함.

【財用】資材.

【平板幹】판자와 기둥을 나란히 씀.

【土物】공사에 쓰이는 흙.

【餱糧】인부들 식량. 餱는 말린 식량을 뜻함.

【有司】일을 맡은 해당 관원. 각 분야별로 분담한 담당자.

【愆】벗어남. 착오를 일으킴.

【三旬】旬은 열흘. 따라서 한 달. 30일을 가리킴.

【素】미리 짠 계획. 杜預 注에 "不過素所慮之期也. 傳言叔敖之能使民"이라 함.

※ 853(宣11-4)

秋, 晉侯會狄于欑函.

가을, 진晉 경공景公이 적狄과 찬함欑函에서 만났다.

【晉侯】晉 景公(獳).
【欑函】狄地. 구체적으로는 알 수 없음. 杜預 注에 "晉侯往會之, 故以狄爲會主. 欑函, 狄地"라 하였고, 孔穎達 疏에는 "晉侯會狄, 是狄在彼地, 晉往會之. 故傳說 晉大夫欲召狄, 郤成子勸其勤, 是晉侯自往, 故以狄會主. 成十五年「會吳于鍾離」, 襄十年「會吳于柤」, 其義與此同"이라 함.

㊀

晉郤成子求成于衆狄.
衆狄疾赤狄之役, 遂服于晉.
秋, 會于欑函, 衆狄服也.
是行也, 諸大夫欲召狄.
郤成子曰:「吾聞之: 非德, 莫如勤, 非勤, 何以求人? 能勤, 有繼.
其從之也.《詩》曰:『文王旣勤止.』文王猶勤, 況寡德乎?」

진晉나라 대부 극성자郤成子가 여러 적狄 부족들에게 화친을 요청하였다.
적 부족들은 적적赤狄에게 부림을 당하는 것을 피하기 위해 드디어
진나라에게 복종하였다.
가을, 찬함欑函에서 모임을 가진 것은 여러 적인 부족들이 복종하였기
때문이다.
이 모임에 진나라 여러 대부들은 적들을 불러들이려 하였다.
그러자 극성자가 이렇게 말하였다.
"내가 듣기로 '덕을 행하지 못하느니 부지런히 힘을 쓰느니만 못하다'
하였소. 부지런히 힘을 쓰지도 않고 어떻게 다른 사람에게 복종을 요구할

수 있겠소? 능히 부지런히 힘을 쓰면서 계속해 나갈 수 있을 것이니 우리가
저들 쪽으로 가야 할 것이오. 《시》에 '문왕文王은 부지런히 힘쓰셨네'라
하였소. 문왕과 같은 분도 부지런히 힘쓰셨거늘 하물며 덕이 적은 우리로서야
어떻게 해야겠소?"

【郤成子】郤缺. 晉나라 대부 郤芮의 아들. 諡號는 成子. 采邑은 冀. 그 때문에
　冀缺로도 부름.
【赤狄】春秋時代 狄族은 白狄, 赤狄 등으로 나누었으며 潞氏, 甲氏, 留吁, 鐸辰
　등은 赤狄의 나라였음. 赤狄은 주로 지금의 山西 長治縣 서쪽에 분포하였음.
　그중 潞氏가 가장 강하였음.
【赤狄之役】'役'은 使役을 당함. 杜預 注에 "赤狄潞氏最强, 故服役衆狄"이라 함.
【有繼】杜預 注에 "勤則功繼之"라 함.
【其從之也】晉나라 쪽에서 狄에게 감. 顧炎武 〈補正〉에 "言往而會狄"이라 함.
【詩】《詩經》周頌 賚篇에 "文王旣勤止, 我應受之. 敷時繹思, 我徂維求定. 時周
　之命, 於繹思"라 함.

✹ 854(宣 11-5)

冬十月, 楚人殺陳夏徵舒.

겨울 10월, 초楚나라가 진陳나라 하징서夏徵舒를 죽였다.

【夏徵舒】夏姬와 御叔 사이에 난 아들. 하희가 靈公, 孔寧, 儀行父와 사통을 벌이
다가 서로 '夏徵舒가 당신을 닮았다'고 희롱하자 마구간에서 靈公을 활로 쏘아
시해함. 宣公 9년 등의 經文과 傳文을 참조할 것. 《史記》年表에 "楚莊王十六年,
率諸侯誅陳夏徵舒, 立陳靈公子午"라 함.

＊855(宣11-6)

丁亥, 楚子入陳.

정해날, 초楚 장왕莊王이 진陳나라로 들어갔다.

【丁亥】10월 11일.
【入陳】莊王이 夏徵舒를 죽이고 陳나라에 들어감. 夏徵舒를 죽인 것은 孔寧과
儀行父가 楚나라로 도망하여 하징서를 죽이도록 사주한 것이며 장왕은 장왕
대로 진나라를 정복할 명분을 얻은 것임. 杜預 注에 "楚子先殺徵舒, 而欲縣陳;
後得申叔時諫, 乃復封陳, 不有其地, 故書'入'在'殺夏徵書'之後"라 함. 아래
전문을 볼 것.

＊856(宣11-7)

納公孫寧, 儀行父于陳.

공손녕公孫寧과 의행보儀行父를 진陳나라로 들여보냈다.

【納】陳나라로 하여금 그들을 받아들이도록 한 것.
【公孫寧·儀行父】陳나라 대부들. 公孫寧은 孔寧을 가리킴. 이들은 夏姬와의
사건으로 夏徵舒가 靈公을 시해하자 그대로 楚나라로 도망하였음. 宣公 9년의
傳文을 볼 것. 그리하여 이때 楚 莊王이 陳나라를 치면서 들여보낸 것임.

㉂

冬, 楚子爲陳夏氏亂故, 伐陳.
謂陳人「無動! 將討於少西氏」.
遂入陳, 殺夏徵舒, 轘諸栗門.

因縣陳.

陳侯在晉.

申叔時使於齊, 反, 復命而退.

王使讓之, 曰:「夏徵舒爲不道, 弒其君, 寡人以諸侯討而戮之, 諸侯·縣公皆慶寡人, 女獨不慶寡人, 何故?」

對曰:「猶可辭乎?」

王曰:「可哉!」

曰:「夏徵舒弒其君, 其罪大矣; 討而戮之, 君之義也. 抑人亦有言曰:『牽牛以蹊人之田, 而奪之牛.』牽牛以蹊者, 信有罪矣; 而奪之牛, 罰已重矣. 諸侯之從也, 曰『討有罪』也. 今縣陳, 貪其富也. 以討召諸侯, 而以貪歸之, 無乃不可乎?」

王曰:「善哉! 吾未之聞也. 反之, 可乎?」

對曰:「吾儕小人所謂『取諸其懷而與之』也.」

乃復封陳.

鄉取一人焉以歸, 謂之夏州.

故書曰「楚子入陳. 納公孫寧·儀行父于陳」, 書有禮也.

겨울, 초楚 장왕莊王은 진陳나라 하씨夏氏의 난동을 이유로 진陳나라를 쳤다. 그는 진나라 사람들에게 이렇게 말하였다.

"동요하지 말라! 장차 소서씨少西氏를 벌하려는 것이다."

드디어 진나라로 들어가 하징서夏徵舒를 죽이고, 율문栗門에서 그의 시신을 거열형車裂刑에 처하였다.

그리고 그 기회에 진나라를 초나라의 현縣으로 삼았다.

그때, 진陳 성공成公은 진晉나라에 가 있었다.

초나라 대부 신숙시申叔時가 제齊나라에 사신으로 갔다가 초나라로 돌아와 장왕에게 복명을 하고는 물러났다.

그러자 장왕은 사람을 시켜 그를 다그쳐 물었다.

"하징서가 도리에 어긋나 그의 군주를 죽였기에 내가 제후들을 거느리고 그 나라에 가서 성토하고 그를 죽였다. 제후들과 현공縣公들은 모두 나에게 축하의 말을 하고 있는데 너만은 나에게 축하의 말을 하지 않으니 무슨 까닭이냐?"

신숙시가 대답하였다.

"한 말씀 올려도 괜찮습니까?"

장왕이 말하였다.

"좋다!"

신숙시는 이렇게 말하였다.

"하징서가 그의 군주를 죽인 것은 그 죄가 큽니다. 그를 성토하여 죽인 것은 임금으로서의 의로운 행위이기는 합니다. 그러나 생각건대 이런 말이 있습니다. '소를 끌고 남의 밭을 짓밟고 지나가면 밭주인은 그 소를 빼앗는다'라고 말입니다. 소를 끌고 남의 밭을 짓밟고 지나간 것은 실로 죄이기는 합니다. 그렇다고 소를 빼앗는 것은 벌이 지나치게 무거운 것입니다. 다른 제후들이 우리 초나라를 따라 준 것은 '죄 있는 자를 친다'고 하셨기 때문입니다. 그러나 지금 그 진나라를 우리의 현縣으로 삼으신 것은 남의 재물을 탐낸 것입니다. 죄 있는 자를 친다는 명분으로 다른 제후를 불러 놓고 남의 재물을 탐내며 돌아온 것은 옳지 못한 일이 아닙니까?"

장왕이 말하였다.

"훌륭하다! 내 아직 이런 말을 들어본 적이 없었다. 다시 되돌려 주면 되겠는가?"

신숙시는 이렇게 대답하였다.

"저와 같은 소인들이 말하는 '남의 품속에서 훔쳤다가 그에게 되돌려 준다'라는 말과 같습니다."

이에 장왕은 진나라를 다시 봉해주었다.

그리고 진나라의 각 고을에서 한 사람씩을 골라 데리고 돌아와서 그들을 살도록 한 땅을 하주夏州라 불렀다.

경經에 '초나라 군주가 진나라로 들어가며 공손녕과 의행보를 진나라에 들여보냈다'라고 기록한 것은 장왕이 예에 맞는 행동을 하였음을 나타낸 것이다.

【夏氏之亂】陳나라 夏姬로 인해 靈公이 夏徵舒에게 시해를 당하고 孔寧(公孫寧)과
  儀行父가 楚나라로 달아나는 등의 난리. 宣公 9, 10년 등의 經文과 傳文을 참조
  할 것. 杜預 注에 "十年, 夏徵舒弑君"이라 함.
【少西氏】少西는 夏徵舒의 할아버지 子夏의 이름. 여기서는 夏徵舒를 가리킴.
  《史記》陳世家에 "楚莊王爲夏徵舒殺靈公, 率諸侯伐陳. 謂陳曰:「無驚! 吾誅
  徵舒而已.」"라 함.
【轘】'환'으로 읽으며 車裂刑의 다른 말. 사지에 수레를 묶어 끌도록 하여 찢어
  죽이는 형벌. 桓公 18년 傳에도 이 용어가 실려 있음.
【栗門】陳나라 도읍의 城門 이름.
【縣陳】陳나라를 楚나라의 縣으로 만들어버림. 杜預 注에 "滅陳以爲縣"이라
  하였고,《史記》楚世家에는 "十六年, 伐陳, 殺夏徵舒. 徵舒弑其君, 故誅之也.
  已破陳, 卽縣之"라 함. 한편《淮南子》人間訓에도 "陳夏徵舒弑其君, 楚莊王伐之.
  陳人聽令. 莊王以討有罪, 遣卒戍陳"이라 함.
【申叔時】楚나라 대부.
【縣公】縣의 長官. 당시 초나라는 '왕'을 참칭하였고 그 아래 직급인 현의 장관은
  '公'이라고 僭稱하였음. 杜預 注에 "楚縣大夫皆僭稱公"이라 함.
【蹊】'지름길로 여겨 질러가다'의 뜻.
【吾儕】우리들.
【取諸其懷而與之也】다른 사람의 물건을 그 품속에서 훔쳤다가 나중에 그 사람
  에게 되돌려 줌. 그나마 훌륭한 일을 한 것임을 말함. 杜預 注에 "叔時謙言小人
  意淺, 謂譬如取人物於其懷而還之, 爲愈於不還"이라 함.
【鄕】행정구역 단위. 五家를 '比', 五比를 '閭', 五閭를 '族', 五族을 '黨', 五黨을
  '州', 五州를 '鄕'이라 하였음. 1만 2천5백家의 큰 고을.
【夏州】江永은 "夏州, 蓋大江北岸江·漢合流之間, 其後漢水遂有夏水之名"이라
  하였음. 지금의 湖北 武漢市 일대라 함. 하징서를 죽이고 얻은 사람들이 사는
  고을이라는 뜻으로 붙인 이름.
【有禮】《史記》陳世家에 "成公元年冬, 楚莊王爲夏徵舒殺靈公, 率諸侯伐陳. 謂陳
  曰:「無驚, 吾誅徵舒而已.」已誅徵舒, 因縣陳而有之, 群臣畢賀. 申叔時使於齊
  來還, 獨不賀. 莊王問其故, 對曰:「鄙語有之, 牽牛徑人田, 田主奪之牛. 徑則有
  罪矣, 奪之牛, 不亦甚乎? 今王以徵舒爲賊弑君, 故徵兵諸侯, 以義伐之, 已而取之,
  以利其地, 則後何以令於天下! 是以不賀.」莊王曰:「善.」乃迎陳靈公太子午於
  晉而立之, 復君陳如故, 是爲成公. 孔子讀史記至楚復陳, 曰:「賢哉楚莊王! 輕千

乘之國而重一言.」이라 하였고,《孔子家語》好生篇에도 "孔子讀史, 至楚復陳,
喟然歎曰:「賢哉楚王, 輕千乘之國, 而重一言之信. 匪申叔之信, 不能達其義;
匪莊王之賢, 不能受其訓」"이라 하였으며 이는 공자가 《論語》堯曰篇에서 "興滅國,
繼絶世"라 한 뜻으로 본 것임. 그러나 孔寧과 儀行父를 보내준 것은 예에 맞는
것인지 후세 사람들은 많은 의문을 품기도 하였음. 이상의 고사는 《淮南子》
人間訓에도 "陳夏徵舒弑其君, 楚莊王伐之, 陳人聽令. 莊王以討有罪, 遣卒戍陳,
大夫畢賀. 申叔時使於齊, 反還而不賀. 莊王曰:「陳爲無道, 寡人起九軍以討之,
征暴亂, 誅罪人, 群臣皆賀, 而子獨不賀, 何也?」申叔時曰:「牽牛蹊人之田, 田主
殺其人而奪之牛. 罪則有之, 罰亦重矣. 今君王以陳爲無道, 興兵而攻, 因以誅罪人,
遣人戍陳. 諸侯聞之, 以王爲非誅罪人也, 貪陳國也. 蓋聞君子不棄義以取利.」
王曰:「善.」乃罷陳之戍, 立陳之後. 諸侯聞之, 皆朝於楚. 此務崇君之德者也"라
하였음.

⑰

屬之役, 鄭伯逃歸, 自是楚未得志焉.
鄭旣受盟于辰陵, 又徼事于晉.

여屬의 싸움에서 정鄭 영공靈公이 도망쳐 돌아가버려 이때부터 초楚나라는
정나라에서 뜻을 얻지 못하였다.
정나라가 이미 진릉辰陵에서의 동맹을 수용하였음에도 다시 진晉나라를
섬기게 해 달라고 요구하였다.

【屬之役】杜預 注에 "蓋在六年"이라 하였으나 宣公 6년에는 이 싸움이 보이지
않으며 "楚人伐鄭, 取成而還"을 두고 말한 것으로 여겨짐.
【未得志】楚나라가 정나라를 완전히 자신을 패자로 인정하도록 하지 못함.
【辰陵】宣公 11년 經에 "夏, 楚子·陳侯·鄭伯盟于辰陵"이라 한 會盟을 말함.
【徼】'要', '求'와 같음. 정나라는 당시 晉, 楚 중 어느 나라를 霸者로 인정하고
복종할 것인가에 대해 매우 주저하며 결정을 하지 못하고 있었음을 알 수 있음.

126. 宣公 12年(B.C.597) 甲子

周	定王(姬瑜) 10년	齊	頃公(無野) 2년	晉	景公(獳) 3년	衛	穆公(速) 3년
蔡	文公(申) 15년	鄭	襄公(堅) 8년	曹	文公(壽) 21년	陳	成公(午) 2년
杞	桓公(姑容) 40년	宋	文公(鮑) 14년	秦	桓公(榮) 8년	楚	莊王(旅) 17년
許	昭公(錫我) 25년						

❀ 857(宣 12-1)

十有二年春, 葬陳靈公.

12년 봄, 진陳 영공靈公의 장례를 치렀다.

【陳靈公】 이름은 平國. 共公(朔)의 뒤를 이어 B.C.613~599년까지 15년간 재위하고 夏徵舒에게 시해를 당하여 죽음. 宣公 9년 참조. 陳나라는 成公(午)이 그 뒤를 이음. 杜預 注에 "賊討國復, 二十一月然後得葬"이라 함.
＊無傳

❀ 858(宣 12-2)

楚子圍鄭.

초楚 장왕莊王이 정鄭나라를 포위하였다.

【衛鄭】鄭나라가 辰陵의 맹약을 저버리고 다시 晉나라를 패자로 여겨 복종하려
하였기 때문이었음. 11년 끝부분 참조.

⑲

十二年春, 楚子圍鄭, 旬有七日.

鄭人卜行成, 不吉；卜臨于大宮, 且巷出車, 吉.

國人大臨, 守陴者皆哭.

楚子退師.

鄭人修城.

進復圍之, 三月, 克之.

入自皇門, 至于逵路.

鄭伯肉袒牽羊以逆, 曰：「孤不天, 不能事君, 使君懷怒以及敝邑,
孤之罪也, 敢不唯命是聽？其俘諸江南, 以實海濱, 亦唯命；其翦以
賜諸侯, 使臣妾之, 亦唯命. 若惠顧前好, 徼福於厲·宣·桓·武, 不泯
其社稷, 使改事君, 夷於九縣, 君之惠也, 孤之願也, 非所敢望也. 敢布
腹心, 君實圖之.」

左右曰：「不可許也, 得國無赦.」

王曰：「其君能下人, 必能信用其民矣, 庸可幾乎！」

退三十里而許之平.

潘尪入盟, 子良出質.

12년 봄, 초楚 장왕莊王이 정鄭나라를 17일간 포위하였다.

정나라가 화해를 청할지의 여부에 대해 점을 쳤더니 불길하다라 하였
으며, 나라가 망하였음을 태궁大宮에 고하고 거리에 수레를 출동시켜
싸우는 것이 길하다는 것이었다.

정나라 사람들은 사당에 모여 울었고 성벽을 지키던 이들도 모두 울었다.

장왕은 군사를 퇴각시켰다.

그러자 정나라 사람들이 성을 수리하였다.

그리하여 다시 진격하여 포위하였다가 석 달 만에 정나라를 무너뜨렸다.

이어 황문皇門으로 들어서서 큰 거리에 이르렀다.

그때 정鄭 양공襄公이 윗옷을 벗고 양羊을 끌면서 초왕을 맞이하며 말하였다.

"저는 하늘의 도움을 받지 못하여 그대를 제대로 섬길 수 없었습니다. 그리하여 그대로 하여금 노여움을 품고 우리나라에 임하도록 하였으니 이는 저의 죄입니다. 그러니 감히 그대의 명령을 따르지 않을 수 있겠습니까? 저를 잡아 강남江南으로 끌고 가서 바닷가에 처하게 한다 해도 역시 그대의 명령을 따르겠으며 우리 국토를 잘라 제후들에게 하사하시고 저로 하여금 그들의 신하나 첩으로 삼는다 할지라도 역시 그대의 명령을 따르겠습니다. 그러나 만약 지난날 우호관계를 살피셔서 은혜를 베푸사, 저의 조상 여왕厲王, 선왕宣王, 환공桓公, 무공武公의 복을 받아 다시 우리 사직을 보존케 하시어, 저로 하여금 다시 그대를 임금으로 모실 수 있도록 하시며 저는 구현九縣 장관처럼만 되어도 그대의 은혜로 여기겠습니다. 이것이 저의 소원이기는 합니다만 감히 바랄 수는 없습니다. 감히 가슴에 품은 마음을 드러내어 보이는 것이니 그대께서 헤아려 주시기를 바랍니다."

장왕의 좌우 신하들이 말하였다.

"이를 허락해서는 안 됩니다. 그 나라를 취하여야 하며 용서해 주어서는 안 됩니다."

장왕이 말하였다.

"그는 임금으로써 능히 남에게 자신을 낮출 수 있으니 틀림없이 그 백성들에게 믿음으로써 다스릴 수 있을 것이다. 어찌 무엇을 더 바라겠는가!"

이에 30리를 물러나 그들의 평화 요청을 허락하였다.

그리하여 반왕潘尫이 정나라로 들어가 맹약을 맺고, 정나라 자량子良이 나와 초나라의 인질이 되었다.

【行成】 和解(平和) 조약을 이루고자 함.

【大宮】 '태궁'으로 읽으며 정나라 종묘. 그곳에 임하여 나라가 망하였음을 고하여 욺.

【且巷出車】 거리에 戰車를 출동시켜 결사의 의지를 보임. 杜預 注에 "出車於巷, 示將見遷, 不得安居"라 하였으나 《太平御覽》(480)에 인용된 賈逵의 의견은 "巷出車, 陳於街巷, 示雖困不降, 必欲戰也"라 하여 상반되며, 惠棟은 이에 대해 "下「鄭復修城」, 則賈說良是"라 함.

【守陴者】 '陴'는 성벽 위의 방어용 담장. 그곳을 지키는 수비병. 초 장왕이 멀리서 볼 수 있도록 하였음을 말함.

【退師】 莊王이 그들의 우는 모습을 보고 불쌍히 여겨 다시 물러남.

【皇門】 정나라 도읍 성문의 이름.

【達路】 四通八達의 큰 거리나 광장. 隱公 11년을 볼 것.

【肉袒牽羊】 저고리를 벗어 어깨를 드러내며 양을 끄는 행동은 복종하여 臣僕이 된다는 뜻을 나타냄.

【不天】 하늘의 보호를 받지 못함.

【江南】 長江 이남.

【厲·宣·桓·武】 鄭나라 시조는 桓公, 그의 아들은 武公임. 시조 桓公은 주나라 厲王의 막내아들이며 宣王의 庶弟였음.

【夷】 여기에서는 '같이', '同等하다'는 뜻. 孔穎達 疏에 "醜夷皆等類之名"이라 함.

【九縣】 楚나라가 소국을 멸하여 縣으로 삼았던 곳들. '九'는 많은 縣을 뜻함.

【庸可幾乎】 《史記》 楚世家에는 "庸可絶乎?"라 하여 '어찌 끊어 없애겠는가?'로 고쳐져 있으나 〈鄭世家〉에는 도리어 "莊王曰:「所爲伐, 伐不服也. 今已服, 尙何求乎?」"라 하여 "더 요구할 것이 무엇이겠는가?"라 하였음.

【退三十里】 《史記》 楚世家에 "莊王自手旗, 左右麾軍, 引兵去三十里, 而舍, 遂許之平"이라 함.

【潘尪】 楚나라 대부. 자는 師叔. 潘崇의 아들이 아닌가 함.

【子良】 鄭 穆公(蘭)의 庶子. 이름은 去疾. 임금 자리를 공자 堅(襄公)에게 양보 하였던 인물. 宣公 12년의 經文 및 傳文을 참조할 것.

❀ 859(宣12-3)

夏六月乙卯, 晉荀林父帥師及楚子戰于邲, 晉師敗績.

　여름 6월 을묘날, 진晉나라 순림보荀林父가 군사를 거느리고 가서 초楚장왕莊王과 필邲 땅에서 싸웠으나 진나라 군사가 크게 패하였다.

【乙卯】 6월에는 乙卯날이 없음.

【荀林父】 荀伯. 中行桓子. 中行伯. 中行軍의 장수가 되어 이를 성씨로 삼았으며 뒤에 晉 六卿의 하나인 중항씨(中行氏)의 선조가 됨.

【邲】 鄭나라 땅. 지금의 河南 河陰縣. 혹 鄭州 서북, 滎陽縣 동북쪽.《方輿紀要》(47)에 "石門渠, 在縣西二十里, 滎瀆受河之處, 晉楚之戰, 楚軍于邲, 卽是水也"라 하여 물 이름으로 보았음.《呂氏春秋》至忠篇에는 '兩棠'으로 되어 있음.

【敗績】 全軍이 대패하였을 때 쓰는 말. 莊公 11년 傳에 "凡師, 敵未陳曰敗某師, 皆陳曰戰, 大崩曰敗績"이라 함.

傳

夏六月, 晉師救鄭.

　荀林父將中軍, 先縠佐之; 士會將上軍, 郤克佐之; 趙朔將下軍, 欒書佐之; 趙括·趙嬰齊爲中軍大夫, 鞏朔·韓穿爲上軍大夫, 荀首·趙同爲下軍大夫; 韓厥爲司馬.

　及河, 聞鄭旣及楚平, 桓子欲還, 曰:「無及於鄭而勤民, 焉用之? 楚歸而動, 不後.」

　隨武子曰:「善. 會聞用師, 觀釁而動. 德·刑·政·事·典·禮不易, 不可敵也, 不爲是征. 楚軍討鄭, 怒其貳而哀其卑. 叛而伐之, 服而舍之, 德·刑成矣. 伐叛, 刑也; 柔服, 德也, 二者立矣. 昔歲入陳, 今兹入鄭, 民不罷勞, 君無怨讟, 政有經矣. 荊尸而擧, 商·農·工·賈不敗其業, 而卒乘輯睦, 事不奸矣. 蔿敖爲宰, 擇楚國之令典; 軍行, 右轅, 左追蓐, 前茅慮無, 中權, 後勁. 百官象物而動, 軍政不戒而備, 能用典矣. 其君之擧也, 內姓選於親, 外姓選於舊. 擧不失德, 賞不失勞. 老有加惠, 旅有施舍. 君子小人, 物有服章; 貴有常尊, 賤有等威, 禮不逆矣. 德立·刑行, 政成·事時, 典從·禮順, 若之何敵之? 見可而進, 知難而退, 軍之善政也. 兼弱攻昧, 武之善經也. 子姑整軍而經武乎! 猶有弱而昧者, 何必楚? 仲虺有言曰:『取亂侮亡』, 兼弱也. 〈汋〉曰:『於鑠王師! 遵養時晦』, 耆昧也. 〈武〉曰:『無競惟烈』, 撫弱耆昧, 以務烈所, 可也.」

荀子曰:「不可. 晉所以霸, 師武·臣力也. 今失諸侯, 不可謂力; 有敵而不從, 不可謂武. 由我失霸, 不如死. 且成師以出, 聞敵強而退, 非夫也. 命爲軍帥, 而卒以非夫, 唯羣子能, 我弗爲也.」

以中軍佐濟.

知莊子曰:「此師殆哉!《周易》有之, 在師☷☵之臨☷☱, 曰:『師出以律, 否臧, 凶.』執事順成爲臧, 逆爲否. 衆散爲弱, 川壅爲澤. 有律以如己也, 故曰律. 否臧, 且律竭也. 盈而以竭, 天且不整, 所以凶也. 不行之謂臨, 有帥而不從, 臨孰甚焉? 此之謂矣. 果遇, 必敗, 荀子尸之, 雖免而歸, 必有大咎.」

韓獻子謂桓子曰:「荀子以偏師陷, 子罪大矣. 子爲元帥, 師不用命, 誰之罪也? 失屬·亡師, 爲罪已重, 不如進也. 事之不捷, 惡有所分. 與其專罪, 六人同之, 不猶愈乎?」

師遂濟.

楚子北師次於郔.

沈尹將中軍, 子重將左, 子反將右, 將飲馬於河而歸.

聞晉師旣濟, 王欲還, 嬖人伍參欲戰.

令尹孫叔敖弗欲, 曰:「昔歲入陳, 今茲入鄭, 不無事矣. 戰而不捷, 參之肉其足食乎?」

參曰:「若事之捷, 孫叔爲無謀矣. 不捷, 參之肉將在晉軍, 可得食乎?」

令尹南轅·反旆, 伍參言於王曰:「晉之從政者新, 未能行令. 其佐先縠剛愎不仁, 未肯用命. 其三帥者, 專行不獲. 聽而無上, 衆誰適從? 此行也, 晉師必敗. 且君而逃臣, 若社稷何?」

王病之, 告令尹改乘轅而北之, 次于管以待之.

晉師在敖·鄗之間.

鄭皇戌使如晉師, 曰:「鄭之從楚, 社稷之故也, 未有貳心. 楚師驟勝而驕, 其師老矣, 而不設備. 子擊之, 鄭師爲承, 楚師必敗.」

彘子曰:「敗楚·服鄭, 於此在矣. 必許之!」

欒武子曰:「楚自克庸以來, 其君無日不討國人而訓之于民生之不易·禍至之無日·戒懼之不可以怠; 在軍, 無日不討軍實而申儆之于勝之不可保·紂之百克而卒無後, 訓之以若敖·蚡冒篳路藍縷以啓山林. 箴之曰:『民生在勤, 勤則不匱.』不可謂驕. 先大夫子犯有言曰:『師直爲壯, 曲爲老.』我則不德, 而徼怨于楚. 我曲楚直, 不可謂老. 其君之戎分爲二廣, 廣有一卒, 卒偏之兩. 右廣初駕, 數及日中, 左則受之, 以至于昏. 內官序當其夜, 以待不虞. 不可謂無備. 子良, 鄭之良也; 師叔, 楚之崇也. 師叔入盟, 子良在楚, 楚·鄭親矣. 來勸我戰, 我克則來, 不克遂往, 以我卜也! 鄭不可從.」

趙括·趙同曰:「率師以來, 唯敵是求. 克敵·得屬, 又何俟? 必從彘子!」

知季曰:「原·屏, 咎之徒也.」

趙莊子曰:「欒伯善哉! 實其言, 必長晉國.」

楚少宰如晉師, 曰:「寡君少遭閔凶, 不能文. 聞二先君之出入此行也, 將鄭是訓定, 豈敢求罪于晉? 二三子無淹久!」

隨季對曰:「昔平王命我先君文侯曰:『與鄭夾輔周室, 毋廢王命!』今鄭不率, 寡君使羣臣問諸鄭, 豈敢辱候人? 敢拜君命之辱.」

彘子以爲諂, 使趙括從而更之, 曰:「行人失辭. 寡君使羣臣遷大國之迹於鄭, 曰:『無辟敵!』羣臣無所逃命.」

楚子又使求成于晉, 晉人許之, 盟有日矣.

楚許伯御樂伯, 攝叔爲右, 以致晉師.

許伯曰:「吾聞致師者, 御靡旌·摩壘而還.」

樂伯曰:「吾聞致師者, 左射以菆, 代御執轡, 御下, 兩馬·掉鞅而還.」

攝叔曰:「吾聞致師者, 右入壘, 折馘·執俘而還.」

皆行其所聞而復.

晉人逐之, 左右角之.

樂伯左射馬, 而右射人, 角不能進.

矢一而已, 麋興於前, 射麋, 麗龜.

晉鮑癸當其後, 使攝叔奉麋獻焉, 曰:「以歲之非時, 獻禽之未至, 敢膳諸從者.」

鮑癸止之, 曰:「其左善射, 其右有辭, 君子也.」

旣免.

晉魏錡求公族未得, 而怒, 欲敗晉師.

請致師, 弗許.

請使, 許之.

遂往, 請戰而還.

楚潘黨逐之, 及滎澤.

見六麋, 射一麋以顧獻, 曰:「子有軍事, 獸人無乃不給於鮮? 敢獻於從者.」

叔黨命去之.

趙旃求卿未得, 且怒於失楚之致師者, 請挑戰, 弗許.

請召盟, 許之, 與魏錡皆命而往.

郤獻子曰:「二憾往矣, 弗備, 必敗.」

彘子曰:「鄭人勸戰, 弗敢從也; 楚人求成, 弗能好也. 師無成命, 多備何爲?」

士季曰:「備之善. 若二子怒楚, 楚人乘我, 喪師無日矣, 不如備之. 楚之無惡, 除備而盟, 何損於好? 若以惡來, 有備, 不敗. 且雖諸侯相見, 軍衛不徹, 警也.」

彘子不可.

士季使鞏朔·韓穿帥七覆于敖前, 故上軍不敗.

趙嬰齊使其徒先具舟于河, 故敗而先濟.

潘黨旣逐魏錡, 趙旃夜至於楚軍, 席於軍門之外, 使其徒入之.

楚子爲乘廣三十乘, 分爲左右.

右廣鷄鳴而駕, 日中而說; 左則受之, 日入而說.

許偃御右廣, 養由基爲右; 彭名御左廣, 屈蕩爲右.

乙卯, 王乘左廣以逐趙旃.

趙旃弃軍而走林, 屈蕩搏之, 得其甲裳.

晉人懼二子之怒楚師也, 使軘車逆之.

潘黨望其塵, 使騁而告曰:「晉師至矣!」

楚人亦懼王之入晉軍也, 遂出陳.

孫叔曰:「進之! 寧我薄人, 無人薄我.《詩》云『元戎十乘, 以先啓行』, 先人也.〈軍志〉曰『先人有奪人之心』, 薄之也.」

遂疾進師, 車馳·卒奔, 乘晉軍.

桓子不知所爲, 鼓於軍中曰:「先濟者有賞!」

中軍·下軍爭舟, 舟中之指可掬也.

晉師右移, 上軍未動.

工尹齊將右拒卒以逐下軍.

楚子使唐狡與蔡鳩居告唐惠侯曰:「不穀不德而貪, 以遇大敵, 不穀之罪也. 然楚不克, 君之羞也. 敢藉君靈, 以濟楚師.」

使潘黨率游闕四十乘, 從唐侯以爲左拒, 以從上軍.

駒伯曰:「待諸乎?」

隨季曰:「楚師方壯, 若萃於我, 吾師必盡, 不如收而去之. 分謗·生民, 不亦可乎?」

殿其卒而退, 不敗.

王見右廣, 將從之乘.

屈蕩戶之曰:「君以此始, 亦必以終.」

自是楚之乘廣先左.

晉人或以廣隊不能進, 楚人惎之脫扃.

少進, 馬還, 又惎之拔斾投衡, 乃出.

顧曰:「吾不如大國之數奔也.」

趙旃以其良馬二濟其兄與叔父, 以他馬反.

遇敵不能去, 弃車而走林.

逢大夫與其二子乘, 謂其二子無顧.

顧曰:「趙傁在後.」

怒之, 使下, 指木曰:「尸女於是.」

授趙旃綏, 以免.

明日以表尸之, 皆重獲在木下.

楚熊負羈囚知罃, 知莊子以其族反之.

廚武子御, 下軍之士多從之.

每射, 抽矢, 菆, 納諸廚子之房.

廚子怒曰:「非子之求, 而蒲之愛, 董澤之蒲, 可勝旣乎?」

知季曰:「不以人子, 吾子其可得乎? 吾不可以苟射故也.」

射連尹襄老, 獲之, 遂載其尸; 射公子穀臣, 囚之, 以二者還.

及昏, 楚師軍於邲.

晉之餘師不能軍, 宵濟, 亦終夜有聲.

丙辰, 楚重至於邲, 遂次于衡雍.

潘黨曰:「君盍築武軍而收晉尸以爲京觀? 臣聞『克敵必示子孫, 以無忘武功.』」

楚子曰:「非爾所知也. 夫文:「止戈爲武」. 武王克商, 作頌曰:『載戢干戈, 載櫜弓矢. 我求懿德, 肆于時夏, 允王保之』又作武, 其卒章曰:『耆定爾功.』其三曰:『鋪時繹思, 我徂惟求定.』其六曰:『綏萬邦, 屢豐年.』夫武, 禁暴·戢兵·保大·定功·安民·和衆, 豐財者也, 故使子孫無忘其章. 今我使二國暴骨, 暴矣; 觀兵以威諸侯, 兵不戢矣; 暴而不戢, 安能保大? 猶有晉在, 焉得定功? 所違民欲猶多, 民何安焉? 無德而强爭諸侯, 何以和衆? 利人之幾, 而安人之亂, 以爲己榮, 何以豐財? 武有七德, 我無一焉, 何以示子孫? 其爲先君宮, 告成事而已, 武非吾功也. 古者明王伐不敬, 取其鯨鯢而封之, 以爲大戮, 於是乎有京觀以懲淫慝. 今罪無所, 而民皆盡忠以死君命, 又可以爲京觀乎?」

祀于河, 作先君宮, 告成事而還.

여름 6월, 진晉나라 군사가 정鄭나라를 구원하러 나섰다.

순림보荀林父는 중군中軍 대장이 되어 선곡先穀이 이를 보좌하고, 사회士會는 상군上軍 대장이 되어 극극郤克이 그를 보좌하고 조삭趙朔은 하군下軍 대장이 되어 난서欒書가 그를 보좌하고, 조괄趙括과 조영제趙嬰齊는 중군사부中軍大夫가 되고, 공삭鞏朔 과 한천韓穿은 상군사부上軍大夫가 되었으며, 순수荀首와 조동趙同은 하군사부下軍大夫가 되었으며, 한궐은韓厥이 사마司馬가 되었다.

이들이 하수河水에 이르렀을 때 정나라가 이미 초나라와 화친을 맺었다는 소식을 듣자 환자桓子(荀林父)가 되돌아가려 하며 말하였다.

"정나라를 구하지도 못하고 우리의 백성만 노고롭게 하는 일이니 어찌 계속 진군하겠는가? 초나라 군사가 돌아가고 난 뒤에 행동하더라도 늦지 않으리라."

그러자 수무자隨武子(士會)가 말하였다.

"좋습니다. 제가 듣기로 군사를 쓸 때에는 적의 틈을 노려 출동시킨다고 하였습니다. 덕德·형刑·정政·사事·전典·예禮가 잘 실시되고 있는 나라는 상대해서는 안 되는 것이니 이런 나라는 정벌 대상이 아닙니다. 초나라 군사가 정나라를 친 것은 정나라가 배반하여 화가 났기 때문이었으나 그들이 태도를 굽히자 불쌍히 여겼던 것입니다. 배반하기에 공격하였고 굴복하기에 용서하였으니 덕과 형을 옳게 베푼 것입니다. 배반하기에 친 것은 형벌을 내리는 일이고, 복종하기에 부드럽게 대해주는 것은 덕을 베푸는 일이니, 초나라는 이 두 가지를 바로 세운 것입니다. 지난해에는 진陳나라를 쳤고 지금은 정나라를 쳤는데도, 그들 백성들은 피폐하거나 괴로워하지 않았고, 초왕도 원망이나 비방을 듣지 않았으니 이는 정치가 정상적으로 행해지고 있는 것입니다. 초나라는 시진법尸陳法으로 전쟁을 하였기 때문에 상농공고商農工賈들도 자신들의 생업을 지켜나갈 수 있었고 보졸步卒들과 승병乘兵들도 서로 화목을 이루어 서로의 생업에 방해를 주지 않았습니다. 위오蔿敖(孫叔敖)가 재상이 되어 초나라의 훌륭한 법을 채택하여 군사가 진군할 때, 오른 보졸은 대장의 전차를 보위하며 행진하고, 왼쪽 보졸은 풀을 모아 휴식과 숙영할 자리를 준비하며, 중군中軍은 작전을 세우며, 후군後軍은 정예부대로 뒤를 경비합니다. 모든 관리는 물건의 형상을 그린 깃발의 지시에 따라 행동하고 군정의 칙령이 없어도 대비를 하고 있으니 이는 그 법을 잘 시행하였기 때문입니다. 초왕은 인재를 등용함에 자신과 동성일 경우 보다 가까운 친척을 골라 쓰고, 이성일 경우 오래되어 익히 아는 자를 선발해 씁니다. 인재 등용에서 덕을 잃지 않으며 상을 내림에는 공로를 빠뜨리지 않습니다. 노인에게는 혜택을 베풀고 외국에서 온 자에게는 요역을 면제해 주고 있습니다. 군자와 소인 사이에는 복장과 수식을 달리하여 귀한 신분은 항상 존엄함을 지니도록 하며 천한 자라 해도 그 지위에 따라서 위의가 있도록 하니 이렇게 하여 예에 거역함이 없도록 하고 있습니다. 이처럼 입덕立德, 행형刑行, 정위政威, 사시事時, 전종典從, 예순禮順의 모습이 갖추어져 있으니 그러한 나라를 어찌 상대할 수 있겠습니까? 가능하다고 여길 때에는 진격하고 어렵다고 알았을 때는 물러서는 것이 용병의 훌륭한 정책입니다. 그리고 약한 자는 겸병하고 우매한 자는 공략하는 것이 병가의 훌륭한 벼리입니다. 그대 께서는 잠시 군사를 정비하고 병가의 바른 길을 가십시오! 이 초나라 외에도 약하고 우매한 나라가 있거늘 하필 초나라를 치려하십니까? 중훼仲虺의 말에 '어지러운 나라는 정벌하고 망해 가는 나라는 깔보게 된다' 라 하였으니 이는 약한 자를 겸병한다는 뜻입니다. 그리고 《시詩》〈작汋〉 편에 '아, 빛나도다, 무왕武王의 군사여. 때가 옴에 우매한 주紂를 쳐서 멸 하였도다'라 하였으니 이는 우매한 자는 공략하였다는 뜻입니다. 그리고 〈무武〉편에는 '다툴 자 없는 업적을 세웠도다'라 하였으니 이는 약한 자는 어루만져 주고 우매한 자는 쳤다는 뜻입니다. 그러니 빛나는 공적을 세우 기에 힘쓰는 것이 옳습니다.'

그때, 체자彘子가 말하였다.

"안 됩니다. 우리 진晉나라가 패자가 된 것은 우리의 군사가 굳세고, 신하 들의 힘이었습니다. 지금 우리기 제후들을 잃으면 힘이 있고 말할 수 없으며, 적이 있는데도 나가 싸우지 않으면 무력이 있다고 말할 수 없습 니다. 우리 때문에 패자의 지위를 잃는다면 차라리 죽느니만 못합니다. 게다가 군사를 조직하여 출발해 놓고 적이 강하다는 말을 듣고 물러선

다면 장부가 아닙니다. 군주의 명령으로 장수가 되어 마침내 장부가 되지
못하는 짓을 여러분은 할 수 있을지라도 나는 할 수 없습니다.”

그리고는 중군의 보좌 자격으로서 하수를 건넜다.

그러자 지장자知莊子(荀首)가 말하였다.

“지금의 이 군사 행동은 위태롭도다!《주역周易》에 사괘師卦가 임괘臨卦로
변하면서 ‘군사가 출정할 때에는 군율로 통제한다. 통제가 제대로 되지
못하면 흉하다’라 하였다. 일을 행함에 아랫사람이 윗사람을 잘 따르는
것이 훌륭한 것이요 어기면 좋지 못한 것이다. 무리가 흩어지면 약하게
되나니 냇물이 막히면 못이 된다. 군율에 따르는 것은 자신을 통제하는
것과 같기 때문에 율律이라 칭하는 것이다. 이를 거부하고 지키지 않으면
군율이 다한 것이다. 물이 가득 차 있으면서 흘러들어오는 것이 없으면
말라버리듯, 막힌 데다가 정리도 되지 못하니 그래서 흉한 것이다. 막혀
나가지 못하는 것을 임臨이라 하나니 장수가 있건만 이를 따르지 않으니
이보다 더한 임臨의 상황이 있겠는가? 바로 이를 두고 하는 말이다. 과연
우리가 적군을 만난다면 반드시 패하고 말 것이니 나(彘子)는 이 재앙의
주인공이 되었으니 비록 화를 면하고 살아 돌아온다 할지라도 틀림없이
큰 벌을 받게 되겠구나.”

한헌자韓献子(韓厥)가 환자桓子(荀林父)에게 말하였다.

“체자가 적은 수의 군사로 적군에 들어가 고립되면 그대의 죄가 커집니다.
그대께서는 원수元帥로서 군사들이 그대의 명령을 따르지 않았다는 것은
누구의 죄이겠습니까? 우리 편인 정나라도 잃고, 우리 군사도 잃는 것은
이미 그 죄가 중한 것이니 진격하느니만 못합니다. 싸우다가 이기지 못할
경우의 죄는 나누어 질 수 있습니다. 홀로 죄를 뒤집어쓰느니 우리 여섯
사람이 함께 죄를 나누는 것이 오히려 낫지 않겠습니까?”

그리하여 드디어 이들은 황하를 건넜다.

초楚 장왕莊王은 군사를 북방北方으로 진군시켜 연鄘 땅에 주둔시켰다.

그때 심윤沈尹이 중군中軍대장이 되고 자중子重이 좌군左軍대장이 되었
으며, 자반子反이 우군右軍대장이 되었으나 초나라는 하수에서 말에게 물을
먹이고 돌아가려 하였다.

그런데 진晉나라 군사가 이미 하수를 건넜다는 말을 듣고 초왕은 그럼에도 귀환하려 하자 초왕의 총애를 받고 있던 오삼伍參이 싸우기를 원하였다.

영윤 손숙오孫叔敖는 싸우지 않고자 이렇게 말하였다.

"지난해에는 진陳나라를 쳤었고 지금은 이 정나라로 쳐들어왔으니 전쟁을 하지 않은 틈이 없었소. 전쟁을 해서 이기지 못하면 오삼 그대의 살을 내 다 뜯어먹어도 되겠소?"

오삼이 대답하였다.

"만약 싸움에 이기면 손숙孫叔께는 계략이 없었던 것이 되고, 이기지 못한다면 제 살은 진나라 군사들에게 있게 될 것인데 어찌 먹을 수가 있겠습니까?"

영윤이 전차를 남쪽으로 향하게 하고 깃발도 돌려서 들게 하자 오삼이 초왕에게 말하였다.

"지금 진나라 정치를 맡은 자는 이제 막 새로 임명되어 아직 그의 명령이 제대로 행해지지 않고 있습니다. 그리고 그 보좌 선곡은 강퍅하고 어질지 못하여 윗사람의 명령에 따르지 않고 있습니다. 그 외에 삼군의 장수는 마음대로 하고자 해도 할 수도 없습니다. 명령을 들으려 해도 윗사람이 없으니 무리들이 누구를 따르겠습니까? 이번 싸움에서 진나라 군사는 틀림없이 패할 것입니다. 게다가 임금이 되어 남의 나라 신하에게서 도망친다면 우리 사직의 명예가 어찌되겠습니까?"

초왕은 걱정을 하다가 영윤에게 고하여 타고 가던 전차를 돌리도록 하여 관管 땅에 주둔하며 진나라 군사를 기다렸다.

그때 진晉나라 군사는 오산敖山과 호산鄗山의 중간쯤에 있었다.

정나라 대부 황술皇戌이 진나라 군사에 사신을 보내어 이렇게 말하였다.

"우리 정나라가 초나라에게 복종하고 있는 것은 사직을 보존하기 위한 때문이지 귀국 진나라를 배반하기 위한 것이 아닙니다. 초나라 군사는 자주 승리하여 교만스러워졌고 그 군사는 지금 피로해 있으면서도 준비를 하지 않고 있습니다. 그대께서 공격하시고 우리 정나라가 그 뒤를 따라 공격하면 초나라 군사는 틀림없이 무너지고 말 것입니다."

그러자 체자가 말하였다.

"초나라를 패배시키고 정나라를 복종시킬 기회는 바로 이때이니 반드시 그들의 말을 들어줍시다!"

난무자欒武子(欒書)가 말하였다.

"초나라가 용庸나라를 이긴 이후로 그 임금은 나라 사람들에게 백성의 생활을 안정시키는 것은 쉽지 않고 언제 재앙이 닥치게 될지 모르니 삼가고 조심하여 게을리 함이 없도록 하라고 책임을 묻지 않는 날이 없습니다. 그리고 그는 전쟁에 나가서는 군사들에게 승리를 거듭해서 한다는 것은 보장되지 않으니 주紂가 백 번을 싸워 이겼으나 마침내 그 뒤를 이어가지 못하였다고 책임을 묻고 경계시키지 않는 날이 없습니다. 그런가 하면 약오若敖와 분모蚡冒는 잡목과 대나무로 만든 수레를 타고, 남루한 옷을 입은 채 산림을 개척하였었던 일을 가르치고 있습니다. 그리고 훈계의 말로 '사람이 잘 사는 것은 부지런함에 달려 있으니, 부지런하면 궁핍해지지 않는다'라고 하고 있습니다. 그러한 임금을 두고 교만하다 말할 수는 없습니다. 그러나 우리의 선대부先大夫 자범子犯께서는 '군사에게 올바른 명분이 있으면 씩씩하다고 말할 수 있고, 도리를 왜곡하면 이것이 약한 것이다'라고 하였습니다. 우리 진나라는 덕이 없고 초나라로부터 원망까지 받고 있으니 우리는 도리에 어긋나고 초나라는 곧으니 이를 두고 그들이 약하다고 말할 수는 없습니다. 그 나라 임금은 군사를 광廣으로 나누었는데, 하나의 광에는 백 명씩의 졸卒이 소속되어 있고, 거기에 편偏과 양兩이 따르고 있습니다. 우광右廣이 먼저 나가 순찰하며, 시간을 정확히 헤아려 정오正午가 되면 좌광이 교대하여 해질 때까지 순찰합니다. 내관內官들은 순번에 따라 밤을 지키면서 만일에 대비하고 있습니다. 그러니 그들이 아무런 준비도 하고 있지 않다고 말할 수 없습니다. 자량子良은 정나라의 명신이며 사숙師淑은 초나라에서 숭앙을 받는 사람입니다. 사숙이 정나라로 들어가 맹약을 맺었고 자량이 초나라에 인질로 가 있으니 초나라와 정나라는 친한 사이입니다. 그런데 그 사신이 와서 우리에게 싸울 것을 권하고 있으나 정나라로서는 우리가 이기면 우리에게 와서 복종하면 되고, 우리가 이기지 못하면 초나라 쪽으로 가면 그만으로, 우리를 가지고 점을 치고 있는 것입니다! 그러니 정나라의 말은 따를 수 없습니다."

이번에는 조괄과 조동이 말하였다.

"여기까지 군사를 끌고 왔으니 오직 적과 맞설 뿐입니다. 적을 이기고 우리 속국 정나라를 찾으면 다시 무엇을 기다리겠습니까? 모름지기 체자의 말을 따라야 합니다!"

지계知季(知莊子)도 말하였다.

"원原(趙同)과 병屛(趙括)은 벌을 받아야 할 무리들입니다."

조장자趙莊子(趙朔)도 말하였다.

"난백欒伯(欒書)의 뜻이 훌륭하오! 그의 말대로 한다면 그는 반드시 진나라를 길이 보존할 수 있을 것이오."

초나라 소재少宰가 진나라 군사에게 가서 말하였다.

"우리 임금께서는 어려서 불쌍하게도 여러 흉사를 만나 글을 제대로 배우지 못하였습니다. 듣기로 우리 두 선군께서 정나라를 쳤던 것은 정나라로 하여금 말을 바꾸지 않도록 가르치기 위한 것이었지 어찌 감히 진나라에 죄를 얻고자 한 일이었겠습니까? 그대들께서는 이곳에 오래 머물지 말아 주십시오!"

그러자 진晉나라 수계隨季(士會)가 대답하였다.

"옛날, 평왕平王께서 우리 선군 문후文侯에게 '정나라와 함께 주나라 왕실을 도와 천자의 명령을 거역하는 일이 없도록 하라!'고 명하셨습니다. 그런데 지금 정나라가 그 명을 따르지 않아 우리 임금께서 여러 신하들로 하여금 정나라에게 그 사유를 묻도록 하신 것이지 어찌 어찌 감히 사신을 욕되게 하려는 것이겠습니까? 감히 귀국 임금의 명을 받아들이겠습니다."

그러자 체자는 이는 초나라에게 아첨하는 말이라 여기고는 조괄로 하여금 그 사신을 뒤쫓아 가서 이렇게 말하도록 하였다.

"우리 행인行人이 말실수를 하였습니다. 우리 임금께서는 우리 여러 신하들로 하여금 귀국 초나라 군사를 정나라에서 떠나도록 하시면서 '적을 피하지 말라!'고 하셨습니다. 그러니 우리 신하들은 임금의 명령을 거역할 수 없습니다."

초 장왕이 다시 사신을 진나라로 보내어 화해할 것을 요구하자 진나라가 이를 허락하여 맹약의 날짜가 정해졌다.

그런데 초나라 허백許伯이 악백樂伯의 전차를 조종하고, 섭숙攝叔이 그 오른쪽 전사가 되어 진나라 군사에 도전하였다.

허백이 말하였다.

"내 듣기로 도전자는 깃발을 나부끼며 빨리 달려 적진 앞까지 거의 다다랐다가 돌아오는 것이라 하오."

그러자 악백이 말하였다.

"내 듣기로 도전자는 전차의 왼쪽에 탄 사람이 좋은 화살을 쏜 뒤 조종자 대신 고삐를 잡고 조종자를 전차에서 내리도록 하여 전차 끄는 말의 배띠나 장식물을 고치며 여유로운 태도를 보인 뒤 제자리로 돌아가는 것이라 하더이다."

섭숙은 이렇게 말하였다.

"내 듣기로는 도전자는 오른쪽에 탄 전사가 적진으로 들어가 적병을 죽여 귀를 베고, 적병을 사로잡아 돌아가는 것이라 하더이다."

이들은 모두가 그 들은 바대로 행하고 돌아갔다.

그러자 진나라 병사들이 추격하여 좌우에서 포위하여 치고받았다.

악백은 왼쪽으로는 말을 쏘고, 오른쪽으로는 사람을 쏘자, 좌우로 공격하던 진나라 사람들이 더 나아가지 못하였다.

화살이 하나만 남았을 때 마침 사슴이 나타나 그들 앞에 나타나자 악백은 그 사슴을 쏘아 등뼈를 관통시켰다.

진나라 포계鮑癸가 그들을 쫓아와 바로 뒤에 있었는데 악백은 섭숙으로 하여금 그 사슴을 포계에게 바치도록 하면서 이렇게 말하였다.

"지금은 사냥할 시기가 아니라서 바칠 짐승을 아직 가져오지 못하였습니다. 감히 이를 올리오니 시종들의 음식상에나 올리도록 하십시오."

포계는 뒤쫓기를 멈추도록 한 다음 이렇게 말하였다.

"왼쪽에 탄 이는 활을 잘 쏘고, 오른쪽에 탄 이는 말을 잘한다. 훌륭한 사람들이다."

이리하여 모두가 죽음을 면하였다.

진晉나라 위기魏錡는 공족이 되고자 하였으나 뜻대로 되지 않자 화를 내면서 진나라 군사를 패배시키기고자 하였다.

그리하여 초나라 군사에 도전하겠다고 하였으나 그것도 허락되지 않았다.

다시 사신이 되겠노라 청하자 이번에는 허락이 되었다.

그는 드디어 사신이 되어 가서 초나라에게 싸울 것을 청하고 돌아왔다.

그런데 초나라 반당潘黨이 그를 뒤쫓아 형택滎澤까지 따라왔다.

위기는 그곳에서 여섯 마리 사슴을 발견하고는 그중 한 마리를 쏘아 쫓아온 반당에게 바치며 이렇게 말하였다.

"그대는 전쟁 중이라 사냥 담당자가 제대로 신선한 고기를 공급하지 못하고 있겠네요? 감히 이를 그대 시종에게 바칩니다."

숙당叔黨(潘黨)은 자신의 무리들에게 그를 더 뒤쫓지 말고 돌아갈 것을 명하였었다.

진나라 조전趙旃도 경卿이 되고자 하였으나 뜻을 이루지 못하였고, 게다가 도전해 온 초나라 사람을 놓친 일에 분개하여 자신이 나서서 도전하겠다고 청하였으나 허락을 얻지 못하였다.

그는 초나라로 가는 소명을 받고 가서 동맹을 맺고 오겠노라 하여 허락을 얻어내자 위기와 함께 명을 받고 초나라로 갔다.

그때 극헌자(郤克)가 말하였다.

"불평만 하는 저 두 사람이 갔으니 우리가 대비하지 않고 있다가는 틀림없이 패하고 말 것이다."

그러자 체자가 말하였다.

"정나라가 초나라와 싸울 것을 권하였어도 감히 그 말을 따르지 않았고, 또 초나라 사람이 화해할 것을 요구하였어도 우호를 맺지 못하였소. 우리 군사에게는 아무런 명령도 없는데 많은 대비를 한들 어쩌겠소?"

사계(士會)가 말하였다.

"대비를 하는 것이 좋습니다. 만약 두 사람이 초나라를 노하게 하여 초나라가 우리를 공격해온다면 우리가 무너지는 것은 며칠도 안 될 것이니 대비하느니만 못합니다. 초나라가 악의가 없다면 그때 가서 방비를 풀고 동맹을 맺는다 하더라도 우호를 다지는 일에 무슨 해가 되겠습니까? 만약 초나라가 악의를 가지고 덤벼든다면 준비를 미리 해두었으니 패하지는 않을 것입니다. 게다가 비록 제후들이 서로 만난다 해도 임금을 호위하는 군사들이 철수하지 않는 것이니 이는 만일을 경계하는 것입니다."

그러나 체자는 이 말을 옳다고 여기지 않았다.

사계는 공삭과 한천에게 오산 전방 일곱 곳에 복병을 두도록 하였으며 그 때문에 진나라 상군은 패배하지 않을 수 있었다.

조영제는 그 부하들로 하여금 하수 언덕에 건널 배를 미리 준비토록 하여 그 때문에 그는 싸움에서 지고서도 먼저 하수를 건널 수 있었다.

초나라 반당은 이미 위기를 쫓고 있었고 진나라 조전은 밤에 초나라 군진에 이르러 군문 밖에 자리를 깔고 앉아 자신이 거느리고 온 병졸들을 초나라 진영으로 쳐들어가도록 하였다.

초 장왕은 30대의 전차로 광廣을 편성하여 좌광左廣과 우광右廣으로 나누었다.

우광은 닭이 우는 새벽에 전차에 말을 매어 군주를 호위할 준비를 하였고, 정오가 되어서는 전차에서 말을 풀어 교대하였으며 다시 좌광이 그 임무를 이어받아 해가 져서야 전차에서 말을 풀고 임무를 마치는 것이었다.

허언許偃이 우광에서 전차를 조종하고 양유기養由基가 그 오른쪽 전사가 되었으며, 좌광에서는 팽명彭名이 전차를 조종하고, 굴탕屈蕩이 그 오른쪽을 맡았다.

을묘날, 초 장왕은 좌광의 전차를 타고, 조전을 추격하였다.

조전이 전차를 버리고 산속으로 달아나자 굴탕이 육박전을 벌여 조전이 입고 있던 갑상甲裳을 벗겼다.

진나라 사람들은 위기와 조전 둘이 초나라 군사를 노하게 할 것을 걱정하여 돈거軘車를 보내어 이들을 맞이하도록 하였다.

그런데 반당은 진나라의 돈거가 먼지를 일으키며 오는 것을 보고는 사람을 초나라로 달려 보내어 이렇게 알리도록 하였다.

"진나라 군사가 공격해 오고 있습니다!"

초나라도 역시 장왕이 갑자기 진나라 군사로 돌입할 것을 걱정하여 드디어 진영에서 나와 출발하였다.

손숙이 말하였다.

"다들 진격하라! 우리가 적을 압박할지언정 적이 우리를 압박하도록 해서는 안 된다. 《시》에 '선봉의 전차 10대가 나서서 우리의 앞길을 터주도다'라 하였으니 이는 기선을 제압함을 말한 것이다. 그리고 《군지軍志》에는 '남보다 앞서야 적의 전의를 꺾을 수 있다'라 하였으니 이는 적을 압박하는 것을 말함이다."

드디어 초군은 급히 진격하여 전차와 병졸들은 달려들어 진나라 군사를 습격하였다.

진나라 환자(荀林父)는 어찌할 바를 몰라 군중에서 북을 울리며 말하였다.

"먼저 황하를 건너는 자에게 상을 주리라!"

퇴각 명령이 떨어지자 중군과 하군이 서로 배를 타려고 다투면서 먼저 배에 오른 자가 (뱃머리를) 잡고 오르는 자의 손가락을 잘라 배 안에 잘라진 손가락들이 거의 두 손으로 움켜쥘 정도였다.

진나라 군사는 오른쪽으로 옮겼으나 상군만은 움직이지 않고 있었다.

초나라 공윤工尹 제齊는 우군을 거느리고 진나라 하군을 추격하고 있었다.

장왕은 당교唐狹와 채구거蔡鳩居로 하여금 당혜후唐惠侯에게 이렇게 말하도록 하였다.

"나는 덕도 없으면서 욕심은 많아 이렇게 큰 적을 만나고 있으니 이는 나의 죄입니다. 그러나 초나라가 이 싸움에서 이기지 못하는 것은 그대의 수치입니다. 감히 군주의 힘을 빌려 우리 초군이 곤경에서 벗어나고자 합니다."

그리고 반당으로 하여금 유궐游闕 40승을 이끌고 당후를 좇아 좌군이 되어 진나라 상군을 공격하도록 하였다.

이때 구백駒伯이 사회士會에게 물었다.

"초나라 군이 올 때까지 기다려야 합니까?"

그러자 수계(士會)가 대답하였다.

"초나라 군사는 한창 기세가 등등하니 만약 이들이 몰려 우리를 공격한다면 우리 군사는 틀림없이 전멸할 것이다. 군사를 수습하여 퇴각하는 것만 못하다. 패전의 비방을 나누어 듣더라도 백성을 살리는 것이 역시 옳지 않겠는가?”

그리하여 자신의 보졸을 후미로 하여 퇴각한 때문에 패배하지는 않았다.

장왕은 우광의 전차를 보고 그 전차로 갈아타려고 하였다.

그러자 굴탕이 말리며 말하였다.

“임금께서는 이 전차로 싸움을 시작하셨으니 역시 반드시 이 전차를 타신 채로 끝을 맺으십시오.”

이로부터 초나라의 광군은 좌광左廣을 더 높이 여기게 되었다.

진晉나라 전차 하나가 구덩이에 처박혀 나갈 수 없게 되자 초나라 병사가 전차의 앞에 댄 나무를 빼내라고 가르쳐주었다.

과연 조금 나가기는 하였으나 말이 제자리를 돌 뿐이었다. 다시 초나라 병사가 깃발을 빼어 말의 멍에에 꽂도록 가르쳐 주어 빠져나올 수 있었다.

진나라 병사 뒤돌아보며 말하였다.

“우리는 귀국이 여러 차례 싸움에 져 달아나며 많은 경험을 하였던 것에는 미치지도 못하겠구려.”

조전은 그의 좋은 말 두 마리로 그의 형과 숙부를 달아나게 해주고 자신은 다른 말로 돌아가려 하였다.

그런데 그만 적을 만나 벗어날 수 없게 되자 전차를 버리고 숲속으로 달아났다.

그때 진나라 봉대부逢大夫가 두 아들과 같이 전차를 타고 달아나며 그의 두 아들에게 뒤를 돌아보지 말도록 일렀다.

그러나 두 아들은 뒤돌아보다가 이렇게 말하였다.

“조씨 영감이 뒤에 있습니다.”

봉씨는 화를 내며 두 아들을 내리게 하고 곁에 있는 나무를 가리키며 이렇게 말하였다.

“여기가 너희들이 시신이 되어 있을 곳이구나.”

그리고 조전에게 밧줄을 던져주어 죽음을 면하게 하였다.

다음날, 봉씨는 자신이 가리켰던 나무를 찾아가 아들들의 시체를 찾았더니 두 아들은 그 나무 밑에서 겹쳐 죽어 있었다.

초나라 웅부기熊負羈가 지앵知罃을 잡자 그의 아버지 지장자(荀首)가 자신의 족병族兵들을 이끌고 되돌아서서 나섰다.

이에 주무자(魏錡)가 지장자의 전차를 조종하고, 하군의 많은 병사가 그를 따랐다.

순수는 매번 활을 쏠 때마다 좋은 화살은 골라내어 주무자의 화살통에 넣었다.

그러자 주무자가 화를 내며 말하였다.

"아들을 찾으려 하지는 않고 화살만 아끼는구려. 동택董澤의 그 많은 갯버들을 우리가 다 써먹을 수나 있겠습니까?"

그러자 지계知季(知莊子)가 이렇게 말하였다.

"남의 아들을 잡아오지 못하고서 어찌 내 아들을 구해낼 수가 있겠소? 나는 좋은 화살을 함부로 쓸 수가 없기 때문이라오."

그리고 연윤連尹 양로襄老를 쏘아 죽여 그 시체를 전차에 싣고, 공자 곡신穀臣을 쏘아 잡아 그를 포로로 하여 둘을 싣고 귀환하였다.

해가 지자 초나라 군사들은 필邲 땅에 진을 쳤다.

그러나 진나라 패잔병들은 진을 치지 못하고 밤에 하수를 건넜는데 그때에도 역시 서로 배를 먼저 타려고 다투는 소리로 밤새도록 시끄러웠다.

병진날, 초나라 치중輜重이 필 땅에 도착하자 초나라 군사는 드디어 형옹衡雍에 주둔하게 되었다.

반당이 초왕에게 말하였다.

"임금께서는 어찌하여 무군武軍을 짓고 진나라 적군의 시신을 거두어 경관京觀을 만들지 않습니까? 제가 듣기로 '적을 이기고 나면 반드시 자손에게 그것을 드러내어 그로써 무공을 잊지 않도록 일러준다'라 하였습니다."

그러자 장왕이 말하였다.

"그것은 네가 알 바 아니다. 무릇 글자로써 '창(戈)의 사용을 중지(止) 한다는 것이 바로 무武라는 글자'이다. 무왕武王께서 상商(殷)을 쳐서 승리하고 〈송頌〉을 지었으니 '무기를 거두어들이고, 활은 활주머니에, 화살은 전통에 넣도다. 내 아름다운 덕을 닦음으로써 이 중국에 널리 펼쳐서 천하를 보호하리라'라 하였다. 그리고 〈무武〉편을 지어 그 마지막 장에

'크나큰 공적을 굳건히 하였다'라 하였고, 그 3장에는 '선왕의 덕을 넓히고자, 군사 이끌고 내가 천하의 안정을 찾으리로다'라 하였으며, 그 6장에는 '모든 나라를 편안케 하니, 해마다 풍년이로다'라 하였다. 무릇 '무武'란 난폭함을 금하며 무기를 거두어 싸움을 그치게 하며, 큰 나라를 보위하고, 공을 세우며, 백성들을 편안히 하며, 무리를 화목하게 하며, 재물을 풍성하게 하기 위한 것이다. 그 때문에 자손들로 하여금 그 빛나는 업적을 잊지 않도록 하는 것이다. 지금 내가 우리 초와 진, 두 나라 사람들의 뼈를 들판에 흩어놓았으니 이는 포악한 짓이며, 군사를 내보여 이로써 제후들을 위협한 것은 무기를 거두어들이지 못한 것이며, 난폭하고 무기를 거두어 들이지 못하고 있으니 어찌 큰 나라를 보위하였다는 것이냐? 진나라가 아직도 그대로 존재하고 있는데, 어찌 천하를 평정한 공을 세운 것이겠느냐? 백성들이 바라는 것을 도리어 위반한 것이 많은데 백성들이 어찌 편안한 것이겠느냐? 덕이 없으면서 제후들과 강함을 다투고 있으니 어찌 무리를 화목하게 한 것이겠느냐? 남의 위기를 내 이익이라 여기고, 다른 나라의 혼란을 나의 안락함으로 여겨 나의 번영이라 생각하고 있으니 어찌 재물을 풍부히 하였다고 할 수 있겠느냐? '무'에는 이처럼 일곱 가지 덕이 있건만 나는 그중 하나도 가지고 있지 않으니 어찌 자손에게 보여줄 것이 있다고 하겠느냐? 선군을 모시는 사당을 지어, 승리를 이루었음을 고하는 것으로 그칠 뿐이며 '무'는 나의 공적이 아니니라. 옛날, 명왕明王이 공경스럽지 못한 자를 치되 그 우두머리를 잡아 그 위에 큰 무덤을 쌓는 것으로 큰 살육 殺戮의 행사로 삼아 이에 경관이라는 것이 있게 되었으며 이는 음특淫慝 함을 징계하기 위한 것이었다. 지금 진나라에는 죄로 삼을 것이 없고 그 나라의 백성들은 모두 충성을 다 바쳐 군주의 명에 따라 죽은 것인데 그들의 시신을 가지고 경관을 만들어서야 되겠는가?"

　　장왕은 하수의 신에게 제사를 올리고 선군의 사당을 지어 승리를 고한 다음 귀환하였다.

【晉師救鄭】《史記》鄭世家에 "晉聞楚之伐鄭, 發兵救鄭. 其來持兩端, 故遲, 比至河, 楚兵已去"라 함.

【荀林父】荀伯. 中行桓子. 中行伯. 中行軍의 장수가 되어 이를 성씨로 삼았으며 뒤에 晉 六卿의 하나인 중항씨(中行氏)의 선조가 됨. 郤缺을 이어 中軍帥가 됨.

【先縠】先軫의 후예인 原縠. 《史記》 晉世家에는 “先軫子也”라 하였으나 齊南召의 〈考證〉에는 “以傳考之, 軫子先且居, 且居子先克, 文九年爲箕鄭等所殺, 則此 先縠當是軫之孫或曾孫, 《史記》未可信也”라 함. 先軫는 原 땅이 채읍이어서 그 후손인 先縠을 原縠으로도 부르며 先縠은 채읍이 彘邑이 식읍으로 그 때문에 彘子로도 부름. 彘는 지금의 山西 霍縣.

【士會】晉나라 대부. 隨季, 士季, 隨會, 范會 등 여러 이름으로 불림. 士蔿의 손자 이며 士縠과 형제. 隨땅을 채읍으로 하여 ‘隨會’, 혹 ‘隨武子’라고도 불렀으며 다시 范땅을 채읍으로 하여 ‘范武子’로도 불림. 한 때 秦나라로 망명하는 등 우여곡절을 겪기도 함. 그 후손이 뒤에 晉나라 六卿의 하나인 范氏로 발전함.

【郤克】晉나라 大夫. 郤缺 아들 郤獻子.

【趙朔】趙盾의 아들. 晉 成公의 사위 趙莊子.

【欒書】欒盾의 아들 欒武子.

【趙括】趙盾 異腹동생 屛季.

【趙嬰齊】역시 趙盾의 異腹동생이며 趙括(屛括)의 아우. 樓嬰.

【鞏朔】鞏伯. 士莊伯이라고도 부르며 晉나라 대부.

【韓穿】韓萬의 後裔이며 韓厥의 일족.

【荀首】荀林父의 아우 知莊子. 《史記》趙世家 索隱에 《世本》을 인용하여 晉大夫 逝遨가 荀林父를 낳고 다시 荀首를 낳은 것으로 되어 있음.

【趙同】趙盾 이복동생이며 趙括과 趙嬰齊와는 同母 형임. 原同으로도 부름.

【韓厥】韓獻子. 韓萬의 현손. 子輿의 아들. 그 후손이 뒷날 晉六卿의 하나인 韓氏로 발전하였으며 戰國시대 七雄의 하나인 韓나라를 일으킴. 《史記》 韓世家 索隱에 《世本》을 인용하여 “韓萬是曲沃桓叔之子. 萬生賕伯, 賕伯生 定伯簡, 簡生輿, 輿生獻子厥”이라 함.

【勩】《說文》에 “勩, 勞也”라 함.

【釁】틈. 틈새. 단점. 결정.

【昔歲入陳】지난해 陳나라에 가서 夏徵舒를 토벌한 일.

【怨讟】원망하고 비방함.

【荊尸】‘荊’은 楚나라. ‘尸’는 楚 武王이 창안한 독특한 軍陣法. 莊公 4년에 “楚武王荊尸, 授師子焉”이라 함.

【商賈】'商'은 行商. '賈'는 자리를 펼쳐놓고 장사하는 사람.《周禮》太宰의 "商賈
阜通貨賄"의 鄭玄 注에 "行曰商, 處曰賈"라 함. '賈'는 '고'로 읽음.

【卒乘】'卒'은 보병. '乘'은 전차를 타고 싸우는 병사.

【蔿敖】孫叔敖. 蔿艾獵. 蔿賈의 아들 艾獵으로 자는 叔敖였음. 훌륭한 어머니를
두어《列女傳》에 '兩頭蛇', '陰德陽報' 등의 고사로 유명한 楚나라 令尹. 그의
일화는《孟子》,《荀子》,《呂氏春秋》,《史記》,《說苑》,《新序》,《新書》,《論衡》
등에 아주 널리 실려 있음.

【令典】훌륭한 법. 여기에서는 훌륭한 軍法을 말함. 孫叔敖가 令尹이 되어
武王의 荊尸를 효과 있게 잘 활용함.

【右轅】오른쪽 보병은 전차를 곁에 끼고 행군하여 主力軍을 이룸. 轅은 장수가
타고 지휘하는 수레.

【左追蓐】杜預 注에 "追求草蓐爲宿備"라 하여 왼쪽 군사는 물자를 현지 조달
하는 임무와 풀을 모아 주력군이 쉬거나 숙영할 자리를 마련하다의 뜻으로
보았음.

【中權】中軍은 軍略과 作戰 및 權謀를 세움. 杜預 注에 "中軍制謀"라 함.

【後勁】후군은 정예병으로 후방을 지킴. 杜預 注에 "後以精兵爲殿"이라 하여
정병을 殿으로 배치함. '殿'은 군 행렬의 후미를 담당하여 적의 추격이나 보급의
단절을 대비하는 임무를 뜻함.

【象物】온갖 동물이나 자연물을 상징하여 백관의 업무를 그린 그림을 넣은 깃발.
杜預 注에 "物猶類也"라 하였고, 孔穎達 疏에는 "類謂旌旗畫物類也. 百官尊卑
不同, 所建各有其物, 象其所建之物而行動"이라 함.

【不戒而備】杜預 注에 "戒, 敕令"이라 하였고, 孔穎達 疏에는 "軍之政敎不待約
敕號令而自備辦"이라 함.

【內姓】군주와 같은 성씨. 同姓의 다른 말.

【外姓】다른 성씨. 異姓과 같음.

【旅】외국에서 온 사람.

【施舍】혜택을 베풀어 부자유스러움이 없게 함. 그러나《周禮》地官 小司徒에는
"凡征役之施舍"라 하였고, 〈鄕師〉에는 "辨其可任者, 與其施舍者"의 注에 "施舍
謂應復免不給繇役"이라 함.

【君子小人】'君子'는 사회적으로 덕망과 영향력이 있는 사람. '小人'은 군자의
영향을 받는 신분이 낮은 일반 서민.

【服章】 의복과 기물 따위에 꾸민 장식.

【見可而進】《吳子》 料敵篇에 "凡此不如敵人, 避之勿疑. 所謂見可而進, 知難而退也"라 함.

【仲虺】 殷나라 湯王 때의 左相. 성은 任. 杜預 注에 "仲虺, 湯左相, 薛之祖奚仲之後"라 함.《僞古文尙書》에 〈仲虺之誥〉가 들어 있음.

【取亂侮亡】 襄公 14년에 "中行獻子曰:「仲虺有言曰:『亡者侮之, 亂者取之』推亡固存, 國之道也.」"라 하였고, 30년에도 "子皮曰:『仲虺之志云:『亂者取之, 亡者侮之』推亡固存, 國之利也.」"라 함.

【汋】《詩經》周頌 의 편명이며 지금의《毛詩》에는 〈酌〉으로 되어 있음. "於鑠王師, 遵養時晦. 時純熙矣, 是用大介. 我龍受之, 蹻蹻王之造. 載用有嗣, 實維爾公允師"라 함.

【耆昧】 어지러운 자를 침. 陳奐의 〈傳疏〉에 "旣昧, 卽攻昧"라 함.

【武】《詩經》周頌의 편명. "於皇武王, 無競維烈. 允文文王, 克開厥後. 嗣武受之, 勝殷遏劉, 耆定爾功"이라 하였으며, 大雅 〈抑〉에는 "無競維人, 四方其訓之. 有覺德行, 四國順之. 訏謨定命, 遠猶辰告. 敬愼威儀, 維民之則"이라 하였고, 周頌 〈烈文〉에는 "無競維人, 四方其訓之. 不顯維德, 百辟其刑之. 於乎前王不忘"이라 함.

【魃子】 先縠. 그의 식읍이 魃邑이어서 '魃子'로 부름. 중

【非夫也】 대장부가 아님.

【知莊子】 荀首. 荀林父의 一族. 別邑 智 땅을 가지고 있어 智莊子로도 부름.《通志》氏族略(3)에 "荀首別食智邑, 又爲智氏"라 함.

【師之臨】 師괘가 臨괘로 변함. 師괘는《周易》제 7번째 괘로 '地水師'(坎下坤上)로 구성되어 있으며 "師: 貞, 丈人吉, 无咎. 象曰: 師, 衆也; 貞, 正也. 能以衆正, 可以王矣. 剛中而應, 行險而順, 以此 天下, 而民從之, 吉又何咎矣! 象曰: 地中有水, 師; 君子以容民畜衆. 初六, 師出以律, 否臧凶. 象曰:「師出以律」, 失律凶也. 九二, 在師, 中吉, 无咎; 王三錫命. 象曰:「在師中吉」, 承天寵也;「王三錫命」, 懷萬邦也. 六三, 師或輿尸, 凶. 象曰:「師或輿尸」, 大无功也. 六四, 師左次, 无咎. 象曰:「左次无咎」, 未失常也. 六五, 田有禽, 利執言, 无咎; 長子帥師, 弟子輿尸, 貞凶. 象曰:「長子帥師」, 以中行也;「弟子輿尸」, 使不當也. 上六, 大君有命, 開國承家, 小人勿用. 象曰:「大君有命」, 以正功也;「小人勿用」, 必亂邦也"라 함. 그 初六의 陰爻가 陽爻로 변해 결국 臨卦가 됨.

【臨】《周易》제 19번째 괘로 '地澤臨'(兌下坤上)로 구성되어 있으며 "臨: 元亨,

利貞; 至于八月有凶. 象曰:「臨」, 剛浸而長, 說而順, 剛中而應. 大亨以正, 天之道也.「至于八月有凶」, 消不久也. 象曰: 澤上有地, 臨; 君子以敎思无窮, 容保民无疆. 初九, 咸臨, 貞吉. 象曰:「咸臨貞吉」, 志行正也. 九二, 咸臨, 吉, 无不利. 象曰:「咸臨吉无不利」, 未順命也. 六三, 甘臨, 无攸利; 旣憂之, 无咎. 象曰:「甘臨」, 位不當也;「旣憂之」, 咎不長也. 六四, 知臨, 无咎. 象曰:「至臨无咎」, 位當也. 六五, 知臨, 大君之宜, 吉. 象曰: 大君之宜, 行中之謂也. 上六, 敦臨, 吉, 无咎. 象曰:「敦臨之吉」, 志在內也」라 함.

【師出以律否臧凶】師卦 初六의 爻辭. 律은 軍律. 군사는 出陣할 때가 중요하며, 반드시 군율로 통제해야 하고, 그것이 제대로 되지 않을 때는 흉한 결과를 초래한다는 뜻.

【衆散爲弱】師卦의 下卦인 坎卦가 변하여 兌卦☱가 된 것을 설명한 것. 坎은 衆, 兌는 弱임.

【川壅爲澤】坎卦는 '川'을, 兌卦는 '澤'을 상징함. 坎卦가 兌卦로 변하여 마치 하천이 막혀 못이 됨과 같음을 뜻함.

【夭且不整】'夭'는 막힘. '整'은 제대로 흐르도록 정리함.

【不行之謂臨】물(水: 坎)이 변해서 못(澤: 兌)이 되는 것으로 물이 고여 흐르지 못하여 臨卦가 된다는 것.

【尸之】재앙을 초래하는 주인공. 襄公 27년 "非歸其尸盟也"의 杜預 注에 "尸, 主也"라 함.

【必有大咎】이듬해 자신이 죽을 것임을 예견한 것. 杜預 注에 "爲明年晉殺先縠傳"이라 함.

【偏師】적은 군사. 彘子(先縠)는 겨우 중군을 보좌하는 군사만으로 하수를 건너가 있었음.

【次】군사가 주둔함을 뜻함. 莊公 3년 傳에 "凡師, 一宿爲舍, 再宿爲信, 過信爲次"라 함.

【郔】지금의 河南 鄭縣 동쪽. 鄭나라 땅. 宣公 11년의 楚나라 郔과는 이름은 같으나 다른 곳임.

【沈尹】楚나라 沈邑의 장관. 당시 孫叔敖가 맡고 있었음. 그러나 《新序》雜事 (5)에 "楚莊王學孫叔敖·沈尹竺"이라 하여 沈尹 竺을 가리키는 것이라고도 함.

【子重】楚나라 公子 嬰齊.

【子反】楚나라 公子 側.

【飮馬】《史記》晉世家에 "楚已服鄭, 欲飮馬于河爲名而去"라 함.

【伍參】伍奢의 祖父. 杜預 注에 "參, 伍奢之祖父也"라 함.

【管】鄭나라 땅. 지금의 河南 鄭州市.

【敖】산 이름. 지금의 河南 廣武縣과 滎陽縣 사이에 있음. 《一統志》에 "敖山在 滎澤縣西北, 河陰廢縣境內, 晉師在敖·鄗之間, 秦置敖倉, 依山臨河, 上有太倉"이라 함.

【鄗】산 이름. 敖山의 남쪽에 있음.

【皇戌】鄭나라 卿. 成公 2, 3, 4, 5년을 볼 것.

【克庸】초나라가 庸을 쳐서 이긴 일. 文公 16년을 볼 것.

【申儆】'거듭 경계하다'의 뜻. '申'은 '重'과 같음.

【紂】殷(商)의 末王. 그는 백 번 싸워 모두 이겼으나 그를 따르는 사람이 없어 隱나라가 끊어지고 말았음.

【若敖】楚나라 선대 군주. 이름은 熊儀. 西周 말 幽王 때와 같은 시기의 초나라 임금.

【蚡冒】역시 楚나라 군주의 선조. 霄敖의 아들이며 이름은 熊眴, 시호는 厲王. B.C.757~741년까지 17년간 재위함. 楚 武王의 아버지. 《史記》楚世家에 "霄敖 六年卒, 子熊眴立, 是爲蚡冒. 蚡冒十七年卒, 蚡冒弟熊通弑蚡冒子而代立, 是爲 楚武王"이라 하여 武王(熊通)의 형이라고도 함.

【篳路】잡목과 대나무로 만든 수레. 杜預 注에 "篳路, 柴車"라 하였고, 孔穎達 疏에는 "以荊竹織門謂之篳門, 卽篳路亦以荊竹編車, 故謂篳路爲柴車"라 함.

【藍縷】낡은 옷차림. 雙聲連綿語. 襤褸와 같음. 《方言》에 "楚謂凡人貧衣被醜 敝謂藍縷"라 함. 若敖와 蚡冒가 온갖 고통 속에 국토를 개척하였음을 말함.

【廣】전차 15대를 중심으로 이루어진 부대. 楚나라의 특수한 軍隊 編制였음.

【卒】백 명으로 이루어진 보병 부대. 《司馬法》에 "百人爲卒"이라 함.

【偏】50명으로 이루어진 군사.

【兩】25명으로 구성된 소대.

【內官】임금의 측근 관리들.

【子良】鄭나라 公子. 자량이 초나라에 인질로 감으로써 정나라와 초나라가 화해를 이룸.

【師叔】潘尫. 楚나라에서 존중을 받는 인물.

【少宰】太宰의 다음 직급.

【二君】楚 莊王의 선대 楚 成王과 楚 穆王. 成王은 穆王의 아버지이며 莊王의 조부.

【淹久】 오랫동안 머물러 체류하고 있음.

【隨季】 晉나라 대부. 士會. 隨武子.

【平王】 천자국 東周의 첫 임금. 東遷하여 여러 제후들에게 훈계하는 과정에서 晉나라 군주 文侯에게 鄭나라와 친히 지낼 것을 당부함. 周, 晉, 鄭은 주 왕실과 같은 姬姓이었음.

【候人】 원래는 斥候를 담당한 사람. 여기서는 楚나라 사신으로서 晉나라 군사들에게 온 인물. 역시 그 사정을 살피러 왔기 때문에 候人이라 부른 것.

【行人】 외교관. 통역관.

【許伯】 楚나라 장수.

【樂伯】 楚나라 장수.

【攝叔】 楚나라 장수.

【摩旌】 깃발을 나부끼게 함.

【摩壘】 적진 앞으로 바싹 다가감.

【菆】 좋은 화살. 杜預 注에 "矢之善者"라 함.

【兩馬】 '兩'은 말의 장식물을 정돈하는 것. 服虔 注에 "兩, 飾也"라 함. 그러나 俞樾의 〈平議〉에는 "兩, 排比之也. 一車有四馬, 兩馬在中曰服, 兩馬在邊曰驂. 《詩》曰「兩服齊首」·「兩驂如手」, 皆言其整齊也. 是時車右入壘, 而車在壘外留待之, 故御者下車排比其馬, 使兩驂兩服不致儳互不齊, 亦示閒暇之意也"라 함.

【掉鞅】 말의 배띠를 고쳐 바르게 매어줌. 杜預 注에 "掉, 正也"라 함.

【折馘】 적을 죽이고 그 왼쪽 귀를 잘라옴. 戰功을 헤아리기 위한 것임.

【左右角之】 左右로 포위하여 공격함. 세 방향의 공격에서 양쪽 끝의 공격을 '角'이라 함.

【麋】 큰 사슴.

【麗龜】 '麗'는 '맞추다'의 뜻. '龜'는 짐승의 등뼈를 뜻함.

【鮑癸】 晉나라 대부. 이들 세 사람을 뒤쫓던 우두머리.

【歲之非時】 사냥할 시기가 아님.

【魏錡】 晉나라 대부. 혹 呂錡, 廚武子 등으로도 불림. '錡'는 '의', 혹은 '기'로 읽음. 魏犨의 아들. 대부 자리를 얻고자 하였지만 뜻을 이루지 못하자 화를 내며 진나라가 패하기를 바라고 있었음.

【熒澤】 濕地帶의 이름. 지금의 河南 廣武縣 남쪽.

【潘黨】 楚나라 대부. 潘尫의 아들. 叔黨.

【獸人】 사냥을 하여 신선한 고기를 공급하는 임무를 맡은 자. 《周禮》 天官 獸人에

“掌罟田獸”라 함.

【鮮】 신선한 고기.

【命去之】 楊伯峻 注에 “命部下離去不追”라 함.

【趙旃】 趙穿의 아들. 卿 벼슬을 얻고자 하였으나 뜻을 이루지 못함.

【七覆】 7곳의 伏兵. 진나라 군사들이 敖山과 鄗山 사이에 있었으므로 그곳을 통해 올 초나라 군사들을 막기 위해 복병을 배치함.

【說】 ‘稅’와 같으며 ‘풀다’의 뜻. ‘말을 수레에서 풀어 해제하다’의 뜻.

【許偃】 초나라 대부이며 장수. 右廣을 맡음.

【養由基】 역대 이래 최고의 名射手로 이름난 楚나라 弓士. ‘養叔’으로도 부름. 成公 16년 및 襄公 13년을 볼 것. 《戰國策》 西周策에 “楚有養由基者, 善射, 去柳葉者百步而射之, 百發百中”이라 함.

【彭名】 楚나라 대부.

【屈蕩】 楚나라 대부. 襄公 15년 및 25년에도 나오며 50여 년 차이가 있어 혹 同名異人인지 알 수 없음.

【乙卯】 6월 14일.

【甲裳】 허리에 치마처럼 두르는 갑옷의 한 가지.

【軘車】 전차의 한 가지. 전투용은 아니고 주둔할 때 이용한 것. 그러나 이 역시 兵車의 일종이라 하며 혹 服虔은 屯守之車라 하기도 하였음.

【詩】 《詩經》 小雅 六月篇에 “玁狁匪茹, 整居焦穫. 侵鎬及方, 至于涇陽. 織文鳥章, 白旆央央. 元戎十乘, 以先啓行. 戎車旣安, 如輊如軒. 四牡旣佶, 旣佶且閑. 薄伐玁狁, 至于大原. 文武吉甫, 萬邦爲憲”이라 함.

【軍志】 고대의 병법서. 지금은 전하지 않음.

【先人】 적의 기선을 빼앗음.

【奪人之心】 상대의 마음을 뺏음. 적의 전의를 꺾음.

【可掬也】 두 손을 모아 움켜쥘 정도로 많음. 즉 배에 먼저 탄 사람들이 뒤에 온 자들이 서로 타려고 배를 붙잡고 오르자 더 오르지 못하도록 뱃전을 잡은 이들의 손가락을 칼로 끊어 끊어진 손가락이 배 안에 가득하였음을 말함. 《公羊傳》에는 “莊王鼓之, 晉師大敗, 晉衆之走者, 舟中之指可掬矣”라 하였고, 《韓詩外傳》(6)과 《新序》 雜事(4)에는 매우 자세히 기록되어 있음.

【工尹齊】 楚나라 대부. 工尹은 白公을 관리하는 우두머리. 齊는 그의 이름.

【唐狡】 楚나라 대부.

【蔡鳩居】 역시 楚나라 대부.

【唐惠侯】唐은 지금의 湖北 隨縣 서북쪽 唐縣鎭에 있었으며 姬姓(혹 祁姓)의 제후국으로 楚나라에게 망하여 附庸國이었음. 惠侯는 그 이름은 구체적으로 알 수 없음.

【不穀】君主가 자신을 자칭하는 칭호.《老子》39장에 "故貴以賤爲本, 高以下 爲基. 是以侯王自謂孤·寡·不穀, 此非以賤爲本邪? 非歟?"라 함.

【游闕】杜預 注에 "游闕, 游車補闕者"라 하여 戰場을 巡游하다가 필요한 위치에 투입하여 보충하는 전차부대.

【駒伯】晉나라 상군부장 郤克의 아들

【萃】집중하여 합세함.

【殿】後退할 때 가장 뒤에서 추격하는 적을 상대하는 것. 가장 위험한 위치를 뜻함. '殿'은 '臀'의 뜻.《論語》子路篇에 "子曰:「孟之反不伐, 奔而殿, 將入門, 策其馬, 曰:『非敢後也, 馬不進也』」"라 하였고, 哀公 11年 傳에 "師及齊師戰于郊. 右師奔; 齊人從之. 孟之側後入, 以爲殿; 抽矢策其馬, 曰:「馬不進也!」"라 함. 杜預 注에는 "會見師退而孟不在列, 乃大呼詐言孟在後爲殿"이라 하여 해석을 달리하고 있음.

【尸】저지함. 杜預 注에 "尸, 止也"라 함.

【廣隊】'廣'은 兵車. '隊'는 墜와 같음.

【惎】가르쳐 줌. 이러 줌. 杜預 注에 "惎, 敎也"라 함.

【扃】수레의 앞부분에 댄 나무.

【還】'빙빙 돌다'의 뜻. '旋'과 같음.

【衡】멍에. 말에 맨 橫木.

【逢大夫】구체적인 이름은 알 수 없으며 성씨가 '逢'인 대부.

【趙傁】조씨 영감. '傁'는 '叟'와 같음. '늙은이'라는 뜻.

【使下】아들 둘을 내리도록 한 것은 수레에 다 태울 수 없어서였으며 그 사이에 아들들이 적군에 의해서 죽은 것.

【尸】시체를 찾음.

【綏】수레를 잡고 오르도록 한 밧줄.《論語》鄕黨篇에 "升車, 必正立執綏"라 함.

【熊負羈】楚나라 대부.

【知罃】知莊子 荀首의 아들.《史記》趙世家 索隱에《世本》을 인용하여 "逝遨 生莊子首, 首生武子罃"이라 함.

【族】杜預 注에 "族, 家兵"이라 함.

【房】화살통. 箭筒. 좋은 화살을 아끼고자 魏錡의 箭筒에 넣어둠.

【蒲】 원래 蒲柳의 줄기. 좋은 화살대를 만드는 재료. 宋 葉隆禮의《契丹國志》
(27)에 "西樓有蒲, 濱水叢生, 一榦, 葉如柳, 長不盈尋丈, 用以作箭, 不矯揉而堅"
이라 하였고, 陸璣의《毛詩草木助手蟲魚疏》에는 "蒲柳有兩種, 皮正靑者曰小楊,
其一種皮紅者曰大楊, 其葉皆長廣於柳葉, 皆可以爲箭幹"이라 함.

【董澤】 晉나라 澤名. 지금의 山西 聞喜縣 쪽에 있던 큰 濕地帶. 그곳에서 蒲柳가
많이 나며 이를 화살대로 사용함.

【以人子】 '人'은 상대 적군인 楚軍을 가리킴. 그들 아들을 인질로 잡아 맞바꾸
어야 하기에 그 때문에 화살을 아끼고 있었던 것이라 말한 것.

【連尹襄老】 連은 楚나라 지명. 尹은 지방 자관. 洪亮吉은 "連, 楚地名, 襄老當
爲此地之尹, 故以官稱之也"라 함. 그러나《國語》晉語(7) 韋昭 注에 "連尹,
楚官名"이라 하였고, 梁履繩의〈補釋〉에도 "《史記》淮陰侯傳楚官名有連敖,
蓋卽連尹之遺制"라 함. 한편 襄公 15년 傳에 "公子追舒爲箴尹, 屈蕩爲連尹,
楊由基爲宮廐尹, 以靖國人"으로 보아 일반적인 관명이 아닌가 함.

【穀臣】 楚나라 왕자 이름. 成公 2년을 볼 것.

【以二子還】 成公 3년 傳에 "晉人歸楚公子穀臣與連尹襄老之尸于楚, 以求知罃.
於是荀首佐中軍矣, 故楚人許之"라 하였고,《國語》晉語(7)에도 "邲之役, 呂錡
佐知莊子於下軍, 獲楚公子穀臣與連尹襄老, 以免子羽"라 함.

【邲】《水經注》에 "以據《通典》·《元和志》·《寰宇記》, 並言邲城在管城東六里, 卽今
河南鄭縣東六里之邲城也"라 함.

【重】 輜重. 물건을 싣는 수레. 초나라 군수품을 실은 수레가 필 땅에 도착함.
杜預 注에 "重, 輜重也"라 하였고, 孔穎達 疏에는 "輜重, 載物之車也. 蔽前後以
載物, 謂之輜車; 載物必重, 謂之重車; 人挽以行, 謂之輦. 輜·重·輦, 一物也. 襄十年
傳稱「秦堇父輦重如役」, 挽此車也. 輜重載器物糧食常在軍後, 故乙卯日戰, 丙辰
始至於邲也"라 함.

【衡雍】 鄭나라 지명. 지금의 河南 原武縣 서북쪽 땅.《韓非子》喩老篇에는 "楚
莊王旣勝, 狩於河雍"이라 하였고,《淮南子》人間訓에도 "楚莊王旣勝晉於河
雍之間"이라 하여 '河雍'으로 되어 있음. 戰國시대에는 '垣雍'이라 불렀음.

【武軍】 軍營. 杜預 注에 "築軍營以章武功"이라 하여 戰勝을 기념하는 건축물.

【京觀】 적국 전사자의 시신을 한 곳에 묻어 戰勝의 기념물로 만든 큰 무덤. 혹은
건축물. '京'은 '高'의 뜻. '觀'은 樓觀의 뜻. 줄여서 '京'이라고도 함.《呂氏春秋》
不廣篇에 "齊攻廩丘, 趙使孔靑將死士而救之, 與齊人戰, 大敗之, 齊將死, 得車
二千, 得尸三萬, 以爲二京"이라 하였고,《淮南子》覽冥訓에도 "掘墳墓, 揚人骸,

大衝車, 高重京"이라 함.

【丙辰】 5월 14일.

【衡雍】 정나라 지명. 지금의 河南 原武縣 서북쪽 땅.

【武軍】 軍營.

【止戈爲武】 '武'자를 六書 중 會意의 원리로 풀어 설명한 것으로 文子學에 널리 인용됨. "전쟁을 그치게 하는 것이 무력"이라는 뜻으로 '戰以止戰', '刑期無刑', '殺以止殺' 등의 뜻. 전쟁을 없이 하기 위하여 전쟁을 하는 것이라는 뜻.

【頌】 武王이 殷을 이기고 戰功을 기리어 신에게 고한 頌祝의 노래. 구체적으로 《詩經》 周頌 時邁篇을 가리키며 "時邁其邦, 昊天其子之. 實右序有周. 薄言震之, 莫不震疊. 懷柔百神, 及河喬嶽. 允王維后. 明昭有周, 式序在位. 載戢干戈, 載櫜弓矢. 我求懿德, 肆于時夏. 允王保之"라 함.

【耆定爾功】《詩經》 周頌 武篇에 "於皇武王, 無競維烈. 允文文王, 克開厥後. 嗣武受之, 勝殷遏劉, 耆定爾功"이라 함.

【鋪時繹思】《詩經》 周頌 賚篇에 "文王旣勤止, 我應受之. 敷時繹思, 我徂維求定. 時周之命, 於繹思桓"이라 하여 '敷時繹思'로 되어 있음.

【綏萬邦】《詩經》 周頌 桓篇에 "綏萬邦, 婁豐年, 天命匪解. 桓桓武王, 保有厥土. 于以四方, 克定厥家. 於昭于天. 皇以閒之"라 함.

【先君宮】 宮은 사당. 戰勝의 武功을 고하기 위하여 지음.《禮記》 大傳에 "牧之野, 武王之大事也, 旣事而奠於牧室"이라 함.

【成事】 전쟁에서 이김. 승리함.

【不敬】 질서에 따르지 않고 王命을 거역함. 成公 2년 傳에 "蠻夷戎狄不式王命, 淫湎毁常, 王命伐之, 則有獻捷, 王親受而勞之, 所以懲不敬"이라 함.

【鯨鯢】 악당의 우두머리. 鯨은 고래의 수컷, 鯢는 고래의 암컷. 작고 힘없는 고기들을 마구 잡아먹는 것 때문에 악당의 우두머리에 비유한 것. 孔穎達 疏에 裴淵의 《廣州記》를 인용하여 "鯨鯢長百尺, 雄曰鯨, 雌曰鯢"라 함. 우두머리만을 잡아 그를 죽여 큰 무덤을 만드는 것으로 살육을 상징하는 행사를 하였으며 일반 백성이나 그를 따르다 죽은 무리들에게는 잔혹한 행동을 하지 않음. 이것이 京觀의 기원이라 설명한 것임.

【淫慝】 親暱에 상대되는 말로 常道에 벗어난 못된 행동.

【罪無所】 죄라고 할 만한 것이 없음. 杜預 注에 "晉無罪所犯也"라 함.

【祠于河】 河水(黃河)의 신(河伯)에게 제사를 올림.

傳

是役也, 鄭石制實入楚師, 將以分鄭而立公子魚臣.

辛未, 鄭殺僕叔及子服.

君子曰:「史佚所謂『毋怙亂』者, 謂是類也.《詩》曰:『亂離瘼矣,
爰其適歸』, 歸於怙亂者也夫!」

이 싸움은 정鄭나라의 대부 석제石制가 초楚나라 군사를 불러들인
것으로서, 그는 정나라 국토를 둘로 나누어 반쪽은 초나라에 주고, 반쪽
으로는 공자 어신魚臣을 군주로 삼으려던 것이었다.

신미날, 정나라가 복숙僕叔과 자복을 죽였다.

군자가 말하였다.

"사일史佚이 '남이 혼란을 틈타 자신의 이익을 꾀하지 말라'라 한 것은
바로 이런 일을 두고 한 말이리라.《시》에 '난리에 근심하고 지쳤는데
이 몸은 어디로 돌아갈 것인가?'라 하였다. 결국은 남의 혼란을 틈타
자신의 이익을 꾀한 자에게 돌아가는 것이리라!"

【石制】鄭나라 대부. 자는 子服.
【公子魚臣】鄭나라 공자. 자는 僕叔. 孔穎達 疏에 "石制引楚師入, 將以分鄭國,
　以半與楚, 取半立公子魚臣爲鄭君, 己欲擅其寵也"라 함.
【辛未】7월 29일.
【史佚】周나라 옛 사관으로 역사 흐름과 사리 판단에 뛰어났던 인물.
【詩】《詩經》小雅 四月篇에 "四月維夏, 六月徂暑. 先祖匪人, 胡寧忍予. 秋日淒淒,
　百卉具腓. 亂離瘼矣, 爰其適歸"라 함.

❀ 860(宣 12-4)

秋七月.

가을 7월.

傳

鄭伯·許男如楚.

정鄭 양공襄公과 허許 소공昭公이 초楚나라를 찾아갔다.

【鄭伯】鄭 襄公. 伯爵이었음.
【許男】許 昭公. 男爵이었음. 이름은 錫我. 許나라는 姜姓으로 周 武王이 그 苗裔
    文叔을 許에 봉함. 지금의 河南 許昌市 동쪽. 杜預 注에 “爲十四年晉伐鄭傳”
    이라 함.

傳

秋, 晉師歸, 桓子請死.
    晉侯欲許之, 士貞子諫曰:「不可. 城濮之役, 晉師三日穀, 文公猶有
憂色. 左右曰:『有喜而憂, 如有憂而喜乎?』公曰:『得臣猶在, 憂未
歇也. 困獸猶鬪, 況國相乎?』及楚殺子玉, 公喜而後可知也. 曰:『莫余
毒也已.』是晉再克而楚再敗也, 楚是以再世不競. 今天或者大警晉也,
而又殺林父以重楚勝, 其無乃久不競乎? 林父之事君也, 進思盡忠,
退思補過, 社稷之衛也, 若之何殺之? 夫其敗也, 如日月之食焉, 何損
於明?」
    晉侯使復其位.

    가을, 진晉나라 군사가 귀환하자 환자桓子가 패전의 책임을 지고 죽음을
청하였다.
    진晉 경공景公이 허락하려 하자 사정자士貞子가 간언하였다.
    “안 됩니다. 성복城濮의 싸움에서 우리 진나라 군사가 승리하여 사흘
동안이나 초나라 군사의 식량을 빼앗아 먹었는데 당시 문공文公께서는
도리어 근심스러운 낯빛을 띠었습니다. 좌우의 신하들이 ’기쁜 일에 이렇게
근심하시니 만약 걱정거리가 생기면 그때는 기뻐하실 작정이십니까?’라고

물었지요. 그러자 문공은 '초나라에 득신得臣이 있는 한 내 근심은 끝나지 않을 것이다. 짐승도 곤경에 오히려 대드는 법인데 하물며 한 나라의 재상이라면 어떻겠느냐?'라고 하였습니다. 결국 초나라가 자옥子玉(得臣)을 죽이자 그제야 문공은 기뻐하였으니 그러한 사실은 그 뒤에야 알게 된 것입니다. 이때야 문공은 '나를 해칠 자가 없어졌구나!'라고 하였던 것입니다. 이는 우리 진나라가 두 번 이긴 것이고 초나라는 두 번 진 것입니다. 초나라는 그 일로 인해 그 뒤의 두 군주 성왕成王과 목왕穆王 때에는 다시는 패권을 다툴 수 없었습니다. 지금은 혹 하늘이 우리 진나라를 경계하고 있는 것 같습니다. 그런데 이때 순림보를 죽여서 초나라가 거듭 이기도록 한다면 우리도 오랫동안 패권을 다툴 수 없지 않겠습니까? 순림보는 임금을 섬김에 있어서 조정에서는 충성을 다할 것만을 생각하고, 물러나서는 자신의 잘못된 점을 바로잡고 고치기에만 힘씁니다. 그야말로 국가 사직을 보위하는 사람입니다. 이와 같거늘 어찌 죽이려 든단 말입니까? 무릇 그가 패한 것은 마치 해와 달에 일식이나 월식이 있는 것과 같습니다. 그 때문에 본래의 밝은 빛이 어찌 손상되겠습니까?"

경공은 이에 그를 다시 복직시켰다.

【桓子】 晉나라 대부이며 장군. 荀林父. 荀伯. 中行桓子. 中行伯. 中行軍의 장수가
되어 이를 성씨로 삼았으며 뒤에 晉 六卿의 하나인 중항씨(中行氏)의 선조가 됨.
【請死】 孔穎達 疏에 "〈檀弓〉云:「謀人之軍師, 敗則死之; 謀人之邦邑, 危則亡之.」
今桓子將軍, 師敗, 故請死"라 함.
【士貞子】 士渥濁. 역시 晉나라 대부.
【城濮之役】 僖公 28년 晉 文公(重耳)이 楚 穆王(商臣)과 패권을 다투어 진나라가
크게 이긴 전투. 춘추시기 가장 큰 전투였으며 이로써 진 문공이 패자의 자리를
확보하였음. 城濮은 지금의 河南 陳留縣 또는 山東 濮縣의 남쪽. 僖公 28년의
經文 및 傳文을 참조할 것.
【子玉】 成得臣. 楚나라 대부이며 당시 令尹이었음.
【再世】 楚나라 成王와 穆王의 두 세대.
【困獸】 곤경에 빠진 짐승.

【公喜而後可知也】'공이 기뻐하고 나서야 그 이유를 알 수가 있었다'라는 뜻과 '공이 기뻐한 것은 뒷날에서도 알 수가 있다'라는 두 가지 풀이가 있음.
【如日月之食】일식이나 월식이 있다고 해서 해와 달의 밝음이 손상되는 것은 아님.《論語》子張篇에 "子貢曰:「君子之過也, 如日月之食焉, 過也, 人皆見之; 更也, 人皆仰之」"라 하였음. 한편 이상의 내용은《說苑》尊賢篇에 "晉荊戰於邲, 晉師敗績, 荀林父將歸請死, 昭公將許之, 士貞伯曰:「不可, 城濮之役, 晉勝於荊, 文公猶有憂色, 曰:『子玉猶存, 憂未歇也; 困獸猶鬪, 況國相乎?』及荊殺子玉, 乃喜曰:『莫予毒也』今天或者大警晉也, 林父之事君, 進思盡忠, 退思補過, 社稷之衛也, 今殺之, 是重荊勝也.」昭公曰:「善!」乃使復將"이라 하여 실려 있음.

✹ 861(宣 12-5)

冬十有二月戊寅, 楚子滅蕭.

겨울 12월 무인날, 초楚 장왕莊王이 소蕭나라를 멸망시켰다.

【戊寅】12월 8일.
【蕭】지금의 江蘇 徐州市 북쪽. 원래 宋나라의 附庸國이었음.

傳
冬, 楚子伐蕭, 宋華椒以蔡人救蕭.
蕭人囚熊相宜僚及公子丙.
王曰:「勿殺, 吾退.」
蕭人殺之.
王怒, 遂圍蕭, 蕭潰.
申公巫臣曰:「師人多寒.」

王巡三軍, 拊而勉之, 三軍之士皆如挾纊, 遂傅於蕭.

還無社與司馬卯言, 號申叔展.

叔展曰:「有麥麴乎?」

曰:「無.」

「有山鞠窮乎?」

曰:「無.」

「河魚腹疾奈何?」

曰:「目於眢井而拯之.」

「若爲茅経, 哭井則己.」

明日, 蕭潰.

申叔視其井, 則茅経存焉, 號而出之.

겨울, 초楚 장왕莊王이 소蕭나라를 치자 송宋나라 화초華椒가 채蔡나라 군사를 이끌고 가서 소나라를 구하였다.

소나라가 초나라 웅상의료熊相宜僚와 공자 병丙을 사로잡아 가두었다.

그러자 초 장왕이 말하였다.

"그들을 죽이지 말라. 내가 물러가겠노라."

그러나 소나라에서는 그들을 죽이고 말았다.

장왕은 노하여 바로 소나라를 포위하여 소나라는 멸망하고 말았다.

그 싸움에서 초나라 신공무신申公巫臣이 장왕에게 말하였다.

"병사들이 추워 떨고 있습니다."

장왕은 삼군三軍을 순시하면서 병사들의 어깨를 두드리며 위로하자 삼군의 병사들이 모두 따뜻한 솜옷을 입은 듯이 감동하여 드디어 소나라 도성에 바짝 다가갔던 것이다.

소나라 대부 선무사還無社가 초나라 사마司馬 묘卯에게 자신이 전부터 알고 지내던 초나라 대부 신숙전申叔展을 큰 소리로 불러내도록 하였다.

불려간 신숙전은 선무사에게 물었다.

"맥국麥麴이 있소?"

선무사가 대답하였다.

"없소."

"그렇다면 산국궁山鞠窮이 있소?"

선무사가 대답하였다.

"없소."

"물고기의 배에 병이 났으니 어찌해야 하겠소?"

선무사가 대답하였다.

"물이 없는 우물을 눈여겨보았다가 건져내어주시오."

신숙전은 이렇게 말하였다.

"그렇다면 당신은 띠풀로 둥근 끈을 만들어 그곳에 두시오. 우는 소리가 나면 나인 줄 알아차리시오."

다음날 소나라가 망하였다.

신숙전이 약속한 우물로 가서 속을 들여다보았더니 띠풀로 만든 끈이 있었으며 그리하여 곡하는 소리로 그를 불러내어 끌어올려 주었다.

【華椒】宋나라 대신. 蕭는 원래 宋나라 附庸國이었으므로 구원에 나선 것임.

【熊相宜僚】초나라 대부. 熊宜僚. 熊相祿의 선조.

【公子丙】초나라 공자. 子丙.

【申公巫臣】초나라 대부. 屈巫. 자는 子靈. 巫臣은 이름. 식읍이 申이었으며 본래 성은 屈氏. 그 때문에 '屈巫'로도 불림. 뒷날 夏姬를 차지하고자 여러 가지 꾀를 썼던 인물. 成公 2년 傳文을 볼 것.

【拊】가볍게 두드리며 위로함.

【纊】솜.

【還無社】蕭나라 대부. 자신의 蕭나라가 망해가자 친구 申叔展을 불러내어 사정을 알아보고자 한 것임. '還'은 '선'으로 읽음. '還音旋'이라 함.

【司馬卯】楚나라 대부. 申叔展을 불러내어 還無社와 만날 수 있도록 주선함.

【申叔展】楚나라 대부. 蕭나라 대부 還無社와 평소에 알고 지내던 관계였음. 杜預 注에 "還無社, 蕭大夫. 司馬卯·申叔展, 皆楚大夫也. 無社素識叔展, 故因卯呼之"라 함.

【麥麴】酒母. 누룩. 이로써 일을 잘 처리하여 재앙을 해결할 방책이 있는지 물은 것임. 당시의 諺語라 함.

【山鞠窮】 원래 芎藭이라는 약초. 지금의 四川 지역에서 나는 것을 川芎이라 함. 여기서의 '麥麴'과 '山鞠窮'의 비유에 대해서는 역대 이래 각가의 의견이 다양하였음.
【河魚腹疾】 물고기가 뱃병이 남. 나라가 큰 환란을 만나 망함을 말한 것임. 당시의 習語가 아닌가 함.《淮南子》俶眞訓에 "故河魚不得明目"이라 하였고 許愼의 注에 "河水濁, 故不得明目"이라 함.
【眢井】 물이 마른 우물.
【哭井則己】 '우물에 대고 곡을 하는 자가 곧 자신(신숙전)일 테니 그때 인기척을 하면 살려내어 줄 것'이라는 약속을 한 것임.

※ 862(宣 12-6)

晉人·宋人·衛人·曹人同盟于清丘.

진인晉人, 송인宋人, 위인衛人, 조인曹人이 청구清丘에서 동맹을 맺었다.

【盟】《彙纂》에는 "此大夫同盟之始"라 하여 대부들이 모여 동맹을 맺은 것으로 처음이라 하였음.
【清丘】 衛나라 땅. 지금의 河南 濮陽縣. 혹 晉나라 땅으로 지금의 山西 稷山縣이라고도 함.

㊉

晉原縠·宋華椒·衛孔達·曹人同盟于清丘, 曰:「恤病, 討貳.」
於是卿不書, 不實其言也.

진晉나라 원곡原縠, 송나라 화초華椒, 위衛나라 공달孔達, 조曹나라 사람이 청구清丘에서 동맹을 맺으면서 이렇게 약속하였다.

"고통 받고 있는 나라는 도와주고, 두 마음을 품고 있는 나라는 토벌한다."

이에 경經에 각 나라 경卿들의 이름을 쓰지 않은 것은 그들이 이 맹약을 실행에 옮기지 못하였기 때문이다.

【原縠】晉나라 대부. 先縠이라고도 함.
【華椒】宋나라 대부. 蔡나라 군사를 이끌고 蕭나라를 구하러 나섰던 인물.
【孔達】衛나라 대부.
【卿不書】이들의 이름을 밝히지 않고 '人'이라고만 기록하였음을 말함.
【不實其言】杜預 注에 "宋伐陳, 衛救之, 不討夷也. 楚伐宋, 晉不救, 不恤病也"라 함.

✹ 863(宣 12-7)

宋師伐陳, 衛人救陳.

송宋나라 군사가 진陳나라를 치자 위衛나라가 진나라를 구하였다.

【伐陳】陳나라가 楚나라를 받들고 있었기 때문이었음.

㊦

宋爲盟故, 伐陳.
衛人救之, 孔達曰:「先君有約言焉. 若大國討, 我則死之.」

송宋나라는 맹약을 지킨다는 이유로 진陳나라를 쳤다.
그러자 위衛나라가 진陳나라를 구원하면서 공달孔達은 이렇게 말하였다.
"우리 선군께서 진陳나라와 약속한 일이 있었기에 진나라를 구원하는

것이다. 만약 이 일로 대국 진晉나라가 우리를 성토한다면 내가 책임을
지고 죽을 것이다."

【孔達】 위나라 대부로서 앞서 송나라와 맹약(恤病, 討貳)한 것을 위배한 것이
    되었음.
【先君有約言】 衛 成公이 陳 共公과 서로 돕기로 약속하였던 일을 말함.
【大國】 여기서는 晉나라를 가리킴.
【我則死之】 결국 2년 뒤인 宣公 14년 衛나라는 孔達을 죽이게 됨. 宣公 14년을
    참조할 것. 杜預 注에 "爲十四年衛殺孔達傳"이라 함.

127. 宣公 13年(B.C.596) 乙丑

周	定王(姬瑜) 11년	齊	頃公(無野) 3년	晉	景公(獳) 4년	衛	穆公(速) 4년
蔡	文公(申) 16년	鄭	襄公(堅) 9년	曹	文公(壽) 22년	陳	成公(午) 3년
杞	桓公(姑容) 41년	宋	文公(鮑) 15년	秦	桓公(榮) 9년	楚	莊王(旅) 18년
許	昭公(錫我) 26년						

❁ 864(宣13-1)

十有三年春, 齊師伐莒.

13년 봄, 제齊나라 군사가 거莒나라를 쳤다.

【莒】 지금의 山東 莒縣에 있던 작은 나라.
【伐莒】《公羊傳》에는 '伐衛'로 되어 있음. 그러나 汪克寬의 《纂疏》에 "證之經文, 前後皆無齊衛交惡之事, 而於莒則四年平之不肯而魯伐之, 十一年齊又伐之, 則此 爲'伐莒'無疑矣"라 함.

㉝

十三年春, 齊師伐莒, 莒恃晉而不事齊故也.

13년 봄, 제齊나라 군사가 거莒나라를 친 것은 거나라가 진晉나라를 따르
면서 제나라를 섬기지 않았기 때문이다.

【恃晉】멀리 있는 晉나라를 믿고 가까이 있는 齊나라를 섬기지 않음.《戰國策》
齊策(5)에는 "莒恃越而滅"이라 하였으나《墨子》非攻篇에는 "東方有莒之國者,
其爲國甚小, 間於大國之間, 不敬事於大國, 大國役弗之從而愛利, 是以東者越人
夾削其地, 西者齊人兼而有之"라 하였음.

✹ 865(宣13-2)

夏, 楚子伐宋.

여름, 초楚 장왕莊王이 송宋나라를 쳤다.

㊙

夏, 楚子伐宋, 以其救蕭也.
君子曰:「淸丘之盟, 唯宋可以免焉.」

여름, 초楚 장왕莊王이 송宋나라를 친 것은 송나라가 소蕭나라를 구원
하였기 때문이다.
군자는 이렇게 말하였다.
"청구淸丘에서의 맹약은 오직 송나라만이 비난을 면할 수 있다."

【救蕭】이는 지난해를 볼 것.
【淸丘之盟】宣公 12년의 經文 및 傳文을 볼 것.

※ 866(宣13-3)

秋, 螽.

가을, 메뚜기 떼가 일어났다.

【螽】杜預 注에 "爲災, 故書"라 함.
＊無傳

⑱
秋, 赤狄伐晉, 及清, 先縠召之也.

가을, 적적赤狄이 진晉나라를 쳐서 청清까지 진격해 들어왔는데 이는
선곡先縠이 불러들인 것이었다.

【赤狄】春秋時代 狄族은 白狄, 赤狄 등으로 나누었으며 潞氏, 甲氏, 留吁, 鐸辰
등은 赤狄의 나라였음. 적적은 주로 지금의 山西 長治縣 서쪽에 분포하였음.
【清】晉나라의 지명. 清原이라고도 함. 지금의 山西 稷山縣 동남쪽.
【先縠】晉나라 대부 原縠. 杜預 注에 "邲戰不得志, 故召狄欲爲變"이라 하였고,
《史記》晉世家에는 "景公四年, 先縠以首計而敗晉軍河上, 恐誅, 乃奔翟, 與翟
謀伐晉"이라 하여 내용이 다름.

※ 867(宣13-4)

冬, 晉殺其大夫先縠.

겨울, 진晉나라에서 대부 선곡先縠을 죽였다.

冬, 晉人討邲之敗與淸之師, 歸罪於先縠而殺之, 盡滅其族.
君子曰:「『惡之來也, 己則取之』, 其先縠之謂乎!」

겨울, 진晉나라는 필邲에서의 싸움에서 패배한 일과 적적이 청淸까지
쳐들어온 일을 따져 그 죄를 모두 선곡先縠에게 귀속시켜 그를 죽이고 그의
일족도 모두 없애버렸다.
군자가 말하였다.
"흉한 일이 다가오는 것은 그 스스로 취한 것'이라 하였는데 이는 선곡을
두고 이른 말이로다!"

【邲之敗】宣公 12년의 經文 및 傳文을 볼 것.
【淸之師】淸(淸原)까지 赤狄이 쳐들어온 사건. 앞장 참조.
【滅其族】《史記》晉世家에 "與翟謀伐晉, 晉覺, 乃族縠"이라 함.

淸丘之盟, 晉以衛之救陳也, 討焉.
使人弗去, 曰:「罪無所歸, 將加而師.」
孔達曰:「苟利社稷, 請以我說, 罪我之由. 我則爲政, 而亢大國之討,
將以誰任? 我則死之.」

청구淸丘에서 맹약한 일에 따라 진晉나라는 위衛나라가 진陳나라를 구원
하였던 일을 성토하였다.
그 진나라 사신은 돌아가지도 않고 이렇게 말하였다.
"죄의 책임 소재가 밝혀지지 않는다면 우리 진晉나라는 장차 군사를
일으켜 공격할 것이오."
그러자 위나라 공달孔達이 말하였다.

“진실로 사직에 이로운 일이라면 청컨대 나에게 해명하도록 해 주시오.
그 죄는 나로 말미암아 생긴 것이오. 내가 나라의 정치를 맡았으니 대국
에게 성토를 내가 받아야지 그 책임을 누가 지겠소? 내가 죽겠소.”

【淸丘之盟】宣公 12년의 經文 및 傳文을 볼 것.
【孔達】衛나라 대부. 宣公 12년의 傳文에도 이미 자신이 책임을 지고 죽음을
　당하겠노라 하였음.
【尤】王念孫은 “尤, 當也. 言我寔掌衛國之政, 而當晉之討, 不得委罪於他人也”
　라 함.
【大國】晉나라를 가리킴.

128. 宣公 14年(B.C.595) 丙寅

周	定王(姬瑜) 12년	齊	頃公(無野) 4년	晉	景公(獳) 5년	衛	穆公(速) 5년
蔡	文公(申) 17년	鄭	襄公(堅) 10년	曹	文公(壽) 23년	陳	成公(午) 4년
杞	桓公(姑容) 42년	宋	文公(鮑) 16년	秦	桓公(榮) 10년	楚	莊王(旅) 19년
許	昭公(錫我) 27년						

✸ 868(宣 14-1)

十有四年春, 衛殺其大夫孔達.

14년 봄, 위衛나라가 그 대부 공달孔達을 죽였다.

【孔達】 衛나라 대부. 그가 죽음을 당하게 된 이유는 宣公 12년 및 앞장의 傳文을
볼 것.

㊀

十四年春, 孔達縊而死, 衛人以說于晉而免.
　遂告于諸侯曰:「寡君有不令之臣達, 構我敝邑于大國, 旣伏其罪矣.
敢告.」
　衛人以爲成勞, 復室其子, 使復其位.

14년 봄, 위衛나라 대부 공달孔達이 목을 매어 죽었으며, 위나라는 그의 죽음으로 진晉나라를 달래어 화를 면할 수 있었다.

드디어 위나라는 제후들에게 이렇게 알렸다.

"우리 임금께서 옳지 못한 신하가 공달이라는 자가 있어 우리나라가 대국 진나라와 불화를 일으키도록 만들었습니다. 그는 이미 죄에 대한 벌을 받았으니 이에 감히 알려드립니다."

그러나 위나라 사람들은 공달이 이루었던 노고를 생각하여 그의 아들에게 아내를 구해 장가를 들여 주고 그로 하여금 아버지의 직을 이어 받도록 하였다.

【成勞】공로를 이룸. 공달이 전에 위나라 成公을 도와 본국으로 들어가게 하였던 일을 말함.
【構我】《詩經》小雅 靑蠅에 "讒人罔極, 構我二人"이라 하였으며 孔穎達 疏에는 "構者, 構合兩端. 令二人彼此相嫌, 交更惑亂"이라 함.
【復室其子】장가를 보내어 집안을 복구하도록 함. 杜預 注에 "復以女妻之"라 하였고, 孔穎達 疏에는 "言衛侯以女妻之也"라 함. 그러나 孔穎達 疏에는 다시 劉炫의 말을 인용하여 "復室其子, 謂復以孔達財物家室還其子"라 하여 '몰수하였던 가재와 집을 다시 그의 아들에게 되돌려주었다'라는 뜻으로 보기도 하였음.

❋ 869(宣 14-2)

夏五月壬申, 曹伯壽卒.

여름 5월 임신날, 조백曹伯 수壽가 죽었다.

【壬申】5월 11일.
【壽】曹 文公의 이름. 共公(襄)의 뒤를 이어 B.C.617~595년까지 23년간 재위하고

이때에 생을 마침. 宣公(盧, 彊)이 그 뒤를 이음.《史記》曹世家에 "共公卒,
子文公壽立. 文公二十三年卒, 子宣公彊立"이라 하였고, 〈索隱〉에 "按《左傳》,
宣公名盧"라 함.
＊無傳

✿ 870(宣14-3)

晉侯伐鄭.

진후晉侯가 정鄭나라를 쳤다.

【晉侯】晉 景公(獳) 재위 5년째였음.

㉮

夏, 晉侯伐鄭, 爲邲故也.
告於諸侯, 蒐焉而還.
中行桓子之謀也, 曰:「示之以整, 使謀而來.」
鄭人懼, 使子張代子良于楚.
鄭伯如楚, 謀晉故也.
鄭以子良爲有禮, 故召之.

여름, 진晉 경공景公이 정鄭나라를 친 것은 필邲 땅에서 싸울 때 정나라가
초楚나라를 도왔었기 때문이었다.

진 경공은 그 사실을 제후들에게 알리고 군사 훈련을 하고 귀환하였
는데 이는 중항환자中行桓子의 모책이었다.

그때 그는 이렇게 말하였다.

"정나라에게 잘 정비된 우리의 군사를 보여주어 그들로 하여금 어떤

모책을 가지고 나오는지 지켜봅시다."

과연 정나라는 두려워하며 자장子張을 자량子良 대신 초나라에 인질로
보냈다.

정鄭 양공襄公도 초나라에 가서 진나라에 관해 모책을 세웠다.

정나라에서는 자량이 예를 갖추었다고 여겨 그 때문에 그를 불러들인
것이다.

【邲之故】宣公 12년을 볼 것. 杜預 注에 "晉敗於邲, 鄭遂屬楚"라 하였고,《史記》
　鄭世家에는 "襄公十年, 晉來伐鄭, 以其反晉而親楚也"라 하였으며 晉世家에는
　"景公五年, 伐鄭, 爲助楚故也"라 함.
【蒐】원래 천자의 봄 사냥으로 그 기회에 군사훈련을 겸하는 것. 여기서는 군사
　훈련을 뜻함.《司馬法》仁本篇에 "故國雖大, 好戰必亡; 天下雖安, 忘戰必危.
　天下旣平, 天下大愷, 春蒐秋獮; 諸侯春振旅, 秋治兵, 所以不忘戰也"라 함.
【中行桓子】荀林父를 가리킴.
【子張】杜預 注에 "穆公孫"이라 하였으며 襄公 22년에 보였던 公孫黑肱으로
　여겨짐. 자는 伯張.
【子良】鄭 穆公의 庶子. 이름은 去疾. 임금 자리를 공자 堅(襄公)에게 양보하였던
　인물. 宣公 12년 楚나라에 인질로 갔었음. 宣公 12년의 經文 및 傳文을 볼 것.
【鄭伯】鄭 襄公(堅). 당시 재위 10년째였음.
【有禮】子良이 襄公에게 왕위 자리를 양보하였었으므로 그의 인질 생활을 염려
　하여 불러들인 것임. 文公 4년 傳을 볼 것. 杜預 注에 "有讓國之禮"라 함.

✹ 871(宣 14-4)

秋九月, 楚子圍宋.

가을 9월, 초楚 장왕莊王이 송宋나라를 포위하였다.

【楚子】楚 莊王(旅,侶). 재위 19년째였음.

楚子使申舟聘于齊, 曰:「無假道于宋.」

亦使公子馮聘于晉, 不假道于鄭.

申舟以孟諸之役惡宋, 曰:「鄭昭・宋聾, 晉使不害, 我則必死.」

王曰:「殺女, 我伐之.」

見犀而行.

及宋, 宋人止之.

華元曰:「過我而不假道, 鄙我也. 鄙我, 亡也. 殺其使者, 必伐我. 伐我, 亦亡也. 亡一也.」

乃殺之.

楚子聞之, 投袂而起, 屨及於窒皇, 劍及於寢門之外, 車及于蒲胥之市.

秋九月, 楚子圍宋.

초楚 장왕莊王이 신주申舟로 하여금 제齊나라를 예방하도록 하면서 이렇게 말하였다.

"송宋나라를 지날 때 그들에게 길을 빌린다는 하지 말라."

그리고 공자 풍馮에게는 진晉나라를 예방케 하면서 정鄭나라를 지나면서 역시 길을 빌린다는 말을 하지 않도록 하였다.

신주는 맹제孟諸에서의 싸움으로 인해 송나라에게 미움을 받고 있었으므로 이렇게 말하였다.

"정나라는 사리에 밝고 송나라는 귀머거리 같은 나라입니다. 진나라로 가는 사신은 해코지를 당하지 않겠지만 저는 틀림없이 죽게 될 것입니다."

장왕이 말하였다.

"너를 죽인다면 내가 송나라를 칠 것이다."

신주는 그의 아들 서犀를 군주에게 인사를 시키고 떠났다.

신주가 송나라에 이르자 송나라 사람이 그를 억류하였다.

그러자 송나라 대부 화원華元이 이렇게 말하였다.

"우리 땅을 지나면서도 길을 빌린다는 인사를 하지 않는 것은 우리 나라를 그들의 영토로 여기는 것이다. 우리나라가 초나라의 땅이 된다면 우리는 망한 것이나 마찬가지다. 우리가 초나라의 사자를 죽인다면 초나라는 틀림없이 우리나라를 칠 것이다. 우리나라를 치면 우리는 역시 망하고 말 것이다. 망하기는 매한가지이다."

그리고는 신주를 죽였다.

장왕이 이를 듣고 그 자리에서 옷소매를 털고 일어나 달려 나가느라 신발은 궁전의 토방에서 신고 칼은 침문寢門 밖에서 찼으며 수레는 포서 蒲胥 거리에서 겨우 탔다.

이리하여 가을 9월, 장왕이 송나라를 포위하게 된 것이다.

【申舟】 楚나라 대부. 申之無畏. 申無畏. 文公 10년을 볼 것.

【無假道】 그 나라 영토를 지날 때는 반드시 길을 빌려 통과하겠다는 말을 하여 상대 나라를 존중해야 하나 그렇게 하지 않음으로써 의도적으로 事端을 일으 키려 한 것임.《儀禮》聘禮에 '過邦假道'의 예가 있음.

【公子馮】 楚나라 공자.

【孟諸之役】 文公 10년 楚 穆王(商臣)이 宋나라 孟諸에서 사냥을 할 때 申無畏가 송나라 임금의 신하를 명령을 어겼다는 이유로 심하게 학대하여 宋 昭公(杵臼) 에게 모욕을 준 일이 있음. 文公 10년 傳文을 볼 것.

【犀】 申犀. 申舟의 아들. 그를 莊王에게 인사를 시킴. 杜預 注에 "以子託王"이라 함.

【華元】 宋나라 대부 華御事의 아들.

【鄙我也】 우리를 자신의 영토로 여김. 鄙는 변방. 여기서는 그들의 영토로 삼을 것임을 말한 것.《呂氏春秋》行論篇에 "楚莊王使文無畏於齊, 過於宋, 不先假道, 還反. 華元言於宋昭公曰:「往不假道, 來不假道, 菜耳宋爲野鄙也.」"라 함.

【寢門】 正寢의 바깥문.

【窒皇】 궁전 앞에 흙으로 쌓은 곳. 토방. 顔師古 注에 "室無四壁曰皇"이라 함.

【蒲胥】 楚나라 도읍 거리.《呂氏春秋》에는 '蒲疏'로 되어 있음.

【衛宋】《史記》宋世家에 "文公十六年, 楚使過宋, 宋有前仇, 執楚使. 九月, 楚莊王 衛宋"이라 함.

● 872(宣14-5)

> 葬曹文公.

조曹 문공文公의 장례를 치렀다.

【曹文公】이름은 壽. 共公(襄)의 뒤를 이어 B.C.617~595년까지 23년간 재위하고
이때에 생을 마침. 宣公(盧, 彊)이 그 뒤를 이음.《史記》曹世家에 "共公卒,
子文公壽立. 文公二十三年卒, 子宣公彊立"이라 하였고,〈索隱〉에 "按《左傳》,
宣公名盧"라 함. 14년 앞의 문장을 참조.
＊無傳

● 873(宣14-6)

> 冬, 公孫歸父會齊侯于穀.

겨울, 공손귀보公孫歸父가 제후齊侯와 곡穀에서 만났다.

【公孫歸父】魯나라 대부. 東門襄仲(公子 遂)의 아들. 字는 子家. 지금의 河北 唐縣
출토의 '歸父敦'은 그가 만든 鑄物(鐘鼎遺物)임이 밝혀지기도 함.
【齊侯】당시 齊나라 군주는 頃公(無野)으로 재위 4년째였음.
【穀】지금의 山東 東阿縣.

㊀

冬, 公孫歸父會齊侯于穀, 見晏桓子, 與之言魯, 樂.
　桓子告高宣子曰:「子家其亡乎! 懷於魯矣. 懷必貪, 貪必謀人.
謀人, 人亦謀己. 一國謀之, 何以不亡?」

겨울, 노나라 대부 공손귀보公孫歸父가 곡穀에서 제齊 경공頃公을 만났을 때 제나라 대부 안환자晏桓子를 보자 그와 더불어 자신의 노나라 생활을 이야기하면서 즐겁게 여기고 있었다.

안환자는 고선자高宣子에게 이렇게 말하였다.

"자가子家(公孫歸父)는 망명하게 될 것입니다! 그리고 나서 노나라를 그리워하게 될 것입니다. 마음에 그토록 그리워하다 보면 틀림없이 탐욕을 부릴 것이요, 탐욕을 부리면 틀림없이 남을 모함하게 될 것입니다. 남을 모함하게 되면 그 사람도 역시 그를 모함하게 될 것입니다. 한 나라의 모든 사람들이 그를 없애려고 모의한다면 어찌 도망하지 않을 수 있겠습니까?"

【晏桓子】晏子(晏嬰)의 아버지. 晏嬰은 齊나라의 유명한 재상이었음. 晏은 읍 이름을 성씨로 삼은 것. 지금의 齊河縣 서북쪽 晏城.
【樂】魯나라에서 자신의 삶과 지위가 매우 즐거움을 뜻함.
【高宣子】齊나라 대부. 高固. 宣子의 시호.
【子家】公孫歸父의 자.
【亡】망명함. 도망함. 고국에서 쫓겨남. 宣公 18년에 결국 그는 齊나라로 도망하고 말았음. 杜預 注에 "爲十八年歸父奔齊傳"이라 함.

㊀

孟獻子言於公曰:「臣聞小國之免於大國也, 聘而獻物, 於是有庭實旅百; 朝而獻功, 於是有容貌采章, 嘉淑而有加貨, 謀其不免也. 誅而薦賄, 則無及也. 今楚在宋, 君其圖之!」

公說.

맹헌자孟獻子가 선공에게 말하였다.

"제가 듣기로 작은 나라가 큰 나라로부터 화를 면하려면, 빙문하여 예물을 바치되 이 경우에 뜰에 가득 차도록 많은 물건을 보내야 한다고 합니다. 그리고 천자를 찾아뵙고 국내 사정을 보고하되 이때는 몸에 붙이는 장식과 옷, 깃발들을 꾸미고, 좋고 아름다운 물건에 재화를 더하여 바쳐야 한다고 합니다. 이는 화를 면하지 못할 경우를 대비하여 미리 모책을 세우는 것입니다. 이미 주벌誅伐을 받는 중에 이러한 물건을 바친다면 그때는 이미 늦은 것입니다. 지금 초楚나라 임금이 송宋나라에 와 있으니 임금께서는 잘 헤아려보시기 바랍니다!"

　선공은 매우 기꺼워하였다.

【孟獻子】魯나라 대부 仲孫蔑. 文公 15년을 볼 것.

【獻物】孔穎達 疏에 "臣聞小國之免罪於大國也, 使卿往聘大國, 而獻其玉帛皮幣之物"이라 함.

【庭實旅百】'旅'는 '늘어놓다'의 뜻. 뜰 안에 여러 물건을 늘어놓음.

【朝而獻功】작은 나라의 군주가 큰 나라를 찾아가 자기 나라 사정을 보고함.

【采章】몸에 붙이는 장식을 꾸밈.

【嘉淑】좋고 아름다운 물건.

【加貨】재화를 더 붙임.

【無及】杜預 注에 "薦, 進也. 見責而往, 則不足解罪"라 함.

129. 宣公 15年(B.C.594) 丁卯

周	定王(姬瑜) 13년	齊	頃公(無野) 5년	晉	景公(獳) 6년	衛	穆公(遫) 6년
蔡	文公(申) 18년	鄭	襄公(堅) 11년	曹	宣公(廬) 원년	陳	成公(午) 5년
杞	桓公(姑容) 43년	宋	文公(鮑) 17년	秦	桓公(榮) 11년	楚	莊王(旅) 20년
許	昭公(錫我) 28년						

❋ 874(宣15-1)

十有五年春, 公孫歸父會楚子于宋.

15년 봄, 공손귀보公孫歸父가 송宋나라에서 초楚 장왕莊王을 만났다.

【公孫歸父】魯나라 대부. 東門襄仲(公子遂)의 아들. 字는 子家. 지금의 河北 唐縣
출토의 '歸父敦'은 그가 만든 鑄物(鐘鼎遺物)임이 밝혀지기도 함.
【楚子】楚 莊王.

㊀

十五年春, 公孫歸父會楚子于宋.

15년 봄, 노나라 대부 공손귀보公孫歸父가 초楚 장왕莊王을 송宋나라에서
만났다.

ⓐ

宋人使樂嬰齊告急于晉, 晉侯欲救之.

伯宗曰:「不可. 古人有言曰:『雖鞭之長, 不及馬腹.』天方授楚, 未可與爭. 雖晉之彊, 能違天乎? 諺曰:『高下在心.』川澤納汙, 山藪藏疾, 瑾瑜匿瑕, 國君含垢, 天之道也. 君其待之!」

乃止.

使解揚如宋, 使無降楚, 曰:「晉師悉起, 將至矣.」

鄭人囚而獻諸楚.

楚子厚賂之, 使反其言.

不許, 三而許之.

登諸樓車, 使呼宋人而告之.

遂致其君命.

楚子將殺之, 使與之言曰:「爾旣許不穀, 而反之, 何故? 非我無信, 女則弃之. 速卽爾刑!」

對曰:「臣聞之: 君能制命爲義, 臣能承命爲信, 信載義而行之爲利. 謀不失利, 以衛社稷, 民之主也. 義無二信, 信無二命. 君之賂臣, 不知命也. 受命以出, 有死無霣, 又可賂乎? 臣之許君, 以成命也. 死而成命, 臣之祿也. 寡君有信臣, 下臣獲考死, 又何求?」

楚子舍之以歸.

　　송宋나라가 악영제樂嬰齊로 하여금 급한 사정을 진晉나라에게 알리도록 하자 진晉 경공景公이 송나라를 구원해 주고자 하였다.

　　그러자 백종伯宗이 말하였다.

　　"안 됩니다. 옛 사람의 말에 '채찍이 비록 길다 할지라도 말의 배에까지는 미치지 않는다'라 하였습니다. 지금은 하늘이 초나라에게 복을 내리고 있는 때이니 아직 초나라와 다툴 시기는 아닙니다. 진나라가 비록 강하다고는 할지라도 하늘의 뜻을 거스를 수가 있겠습니까? 속담에 '상황에 따라 높낮이를 조절하는 것은 그의 마음에 달려있다'라 하였습니다. 하천과 연못은 더러운 것을 받아들이고, 산이나 숲은 독벌레를 품고 있으며,

훌륭한 옥은 흠을 지니고 있고, 나라의 임금도 수치를 참아야 하는 것은 천도天道입니다. 임금께서는 좀 더 기다려 주십시오!"

이에 그만두었다.

그리고 해양解揚을 송나라로 보내어 초楚나라에게 항복하지 말도록 하며 이렇게 전하도록 하였다.

"진나라 군사를 모두 모아 장차 곧 다다를 것입니다."

그런데 정鄭나라에서 도중에서 그를 붙잡아 초나라에 바쳤다.

초楚 장왕莊王은 해양에게 많은 뇌물을 주면서 그 말을 반대로 하도록 하였다.

해양은 거부하다가 세 차례 권유를 받고서야 응낙하였다.

장왕은 그를 누거樓車에 올라가 송나라 사람들을 향해 자신이 시킨 대로 소리쳐 말하도록 하였다.

그러자 해양은 진나라 군주가 처음에 명한 대로 말하고 말았다.

장왕이 그를 죽이려고 사람을 시켜 해양에게 이렇게 말하도록 하였다.

"너는 이미 나에게 복종하겠노라 해놓고 거꾸로 말을 하였으니 무슨 이유냐? 내가 신의가 없는 것이 아니라 네가 신의를 저버린 것이다. 너는 빨리 속히 형벌을 받도록 하라!"

해양은 이렇게 대답하였다.

"제가 듣기로 군주가 능히 올바른 명령을 내리는 것을 의義라 하고, 신하가 군주의 명령을 잘 받드는 것을 신信이라 하며, 신信이란 의義를 준수하면서 실행하는 것을 이利라 한다 하였습니다. 모책을 세우면서 이利를 잃지 아니하여 나라의 사직을 보위하여야만 백성의 주인이 되는 것입니다. 그런데 두 가지 상반된 신信을 지키라고 명하는 경우란 없고, 신信을 지키는 신하는 두 가지 명을 받드는 경우란 없는 법입니다. 임금께서 저에게 뇌물을 주신 것은 올바른 명령을 내리는 원칙을 모르셨던 것입니다. 저는 일단 우리 임금의 명령을 받고 출국하였으니 죽어도 그 명령을 버리는 짓은 없을 것인데 또 어찌 뇌물을 받을 수 있겠습니까? 제가 그대의 명령을 따른 것은 그렇게 함으로써 저희 군주의 명을 완수하기 위한 것이었습니다. 죽음으로써 우리 임금의 명령을 완수하게 되었으니 저로서는 복을 받은

셈입니다. 우리 임금께는 신信을 지키는 신하가 있고 그러한 저는 할 일을
마쳤으니 다시 또 무엇을 바라겠습니까?"
　장왕은 그를 풀어 돌려보내 주었다.

【樂嬰齊】宋나라 대부.
【伯宗】晉나라 대부.《國語》韋劭 注에 "伯宗, 晉大夫孫伯糾之子"라 함.
【雖鞭之長, 不及馬腹】晉나라가 강하다 할지라도 힘이 미치지 않는 초나라를
　칠 수는 없음을 비유한 말.
【高下在心】일을 당하였을 때 자기 몸가짐을 어떻게 하느냐는 그 자신의 마음에
　달려있다는 것.
【山藪】藪澤.《禮記》月令篇「山林水澤」의 疏에 "無水之處謂之藪"라 함.
【瑾瑜匿瑕】아무리 훌륭한 옥이라도 흠을 지니고 있음.
【解揚】晉나라 대부. 자는 子虎. 文公 8년을 볼 것. 霍虎로도 불림.
【樓車】적의 사정을 망보기 위해 위에 다시 樓를 설치한 수레. 일명 '巢車'라고도 함.
【遂致君命】解揚이 楚 莊王의 말을 어기고 晉 景公의 명령을 외침.《史記》
　鄭世家와《說苑》奉使篇에 "楚莊王擧兵伐宋, 宋告急, 晉景公欲發兵救宋. 伯宗
　諫曰:「天方開楚, 未可伐也.」乃求壯士, 得霍人解揚, 字子虎, 往命宋毋降, 道過鄭,
　鄭新與楚親, 乃執解揚而獻之楚. 楚王厚賜與約, 使反其言, 令宋趣降, 三要, 解揚
　乃許. 於是楚乘揚以樓車, 令呼宋使降, 遂倍楚約而致其晉君命曰:「晉方悉國兵
　以救宋, 宋雖急, 愼毋降楚, 晉兵今至矣.」楚莊王大怒, 將烹之, 解揚曰:「君能制
　命爲義, 臣能承命爲信, 受吾君命以出, 雖死無二.」王曰:「汝之許我, 已而倍之,
　其信安在?」解揚曰:「死以許王, 欲以成吾君命, 臣不恨也.」顧謂楚君曰:「爲人臣,
　無忘盡忠, 而得死者.」楚王諸弟皆諫王赦之. 於是莊王卒赦解揚而歸之. 晉爵之
　爲上卿. 故後世言霍虎"라 함.
【不穀】왕이 자신을 낮추어 부르는 말.
【不知命也】올바른 명령을 내릴 줄 모름.
【獲考】그 죽을 자리의 명분에 맞게 죽음을 말함.
【舍之以歸】'舍'는 '捨', '赦'와 같음.《史記》鄭世家에 "楚王諸弟皆諫王赦之, 於是
　赦解揚使歸. 晉爵之爲上卿"이라 함.

※ 875(宣 15-2)

夏五月, 宋人及楚人平.

여름 5월, 송宋나라가 초楚나라와 화친을 맺었다.

【平】 맹약을 맺은 것. 孔穎達 疏에 "傳載盟辭, 則此平有盟. 不書盟者, 〈釋例〉
曰:「宋人及楚人平, 實盟書平, 從赴辭也.」"라 함.

㉯

夏五月, 楚師將去宋, 申犀稽首於王之馬前曰:「毋畏知死而不敢
廢王命, 王弃言焉?」
王不能答.
申叔時僕, 曰:「築室, 反耕者, 宋必聽命.」
從之.
宋人懼, 使華元夜入楚師, 登子反之牀, 起之, 曰:「寡君使元以病告.
曰:『敝邑易子而食, 析骸以爨. 雖然, 城下之盟, 有以國斃, 不能從也.
去我三十里, 唯命是聽.』」
子反懼, 與之盟, 而告王.
退三十里, 宋及楚平.
華元爲質. 盟曰:「我無爾詐, 爾無我虞.」

여름 5월, 초楚나라 군사가 장차 송宋나라에서 떠나려 할 때 신서申犀가
초 장왕莊王의 말 앞에서 머리를 조아리며 말하였다.
"저의 아버지 무외毋畏께서는 죽을 것을 알면서도 감히 대왕의 명령을
저버리지 않았습니다. 그런데 대왕께서는 그때에 약속하신 말씀을 버리
시는 것입니까?"
장왕은 이 말에 답을 할 수가 없었다.

이때 신숙시申叔時가 초왕의 말을 몰고 있다가 이렇게 말하였다.

"집을 짓고 농사짓는 자를 돌려보내면 송나라는 틀림없이 우리 명령을 들을 것입니다."

장왕은 그의 말을 따랐다.

송나라가 두려워 화원華元을 시켜 밤에 초나라 진영으로 들여보내자, 화원은 초나라 자반子反의 침대 위로 올라가 자반을 깨워 일으키며 이렇게 말하였다.

"우리 군주께서 나로 하여금 우리 송나라의 괴로운 사정을 말씀드리게 하셨습니다. '우리나라 사람들은 지금 자식을 서로 바꾸어 잡아먹고 죽은 사람의 뼈를 쪼개어 장작으로 삼아 밥을 지어먹고 있습니다. 비록 그렇기는 하지만 우리가 성하지맹城下之盟을 맺느니 차라리 나라가 망할지언정 따를 수 없습니다. 그대들이 우리로부터 30리를 물러난다면 그때는 초나라의 명령을 듣겠노라'고 말입니다."

자반은 두려워 그렇게 하기로 약속을 하고 이를 장왕에게 알렸다.

초나라 군사가 30리를 물러서자 송나라는 초나라와 화친을 성사시켰다.

화원은 인질이 되어 이렇게 맹약을 맺었다.

"우리는 당신 나라를 속이지 않을 것이니 당신 나라도 우리나라를 속이지 않도록 하라."

【申犀】 申舟의 아들. 宣公 14년 傳文을 볼 것. 아버지 申舟가 楚 莊王의 심부름을 가면서 자신은 죽을 것임을 알고 아들을 부탁하였었음.

【毋畏】 '毋'는 '無'와 같음. 申犀의 아버지 申舟의 이름. 楚나라 대부. 申之無畏. 申無畏. 文公 10년 및 宣公 14년의 傳文을 볼 것.

【王弃言焉】 당시 장왕이 아버지 申舟와의 약속에 "만약 그대가 죽음을 당하면 내 송나라를 쳐서 없애리라"라 하였음에도 지금 송나라를 살려둔 채 물러나는 것에 대해 아들 申犀가 못마땅히 여긴 것임. 杜預 注에 "未服宋而去, 故曰弃言"이라 함.

【申叔時】 楚나라 대부. 楚 莊王의 마부. 申叔跪의 아버지.

【築室反耕者】 집을 짓고 물러나 경작함. 이는 포위를 장기화하여 지구전을 펼

것임을 송나라가 알도록 하여 겁을 먹고 평화 조약에 임하도록 유도하기 위한 책략임.《晉書》慕容儁傳에 "彼我勢均, 且有强援, 當羈縻守之, 以待其斃. 乃築室反耕, 嚴固圍壘"라 함.

【華元】宋나라 대부.

【子反】楚나라 공자 側. 子反은 그의 字. 당시 司馬 벼슬에 있었음. 成公 2년의 傳을 볼 것.

【析骸以爨】땔감이 없어 죽은 이의 뼈를 장작으로 삼아 밥을 지어 먹음. '爨'은 '찬'으로 읽음.

【城下之盟】성 아래의 맹약. 아주 치욕적인 굴복으로 여겼음.

【三十里】一舍의 거리. 삼십 리는 일사라 하며 고대 군사가 하루 행군하는 거리를 뜻함. 華元은 楚나라가 이렇게 一舍의 거리쯤 물러나주면 송나라가 화해를 맺을 수 있는 명분을 얻게 됨을 子反에게 알려준 것임.

【虞】'속이다, 해코지하다'의 뜻. 이상의 고사는《韓詩外傳》(2)과《呂氏春秋》(行論篇)에도 실려 있음.

✹ 876(宣 15-3)

六月癸卯, 晉帥滅赤狄潞氏, 以潞子嬰兒歸.

6월 계묘날, 진晉나라 군사가 적적赤狄의 노潞나라를 멸망시키고 노나라 군주 영아嬰兒를 데리고 돌아갔다.

【癸卯】6월 18일.

【赤狄】春秋時代 狄族은 白狄, 赤狄 등으로 나누었으며 潞氏, 甲氏, 留吁, 鐸辰 등은 赤狄의 나라였음. 赤狄은 주로 지금의 山西 長治縣 서쪽에 분포하였음.

【潞氏】赤狄 중 가장 큰 세력의 하나.《彙纂》에 "在今山西潞城縣東北四十里, 有古潞城"이라 함.

【潞子嬰兒】潞나라 군주의 嬰兒. 嬰兒는 그의 이름.

傳

潞子嬰兒之夫人, 晉景公之姊也.

酆舒爲政而殺之, 又傷潞子之目.

晉侯將伐之.

諸大夫皆曰:「不可. 酆舒有三儁才, 不如待後之人.」

伯宗曰:「必伐之. 狄有五罪, 儁才雖多, 何補焉? 不祀, 一也. 耆酒, 二也. 弃仲章而奪黎氏地, 三也. 虐我伯姬, 四也. 傷其君目, 五也. 怙其儁才, 而不以茂德, 玆益罪也. 後之人或者將敬奉德義以事神人, 而申固其命, 若之何待之? 不討有罪, 曰『將待後』, 後有辭而討焉, 毋乃不可乎? 夫恃才與衆, 亡之道也. 商紂由之, 故滅. 天反時爲災, 地反物爲妖, 民反德爲亂. 亂則妖災生. 故文, 反正爲乏. 盡在狄矣.」

晉侯從之.

六月癸卯, 晉荀林父敗赤狄于曲梁, 辛亥, 滅潞.

酆舒奔衞, 衞人歸諸晉, 晉人殺之.

노潞나라 군주 영아嬰兒의 부인은 진晉나라 경공景公의 누나였다.

그런데 풍서酆舒가 정권을 장악하게 되자 그녀를 죽이고 또 군주의 눈을 상하게 하였다.

그리하여 경공이 장차 이를 칠 참이었다.

그때 여러 대부들이 모두 이렇게 말하였다.

"안 됩니다. 풍서에게는 세 가지 뛰어난 재주가 있으니 그 후임자가 나오기를 기다리느니만 못합니다."

그러자 백종伯宗이 이렇게 말하였다.

"반드시 쳐야 합니다. 그들에게는 다섯 가지 죄가 있으니 뛰어난 재주가 있다 할지라도 그것이 어떻게 죄를 보상할 수 있겠습니까? 조상의 제사를 지내지 않는 것이 첫 번째 죄요, 술을 좋아함이 그 두 번째 죄이며, 중장仲章 같은 어진 사람을 쓰지 않고 여黎나라 땅을 뺏은 일이 세 번째이고, 우리의 백희伯姬를 학살한 일이 네 번째이며, 그 군주의 눈을 상하게 한 일이 다섯 번째 죄입니다. 그는 뛰어난 재주를 믿고 덕을 닦는 일에는 힘쓰지 않아 더욱 그 죄를 키우고 있습니다. 그의 후임자가 혹시나 덕과 도의를 공경스럽게 존중하고 신神을 섬기며, 백성에게 정령을 견고하게 펴나갈 수도 있습니다. 이렇게 된다면 어떻게 그를 기다려서 될 수가 있겠습니까? 죄가 있는 자를 치지 않고, '그 후임자가 나올 때까지 기다리자'라고 하지만 그 후임자가 좋은 말로 구실삼아 변명해 올 때 그를 친다면 불가한 일이 아니겠습니까? 재주와 무리를 믿는 것은 나라를 망치는 길입니다. 상商(殷)나라 주왕紂王은 그런 짓을 하였기에 망한 것입니다. 하늘은 때를 어기면 재해를 내리고, 땅은 만물이 본성을 거역하면 요망한 일을 내리고, 백성들이 덕을 어기면 난을 일으키게 되는 것입니다. 난이 일어나면 요망한 일과 재해를 낳게 하는 것입니다. 그러므로 글자에 있어서도 '正'(정)자를 뒤집으면 '乏'(핍)자가 되는 것입니다. 이러한 죄악이 저 적인들에게 모두 있습니다."

경공은 그의 말을 따랐다.

6월 계묘날, 진나라의 순림보荀林父가 적적을 곡량曲梁에서 패배시키고, 신해날 노潞나라를 멸망시켰다.

풍서는 위衛나라로 달아났으나 위나라 사람이 그를 진나라에 넘겨주었고, 진나라에서는 그를 죽여버렸다.

【景公】晉나라 군주. 이름은 獳. 成公(黑臀)의 뒤를 이어 B.C.599∼581년까지 19년간 재위하였으며 厲公(州蒲)이 뒤를 이음.

【酆舒】潞나라 대부.

【儁才】아주 뛰어난 재주. 세 가지 재우에 대해 孔穎達 疏에는 "有三儁才, 知其有才藝勝人者三事耳, 不知三者何事也"라 함.

【仲章】潞나라의 賢人.

【黎氏】원래 殷나라 때부터 있어온 古國. 侯爵.《彙纂》에 "在今山西長治縣西三十里, 黎侯亭是也"라 함.

【伯姬】晉 景公의 누나. 潞子의 아내.

【神人】신과 군주.

【申固其命】政令을 잘 펴서 견고하게 다스림.

【後有辭】후임자가 덕이 있어 좋은 말로 구실 삼아 둘러댐.

【商紂】商(殷)의 마지막 군주 紂. 惡行을 저지르다 周 武王에게 망함.
【反正爲乏】당시 篆書를 사용하였으며 小篆에는 이 글자의 형태가 서로 상반
  되게 모양을 이루고 있음. 따라서 '정당한 것을 거역하면 도리어 궁핍한 경우를
  만나게 되다'의 뜻으로 비유한 것임.
【癸卯】6월 18일.
【荀林父】荀伯. 中行桓子. 中行伯. 中行軍의 장수가 되어 이를 성씨로 삼았으며
  뒤에 晉 六卿의 하나인 중항씨(中行氏)의 선조가 됨.
【曲梁】'石梁'으로도 부르며 지금의 山西 潞城縣 북쪽 땅.《一統志》에 "石梁在
  潞城縣西北四十里, 卽荀林父戌赤狄處"라 함.
【辛亥】6월 26일. 經에는 '癸卯'로 되어 있으며 이는 보고를 받은 날을 적은 것임.

✸ 877(宣 15-4)

秦人伐晉.

진秦나라가 진晉나라를 쳤다.

✸ 878(宣 15-5)

王札子殺召伯·伯毛.

왕찰자王札子가 소백召伯과 모백毛伯을 죽였다.

【王札子】王子 捷. 周나라 王子.
【召伯】召戴公. 역시 周나라 왕실의 경사.
【毛伯】역시 주나라 왕실의 경사로 이름은 衛.

㊉

王孫蘇與召氏·毛氏爭政, 使王子捷殺召戴公及毛伯衛, 卒立召襄.

　　왕손소王孫蘇가 소씨召氏, 모씨毛氏와 정권을 다투게 되어 왕손소가 왕자
첩捷으로 하여금 소대공召戴公과 모백위毛伯衛를 죽이도록 하고 마침내
소양召襄을 세웠다.

【王孫蘇】周나라 왕실의 경사.
【王子捷】주나라 왕자. 杜預 注에 "王子捷, 卽王札子"라 함.
【召襄】召戴公의 아들. 이름이 襄이었음. 杜預 注에 "襄, 召戴公之子"라 함.

㊉

秋七月, 秦桓公伐晉, 次于輔氏.
壬午, 晉侯治兵于稷, 以略狄土, 立黎侯而還.
及雒, 魏顆敗秦師于輔氏, 獲杜回, 秦之力人也.
初, 魏武子有嬖妾, 無子.
武子疾, 命顆曰:「必嫁是.」
疾病, 則曰:「必以爲殉!」
及卒, 顆嫁之, 曰:「疾病則亂, 吾從其治也.」
及輔氏之役, 顆見老人結草以亢杜回.
杜回躓而顛, 故獲之.
夜夢之曰:「余, 而所嫁婦人之父也. 爾用先人之治命, 余是以報.」

　　가을 7월, 진秦 환공桓公이 진晉나라를 쳐 보씨輔氏 땅에 군사를 머무르게
하였다.
　　임오날, 진晉 경공景公이 직稷 땅에서 군사를 정돈하여 적狄 땅을 공략
하고 여黎나라 군주를 복위시키고 돌아갔다.
　　낙雒 땅에 이르러 진晉나라 장수 위과魏顆가 진秦나라 군사를 보씨

땅에서 패배시키고 두회杜回를 사로잡았는데 그는 진秦나라 역사力士였다.

당초, 위무자魏武子에게 애첩이 있었는데 그는 아들을 낳지 못하였다.

무자가 병들어 눕게 되자 아들 위과에게 이렇게 명하였다.

"내가 죽으면 이 여자를 재가시켜라."

그런데 그의 병이 위독하게 되자 그는 아들에게 말을 바꾸어 다시 말하였다.

"이 여자를 나와 함께 순장하라!"

위무자가 죽자 위과는 그 여자를 재가시키면서 이렇게 말하였다.

"병이 위독해지면 정신이 혼란스러워진다. 나는 아버지가 정신이 맑았을 때에 하신 말씀을 따른 것이다."

위과가 보씨 땅에서 싸울 때 그는 한 노인이 풀을 엮어서 두회를 막고 있는 것을 보았다.

두회가 그 엮은 풀에 걸려 넘어져 그 때문에 그를 사로잡을 수 있었던 것이다.

그날 저녁 위과의 꿈에 노인이 나타나 이렇게 말하는 것이었다.

"나는 그대가 재가시킨 여자의 아비다. 그대가 그대의 아버지가 정신이 맑았을 때의 명에 따라주었기에 내 이로써 보답한 것이다."

【秦桓公】 榮. 共公(稻)을 이어 B.C.604~577년까지 재위하였으며 景公이 뒤를 이음.

【次】 군사가 주둔함을 뜻함. 莊公 3년 傳에 "凡師, 一宿爲舍, 再宿爲信, 過信爲次"라 함.

【輔氏】 晉나라 지명. 지금의 陝西 朝邑縣(지금은 大荔縣으로 바뀜) 서북쪽. 《一統志》에 "今陝西朝邑縣西北十三里, 有輔氏城"이라 함.

【壬午】 7월 29일.

【晉侯】 晉 景公(獳).

【稷】 晉나라 지명. 지금의 山西 稷山縣 남쪽. 《彙纂》에 "今山西稷山縣南五十里, 有稷神山, 山下有稷亭, 卽晉侯治兵處"라 함.

【黎侯】 黎나라 군주. 侯爵. 赤狄 潞나라에 의해 망한 것을 다시 세워줌. 宣公 15년의 傳文 및 昭公 4년 傳文을 볼 것.

【雒】晉나라 지명. ‘洛’으로도 표기하며 洛水의 이름이 여기에서 유래되었다 함.
《一統志》에 “在今陝西北部, 有朝邑縣南入渭”라 함.
【魏顆】晉나라 대부. 魏武子의 아들.
【杜回】秦나라 力士.
【魏武子】魏犫. 晉나라 대부. 武子는 시호. 魏顆의 아버지. 그 후손이 뒤에 晉
　六卿이 되며 戰國시대 戰國七雄의 하나인 魏나라를 일으킴.
【疾病】병세가 위독함.
【治】병이 중하지 않아 정신이 맑아짐.
【結草】풀을 엮어 이에 걸려 넘어지게 함. ‘結草報恩’의 고사 원전임.《國語》
　晉語(7)에도 실려 있음.
【亢】‘抗’과 같음. ‘막다, 대항하다’의 뜻.《廣雅》釋詁에 “亢, 遮也”라 하였고,
　杜預 注에는 “亢, 禦也”라 함.
【以報】《國語》晉語(7)에 “昔克潞之役, 秦來圖敗晉功, 魏顆以其身却退秦師於
　輔氏, 親止杜回, 其勳銘於景鍾”이라 함.

✸ 879(宣 15-6)

秋, 螽.

가을, 메뚜기 떼가 일어났다.

【螽】蝗蟲. 메뚜기 떼로 농작물을 한꺼번에 갉아먹어 재해를 일으킴.
　＊無傳

✸ 880(宣 15-7)

仲孫蔑會齊高固于無婁.

중손멸仲孫蔑이 제齊나라 고고高固를 무루無婁에서 만났다.

【仲孫蔑】孟獻子. 魯나라 대부. 孟文伯(穀)의 아들이며 公孫敖의 손자. 魯나라
   門閥.
【高固】齊나라 대부. 高宣子로도 부름. 高氏는 國氏와 함께 제나라 大姓이었음.
【無婁】杞나라의 지명.《公羊傳》에는 '牟婁'로 되어 있으나 隱公 4년의 牟婁와는
   다른 곳으로 보임.
＊無傳

㊝

晉侯賞桓子狄臣千室, 亦賞士伯以瓜衍之縣, 曰:「吾獲狄土, 子之
功也. 微子, 吾喪伯氏矣.」
   羊舌職說是賞也, 曰:「〈周書〉所謂『庸庸祗祗』者, 謂此物也夫.
士伯庸中行伯, 君信之, 亦庸士伯, 此之謂明德矣. 文王所以造周,
不是過也. 故《詩》曰『陳錫哉周』, 能施也. 率是道也, 其何不濟?」

   진晉 경공景公이 환자桓子에게 적狄나라 신하가 가지고 있던 1천 호戶의
땅을 상으로 주고, 대부 사백士伯에게도 과연瓜衍 현縣을 상으로 주며
이렇게 말하였다.
   "내가 적 땅을 얻게 된 것은 그대의 공입니다. 그대가 없었더라면 나는
백씨伯氏를 잃을 뻔하였소."
   대부 양설직羊舌職이 이렇게 상을 내린 일을 기뻐하며 말하였다.
   "〈주서周書〉에 '써야 할 사람을 쓰고, 삼가야 할 일은 삼간다'라 하였으니
바로 이러한 땅을 두고 말한 것이다. 사백이 중항백中行伯을 등용시키도록
추천하자 임금께서는 그의 말을 믿었고 사백도 함께 등용하셨으니 이를
일러 밝은 덕이라 하는 것이다. 주 문왕文王께서 주나라를 창건하신 방법도
이를 벗어나지 않았다. 그러므로 《시》에 '널리 이익을 베풀어 주나라를
건설하였다'라고 하였으니 이는 능히 혜택을 베풀었음을 말하는 것이다.
이 길을 따른다면 무엇인들 이루지 못하겠는가?"

【桓子】荀林父. 荀伯. 伯氏. 中行桓子. 中行伯. 中行軍의 장수가 되어 이를 성씨로 삼았으며 뒤에 晉 六卿의 하나인 중항씨(中行氏)의 선조가 됨.

【千室】1천 戶의 토지.

【士伯】士貞子. 士渥濁. 역시 晉나라 대부.

【瓜衍】지금의 山西 孝義縣 북쪽 지방.《彙纂》에 "今山西孝義縣北十里之瓜城"이라 함.

【吾喪伯氏矣】邲 땅에서의 싸움에서 지고 나서 荀林父가 책임지고 죽겠다고 하였을 때 晉 景公이 죽음을 허락하려고 하였던 일을 가리킴. 宣公 12년의 傳文을 볼 것.

【羊舌職】叔向의 아버지.

【周書】《尙書》周書 康誥篇에 "王若曰:「孟侯·朕其弟, 小子封! 惟乃丕顯考文王, 克明德愼罰. 不敢侮鰥寡, 庸庸祗祗, 威威顯民. 用肇造我區夏, 越我一二邦以修, 我西土惟時怙冒, 聞于上帝, 帝休, 天乃大命文王, 殪戎殷, 誕受厥命, 越厥邦厥民惟時敍. 乃寡兄勖, 肆汝小子封, 在玆東土.」"라 함.

【士伯庸中行伯】士伯(士渥濁)이 荀林父를 등용하도록 추천함. '庸'은 '用'과 같음.

【文王】周 文王(姬昌). 武王(姬發)의 아버지. 덕으로써 널리 베풀어 周나라를 일으킴.

【詩】《詩經》大雅 文王篇에 "文王在上, 於昭于天. 周雖舊邦, 其命維新. 有周不顯, 帝命不時. 文王陟降, 在帝左右. 亹亹文王, 令聞不已. 陳錫哉周, 侯文王孫子. 文王孫子, 本支百世. 凡周之士, 不顯亦世"라 함.

㊙

晉侯使趙同獻狄俘于周, 不敬.

劉康公曰:「不及十年, 原叔必有大咎. 天奪之魄矣.」

　　진晉 경공景公이 대부 조동趙同으로 하여금 적狄의 포로들을 주周나라 천자에게 바치도록 하였는데 조동의 태도가 공손하지 못하였다.

　　이를 보고 유강공劉康公이 말하였다.

　　"10년이 되기 전에, 원숙原叔에게는 반드시 큰 재앙이 있을 것이다. 하늘이 그의 혼백을 빼앗아버릴 것이다."

【趙同】 晉나라 대부. 原叔.
【劉康公】 周나라 卿土. 王季子.
【大咎】 죽음에 이르는 큰 재앙. 成公 8년 晉나라는 趙同을 죽임. 杜預 注에 "爲成
八年晉殺趙同傳"이라 함.

❀ 881(宣15-8)

初稅畝.

처음으로 무畝에 세금을 매겼다.

【畝】 토지 면적의 단위.

㊵

初稅畝, 非禮也.
穀出不過藉, 以豐財也.

백성들의 사전私田에 처음으로 세稅를 부과한 것은 예에 어긋난 일이었다.
나라에 세곡稅穀을 내는 것은 공전公田을 경작하여 얻은 것을 초과
해서는 안 된다. 그래야 백성들의 재산을 풍부하게 할 수 있는 것이다.

【穀出】 세를 곡물로 부과함.
【藉】 백성들의 힘으로 公田을 경작함. 井田法에서 여덟 가구가 공동으로 경작한
　　가운데의 땅으로 여기서 나는 소출은 모두 나라에 바침.《國語》魯語(下)에
　　"宣王制土, 藉田以力"이라 함.

❈ 882(宣15-9)

　冬, 螽生.

　겨울, 메뚜기 새끼가 나왔다.

　【螽】 메뚜기의 어린 유충. 飛蝗의 幼蟲.

❈ 883(宣15-10)

　饑.

　기근이 들었다.

　㉆
　冬, 螽生, 饑. 幸之也.

　겨울에 메뚜기 새끼들이 나타나고 기근이 들었음을 기록한 것은 다행
으로 여겼기 때문이다.

　【螽】 메뚜기의 일종이라 함.
　【幸】 메뚜기 새끼가 다행히 겨울에 생겨 성충으로 인한 피해가 없었고, 기근
　　또한 큰 재해로 번지지 않아 다행이었음을 말한 것이라 하였음. 杜預 注에
　　"螽未爲災, 而書之者, 幸其冬生, 不爲物害"라 하였으며,《公羊傳》에도 "螽生不書.
　　此何爲書? 幸之也"라 함.

130. 宣公 16年(B.C.593) 戊辰

周	定王(姬瑜) 14년	齊	頃公(無野) 6년	晉	景公(獳) 7년	衛	穆公(速) 7년
蔡	文公(申) 19년	鄭	襄公(堅) 12년	曹	宣公(廬) 2년	陳	成公(午) 6년
杞	桓公(姑容) 44년	宋	文公(鮑) 18년	秦	桓公(榮) 12년	楚	莊王(旅) 21년
許	昭公(錫我) 29년						

❈ 884(宣16-1)

十有六年春王正月, 晉人滅赤狄甲氏留吁.

16년 봄 주력 정월, 진晉나라가 적적赤狄의 갑씨甲氏와 유우留吁를 멸망시켰다.

【赤狄】春秋時代 狄族은 白狄, 赤狄 등으로 나누었으며 潞氏, 甲氏, 留吁, 鐸辰 등은 赤狄의 나라였음. 赤狄은 주로 지금의 山西 長治縣 서쪽에 분포하였음. 杜預 注에 "甲氏·留吁, 赤狄別種. 晉旣滅潞氏, 今又幷盡其餘黨"이라 함.
【甲氏】지금의 山西 長子縣 동남쪽에 있었음.
【留吁】지금의 山西 長治縣 부근이었으며 鐸辰과 가까이 있었음.

十六年春, 晉士會帥師滅赤狄甲氏及留吁鐸辰.

三月, 獻狄俘, 晉侯請于王.

戊申, 以黻冕命士會將中軍, 且爲大傅.

於是晉國之盜逃奔于秦.

羊舌職曰:「吾聞之:『禹稱善人, 不善人遠.』此之謂也夫!《詩》曰
『戰戰兢兢, 如臨深淵, 如履薄冰』, 善人在上也. 善人在上, 則國無幸民.
諺曰:『民之多幸, 國之不幸也』, 是無善人之謂也.」

16년 봄, 진晉나라 대부 사회士會가 군사를 이끌고 적적赤狄의 갑씨甲氏,
유우留吁, 탁진鐸辰 부족을 멸망시켰다.

3월, 적적의 포로를 주나라 천자에게 바치면서 진晉 경공景公은 천자에게
사회를 진나라의 경卿으로 임명할 것을 요청하였다.

무신날, 진 경공은 사회에게 경卿의 정복正服을 입혀 중군中軍 대장으로
삼고 태부大傅 벼슬까지 겸하게 하였다.

그러자 진나라의 도적들이 모두 진秦나라로 달아났다.

양설직羊舌職은 이렇게 말하였다.

“내 듣기로 ‘우禹 임금이 선한 사람을 등용하니 선하지 못한 사람이
멀리 사라졌다’라 하였는데, 바로 이런 경우를 말한 것이로다!《시》에
‘조심하고 조심하여 마치 깊은 못에 다다른 것처럼 하고, 마치 살얼음을
밟듯이 한다’라 하였는데 이는 선한 사람이 위에서 다스리고 있음을
말한 것이다. 선한 사람이 윗자리에 있으면 나라 안에는 요행을 노리는
사람이 없게 된다. 속담에 ‘백성 가운데 요행을 바라는 사람이 많으면 이는
나라의 불행이다’라 하였으니 이는 윗자리에 선한 사람이 없음을 두고
한 말이다.”

【士會】晉나라 대부. 隨季, 士季, 隨會, 范會, 季武子 등 여러 이름으로 불림.
　士蔿의 손자이며 士穀과 형제. 隨 땅을 채읍으로 하여 ‘隨會’, 혹 ‘隨武子’라고도
　불렀으며 다시 范 땅을 채읍으로 하여 ‘范武子’로도 불림. 한때 秦나라로 망명

하는 등 우여곡절을 겪기도 함. 그 후손이 뒤에 晉나라 六卿의 하나인 范氏로 발전함.

【鐸辰】留吁에 속해 있던 부족. 杜預 注에 “鐸辰不書, 留吁之屬”이라 하였으며 지금의 山西 潞城縣과 屯留縣 근처.

【請于王】周나라 왕. 당시 천자는 定王(姬瑜)였음. 士會를 晉나라 卿으로 임명함을 승인할 것을 청원함.

【黻冕】黻은 卿이 입는 예복으로 ‘亞’자 모양을 수놓음. 冕은 면류관.

【大傅】太傅와 같음. 관직 이름.

【羊舌職】叔向의 아버지.

【詩】《詩經》小雅 小旻篇에 “國雖靡止, 或聖或否. 民雖靡膴, 或哲或謀, 或肅或艾. 如彼泉流, 無淪胥以敗. 不敢暴虎, 不敢馮河. 人知其一, 莫知其它. 戰戰兢兢, 如臨深淵, 如履薄冰”이라 함.

【幸民】만일의 요행을 바라는 백성.《管子》七法篇에 “朝無政, 則賞罰不明. 賞罰不明, 則民幸生. 賞罰明, 則人不幸. 人不幸, 則勇士勸之”라 하였고, 正篇에는 “遏之以絶其志矣, 毋使民幸”이라 하였으며, 明法解에는 “行私惠而賞無功, 則是使民偸幸而望於上也”라 함.

✹ 885(宣 16-2)

夏, 成周宣榭火.

여름, 주周나라 선사宣榭에 불이 났다.

【成周】周公이 건설한 東都 洛邑. 隱公 3년을 볼 것.《說苑》修文篇에 “春秋曰: 『天王入于成周』傳曰:「成周者何? 東周也.」”라 함.

【宣榭】講武堂. 군사를 조련하며 軍禮를 치르고 활 쏘는 연습을 하는 마당. 그 위에 세운 臺榭.《公羊傳》에는 ‘宣謝’로 되어 있음.《國語》楚語(上)에 “故宣王之爲 臺榭也, 榭不過講軍實, 臺不過望氛祥, 故榭度於大卒之居, 臺度於臨觀之高”라 함.

【火】《穀梁傳》에는 ‘災’로 되어 있음.

㉆

夏, 成周宣榭火, 人火之也.
凡火, 人火曰火, 天火曰災.

　여름, 성주成周에 있는 선사宣榭에 불이 난 것은 사람이 불을 질렀기 때문이었다.
　무릇 불이 났을 때에는 사람이 고의로 불을 지른 경우는 '火(화)'라 기록하고, 자연적으로 불이 났을 경우는 '災(재)'라 한다.

【火】《公羊傳》과 《穀梁傳》에는 '災'로 되어 있어 본 해석과 충돌을 일으키고 있음.

※ **886(宣 16-3)**

秋, 郯伯姬來歸.

　가을, 담郯의 백희伯姬가 돌아왔다.

【郯伯姬】魯나라 公女로 郯나라에 시집을 갔던 여인. '伯'은 맏이, '姬'는 노나라 성씨임. 郯은 춘추시대 소국. 《一統志》에 "今山東郯城縣西南三十里有古郯城"이라 함. 郯나라는 少皥의 後孫으로 己姓이었음. 그러나 《史記》秦本紀贊에 의하면 伯益의 盈姓(嬴姓)에서 분파되어 나온 것으로 되어 있음.

㉆

秋, 郯伯姬來歸, 出也.

가을, 담鄭나라로 시집갔던 백희伯姬가 다시 돌아온 것은 쫓겨 온 것이다.

【出】黜陟을 당함. 쫓겨남.《禮記》雜記(下)에 '諸侯出夫人'의 禮가 있음.

㉘

爲毛·召之難故, 王室復亂, 王孫蘇奔晉.
晉人復之.

모씨毛氏와 소씨召氏의 내분으로 인해 주周나라 왕실이 다시 어지러워
지자 왕손소王孫蘇가 진晉나라로 달아났다.
　　진나라에서는 그의 지위를 회복시켜주었다.

【毛·召之難】宣公 15년의 經文 및 傳文을 참조할 것.
【奔晉】杜預 注에 "毛·召之黨欲討蘇氏, 故出奔"이라 함.

※ 887(宣 16-4)

冬, 大有年.

겨울, 크게 풍년이 들었다.

【大有年】아주 크게 五穀이 풍성하게 되었음을 말함.《穀梁傳》에 "五穀大熟爲
大有年"이라 함.
＊無傳

㉝

冬, 晉侯使士會平王室, 定王享之.

原襄公相禮. 殽烝.

武季私問其故.

王聞之, 召武子曰:「季氏! 而弗聞乎? 王享有體薦, 宴有折俎. 公當享, 卿當宴. 王室之禮也.」

武子歸而講求典禮, 以修晉國之法.

겨울, 진晉 경공景公이 사회士會를 보내어 왕실의 화평을 이루어 주자 주周 정왕定王이 그를 위해 잔치를 베풀었다.

그때 원양공原襄公이 접대하는 일을 맡아 돼지고기를 통째로 올려놓는 것이었다.

그러자 무계武季(士會)가 사사롭게 그 이유를 물었다.

천자가 이를 듣고 계무자를 불러 말하였다.

"계씨여! 아직 듣지 못하였는가? 천자가 왕은 향례享禮에서는 큰 고깃 덩이를 상에 올리고 연례宴禮에서는 잘게 썬 고기를 상에 올리는 것이라오. 공公에게는 향례로써 대접하고, 경卿에게는 연례로써 대접하는 것이 왕실의 예법이라오."

계무자는 진晉나라로 돌아가 의식儀式의 예법을 연구하여 진나라의 예법을 잘 닦아 제정하였다.

【晉侯】晉 景公.

【士會】晉나라 대부. 隨季, 士季, 隨會, 范會, 季武子 등 여러 이름으로 불림. 士蔿의 손자이며 士穀과 형제. 隨 땅을 채읍으로 하여 '隨會', 혹 '隨武子'라고도 불렀으며 다시 范 땅을 채읍으로 하여 '范武子'로도 불림. 한때 秦나라로 망명하는 등 우여곡절을 겪기도 함. 그 후손이 뒤에 晉나라 六卿의 하나인 范氏로 발전함.

【平王室】毛召之難으로 王孫蘇가 晉나라로 달아나는 등 혼란을 士會가 해결하여 안정시킴.

【定王】당시의 제나라 천자. 姬瑜. 匡王(姬班)의 아우로 B.C.606～586년까지 21년간 재위하였으며 簡王(姬夷)이 그 뒤를 이음.

【原襄公】周 왕실의 卿士.

【殽烝】뼈를 발라내지 않고 함께 요리한 통돼지고기. '殽'는 고깃덩이. '烝'은
  '升'과 같으며 '상에 올려놓다'의 뜻.

【武季】季武子. 士會를 가리킴. 杜預 注에 "武, 士會諡. 季, 其字"라 함.

【體薦】돼지 몸통을 크게 나눈 고기를 차려놓음.

【折俎】잘게 썬 고기를 그릇에 올림.

【晉國之法】오래도록 폐기되었던 진나라의 예법을 다시 제정함. 杜預 注에 "傳言
  典禮之廢久"라 함.《國語》周語(中)에도 이 고사가 실려 있으며 "武子遂不敢
  對而退, 歸乃講聚三代之典禮, 於是乎修執秩以爲晉法"이라 함.

131. 宣公 17年(B.C.592) 己巳

周	定王(姬瑜) 15년	齊	頃公(無野) 7년	晉	景公(獳) 8년	衛	穆公(遫) 8년
蔡	文公(申) 20년	鄭	襄公(堅) 13년	曹	宣公(盧) 3년	陳	成公(午) 7년
杞	桓公(姑容) 45년	宋	文公(鮑) 19년	秦	桓公(榮) 13년	楚	莊王(旅) 22년
許	昭公(錫我) 30년						

❀ 888(宣 17-1)

　十有七年春王正月庚子, 許男錫我卒.

　17년 봄 주력周曆 정월正月 경자날, 허許나라 군주 석아錫我가 죽었다.

【庚子】 정월 24일.

【許】 姜姓. 周 武王이 그 苗裔 文叔을 許에 봉함. 지금의 河南 許昌市 동쪽.

【錫我】 許 昭公의 이름. 재위 30년을 거쳐 이때에 생을 마침. 그의 아들 靈公
　(寧)이 뒤를 이음.

　＊無傳

❋ 889(宣 17-2)

丁未, 蔡侯申卒.

정미날, 채蔡나라 군주 신申이 죽었다.

【丁未】 2월 2일. 월별 기록을 쓰지 않은 것은 史官의 오류로 보임.
【蔡侯申】 蔡 文侯. 이름은 申. 莊侯의 뒤를 이어 B.C.611~592년까지 20년간 재위
하였으며 景侯(固)가 그 뒤를 이었으나 어린 나이였음.
＊無傳

❋ 890(宣 17-3)

夏, 葬許昭公.

여름, 허許 소공昭公의 장례를 치렀다.

【許昭公】 이름은 錫我.
＊無傳

❋ 891(宣 17-4)

葬蔡文公.

채蔡 문공文公의 장례를 치렀다.

【蔡文公】 이름은 申.
＊無傳

❋ 892(宣17-5)

六月癸卯, 日有食之.

6월 계묘날, 일식이 있었다.

【癸卯】 6월에는 癸卯가 없었으며 5월 乙亥에 金環日蝕이 있었다 함.
＊無傳

❋ 893(宣17-6)

己未, 公會晉侯·衛侯·曹伯·邾子同盟于斷道.

기미날, 선공이 진후晉侯, 위후衛侯, 조백曹伯, 주자邾子를 단도斷道에서 만나 동맹을 맺었다.

【己未】 6월 15일.
【衛侯】 당시 衛나라 군주는 穆公(速)으로 재위 8년째였음.
【曹伯】 당시 曹나라 군주는 宣公(廬)으로 재위 3년째였음.
【斷道】 杜預 注에 "晉地"라 하였고,《彙纂》에는 지금의 山西 沁縣 동북 斷梁城
　이라 하였음.

㊩
十七年春, 晉侯使郤克徵會于齊.
齊頃公帷婦人使觀之.
郤子登, 婦人笑於房.
獻子怒, 出而誓曰:「所不此報, 無能涉河!」
獻子先歸, 使欒京廬待命于齊, 曰:「不得齊事, 無復命矣.」

郤子至, 請伐齊.

晉侯弗許.

請以其私屬, 又弗許.

齊侯使高固·晏弱·蔡朝·南郭偃會.

及斂盂, 高固逃歸.

夏, 會于斷道, 討貳也.

盟于卷楚, 辭齊人.

晉人執晏弱于野王, 執蔡朝于原, 執南郭偃于溫.

苗賁皇使, 見晏桓子.

歸, 言於晉侯曰:「夫晏子何罪? 昔者諸侯事吾先君, 皆如不逮, 舉言羣臣不信, 諸侯皆有貳志. 齊君恐不得禮, 故不出, 而使四子來. 左右或沮之, 曰:『君不出, 必執吾使.』故高子及斂盂而逃. 夫三子者曰:『若絕君好, 寧歸死焉.』爲是犯難而來. 吾若善逆彼以懷來者. 吾又執之, 以信齊沮, 吾不旣過矣乎? 過而不改, 而又久之, 以成其悔, 何利之有焉? 使反者得辭, 而害來者, 以懼諸侯, 將焉用之?」

晉人緩之, 逸.

17년 봄, 진晉 경공景公이 극극郤克으로 하여금 제齊나라의 모임에 참가하도록 하였다.

그때 제齊 경공頃公이 자신의 어머니를 휘장 뒤에 숨겨 그로 하여금 극극의 거동을 구경하도록 하였다.

극극이 당상堂上에 오를 때 그는 방에서 극극을 보고 웃었다.

극헌자郤獻子(郤克)는 노하여 밖으로 나와서 맹세하며 말하였다.

"내 이 수치를 갚기 전에는 다시는 하수河水를 건너 이 제나라에 오지 않을 것이다!"

그리하여 극헌자는 먼저 돌아가면서, 난경려欒京盧에게는 남아서 제나라의 회답을 받도록 명하면서 이렇게 말하였다.

"제나라의 확답을 받지 못하면 돌아가 군주께 복명復命하지도 말라."

극헌자는 진晉나라로 돌아가 제나라를 칠 것을 요청하였다.

그러나 진 경공은 이를 허락하지 않았다.

그래서 자신이 사사롭게 거느리고 있는 군사로 제나라를 치겠다고 청하였지만 이것 또한 허락받지 못하였다.

제 경공은 고고高固, 안약晏弱, 채조蔡朝, 남곽언南郭偃들을 모임에 참가시키고 있었다.

그런데 염우斂盂에 이르렀을 때 고고가 도망쳐 돌아갔다.

여름, 단도斷道에서 모인 것은 두 마음을 가진 나라를 치기 위해서였다.

권초卷楚에서 제후들이 동맹을 맺었으면서 제나라 사신들은 참가 요청을 거부하였다.

진晉나라는 안약을 야왕野王에 잡아 가두고, 채조는 원原에 잡아 가두었으며, 남곽언은 온溫에다 잡아 가두었다.

진晉나라 묘분황苗賁皇이 사신으로 가다가 제나라 안환자晏桓子(晏弱)를 만났다.

그는 돌아가서 진 경공에게 이렇게 말하였다.

"안약에게 무슨 죄가 있습니까? 옛날 다른 나라 제후들이 우리 선대 군주 문공文公을 섬길 때는 모두가 자신들의 성의가 모자라다 여겼습니다. 그런데 지금은 모두가 우리 신하들을 믿을 수 없다고 말들 하면서 제후들은 두 가지 마음을 품기 시작하였습니다. 이번에 제나라 군주는 예우를 받지 못할까 겁을 내어 그 때문에 자신이 직접 나서지 않고 대신 네 명의 신하를 보냈던 것입니다. 그때 제나라 좌우 신하들이 이를 말리면서 '군주께서 나서지 않으면 진晉나라에서 틀림없이 우리를 잡아 가둘 것입니다'라고 말하였었습니다. 그 때문에 고고는 염우에 이르자 달아난 것입니다. 그러자 다른 세 사람은 '도망쳐 돌아가서 진나라의 호의가 끊어지게 된다면 차라리 우리는 진나라로 가서 죽을 것이다'라 하며 위험을 무릅쓰고 왔던 것입니다. 만약 우리가 그들을 잘 맞이하였더라면 그들은 우리 편이 되었을 것입니다. 그런데도 우리가 오히려 그들을 잡아 가두었으니 제나라에서 그들을 사자로 보내는 일에 반대했던 자들의 의견이 옳았다는 것을 증명하고 있는 셈이 되고 말았습니다. 이는 우리가 이미 잘못을 저지른 것이 아니겠습니까? 잘못을 하고서도 고치지 않은 채, 그대로

그들을 오랫동안 잡아두어 제나라 사람들이 사자를 보냈던 일을 뉘우치게
한다면 우리에게 무슨 이익이 되겠습니까? 오다가 되돌아간 이에게는
구실을 만들어주었고 온 사람들에게는 해를 끼쳤으며 이로써 다른 제후
들을 두렵게 하고 있으니 장차 이런 모책을 어찌 쓸 수 있겠습니까?"

　이에 진나라에서는 잡아 가둔 안약에 대한 감시를 늦추어 그가 달아
나도록 하였다.

【郤克】晉나라 大夫. 郤缺 아들 郤獻子. 12년 傳을 볼 것.

【齊頃公】당시 齊나라 군주. 이름은 無野.

【婦人】齊 頃公의 어머니 蕭同叔子(蕭同姪子)를 가리킴.

【笑於房】郤克은 眇(애꾸눈), 혹 僂(곱추)였음. 제나라는 장애를 가진 각 나라
　사신이 동시에 오자 각기 자신 나라의 그러한 장애를 가진 자로 하여금 이들을
　안내하도록 하였음. 경공의 어머니가 이를 보고 웃은 것임.《公羊傳》에 "晉郤
　克與臧孫許同時而聘于齊. 蕭同姪子者, 齊君之母也, 踊于棓而窺客, 則客或跛
　或眇, 於是使跛者迓跛者, 使眇者迓眇者"라 하였고,《穀梁傳》에는 "季孫行父禿,
　晉郤克眇, 衛孫良夫跛, 曹公子手僂, 同時而聘於齊, 齊使禿者御禿者, 使眇者御
　眇者, 使跛者御跛者, 使僂者御僂者. 蕭同姪子處臺上而笑之, 聞於客"이라 하였
　으며,《史記》晉世家에는 "使郤克於齊, 齊頃公母從樓上觀而笑之. 所以然者,
　郤克僂, 而魯使蹇, 衛使眇, 故亦令人如之以導客"이라 함.《說苑》敬愼篇에
　"夫福生於隱約, 而禍生於得意, 齊頃公是也. 齊頃公, 桓公之子孫也, 地廣民衆,
　兵彊國富, 又得霸者之餘尊, 驕蹇怠傲, 未嘗肯出會同諸侯, 乃興師伐魯, 反敗衛
　師于新築, 輕小嫚大之行甚. 俄而晉魯往聘, 以使者戲, 二國怒, 歸求黨與助, 得衛
　及曹, 四國相輔, 期戰於鞍, 大敗齊師, 獲齊頃公"이라 하였음.

【獻子】郤獻子. 郤克.

【無能涉河】황하를 건너올 수 없음. 다시는 이 齊나라에 오지 않을 것임을 말함.
　《史記》晉世家에는 "郤克怒, 歸至河上, 曰:「不報齊者, 河伯視之!」"라 하였고,
　《公羊傳》에는 "二大夫出, 相與踦閭而語, 移日然後相去. 齊人皆曰:「患之起必
　自此始.」"라 하였으며《穀梁傳》도 같음.

【欒京廬】晉나라 대부. 郤克을 따라갔던 隨行 관료.

【不得齊事】제나라가 확답을 얻지 못함.

【晉侯】당시 晉나라 군주는 景公(獳).

【私屬】사사롭게 자신이 거느리고 있던 군사들.《史記》晉世家에 "至國, 請君
欲伐齊. 景公問知其故, 曰:「子之怨, 安足以煩國?」弗聽"이라 함.

【高固·晏弱·蔡朝·南郭偃】모두가 齊나라 대부들. 高固는 高宣子. 晏弱은
晏桓子이며 유명한 재상 晏子(晏嬰)의 아버지. 14년 傳을 볼 것.

【斂盂】魏나라 지명. 지금의 河南 浦陽縣 동남쪽 斂盂聚. 僖公 28년을 볼 것.

【卷楚】斷道의 다른 이름. 杜預 注에 "卽斷道"라 함.

【野王】《一統志》에 "今河南沁陽縣治"라 함.

【原】晉나라 지명.

【溫】晉나라 지명. 지금의 河南 溫縣.

【苗賁皇】楚나라 鬪椒의 아들. 초나라가 鬪氏를 멸망시키자 그는 晉나라로
달아나 苗 땅에 정착하였음.

【信齊沮】제나라 임금이 직접 나서지 않고 사신을 보내는 것은 위험하다고 한
신하의 말이 옳았다고 여김.

【使反者得辭】사신으로 가던 高固가 斂盂에서 달아난 것은 옳았다는 변명을
할 수 있게 명분을 줌.

 **894(宣 17-7)**

秋, 公至自會.

가을, 선공이 모임에서 돌아왔다.

【自會】斷道의 모임에서 돌아온 것.
＊無傳

⑳
秋八月, 晉師還.

가을 8월, 진晉나라 군사가 되돌아갔다.

【還】斷道에서 되돌아 간 것임.

㊉

　范武子將老, 召文子曰:「燮乎! 吾聞之:『喜怒以類者鮮, 易者實多』
《詩》曰:『君子如怒, 亂庶遄沮. 君子如祉, 亂庶遄已.』君子之喜怒,
以已亂也. 弗已者, 必益之. 郤子其或者欲已亂於齊乎! 不然, 余懼
其益之也. 余將老, 使郤子逞其志, 庶有豸乎! 爾從二三子唯敬.」
　乃請老.
　郤獻子爲政.

　범무자范武子가 늙어 장차 물러나게 되자 아들 문자文子를 불러 말하였다.
"섭燮아! 내 듣기로 '기뻐하고 화를 내는 것을 때에 알맞게 하는 사람은
적고, 그 반대로 하는 자는 실로 많다'라 하더라. 《시》에 '군자가 화내야
할 일에 화를 내면, 난은 곧 그칠 것이다. 군자가 기뻐할 일에 기뻐하면,
난은 곧 그칠 것이다'라 하였다. 군자의 희로喜怒는 이렇게 난을 그치게
하는 것이다. 만약 어지러움을 그치게 하지 못하는 경우에는 틀림없이 더
어지럽게 되고 만단다. 극헌자郤獻子라면 혹 제齊나라의 어지러움을 그치게
할 수 있을는지! 그러나 그것이 제대로 되지 못하면 그가 제나라의 어지
러움을 더할까 두렵구나. 나는 이제 늙었다. 극헌자로 하여금 자신의 뜻을
펼 수 있도록 한다면 그가 한을 풀 수 있을 것이로다! 너는 다만 다른 몇몇
대부들의 의견을 공손히 따르도록 하라."
　그는 곧 은퇴할 것을 청원하였다.
　극헌자가 정치를 맡아 행하게 되었다.

【范武子】晉나라 대부. 士會, 隨季, 士季, 范會, 隨會, 季武子 등 여러 이름으로
　불림. 士蔿의 손자이며 士縠과 형제. 隨 땅을 채읍으로 하여 '隨會', 혹 '隨武子'

라고도 불렀으며 다시 范 땅을 채읍으로 하여 '范武子'로도 불림. 한때 秦나라로 망명하는 등 우여곡절을 겪기도 함. 그 후손이 뒤에 晉나라 六卿의 하나인 范氏로 발전함.

【文子】范文子. 士燮. 范武子(士會)의 아들.

【詩】《詩經》 小雅 巧言篇에 "悠悠昊天, 曰父母且. 無罪無辜, 亂如此憮. 昊天已威, 予愼無罪. 昊天泰憮, 予愼無辜. 亂之初生, 僭始旣涵. 亂之又生, 君子信讒. 君子如怒, 亂庶遄沮. 君子如祉, 亂庶遄已"라 함.

【郤子】郤獻子. 郤克을 가리킴.

【豸】'치'로 읽으며 '解'로 풀이함. 극헌자가 제나라에게 받은 치욕을 씻을 수 있음. 《國語》 晉語(5)에 "郤獻子聘于齊, 齊頃公使婦人觀而笑之. 郤獻子怒, 歸, 請伐齊. 范武子退自朝, 曰:「燮乎! 吾聞之, 干人之怒, 必獲毒焉. 夫郤子之怒甚矣, 不逞於齊, 必發諸晉國. 不得政, 何以逞怒? 余將致政焉, 以成其怒, 無以內易外也. 爾勉從二三子, 以承君命, 唯敬.」乃老"라 함.

✸ 895(宣 17-8)

冬十有一月壬午, 公弟叔肸卒.

겨울 11월 임오날, 공의 아우 숙힐叔肸이 죽었다.

【壬午】11월 11일.

【叔肸】宣公의 同母弟.《穀梁傳》에 의하면 그는 宣公이 惡과 視를 죽이자(文公 18년 傳을 볼 것) 이에 불만을 품고 스스로 짚신을 삼아 생활하였으며 평생토록 宣公의 녹은 먹지 않았다고 함.

⑱

冬, 公弟叔肸卒, 公母弟也.

凡大子之母弟, 公在曰公子, 不在曰弟.

凡稱弟, 皆母弟也.

겨울, 선공의 아우 숙힐叔肸이 세상을 떠났는데 그는 한 어머니에게서 태어난 선공의 아우였다.

무릇 태자太子와 어머니가 같은 형제는 군주가 살아 계실 때에는 공자公子라 부르고 군주가 돌아가신 뒤에는 제弟라 칭한다.

제弟라 쓴 것은 모두 한 어머니에게서 태어난 아우임을 말한 것이다.

【母】宣公과 叔肸의 생모 敬嬴. 黃式三의《春秋釋》에 "春秋書同母之兄弟, 重宗法也"라 함.

132. 宣公 18年(B.C.591) 庚午

周	定王(姬瑜) 16년	齊	頃公(無野) 8년	晉	景公(獳) 9년	衛	穆公(速) 9년
蔡	景公(固) 원년	鄭	襄公(堅) 14년	曹	宣公(盧) 4년	陳	成公(午) 8년
杞	桓公(姑容) 46년	宋	文公(鮑) 20년	秦	桓公(榮) 14년	楚	莊王(旅) 23년
許	靈公(衛) 원년						

❋ **896(宣18-1)**

十有八年春, 晉侯·衛世子臧伐齊.

18년 봄, 진후晉侯와 위衛나라 세자 장臧이 제齊나라를 쳤다.

【晉侯】晉 景公(獳) 재위 9년째였음.
【臧】衛나라 世子 이름.

㊀

十八年春, 晉侯·衛大子臧伐齊, 至于陽穀.
齊侯會晉侯盟于繒, 以公子彊爲質于晉.
晉師還.
蔡朝·南郭偃逃歸.

18년 봄, 진晉 경공景公과 위衛나라 태자 장臧이 제齊나라를 쳐 제나라 양곡陽穀 땅까지 이르렀다.

제齊 경공頃公은 진 경공을 증繒에서 만나 맹약을 맺고, 공자 강彊을 진나라의 인질로 삼았다.

그리하여 진나라 군사가 돌아갔다.

진나라에 잡혀 있던 채조蔡朝와 남곽언南郭偃이 도망쳐 돌아왔다.

【陽穀】 지금의 山東 陽穀縣 동북. 僖公 3년을 볼 것.
【繒】 지금의 山東 陽穀 근처일 것으로 추정함.
【公子彊】 제나라 공자.
【蔡朝·南郭偃】 齊나라 사신으로 晉나라에 갔다가 붙들려 억류되어 있었음.
　宣公 17년의 傳文을 볼 것. 杜預 注에 "晉旣與齊盟, 守者解緩, 故得逃"라 함.

❀ 897(宣 18-2)

公伐杞.

선공이 기杞나라를 쳤다.

【杞】 姒姓, 周 武王이 殷을 멸한 다음 禹의 후손 東樓公을 찾아 봉하였음. 지금의
　河南 杞縣 일대.
　＊無傳

❀ 898(宣 18-3)

夏四月.

여름 4월.

㊀

夏, 公使如楚乞師, 欲以伐齊.

여름, 선공이 초楚나라에 사신을 보내어 군사를 빌리도록 한 것은 제齊나라를 치기 위한 것이었다.

【乞師】杜預 注에 "公不事齊, 齊與晉盟, 故懼而乞師于楚"라 함.

※ 899(宣18-4)

秋七月, 邾人戕鄫子于鄫.

가을 7월, 주邾나라 사람이 증鄫나라 군주를 증나라에서 죽였다.

【邾】周나라 武王이 祝融 八姓의 하나였던 邾俠(曹俠)을 封하여 부용국으로 삼았으며 지금의 山東 鄒縣. 이 때문에 전국시대에 이름을 '鄒'로 바꾸었음. 曹姓이며 子爵 작위를 받았으나 魯나라에 예속되어 있었음.
【鄫】《穀梁傳》에는 '繒'으로 되어 있음. 鄫은 姒姓의 子爵. 지금의 山東 臨沂縣 서남쪽에 있었음.
【戕】나라 밖 사람이 타국의 군주를 죽이는 것. 杜預 注에 "傳例曰「自外曰戕」, 邾大夫就鄫殺鄫子"라 함

㊀

秋, 邾人戕鄫子于鄫.
凡自虐其君曰弑, 自外曰戕.

가을, 주邾나라 사람이 증鄫나라 군주를 증나라에서 죽였다.

무릇 나라 안 사람이 자신의 군주를 죽이는 것을 시弑라 하고, 나라 밖의 사람이 다른 나라 군주를 죽이는 것을 장戕이라 한다.

【虐】‘殺’과 같은 뜻임.
【戕】《說文》에 "他國臣來弑君曰戕"이라 함.

● 900(宣 18-5)

甲戌, 楚子旅卒.

갑술날, 초楚 장왕莊王 여旅가 죽었다.

【甲戌】8월 7일.
【楚子旅】‘旅’는 莊王의 이름. 《穀梁傳》에는 ‘呂’, 《史記》에는 ‘侶’로 되어 있음. 莊王은 春秋五霸의 마지막 패자로 B.C.613~591년까지 23년간 재위하고 共王(審)이 그 뒤를 이음. 春秋시대에는 楚나라와 吳·越만 ‘王’을 僭稱하였으며 《春秋》에 그들을 ‘王’이라 기록하지 않은 것에 대해 《禮記》坊記에 "子云: 「天無二日, 土無二王, 家無二主, 尊無二上, 示民有君臣之別也. 《春秋》不稱楚·越之王喪, 恐民之惑也.」"라 하였고, 鄭玄의 注에도 "楚·越之君僭號稱王, 不稱其喪, 謂不書葬也"라 함.

⑱

楚莊王卒, 楚師不出.
旣而用晉師, 楚於是乎有蜀之役.

초楚 장왕莊王이 죽어 초나라 군사가 출동하지 못하였다.
이윽고 노나라는 진晉나라 군사를 이용하여 제齊나라를 쳤으며 초나라는 이 때문에 촉蜀에서의 싸움을 치르게 되었다.

【不出】앞장에서 노나라가 楚나라 군사를 빌려 齊나라를 치고자 하였으나 楚
莊王이 죽어 부득이 출정하지 못함.
【蜀之役】成公 2년을 볼 것. 蜀은 魯나라 땅으로 지금의 山東 泰安縣 서쪽, 혹
汶上縣 서쪽 蜀山湖가 아닌가 함.

❈ 901(宣 18-6)

公孫歸父如齊.

공손귀보公孫歸父가 진晉나라에 갔다.

【公孫歸父】魯나라 대부. 東門襄仲(公子 遂)의 아들. 字는 子家. 지금의 河北 唐縣
출토의 '歸父敦'은 그가 만든 鑄物(鐘鼎遺物)임이 밝혀지기도 함.

❈ 902(宣 18-7)

冬十月壬戌, 公薨于路寢.

겨울 10월 임술날, 공이 노침路寢에서 훙거하였다.

【壬戌】10월 26일.
【公】魯 宣公. 文公의 아들. 그러나 《新序》節士篇에는 宣公을 文公의 아우라
하였음. 이름은 俀(퇴). 孔穎達 《左傳》 疏와 《公羊傳》의 疏에는 《世本》을 인용
하여 '倭'라 하여 일부 다름. 어머니는 敬嬴. B.C.608~591년까지 18년간 재위함.
諡法에 "善問周達曰宣"이라 함.
【路寢】政務를 보는 방. 正寢.

✸ 903(宣 18-8)

歸父還自晉, 至笙. 遂奔齊.

공손귀보公孫歸父가 진晉에서 돌아오다가 생笙에 이르러 다시 제齊나라로 달아났다.

【笙】魯나라 국경 부근의 땅 이름.《公羊傳》과《穀梁傳》에는 '樫'으로 되어 있음. 지금의 山東 曹縣 동북으로 추정하고 있음.

㊧

公孫歸父以襄仲之立公也, 有寵, 欲去三桓, 以張公室.
與公謀, 而聘于晉, 欲以晉人去之.
冬, 公薨.
季文子言於朝曰:「使我殺適立庶以失大援者, 仲也夫!」
臧宣叔怒曰:「當其時不能治也, 後之人何罪? 子欲去之, 許請去之.」
遂逐東門氏.
子家還, 及笙, 壇帷, 復命於介.
旣復命, 袒·括髮, 卽位哭, 三踊而出, 遂奔齊.
書曰「歸父還自晉」, 善之也.

공손귀보公孫歸父는 아버지 동문양중東門襄仲이 선공宣公을 임금으로 옹립한 공로로 선공의 총애를 받으면서 삼환三桓을 없애 공실公室의 세력을 넓히려 하였다.

그리하여 선공과 모의하여 함께 진晉나라를 예방, 진나라의 힘으로 삼환을 없애고자 한 것이었다.

그런데 겨울, 노 선공이 훙거하였다.

그러자 계문자季文子가 조정에서 이렇게 말하였다.

"우리로 하여금 적자嫡子를 죽이고 서자를 군주로 세워 큰 나라의 도움을
잃도록 한 것은 양중襄仲입니다!"

이 말에 장선숙臧宣叔이 화를 내며 말하였다.

"그 당시에 양중의 죄를 다스리지 못하더니 지금 그의 아들에게 무슨
죄가 있다는 것이오? 그대가 그를 없애고자 한다면 청컨대 내가 없애도록
하겠소."

그리고 드디어 동문씨東門氏를 축출하였다.

자가子家(公孫歸父)가 귀국하다가 생笙 땅에 이르렀을 때 이를 알고 단을
만들어 주위에 장막을 두르고 보고할 사항을 부사副使에게 말해 주었다.

이윽고 복명을 마치자 그는 윗옷을 벗어 왼쪽 어깨를 드러내고, 머리를
삼으로 묶은 다음, 자리를 잡고 곡을 하였다. 그리고 세 번 발을 구르고는
곧바로 제齊나라로 달아났다.

경經에 '공손귀보가 진나라에서 돌아왔다'라 기록한 것은 그의 행동을
훌륭하게 여겼기 때문이다.

【公孫歸父】魯나라 대부. 東門襄仲(公子 遂)의 아들. 字는 子家. 지금의 河北 唐縣
　　출토의 '歸父敦'은 그가 만든 鑄物(鐘鼎遺物)임이 밝혀지기도 함.
【襄仲之立公】公孫歸父의 아버지 東門襄仲이 惡과 視를 살해하고 宣公을 옹립한
　　일을 말함. 文公 18년 傳文을 볼 것.
【三桓】魯나라 桓公에서 나와 갈라진 세 씨족. 仲孫氏(뒤에 맹손씨孟孫氏라 하였음),
　　叔孫氏, 季孫氏의 세 씨족. 魯나라의 실권을 잡고 세력을 떨쳐 公室이 이들로
　　인해 제대로 힘을 펴지 못하였음.《論語》등 참조.
【季文子】季孫行父. 魯나라 대부. 魯나라 三桓의 하나인 季孫氏 집안.
【殺適立庶】嫡子를 죽이고 서자를 군주로 세움. 東門襄仲이 적자인 惡(제나라
　　군주의 생질)을 죽이고, 庶子인 宣公(俀)을 세웠던 일을 말함.
【大援】큰 나라의 도움. 杜預 注에 "南通於楚, 旣不能固, 又不能堅事齊·晉, 故云
　　失大援"이라 함.
【臧宣叔】臧文仲의 아들. 臧孫許. 武仲紇의 아버지.
【許】臧宣叔의 이름.

【東門氏】公子遂, 즉 東門襄仲의 뒤를 이어 '東門'을 성씨로 삼았음.

【壇帷】단을 세우고 휘장을 두름. 哭禮를 치를 장소를 마련한 것임.《禮記》
曲禮(下)에 "大夫士去國, 踰竟, 爲壇位, 鄕國而哭"이라 함.

【介】隨行員. 副使.

【袒】윗옷을 반 정도 벗어 왼쪽 어깨를 내놓음. 喪을 당하였을 때에 하는 의식.
《禮記》內則에 "不有敬事, 不敢袒裼"이라 함.

【括髮】머리에 꽂는 장식을 모두 풀고 머리를 삼으로 묶는 것. 상을 당하였을 때
취하는 예식.

【卽位】哭하는 자리로 나아감.

【三踊】哭禮 의식으로 곡을 하며 발을 세 번 들었다 놓았다 하는 동작.

【歸父還自晉】이 사건의 결말은 '歸父奔齊'로 해야 하나 도리어 그가 '진나라로
부터 사신의 임무를 마치고 귀국하다'라는 중간 과정만을 기록한 것을 말함.

선공(宣公) 在位期間(18년: B.C.608~591년)

B.C. \ 國	周	齊	晉	衛	蔡	鄭	曹	陳	宋	秦	楚	燕	魯
	匡王	惠公	靈公	成公	文公	穆公	文公	靈公	文公	共公	莊王	桓公	宣公
608	5	1	13	27	4	20	10	6	3	1	6	10	1
607	6	2	14	28	5	21	11	7	4	2	7	11	2
606	定王 1	3	成公 1	29	6	22	12	8	5	3	8	12	3
605	2	4	2	30	7	靈公 1	13	9	6	4	9	13	4
604	3	5	3	31	8	襄公 1	14	10	7	5	10	14	5
603	4	6	4	32	9	2	15	11	8	桓公 1	11	15	6
602	5	7	5	33	10	3	16	12	9	2	12	16	7
601	6	8	6	34	11	4	17	13	10	3	13	宣公 1	8
600	7	9	7	35	12	5	18	14	11	4	14	2	9
599	8	10	景公 1	穆公 1	13	6	19	15	12	5	15	3	10
598	9	頃公 1	2	2	14	7	20	成公 1	13	6	16	4	11
597	10	2	3	3	15	8	21	2	14	7	17	5	12
596	11	3	4	4	16	9	22	3	15	8	18	6	13
595	12	4	5	5	17	10	23	4	16	9	19	7	14
594	13	5	6	6	18	11	宣公 1	5	17	10	20	8	15
593	14	6	7	7	19	12	2	6	18	11	21	9	16
592	15	7	8	8	20	13	3	7	19	12	22	10	17
591	16	8	9	9	景公 1	14	4	8	20	13	23	11	18

※〈大事記〉(B.C.)

608: 晉나라, 陳나라와 宋나라를 구원하다.

607: 鄭나라 군, 宋나라 군에게 지다. 晉나라 靈公이 弑害되고 趙盾이 惡名을 甘受하다.

606: 周나라 定王, 楚나라 군주 王孫滿에게 九鼎 크기와 무게를 묻다. 鄭 穆公 蘭, 죽다.

605: 鄭의 公子 家, 靈公을 죽이다. 楚나라에 越椒의 亂이 일어나다.

604: 齊나라 高固, 魯나라 叔姬를 맞이하다.

603: 赤狄, 晉나라를 치다.

602: 諸侯들, 黑壤에서 모임을 열다.

601: 楚나라, 舒蓼를 멸망시키다.

600: 陳 靈公, 泄冶를 죽이다.

599: 齊나라 崔抒, 衛나라로 달아나다. 陳나라 夏徵舒, 靈公을 죽이다.

598: 狄, 晉나라에게 복종하다. 楚나라 군주, 陳나라 夏徵舒를 죽이고, 陳나라를 楚나라 縣으로 삼았다가 다시 陳나라로 復舊하다

597: 楚나라가 鄭나라를 정복하자, 晉나라 군사가 구원하러 갔으나 楚나라에게 패하다.

596: 齊나라가 莒나라를 치고, 楚나라가 宋나라를 치다. 晉나라 先縠이 죽다.

595: 衛나라 大夫 孔達 죽다.

594: 魯나라, 楚나라와 접촉하다. 秦나라, 晉나라를 치다. 魯나라, 백성의 私田에 처음으로 세금을 매기다.

593: 晉나라, 赤狄의 甲과 留吁를 멸망시키다. 土會, 晉나라 卿이 되다.

592: 晉나라 郤獻子, 齊나라에 가서 치욕을 당하다. 宣公이 斷道에서 제후들과 동맹을 맺다.

591: 宣公 죽다. 公孫歸父, 齊나라로 달아나다.

8. 〈成公〉

◎ 魯 成公 在位期間(18년: B.C.590~573년)

宣公의 아들. 이름은 黑肱. 어머니는 穆姜. 《公羊傳》에 "宣公死, 成公幼"라 하여 어린나이에 임금 자리에 올랐음. B.C.590~573년까지 18년간 재위함. 〈諡法〉에 "安民立政曰成"이라 함.

133. 成公 元年(B.C.590) 辛未

周	定王(姬瑜) 17년	齊	頃公(無野) 9년	晉	景公(獳) 10년	衛	穆公(速) 10년
蔡	景公(固) 2년	鄭	襄公(堅) 15년	曹	宣公(廬) 5년	陳	成公(午) 9년
杞	桓公(姑容) 47년	宋	文公(鮑) 21년	秦	桓公(榮) 15년	楚	共王(審) 원년
許	靈公(甯) 2년						

❀ 904(成元-1)

元年春王正月, 公卽位.

원년 봄 주력周曆 정월, 성공成公이 즉위하였다.

【公】成公. 팔뚝이 검어 이름을 '黑肱'이라 하였으며 어린 나이에 즉위함.
＊無傳

❀ 905(成元-2)

二月辛酉, 葬我君宣公.

2월 신유날, 우리 군주 선공宣公의 장례를 치렀다.

【辛酉】2월 27일.
＊無傳

✵ 906(成元-3)

無冰.

얼음이 얼지 않았다.

【冰】貯藏할 얼음이 없음을 뜻함.《詩經》豳風 七月에 "二之日鑿冰沖沖, 三之
日納于凌陰"이라 하였고《禮記》月令에도 "季冬之月, 冰方盛, 水澤腹堅, 命取冰"
이라 함. 周曆 2월은 夏曆 12월에 해당하며 그 때문에 昭公 4년에 "古者日在北
陸移藏冰"이라 하였으며 해가 北陸에 있을 때는 주력 2월을 뜻함.
＊無傳

㊙

元年春. 晉侯使瑕嘉平戎於王, 單襄公如晉拜成.
劉康公徹戎, 將遂伐之, 叔服曰:「背盟而欺大國, 此必敗. 背盟,
不祥; 欺大國, 不義; 神·人弗助, 將何以勝?」
不聽, 遂伐茅戎, 三月癸未, 敗績於徐吾氏.

원년 봄, 진晉 경공景公이 대부 하가瑕嘉를 보내어 융족戎族과 천자를
화평을 주선하도록 하자 선양공單襄公이 진나라로 가서 화친을 맺도록
해준 것에 감사를 표하였다.
그런데 유강공劉康公이 융족이 안심하고 있는 틈을 타서 장차 그들을
치려하자 숙복叔服이 말하였다.
"맹약을 배반하고 큰 나라를 속이면 반드시 패배하게 됩니다. 맹약을

어기는 것은 불길한 일이요, 큰 나라를 속이는 것은 의롭지 못한 일이니 신령이나 사람이 누구도 도와주지 않을 것입니다. 그런데 어찌 이길 수 있겠습니까?"

그러나 그는 이를 듣지 아니하고 모융茅戎을 쳤다가 3월 계미날, 서오씨徐吾氏의 땅에서 패하고 말았다.

【晉侯】당시 晉나라 군주는 景公(獳) 재위 10년째였음.
【瑕嘉】詹嘉. 식읍은 瑕. 그 때문에 瑕嘉라 부른 것임. 文公 13년 傳文을 볼 것.
【王】당시 周나라 천자는 定王(姬瑜) 17년째였음.
【單襄公】주나라 왕실의 卿士. 單朝. 그 아들은 單頃公. '單'은 지명으로 '선'으로 읽음.
【劉康公】역시 주나라 왕실의 卿士. '劉' 역시 지명. 宣公 10년 經文 및 傳文을 볼 것. 王季子로도 부름.
【徼戎】화친으로 인하여 안심하고 있는 틈을 노림.
【叔服】周나라 왕실의 內史 벼슬을 하고 있었음. 文公 元年 經文을 볼 것.
【大國】晉나라를 가리킴.
【茅戎】戎族의 일족.《水經注》에 "河北對茅城, 故茅亭, 茅戎邑也"라 함. 지금의 山西 平陸縣 서남으로 추정함.
【敗績】全軍이 대패하였을 때 쓰는 말. 莊公 11년 傳에 "凡師, 敵未陳曰敗某師, 皆陳曰戰, 大崩曰敗績"이라 함.
【癸未】3월 19일.
【徐吾氏】茅戎族의 聚落地 지명으로 봄.

❁ 907(成元-4)

三月, 作丘甲.

3월, 구갑丘甲을 만들었다.

【丘甲】丘는 지방 행정단위.《司馬法》에 "九夫爲井, 四井爲邑, 四邑爲丘, 四丘爲甸"이라 함. 甲은 갑옷을 입은 병사. 따라서 丘甲은 각 丘마다 장정 한 명씩 차출하는 제도.

傳

爲齊難故, 作丘甲.

노나라는 제齊나라의 침략에 대비하기 위하여 구갑丘甲의 제도를 만든 것이다.

【齊難】宣公 즉위 초에는 齊나라를 잘 섬겼으나 宣公 17년 斷道之盟으로 魯나라가 晉나라와 동맹을 맺자 齊나라는 노나라를 敵對視하였음.

✹ 908(成元-5)

夏, 臧孫許及晉侯盟于赤棘.

여름, 장손허臧孫許가 진晉 경공景公과 적극赤棘에서 동맹을 맺었다.

【臧孫許】臧宣叔. 臧文仲의 아들. 武仲紇의 아버지. 宣公 18년 傳文을 볼 것.
【赤棘】晉나라 지명.《群經釋地》에 "在山西翼城縣南有紫谷水注澮卽赤棘"이라 함.

傳

聞齊將出楚師, 夏, 盟於赤棘.

노나라에서는 제_齊나라가 장차 초_楚나라 군사를 출동시킬 것이라는 소문을 듣고, 여름에 적극_{赤棘}에서 진_晉나라와 동맹을 맺은 것이다.

【楚師】齊나라가 楚나라 군사와 함께 출동함을 뜻함. 당시 楚나라 군주는 共王(審) 元年이었음.

❋ 909(成元-6)

秋, 王師敗績于茅戎.

가을, 천자의 군사가 모융족_{茅戎族}에게 패하였다.

【王師】천자국의 周나라 군사.
【茅戎】《公羊傳》과《穀梁傳》에는 '貿戎'으로 되어 있음

⒀

秋, 王人來告敗.

가을, 천자의 사자가 와서 모융_{茅戎}과의 싸움에서 패하였음을 알려왔다.

❋ 910(成元-7)

冬十月.

겨울, 10월.

冬, 臧宣叔令脩賦·繕完·具守備.
曰:「齊·楚結好, 我新與晉盟, 晉·楚爭盟, 齊師必至. 雖晉人伐齊,
楚必救之, 是齊·楚同我也. 知難而有備, 乃可以逞.」

겨울, 노나라 대부 장선숙臧宣叔은 백성들로부터 하여금 병역을 부과하고,
무기를 수선하며 성곽을 수리하도록 하고, 방비防備를 갖추도록 하였다.
그리고 이렇게 말하였다.
"제齊나라와 초楚나라가 우호관계를 맺었고, 우리나라는 새로이 진晉
나라와 동맹을 맺었다. 진나라와 초나라는 패자의 지위를 놓고 서로 다투고
있어 제나라 군사가 틀림없이 우리나라를 쳐들어올 것이다. 비록 진나라가
제나라를 치겠지만 초나라는 틀림없이 제나라를 구원하러 나설 것이다.
이는 제나라와 초나라가 똑같이 우리를 노리고 있기 때문이다. 국난을 미리
알고 방비해야 우환을 해결할 수 있다."

【臧宣叔】臧孫許. 臧文仲의 아들. 武仲紇의 아버지. 宣公 18년 傳을 볼 것.
【脩賦】兵役을 부과하고 軍制를 재정비함. 襄公 25년 傳文을 볼 것.
【繕完】무기를 수선하고 성곽을 튼튼히 함. 襄公 30년 傳文을 볼 것.
【爭盟】盟主의 지위를 놓고 다툼.
【同我也】우리를 노리고 있는 면에서는 똑 같음.
【逞】우환을 해결함. '逞'은 '解'의 뜻. 隱公 9년을 볼 것.

134. 成公 2年(B.C.589) 壬申

周	定王(姬瑜) 18년	齊	頃公(無野) 10년	晉	景公(獳) 11년	衛	穆公(速) 11년
蔡	景公(固) 3년	鄭	襄公(堅) 16년	曹	宣公(盧) 6년	陳	成公(午) 10년
杞	桓公(姑容) 48년	宋	文公(鮑) 22년	秦	桓公(榮) 16년	楚	共王(審) 2년
許	靈公(甯) 3년						

✹ 911(成2-1)

二年春, 齊侯伐我北鄙.

2년 봄, 제齊나라 군주가 우리 노나라의 북쪽 변방을 쳤다.

【齊侯】당시 제나라 군주는 頃公(無野) 재위 10년째였음.

⑬

二年春, 齊侯伐我北鄙, 圍龍.
頃公之嬖人盧蒲就魁門焉, 龍人囚之.
齊侯曰:「勿殺! 吾與而盟, 無入而封.」
弗聽, 殺而膊諸城上.

齊侯親鼓, 士陵城, 三日, 取龍.
遂南侵, 及巢丘.

2년 봄, 제齊 경공頃公이 우리 노나라의 북쪽 변방에 있는 용龍 땅을 포위하였다.

경공의 총애를 받는 신하 노포취괴盧蒲就魁가 용의 성문을 공격하자 용 사람이 그를 사로잡았다.

그러자 경공이 말하였다.

"그를 죽이지 말라! 내 맹세하니, 너희 땅에 쳐들어가지 않겠다."

그러나 용 사람들은 그 말을 듣지 않고, 그를 죽여 시신을 성벽 위에 올려놓았다.

그것을 본 제나라 경공이 손수 진격의 북을 치자 군졸들이 성을 넘어 공격해서 사흘 만에 용을 차지하였다.

그리고 바로 남쪽으로 쳐내려가 소구巢丘에 다다랐다.

【龍】魯나라 읍 이름. 지금의 山東 泰安縣 동남쪽.《山東考古錄》에 "縣東南五十里, 大汶口東十餘里, 有城基, 俗曰鄕城, 卽龍城"이라 함.《史記》에는 '隆'으로 되어 있음.

【頃公】齊나라 군주. 이름은 無野. 惠公(元)의 뒤를 이어 B.C.598~582년까지 17년간 재위하였으며 靈公(環)이 그 뒤를 이음.

【嬖人】왕의 사랑을 받는 신하. 흔히 男色인 경우가 많았음. 여인의 경우 嬖妾이라 함.

【盧蒲就魁】盧蒲는 姓氏, 就魁는 이름. 齊 頃公의 嬖人.《通志》氏族略(5)에 "盧蒲氏, 姜姓, 齊桓公之後"라 함.

【門】성문을 공격함.

【而】너. '爾'와 같음. 현대 백화어의 '你'와 같이 쓰였음.

【而封】'너의 영토'라는 뜻.

【膊諸城上】'膊'은 '드러내어 진열하다'의 뜻. '諸'는 '之於'의 合音字.

【巢丘】魯나라 지명. 지금의 山東 泰安縣의 서남쪽.

＊912(成2-2)

夏四月丙戌, 衛孫良父帥師及齊師戰于新築, 衛師敗績.

　여름 4월 병술날, 위衛나라 손량부孫良夫가 군사를 이끌고 제齊나라 군사와 신축新築에서 싸워 위나라 군사가 크게 패하였다.

【丙戌】4월 29일.
【孫良夫】衛나라 대부. 孫林父의 아버지. 孫桓子.
【新築】衛나라 지명.《彙纂》에 지금의 河北 魏縣 남쪽이라 함.
【敗績】全軍이 대패하였을 때 쓰는 말. 莊公 11년 傳에 "凡師, 敵未陳曰敗某師, 皆陳曰戰, 大崩曰敗績"이라 함.

㉩

衛侯使孫良夫·石稷·甯相·向禽將侵齊, 與齊師遇.
　石子欲還, 孫子曰：「不可. 以師伐人, 遇其師而還, 將謂君何? 若知不能, 則如無出. 今旣遇矣, 不如戰也.」
　夏, 有□□□□□.
　石成子曰：「師敗矣, 子不少須, 衆懼盡. 子喪師徒, 何以復命?」
　皆不對.
　又曰：「子, 國卿也. 隕子, 辱矣. 子以衆退, 我此乃止.」
　且告車來甚衆.
　齊師乃止, 次于鞫居.
　新築人仲叔于奚救孫桓子, 桓子是以免.
　旣, 衛人賞之以邑, 辭, 請曲縣·繁纓以朝.
　許之.
　仲尼聞之曰：「惜也, 不如多與之邑. 唯器與名, 不可以假人, 君之所司也. 名以出信, 信以守器, 器以藏禮, 禮以行義, 義以生利, 利以平民, 政之大節也. 若以假人, 與人政也. 政亡, 則國家從之, 弗可止也已.」

위衛 목공穆公이 대부 손량부孫良夫, 석직石稷, 영상甯相, 상금장向禽將 등으로 하여금 제齊나라를 치도록 하여 도중에 제나라 군사와 만났다.

석직이 돌아가려 하자 손량부가 말하였다.

"안 됩니다. 군사를 이끌고 다른 나라를 치러 나섰는데 그들 군사를 만나 돌아간다면 장차 임금께 무어라 말씀드리겠습니까? 만일 상대와 싸울 수 없음을 알았다면 처음부터 싸우러 나오지 않았어야 하였을 것입니다. 지금은 이미 적을 만났으니 싸울 수밖에 없습니다."

여름, □□□□□이 있었다.

석성자石成子가 손량부에게 말하였다.

"우리 군사가 지고 있습니다. 그대가 잠시 기회를 기다리지 않으시면 우리 군사는 모두 전멸할 것입니다. 그대가 군사를 모두 잃게 되면 군주께 무어라 복명하시겠습니까?"

손량부는 아무런 대답을 하지 못하였다.

석성자는 다시 말하였다.

"그대는 우리나라의 정경正卿이니 그대를 잃는 것은 나라의 치욕이 됩니다. 그대는 무리를 이끌고 퇴각하십시오. 제가 여기에 남아 있겠습니다."

그리고 지원군의 전차가 아주 많이 오고 있다고 소문을 퍼뜨렸다.

제나라 군사들은 싸움을 멈추고, 국거鞠居에 머물러 주둔하였다.

이때 신축新築을 지키고 있던 대부 중숙우해仲叔于奚가 손환자孫桓子를 구하여 손환자가 곤경을 면하였다.

이윽고 위衛나라가 중숙우해에게 상으로 읍邑을 주었으나 그는 사양하면서 대신에 자신도 곡현曲縣과 번영繁纓을 사용하여 조정에서 일할 수 있도록 해 줄 것을 청하였다.

그리하여 이를 허락하였다.

중니仲尼가 뒤에 이 말을 듣고 이렇게 말하였다.

"안타깝도다. 차라리 많은 읍을 상으로 주느니만 못하였다. 기물과 명칭은 남에게 빌려 줄 수 없으며 군주만이 결정할 수 있는 일이다. 칭호로써 백성들의 믿음을 도출하고 믿음으로써 기물의 권위를 지키며, 기물로써 예를 보존하고, 그 예로써 의를 행하며, 의로써 이익을 만들어내고, 이익으로써 백성을 공평하게 하는 것이니 이는 정치의 중요한 절차이다. 만약 이 기물과 칭호를 남에게 빌려줄 수 있다면 정권을 아무에게나 넘겨주는 것이 된다. 정권이 무너지면 국가 역시 그를 따라 무너지게 되는 것이니 그렇게 되면 중지시킬 수가 없게 된다."

【衛侯】衛나라 대부. 당시 衛나라 군주는 穆公(速) 11년째였음.
【孫良夫】孫林父의 아버지.
【石稷】衛나라 대부. 石子, 石成子로도 부름. 成子는 시호. 石碏의 四世孫.
【甯相】甯兪子. 역시 衛나라 대부.
【向禽將】向은 성. 禽將은 이름. '向'은 성씨와 지명일 경우 '상'으로 읽음.
【□□□□□】이곳 5글자는 누락되어 알 수 없으며 아마 新築에서의 전투를 기술하였을 것으로 보임.
【國卿】正卿.
【隕】잡혀서 잃게 됨. 孫良夫가 전투에서 죽게 될 경우를 말함.
【次】군사가 주둔함을 뜻함. 莊公 3년 傳에 "凡師, 一宿爲舍, 再宿爲信, 過信爲次"라 함.
【鞫居】衛나라 지명으로, 지금의 山東 朝城縣.
【仲叔于奚】新築을 지키던 지방 장관. 대부. 叔孫于奚로도 부름. 《賈誼新書》審微篇에 "齊人攻衛, 叔孫于奚率師逆之, 大敗齊師"라 함. 《孔子家語》正論解에도 본 고사가 실려 있음.
【孫桓子】孫良夫. 孫林父의 아버지. 시호는 桓子.
【曲縣】제후들의 音樂에는 樂器를 三面으로만 걸며 남쪽은 비위둠. 이를 '曲縣'이라 함. '縣'은 '懸'과 같으며 '軒縣', '判縣', '特縣', '官懸'이라고도 함.
【繁纓】제후로서 말 위를 장식하는 치장.
【假人】남으로부터 빌려서 사용함. 남에게 빌려 줌.
【器與名】'器'는 기물, 즉 본문의 사당에 거는 악기와 말에 다는 장식물을 말함. '名'은 지위를 나타내는 칭호. 《孔子家語》正論解에 "衛孫桓子侵齊, 遇敗焉. 齊人乘之, 執新築大夫, 仲叔于奚以其衆救桓子, 桓子乃免. 衛人以邑賞仲叔于奚, 于奚辭, 請曲懸之樂, 繁纓以朝, 許之, 書在三官. 子路仕衛, 見其故, 以訪孔子, 孔子曰: 「惜也! 不如多與之邑, 惟器與名, 不可以假人. 君之所司, 名以出信, 信以守器, 器以藏禮, 禮以行義, 義以生利, 利以平民, 政之大節也. 若以假人, 與人政也. 政亡, 則國家從之, 不可止也.」"라 함.

＊913(成2-3)

六月癸酉, 季孫行父·臧孫許·叔孫僑如·公孫嬰齊帥師會
晉郤克·衛孫良夫·曹公子首及齊侯戰于鞌,
　齊師敗績.

6월 계유날, 계손행보季孫行父와 장손허臧孫許, 숙손교여叔孫僑如, 공손
영제公孫嬰齊 등이 군사를 이끌고 가서 진晉나라 극극郤克, 위衛나라 손량부
孫良夫, 조曹나라 공자公子 수首와 만나 제齊나라 군주 안鞌에서 싸웠다.
　제나라 군사가 패하였다.

【癸酉】6월 17일.
【季孫行父】季文子. 魯나라 대부. 魯나라 三桓의 하나인 季孫氏 집안.
【臧孫許】臧宣叔. 臧文仲의 아들. 武仲紇의 아버지. 宣公 18년 傳을 볼 것.
【叔孫僑如】魯나라 대부. 宣伯. 叔孫得臣의 아들. 아버지가 狄의 군주 僑如를
　잡아 처단한 기념으로 아들 이름을 ‘僑如’로 지어 叔孫僑如가 됨. 文公 11년의
　傳文을 볼 것.
【公孫嬰齊】魯나라 대부. 자는 子叔. 叔肸의 아들. 仲嬰齊로도 부르며 시호는
　聲伯.
【郤克】晉나라 大夫. 郤缺 아들 郤獻子.
【孫良夫】孫桓子. 孫林父의 아버지. 시호는 桓子.
【公子首】曹나라 공자.《公羊傳》과《穀梁傳》에는 ‘手’로 되어 있음.
【鞌】齊나라 지명.《山東通志》에 “鞌在歷城縣西北十里鞍山下”라 함. ‘鞍’과 같음.
【敗績】全軍이 대패하였을 때 쓰는 말. 莊公 11년 傳에 “凡師, 敵未陳曰敗某師,
　皆陳曰戰, 大崩曰敗績”이라 함.

❀ 914(成2-4)

秋七月, 齊侯使國佐如師.

己酉, 及國佐盟于袁婁.

가을 7월, 제齊 경공頃公이 국좌國佐를 군진軍陣으로 보냈다.
기유날, 국좌와 원루袁婁에서 동맹을 맺었다.

【國佐】齊나라 대부. 國歸父의 아들이며 國武子로 불림. 國氏는 齊나라 문벌
집안이었음.
【己酉】7월 23일.
【袁婁】《穀梁傳》과 傳文에는 ‘爰婁’로 표기되어 있음.《一統志》에 "在今山東臨
淄縣西五十里"라 함.

㊀

孫桓子還於新築, 不入, 遂如晉乞師.
臧宣叔亦如晉乞師, 皆主郤獻子.
晉侯許之七百乘, 郤子曰:「此城濮之賦也. 有先君之明與先大夫
之肅, 故捷. 克於先大夫, 無能爲役, 請八百乘.」
許之.
郤克將中軍, 士燮佐上軍, 欒書將下軍, 韓厥爲司馬, 以救魯·衛.
臧宣叔逆晉師, 且道之, 季文子帥師會之.
及衛地, 韓獻子將斬人, 郤獻子馳, 將救之; 至, 則旣斬之矣.
郤子使速以徇, 告其僕曰:「吾以分謗也.」
師從齊師于莘.
六月壬申, 師至于靡笄之下.
齊侯使請戰, 曰:「子以君師辱於敝邑, 不腆敝賦, 詰朝請見.」
對曰:「晉與魯·衛, 兄弟也, 來告曰:『大國朝夕釋憾於敝邑之地.』

寡君不忍, 使羣臣請於大國, 無令輿師淹於君地. 能進不能退, 君無
所辱命.」

　　齊侯曰:「大夫之許, 寡人之願也; 若其不許, 亦將見也.」

　　齊高固入晉師, 桀石以投人, 禽之而乘其車, 繫桑本焉, 以徇齊壘, 曰:
「欲勇者賈余餘勇!」

　　癸酉, 師陳于鞌.

　　邴夏御齊侯, 逢丑父爲右; 晉解張御郤克, 鄭丘緩爲右.

　　齊侯曰:「余姑翦滅此而朝食.」

　　不介馬而馳之.

　　郤克傷於矢, 流血及屨, 未絶鼓音, 曰:「余病矣!」

　　張侯曰:「自始合, 而矢貫余手及肘, 余折以御. 左輪朱殷, 豈敢言病?
吾子忍之!」

　　緩曰:「自始合, 苟有險, 余必下推車, 子豈識之? 然子病矣!」

　　張侯曰:「師之耳目, 在吾旗鼓, 進退從之. 此車一人殿之, 可以集事.
若之何其以病敗君之大事也? 擐甲執兵, 固卽死矣, 病未及死, 吾子
勉之!」

　　左幷轡, 右援枹而鼓.

　　馬逸不能止, 師從之.

　　齊師敗績.

　　逐之, 三周華不注.

　　韓厥夢子輿謂己曰:「旦辟左右!」

　　故中御而從齊侯.

　　邴夏曰:「射其御者, 君子也.」

　　公曰:「謂之君子而射之, 非禮也.」

　　射其左, 越於車下.

　　射其右, 斃于車中.

　　綦毋張喪車, 從韓厥曰:「請寓乘!」

　　從左右, 皆肘之, 使立於後.

　　韓厥俛, 定其右.

逢丑父與公易位, 將及華泉, 驂絓於木而止.

丑父寢於轏中, 蛇出於其下, 以肱擊之, 傷而匿之, 故不能推車而及.

韓厥執縶馬前, 再拜稽首, 奉觴加璧以進, 曰:「寡君使羣臣爲魯·衛請, 曰:『無令輿師陷入君地』下臣不幸, 屬當戎行, 無所逃隱. 且懼奔辟, 而忝兩君. 臣辱戎士, 敢告不敏, 攝官承乏.」

丑父使公下, 如華泉取飲.

鄭周父御佐車, 宛茷爲右, 載齊侯以免.

韓厥獻丑父, 郤獻子將戮之, 呼曰:「自今無有代其君任患者! 有一於此, 將爲戮乎?」

郤子曰:「人不難以死免其君, 我戮之, 不祥. 赦之, 以勸事君者.」

乃免之.

齊侯免, 求丑父, 三入三出.

每出, 齊師以帥退.

入於狄卒, 狄卒皆抽戈·楯冒之.

以入於衛師, 衛師免之.

遂自徐關入.

齊侯見保者, 曰:「勉之! 齊師敗矣!」

辟女子, 女子曰:「君免乎?」

曰:「免矣.」

曰:「銳司徒免乎?」

曰:「免矣.」

曰:「苟君與吾父免矣, 可若何?」

乃奔.

齊侯以爲有禮.

旣而問之, 辟司徒之妻也.

予之石窌.

晉師從齊師, 入自丘輿, 擊馬陘.

齊侯使賓媚人賂以紀甗·玉磬與地:「不可, 則聽客之所爲.」

賓媚人致賂, 晉人不可, 曰:「必以蕭同叔子爲質, 而使齊之封內盡東其畝.」

對曰:「蕭同叔子非他, 寡君之母也. 若以匹敵, 則亦晉君之母也.
吾子布大命於諸侯, 而曰『必質其母以爲信』, 其若王命何? 且是以
不孝令也.《詩》曰:『孝子不匱, 永錫爾類.』若以不孝令於諸侯, 其
無乃非德類也乎? 先王疆理天下, 物土之宜, 而布其利. 故《詩》曰:
『我疆我理, 南東其畝.』今吾子疆理諸侯, 而曰『盡東其畝』而已, 唯吾
子戎車是利, 無顧土宜, 其無乃非先王之命也乎? 反先王則不義,
何以爲盟主? 其晉實有闕. 四王之王也, 樹德而濟同欲焉;五伯之
霸也, 勤而撫之, 以役王命. 今吾子求合諸侯, 以逞無疆之欲,《詩》曰:
『布政優優, 百祿是遒.』子實不優, 而弃百祿, 諸侯何害焉? 不然, 寡君
之命使臣, 則有辭矣. 曰:『子以君師辱於敝邑, 不腆敝賦, 以犒從者.
畏君之震, 師徒橈敗. 吾子惠徼齊國之福, 不泯其社稷, 使繼舊好,
唯是先君之敝器, 土地不敢愛. 子又不許, 請收合餘燼, 背城借一.
敝邑之幸, 亦云從也;況其不幸, 敢不唯命是聽?』」

魯·衛諫曰:「齊疾我矣. 其死亡者, 皆親暱也. 子若不許, 讎我必甚.
唯子, 則又何求? 子得其國寶, 我亦得地, 而紓於難, 其榮多矣. 齊·晉
亦唯天所授, 豈必晉?」

晉人許之, 對曰:「羣臣帥賦輿, 以爲魯·衛請. 若苟有以藉口, 而復
於寡君, 君之惠也. 敢不唯命是聽?」

禽鄭自師逆公.

秋七月, 晉師及齊國佐盟於爰婁, 使齊人歸我汶陽之田.

公會晉師於上鄍, 賜三帥先路三命之服.

司馬·司空·輿帥·候正·亞旅皆受一命之服.

손환자孫桓子는 신축新築에서 돌아오면서 위衛나라로 들어가지 않고 그
길로 진晉나라로 가서 군사를 지원해 줄 것을 청하였다.

장선숙臧宣叔 역시 진나라에 가서 군사를 청하였는데 그들은 모두
진나라 극헌자郤獻子에게 부탁하였다.

진晉 경공景公이 전차 7백 승을 내어 주도록 허락하자 극헌자가 말하였다.

"이 병력은 성복城濮 싸움 때와 같은 병력입니다. 당시 선군 문공文公의 총명함과 대부들의 민첩함이 있었기에 우리가 승리할 수 있었던 것입니다. 그러나 저는 그때의 대부들에 비하면 무능함이 그들 일꾼도 될 수 없을 정도이니 청컨대 8백 승을 내어주시기 바랍니다."

진 경공이 허락하였다.

이리하여 극극郤克이 중군中軍을 거느리고, 사섭士燮이 상군上軍을 보좌하며, 난서欒書가 하군下軍을 거느리고, 한궐韓厥이 사마司馬가 되어 노魯나라와 위衛나라를 구원하러 나섰다.

장선숙은 진나라 군사를 맞이하여 안내를 하였으며, 계문자季文子는 군사를 이끌고 이들에게 합류하였다.

위나라 땅에 이르러 한헌자韓獻子(韓厥)가 군율을 어긴 병사를 죽이려 하자 극헌자가 말을 달려 이를 구하려 하였으나 그곳에 이르렀을 때에는 이미 그를 죽인 뒤였다.

극헌자는 급히 이를 군중軍中에 알리도록 하면서 자신의 마부에게 이렇게 말하였다.

"내 한헌자에게 쏟아질 비방을 분담하고자 한 것이었다."

그리고 물러나던 제齊나라 군사들 뒤를 밟아 신莘 땅으로 갔다.

6월 임신날, 이들의 군사는 미계산靡笄山 아래에 이르게 되었다.

그러자 제齊 경공頃公이 사람을 보내어 전투를 청하며 이렇게 말을 전하도록 하였다.

"그대들이 임금의 군사를 이끌고 우리 땅에 오는 수고를 하였으니 우리의 시원치 않은 군사들이기는 하나 내일 이른 아침 맞닥뜨려 만나 보기로 합시다."

극극이 이렇게 대답하였다.

"우리 진나라는 노나라, 위나라와 형제 사이입니다. 그런데 두 나라가 사람을 보내어 '큰 나라가 아침저녁으로 우리 땅에 대한 원한을 풀겠다고 저렇게 날뛰고 있습니다'라고 하기에 우리 임금께서 참다못해 여러 신하들로 하여금 그대 대국에게 청하되 많은 군사들을 그대 땅에 오래 머물러 있지 말고 속히 치고 돌아오도록 명하셨습니다. 저희는 앞으로 나아갈 줄만 알지, 뒤로 물러날 줄은 모릅니다. 그러니 그대께서 내린 명령에 욕됨이 없도록 하겠습니다."

제 경공이 말하였다.

"대부께서 허락해 준다니 이는 내가 원하던 바였소. 만약 허락하지 않았다 해도 역시 장차 맞붙어볼 참이었소."

제나라 고고高固가 진나라 군진으로 돌입하여 돌을 들어 진나라 사람에게 던져 거꾸러뜨리고는 그를 잡아 자신의 전차에 끌어 올리더니 뽕나무 뿌리에 매달아 제나라 군사의 보루를 돌아다니며 이렇게 말하는 것이었다.

"용기가 필요한 자는 나의 이 나머지 용기를 사 가거라!"

계유날, 양쪽 군사들이 안鞌 땅에 진을 쳤다.

그때 대부 병하邴夏가 제 경공의 수레를 몰고, 봉축보逢丑父가 그 오른쪽을 맡았으며, 진나라 편에서는 해장解張이 극극이 수레를 몰고 정구완鄭丘緩이 그 오른쪽을 맡았다.

제 경공이 말하였다.

"나는 잠시 이 적들을 모조리 잘라버리고 아침 식사를 하겠노라."

그는 말에 무장도 하지 않고 진나라 군을 향해 달려들었다.

극극은 화살을 맞아 흐르는 피가 신발에까지 흘러내렸지만 그는 북소리를 멈추지 않으면서 이렇게 말하였다.

"내가 부상을 당하여 몹시 괴롭구나!"

그러자 장후張侯(解張)가 이렇게 말하였다.

"싸움이 시작되자마자 적의 화살이 내 손을 관통하여 그 끝이 팔꿈치까지 닿았습니다. 나는 그 화살을 분질러 끊어내고 수레를 몰고 있습니다. 피가 수레의 왼쪽 바퀴까지 검붉게 물들었지만 어찌 감히 괴롭다고 말할 수 있었겠습니까? 그러니 그대도 참아 주시오!"

그러자 정구완이 말하였다.

"저는 싸움이 시작되고부터 진실로 험한 길이면 반드시 수레에서 내려 밀었습니다. 그대가 어찌 그걸 아시겠습니까? 그렇기는 하나 그대는 괴롭기는 하겠군요!"

다시 장후가 말하였다.

"지금 우리 군사들의 눈과 귀는 모두 우리의 깃발과 북소리에 달려 있습니다. 진격과 퇴각이 이를 따르고 있습니다. 이 전차에 타신 한 사람이 진정하기만 하면 가히 임무를 완수할 수 있습니다. 이와 같거늘 어찌 괴로움을 이유로 임금의 대사大事를 그르치게 할 수 있겠습니까? 갑옷을 둘러 입고 무기를 손에 쥐고 출정하는 것은 진실로 죽음을 각오한 것입니다. 괴로움이 아직 죽음에 이르지 않았으니 그대는 힘을 내십시오!"

그리고 장후는 왼손으로 말고삐를 몰아 쥐고, 오른손으로 북채를 잡아 북을 울렸다.

말은 내달리던 속도를 멈출 줄 몰랐고 군사들은 모두 그 뒤를 따랐다.

이리하여 제나라 군사를 크게 패배시킬 수 있었다.

이들은 다시 그들을 화부주산華不注山까지 몰아 그 기슭을 세 바퀴나 돌았다.

한궐韓厥의 꿈에 죽은 아버지 자여子輿가 나타나 이렇게 말하는 것이었다.

"내일 아침 싸우러 나갈 때 수레 왼쪽이나 오른쪽 자리는 피하도록 하라."

그리하여 그는 가운데 자리에 앉아 전차를 몰면서 제 경공을 추격하였다.

제 경공의 수레를 모는 병하가 경공에게 말하였다.

"전차를 몰고 있는 저 자를 쏘십시오. 군자의 풍채를 하고 있는 자 말입니다."

그러자 경공이 말하였다.

"군자라고 말하면 그런 자를 쏜다는 것은 예가 아니다."

그리고는 그 왼쪽 사람을 쏘자 그는 화살을 맞고 전차 밑으로 굴러 떨어졌다.

다시 오른쪽 사람을 쏘자 그 전차 안에서 죽고 말았다.

그때 진나라 기무장綦毋張이 자신의 전차를 잃고 한궐의 전차로 달려가 말하였다.

"함께 태워주시오!"

그가 한궐의 왼쪽, 오른쪽으로 타려 하자 한궐은 그를 팔꿈치로 밀어 자신의 뒤로 가도록 하였다.

그리고 한궐은 몸을 숙여 쓰러져 있는 오른쪽 전사의 시체를 바로 눕혔다.

경공의 오른쪽을 맡았던 봉축보가 경공과 자리를 바꾸어 타고 화천華泉에 이르렀을 때 그만 그 수레의 바깥 말이 나무에 걸려 오가도 못하게 되었다.

봉축보는 전날 전차 안에서 잘 때 밑에서 뱀이 기어 올라와 팔로 치다가 물렸으나 그 상처를 감추고 있었으며 그 때문에 그는 전차를 밀 수 없어 결국 한궐에게 잡히고 말았다.

한궐은 말 앞에서 말고삐를 잡고 경공에게 두 번 절을 하고 머리를 땅에 조아리며 술잔과 구슬을 함께 올리면서 이렇게 말하였다.

"우리 임금게서는 우리 신하들에게 노나라와 위나라를 위하여 그대가 물러서기를 요청하도록 하셨습니다. 그러면서 '우리 진나라 많은 군사들이 제나라 땅으로 들어가지 못하도록 하라'라고 말씀하셨습니다. 그런데 이 낮은 신하인 제가 불행하게도 전투에 몰두하다가 그만 도망갈 수도 숨을 수도 없었습니다. 게다가 두려움 끝에 달아나 피할까 하였지만 이는 두 나라 임금게 모두 치욕을 끼치는 일이라 여겼습니다. 저는 그대 군사를 욕되게 하였습니다. 이에 감히 저희의 민첩하지 못함을 고하오니 빈자리 에나 채워 그대의 관리가 되도록 해 주시면 고맙겠습니다."

봉축보는 경공을 내리도록 하여 화천에 가서 물을 마시도록 하였다.

그 사이 정주보鄭周父가 경공의 보조용 수레를 몰고 완패宛茷가 그 오른쪽을 맡아 경공을 싣고 그 자리를 빠져나가 붙들릴 위기를 모면하였다.

한궐이 봉축보만을 잡아 극헌자에게 바치자 극헌자가 봉축보를 죽이려 하였더니 봉축보는 이렇게 소리를 치는 것이었다.

"이후로는 스스로 나서서 임금의 근심을 대신할 자는 없을 것이다! 지금 여기 그 한 사람이 있는데 죽이려는 것인가?"

극극이 말하였다.

"이 사람은 자신이 죽음으로써 임금의 재앙을 면하게 함을 어렵게 여기지 않았다. 내가 그런 사람을 죽이는 것은 상서롭지 못한 일이다. 그를 살려줌으로써 임금을 잘 섬기는 일을 장려하겠다."

그리하여 그를 살려주었다.

제 경공은 화를 면한 뒤 봉축보를 찾으려고 세 번이나 적진을 드나 들었다.

경공이 매번 적진에서 빠져나올 때마다 제나라 군졸들은 경공을 호위하여 후퇴하였다.

경공이 적狄의 사졸들이 있는 곳으로 들어가자 적의 사졸들은 모두 창을 뽑아 들고, 방패로 제 경공을 막아 주었다.

위衛나라 군진으로 들어갔을 때는 위나라 군사들이 제 경공을 위험에서 벗어나게 도와주었다.

이리하여 경공은 드디어 서관徐關을 지나 제나라 도읍으로 들어갈 수 있었다.

경공은 성읍을 수비하고 있는 자를 보자 이렇게 말하였다.

"힘써 지켜라! 우리 제나라는 패하였다!"

여자가 있어 비키도록 하였더니 그 여자가 물었다.

"우리 임금께서는 화를 면하셨습니까?"

경공이 대답하였다.

"화를 면하였소."

여자는 다시 물었다.

"무기를 관리하는 관원은 화를 면하였습니까?

경공이 대답하였다.

"면하였소."

여자가 다시 물었다.

"진실로 우리 임금과 우리 아버지가 화를 면하였다니 이와 같다면 더 이상 어쩌겠는가?"

그리고 여자는 달려 가버렸다.

경공은 그가 예禮가 있다고 여겼다.

잠시 후 그의 소재를 물어보았더니 성벽城壁을 관리하는 관원의 아내였다.

그래서 임금은 그 여자에게 석류石旒 땅을 상으로 주었다.

진晉나라 군사는 제齊나라 군사를 추격하여 구여丘輿로부터 제나라 안으로 들어가 마형馬陘을 공격하였다.

그러자 제 경공은 빈미인賓媚人으로 하여금 기紀나라에서 얻은 시루와 옥으로 만든 경磬, 그리고 토지를 뇌물로 바쳐 화해하도록 하면서 "만일 진나라가 거부하면 그들이 하자는 대로 싸울 것"이라 말하도록 하였다.

그리하여 빈미인이 진나라에 뇌물을 바쳤으나 진나라 사람은 이를 거부하며 이렇게 말하였다.

"반드시 소동숙자蕭同叔子를 인질로 하고 제나라 영토 내의 밭이랑은 모두 동쪽을 향하게 해야 한다."

그러자 빈미인은 이렇게 대답하였다.

"소동숙자는 다른 사람이 아닙니다. 바로 우리 임금의 모친이십니다. 만약 진晉과 제齊 두 나라가 같은 지위에 있다면 그분은 역시 진나라 임금의 어머님이시기도 합니다. 그대는 제후들에게 패자의 큰 사명을 편다면서 '반드시 그 모친을 인질로 삼아 신표로 삼겠다'고 하니, 그렇다면 천자의 명령은 어떻게 되는 것입니까? 이로써 제후들에게 불효를 명령하는 것이 됩니다. 《시》에 '효자의 효성은 무너지지 않을 것이니, 영원토록 함께 할 사람들 내려주시네'라 하였습니다. 만약 제후들에게 불효한 짓을 하라고 명령한다면 덕으로써 이끌 수는 없는 사람이 되는 것이 아니겠습니까? 옛날 선왕先王들께서 천하의 토지 경계를 정할 때 그 토지의 지형과 토질을 살펴 그 땅에 맞는 작물을 정하여 그 이익을 널리 펴도록 하였습니다. 그 때문에 《시》에 '내 땅의 경계를 정하고, 남쪽과 동쪽으로 밭두둑을 내었네'라 하였습니다. 그런데 지금 그대는 제후의 토지 경계를 정하면서 '밭두둑을 모두 동쪽으로 향하게 하라'고 하시니 이는 그대 전차가 진격할 때 편리할 뿐, 토지에 따라 그에 맞는 농사를 잘 지어야 한다는 것에 대해서는 전혀 고려하지 않은 것입니다. 이것은 옛날의 선왕의 명을 어기는 것이 아니겠습니까? 선왕의 법칙을 어기는 것은 의롭지 못한 일인데 그렇게 하고 어찌 맹주가 될 수 있다는 것입니까? 진나라는 실제 패자의 자격이 없습니다. 옛 사왕四王이 천하의 왕 노릇을 할 수 있었던 것은 덕을 심어 백성이 바라는 바를 함께 해결해 주었기 때문이요, 오백五伯이 패자가 될 수 있었던 것은 스스로 힘써 노력하고 다른 제후들을 어루만져 천자의 명령을 잘 받들도록 하였기 때문이었습니다. 그런데 지금 그대는 제후들을 통합하여 끝없는 욕망을 마음껏 채우려 하고 있습니다. 《시》에 '정치를 펴심이 너그럽고 너그러워, 온갖 복록이 쌓이고 쌓이도다'라 하였습니다.

그런데 그대는 실로 너그럽지를 못하여, 그 온갖 복을 스스로 버리고 있으니 제후들이 얼마나 손해를 입고 있습니까? 그대가 우리의 요청을 들어주지 않을 경우, 우리 임금께서 저에게 명하신 바가 있으니 그 말씀은 이렇습니다. '그대가 그대 임금의 군사를 이끌고 우리나라에 수고스럽게 왔을 때 나는 허약한 이 나라 군사로 그대들을 상대하였소. 그러나 그대 군주의 위력이 두려워, 결국 우리는 지고 말았소. 이에 그대가 우리 제나라에게 복을 내려주는 은혜를 베풀어 사직이 무너지지 않도록 하고 지난날의 우호관계를 계속 이어갈 수 있도록 해준다면 나는 우리 선군이 남겨주신 기물器物과 나라의 토지도 아낌없이 내어놓겠소. 그러나 그대가 또다시 거부한다면 남아있는 병사들을 모아 성벽을 등지고 일전을 벌일 수밖에 없소. 우리나라로서는 승리의 행운을 얻는다 해도 역시 그대 진나라의 명령을 받들어야할 처지인데 하물며 불행히도 패하였을 때라면 감히 귀국의 명에 따르지 않을 수 있겠소?'"

그러자 노나라와 위나라가 극극에게 이렇게 충고하였다.

"제나라는 우리 두 나라를 미워하고 있습니다. 싸움에서 죽은 이들은 모두가 제나라 군주와 가깝고도 아끼던 이들입니다. 그대가 만약 제나라의 요청을 허락하지 않는다면 그들의 우리에 대한 복수심은 틀림없이 더욱 심해질 것입니다. 오직 그대라면 지금 더 이상 무엇을 바라고 있습니까? 그대는 그 나라의 보물을 얻고 우리 두 나라는 잃었던 땅을 되찾으며 이 병란을 해결되기만 한다면 그 영광은 많은 것입니다. 지금 제나라와 진나라는 모두 하늘이 내린 복을 받고 있는데 어찌 반드시 진나라만 그 복을 받아야 한다고 여기십니까?"

이에 진나라 극극은 제나라의 요청을 허락하며 이렇게 말하였다.

"우리 여러 신하들은 많은 전차를 이끌고 와, 노나라와 위나라를 위하여 제나라가 군사를 퇴각시킬 것을 요청하였었습니다. 만약 진실로 합당한 구실이 있어서 우리 임금께 보고할 수 있게만 해 준다면 이는 바로 그대 제나라 임금께서 우리에게 베푸는 은혜가 되는 것입니다. 그런데 어찌 감히 말씀을 듣지 않겠습니까?"

이에 노나라 대부 금정禽鄭은 군중에서 나와 성공成公을 맞이하였다.

가을 7월, 진나라 군사는 제나라 국좌國佐와 원루爰婁에서 맹약을 맺게 된 것이며, 그때 제나라로 하여금 우리 땅이었던 문양汶陽을 돌려주도록 하였다.

성공은 진나라 군사와 상명上郿에서 만나 삼군의 대장에게 선로先路와 삼명三의 복장을 하사하였다.

이리하여 사마司馬·사공司空·여수輿帥·후정候正, 아려亞旅들은 모두 일명一命의 복장을 받게 되었다.

【孫桓子】孫良夫. 孫林父의 아버지. 시호는 桓子.

【臧宣叔】臧孫許. 臧文仲의 아들. 武仲紇의 아버지. 宣公 18년 傳을 볼 것.

【郤獻子】郤克. 郤子. 晉나라 大夫. 郤缺. 獻子는 그의 시호.

【主】'의뢰 대상으로 삼다'의 뜻. 宣公 17년 郤克이 齊 景公 어머니에게 모욕을 당한 일로 반드시 齊나라에게 복수하겠다고 다짐하였기 때문이었음.

【晉侯】당시 晉나라 군주는 景公(獳) 재위 11년째였음.

【城濮】城濮之戰. 僖公 28년 晉 文公(重耳)이 楚나라와 싸워 크게 이긴 전투. 城濮은 지금의 河南 陳留縣 또는 山東 濮縣의 남쪽. 이 전투를 '城濮之戰'이라 하며 이는 春秋시대 가장 큰 전투로 널리 알려져 있음. 僖公 28년의 經文 및 傳文을 볼 것.

【賦】軍勢, 군력. 兵力.

【先大夫】지난날 城濮之戰에서 공을 세웠던 先軫, 狐偃, 欒枝 등을 가리킴.

【肅】'敏捷하다'의 뜻.

【捷】大捷. 勝利. 勝捷.

【士燮】晉나라 대부. 文子. 范文子. 范武子(士會)의 아들. 그 후손이 뒷날 晉六卿의 하나인 范氏로 발전함.

【欒書】晉나라 대부. 欒盾의 아들 欒武子. 欒伯으로도 부름. 欒黶의 아버지.

【韓厥】晉나라 대부. 韓獻子. 子輿의 아들. 韓萬의 현손. 韓無忌의 아버지. 그 후손이 뒷날 晉六卿의 하나인 韓氏로 발전하였으며 戰國시대 七雄의 하나인 韓나라를 일으킴.

【季文子】季孫行父. 魯나라 대부. 魯나라 三桓의 하나인 季孫氏 집안.

【郤獻子馳, 將救之】韓獻子(韓厥)가 司馬로써 병사가 군기를 어겼다고 잘못 알고 죽이려 하여 郤獻子(郤克) 이를 막기 위해 달려간 것임.

【分謗】《國語》晉語(5)와《韓非子》難一篇에 이에 대한 평론이 있음.

【莘】衛나라와 齊나라 국경 지대 이름.《續山東考古錄》에 "莘是齊邑, 在山東 莘縣北八里"라 함.

【六月壬申】6월 17일.

【靡笄】산 이름. 千佛山이라고도 이름. 당시 齊나라에 속하였음.《山東通志》에 "以歷山卽靡笄山, 今名千佛山, 在濟南府南十里"라 함. 지금의 山東 歷城縣 남쪽.

【齊侯】당시 齊나라 군주는 頃公(無野) 재위 10년째였음.

【不腆敝賦】많지 않은(허약한) 우리나라의 군세. 僖公 33년의 傳文을 볼 것.

【詰朝】내일 이른 아침.

【兄弟】晉・魯・衛 세 나라는 모두 周나라 혈통 姬姓으로 晉의 시조는 周 武王의 아들이며 成王의 아우 叔虞였고, 魯의 시조는 武王의 아우 周公(姬旦)이었으며, 衛의 시조는 武王의 막내아우 康叔이었음.

【大國朝夕釋憾於敝邑之地】대국은 齊나라. 즉 제나라가 한을 풀겠노라 아침 저녁으로 우리 두 나라를 침공함.

【無令輿師淹於君地】'輿'는 '衆'과 같음. 輿師는 많은 군사・대군. 진나라의 대군이 군주의 나라(齊나라 땅)에 오래 머물러 있게 하지 말라는 뜻. 즉, 제나라의 땅에 오래 있지 않도록 빨리 패배시키고 돌아오라는 뜻.

【君無所辱命】군주께 싸우라는 명을 받을 필요가 없음. 여기서의 임금은 齊 頃公을 가리킴.

【高固】齊나라 대부이며 장수. 高宣子로도 부름. 宣公 17년 傳文을 볼 것. 高氏는 國氏와 함께 제나라 大姓이었음.

【桀】높이 들어 올림. '擧'와 같음.

【桑本】뽕나무의 뿌리.

【賈】'買'와 같음. '고'로 읽음.

【癸酉】6월 18일.

【鞌】齊나라 지명.《山東通志》에 "鞌在歷城縣西北十里鞍山下"라 함. '鞍'과 같음.

【邴夏】齊나라 대부.

【逢丑父】齊나라 대부.

【解張】晉나라 대부. 張侯로도 불림.

【鄭丘緩】晉나라 대부. 鄭丘는 複姓. 緩은 이름.

【不介馬】말에게 보호 장비를 전혀 씌우지 않음. '介'는 '甲'과 같음.

【朱殷】검붉음. 殷紅色, 赤黑色. 피가 흘러 시간이 지나면 검게 되는 것을 말함.

【師之耳目, 在吾旗鼓】깃발과 북소리는 군사들의 이목과 같음. 《孫子》軍爭篇에 "言不相聞, 故爲金鼓; 視不相見, 故爲旌旗. 夫金鼓·旌旗者, 所以一人之耳目也. 人旣專一, 則勇者不得獨進, 怯者不得獨退, 此用衆之法也"라 함.

【殿】'鎭靜하다. 鎭守하다'의 뜻.

【集事】'集'은 '완성하다, 성공하다'의 뜻.

【馬逸】말이 북소리를 듣고 그대로 앞으로 달려 나감.

【華不注】산 이름. 지금의 山東 濟南市 동북쪽에 있음.

【子輿】韓厥의 아버지.

【中御】전차의 가운데 자리에 앉아 전차를 조종함.

【越於車下】'越'은 '墜'와 같음.

【綦母張】晉나라 대부. 綦母는 성, 張은 이름.

【喪車】'喪'은 '失'과 같음. 전차를 잃음.

【寓乘】남의 탈것에 빌붙어 탐. '寓'는 '寄'와 같음.

【從左右】전차의 왼쪽, 오른쪽 자리에 자리 잡으려 함.

【定其右】전차 안에 쓰러져 있는 오른쪽에 탔던 전사의 시체를 바로 눕힘.

【易位】齊 頃公과 逢丑父가 자리를 바꿈. 고대 전투 방법의 하나로 적이 알아 보지 못하도록 자리를 바꾸어 속임. 《公羊傳》에 "逢丑父面目與頃公相似, 衣服 與頃公相似"라 함.

【華泉】華不注山 아래에 있는 우물 이름.

【驂絓於木】'驂'은 수레를 끄는 말의 곁말. 그 말이 나무에 걸려 앞으로 나가지 못함.

【轏】대나무로 만든 수레라 함.

【忝兩君】진나라·제나라의 두 군주를 수치스럽게 함.

【辱戎士】군주의 군사를 욕되게 하다. 제나라 군사와 一戰한 것을 겸손히 말한 것.

【攝官承乏】측근 관리의 대리자가 되어 빈자리를 채움.

【取飲】韓厥이 齊 頃公을 사로잡으려는 의도를 알아차린 逢丑父가 頃公으로 하여금 華泉에서 물을 마시도록 한 것은 頃公이 도망치도록 유도한 것임.

【鄭周父】齊나라 대부.

【佐車】副車.

【宛筏】역시 齊나라 대부. 頃公을 도와 도피함.

【三入三出】頃公이 逢丑父를 구출해 내고자 敵陣인 晉師, 狄卒, 衛師 등의 군진을 세 번 뛰어들어 찾아봄. 즉

【齊師以帥退】이 구절은 여러 설이 있으나 '頃公이 逢丑父를 찾고자 적진에

들어갔다가 빠져나올 때마다 제나라 군사들은 얼른 그를 호위하여 다시 조금씩 후퇴하다'의 뜻으로 보는 것이 타당할 듯함. 즉 일면 후퇴, 일면 구출의 두 가지 작전을 함께 편 것임.

【抽戈楯冒之】 衛나라와 狄은 진나라 우군이었음에도 창을 들어 치는 시늉을 하면서도 뒷날 제나라로부터 공격받을 것을 염려하여 晉軍에게 의심받지 않도록 齊 頃公을 방패로 가려 보호하였던 것임.

【徐關】 齊나라 都邑 邑城의 관문. 지금의 山東 淄川鎭 서쪽에 있던 關門.

【保者】 성읍을 수비하는 자.

【辟女子】 齊 頃公이 패하여 홀로 돌아가고 있어 여자가 임금인 줄 모르고 길 가운데에 서 있었기에 여자에게 길을 피해 달라고 한 것임. '辟'은 '辟除'의 줄인 말. 《周禮》 秋官 土師에 "王燕出入, 則前驅而辟"이라 함.

【銳司徒】 창이나 칼 같은 예리한 무기를 관리하는 관원.

【可若何】 '어찌하겠는가?' 다른 사람들이야 어떻게 되었건 어쩔 수 없다는 말. 즉 남편이 죽었다 하더라도 이제 할 수 없다는 것.

【有禮】 먼저 임금의 안부를 묻고 뒤에 아버지의 생사여부를 물은 것을 예에 맞다고 여긴 것임.

【辟司徒】 성벽을 관리하는 임무를 맡은 관원. '辟'은 '壁'과 같음. 杜預 注에 "主壘 壁者"라 함.

【石窌】 '窌'는 '류'로 읽음. '窌, 音溜라 함. 제나라 땅. 지금의 山東 長淸縣 동남.

【丘輿】 齊나라 읍 이름. 지금의 山東 益都縣 서남쪽.

【馬陘】 齊나라 읍 이름. 지금의 山東 益都縣 서남쪽. 《史記》 齊世家에는 '馬陵' 으로 되어 있음.

【賓媚人】 杜預 注에는 '國佐'라 하였음. 국좌를 이렇게 부른 이유는 알 수 없으나 '손님처럼 우대하는 사람'이라는 뜻으로 추측됨.

【紀甗】 紀나라의 시루. 莊公 4년 齊나라가 紀나라를 멸망시켰을 때에 얻었던 보물.

【客】 晉나라를 말함.

【晉人】 晉나라 군의 元帥 郤克을 가리킴.

【蕭同叔子】 同叔은 蕭나라 군주의 字. 子는 公女. 蕭나라 군주 同叔의 딸은 齊 頃公의 어머니였음. 다른 나라 장애를 가진 사신을 보고 웃어 국제적 사건을 일으켰던 여인.

【東其畝】 전답의 두둑을 서쪽에서 동쪽으로 향하게 함. 당시 晉나라는 齊나라의 서쪽에 있었으므로 제나라에 출군할 때에 편리하게 하기 위해 이렇게 제나라

에게는 치욕스러운 요구를 하였던 것임.

【匹敵】 대등한 지위를 뜻함.

【王命】 春秋시대에는 尊王攘夷의 기치 아래 천자인 주나라 왕을 거론하여 그가 '제후들이 서로 화목하게 지낼 것을 명하였다'는 구실로 남을 설득시키고자 하였음.

【詩】《詩經》大雅 旣醉篇에 "威儀孔時, 君子有孝子. 孝子不匱, 永錫爾類. 其類維何, 室家之壼. 君子萬年, 永錫祚胤. 其胤維何, 天被爾祿. 君子萬年, 景命有僕. 其僕維何, 釐爾女士. 釐爾女士, 從以孫子"라 함.

【疆理】 '疆'은 경계를 바로 하는 것. '理'는 지형과 토질이 어떠한지 따져 분별하는 것.

【物土之宜】 그 토지의 지형과 지질을 살펴, 그 땅에 적당한 농작물을 정함.

【詩】《詩經》小雅 信南山篇에 "信彼南山, 維禹甸之. 畇畇原隰, 曾孫田之. 我疆我理, 東南其畝. 上天同雲, 雨雪雰雰. 益之以霡霂, 旣優旣渥, 旣霑旣足, 生我百穀. 疆場翼翼, 黍稷彧彧. 曾孫之穡, 以爲酒食. 畀我尸賓, 壽考萬年. 中田有廬, 疆場有瓜. 是剝是菹, 獻之皇祖. 曾孫壽考, 受天之怙. 祭以淸酒, 從以騂牡, 享于祖考. 執其鸞刀, 以啓其毛, 取其血膋. 是烝是享, 苾苾芬芬, 祀事孔明. 先祖是皇. 報以介福, 萬壽無疆"이라 함.

【有闕】 缺如가 있음. 빠진 부분이 있음.

【四王】 고대 聖王 네 분. 莊公 32년과 成公 13년에는 "虞, 夏, 商, 周"라 하여 고대 각 조대의 시조 즉 虞舜, 夏禹, 商湯, 周文王(武王)을 들었으나 杜預 注에는 "禹, 湯, 文, 武"라 하였음. 王道政治를 잘 편 왕들을 말함.

【五伯】 '伯'은 '霸'와 같음. 霸道政治로 그 힘을 발휘한 다섯 군주. 杜預 注에 "夏伯昆吾, 商伯大彭·豕韋, 周伯齊桓·晉文"이라 하였으나 이미 春秋五霸가 모두 출현한 만큼 齊 桓公, 晉 文公, 宋 襄公, 晉 穆公, 楚 莊王을 거론하는 것으로도 봄.

【濟同欲焉】 천하 만민이 모두 원하는 것을 누리게 함.

【役王命】 천자의 명에 따름. 그러나 여기서의 '王'은 '霸'와 상대되는 의미로도 봄.《孟子》公孫丑(上)에 "以力假仁者霸, 以德行仁者王"이라 함.

【豕】《詩經》商頌 長發篇에 "受小球大球, 爲下國綴旒. 何天之休, 不競不絿, 不剛不柔, 敷政優優, 百祿是遒. 受小共大共, 爲下國駿厖. 何天之龍, 敷奏其勇, 不震不動, 不戁不竦, 百祿是總. 武王載旆, 有虔秉鉞. 如火烈烈, 則莫我敢曷. 苞有三蘖, 莫遂莫達, 九有有截. 韋顧旣伐, 昆吾夏桀. 昔在中葉, 有震且業. 允也天子, 降于

卿士, 實維阿衡, 實左右商王”이라 함.

【以犒從者】 ‘상대하다. 맞서 싸우다’의 뜻. 전투에서 ‘그들을 따라가며 犒勞하다’의 뜻에서 轉義된 당시의 習語. ‘犒’는 군사를 음식으로 위로함을 뜻함.

【橈敗】 패배. 실패. ‘橈’는 ‘撓’와 같음. 흔들려 패배함.

【餘燼】 죽지 않고 남아 있는 병사.

【借一】 한 번 싸운다는 뜻. 결전을 벌이겠다는 뜻.

【敝邑之幸】 우리나라가 승리하는 행운.

【賦輿】 전차.

【藉口】 구실에 의함. 명분을 줌.

【禽鄭】 魯나라 대부. 成公이 魯나라에서 오자 그를 맞이함.

【爰婁】 齊나라 지명. 지금의 山東 臨淄鎭 서쪽. 經文에는 ‘袁婁’로 되어 있음.

【汶陽】 汶水의 북쪽으로 지금의 山東 寧陽縣 경내. 僖公 元年 傳文에 이 땅을 魯나라 조정에서 季氏에게 주었으나 뒤에 齊나라가 차지하였음. 그 땅을 이번에 다시 노나라에게 반환하도록 한 것.

【上郓】 지금의 山東 陽穀縣 경계 지역.《彙纂》에 “禽山東省陽穀縣境”이라 함.

【三帥】 세 명의 장수. 즉 郤克, 士燮, 欒書를 가리킴.

【先路】 卿이 타는 수레. ‘路’는 ‘輅’와 같음. 고대 제후들이 타는 수레를 ‘路’(輅)라 하였으며 卿 大夫는 천자나 제후가 하사할 경우만 이를 탈 수 있었음. 모두 다섯 종류로 장식과 재질에 따라 玉路, 金路, 象路, 革路, 木路가 있었음. 이 경우 세 등급이 있어 각각 大路, 先路, 次路가 있었음.

【三命之服】 卿이 입는 옷. 고대 卿 大夫에게는 三命, 再命, 一命의 구별이 있어 그 복장이 각기 달랐음.

【司馬】 軍中에서 무장에 관한 것을 담당하는 관원.

【司空】 군중에서 軍陣·보루에 관한 일을 담당하는 관원.

【輿帥】 전차를 관리하는 관원.

【候正】 斥候에 대한 일을 담당하는 관원.

【亞旅】 亞는 버금이라는 뜻. ‘旅’는 ‘多, 衆’의 뜻. 즉 버금가는 지위에 있는 여러 관원을 말함.

【一命】 천자가 下士, 큰 제후국의 군주가 士, 작은 제후국의 군주가 대부를 각각 임명함을 말함. 처음 관직에 들어선 卿이나 大夫, 士의 신분을 표시하는 복장을 하사받았음을 말함.

※ 915(成2-5)

八月壬午, 宋公鮑卒.

8월 임오날, 송공宋公 포鮑가 죽었다.

【壬午】 8월 27일.
【鮑】 宋 文公. 昭公(杵臼)의 뒤를 이어 B.C.610~588년까지 22년간 재위하였으며
共公(固)이 그 뒤를 이음.

傳

八月, 宋文公卒.
始厚葬, 用蜃炭, 益車·馬, 始用殉, 重器備.
槨有四阿, 棺有翰·檜.
君子謂:「華元·樂擧於是乎不臣. 臣, 治煩去惑者也, 是以伏死而爭.
今二子者, 君生則縱其惑, 死又益其侈, 是弃君於惡也, 何臣之爲?」

8월, 송宋 문공文公이 세상을 떠났다.
처음으로 후장厚葬을 시작하여 묘 안에 조개껍질을 태운 숯을 바르고
그 안에 묻는 수레와 말의 수를 늘렸으며, 처음으로 사람을 순장하기 시작
하였고, 중한 기물을 갖추어 묻었다.
곽槨은 네 귀퉁이가 위로 솟게 하고, 관棺의 옆과 위를 장식하였다.
군자가 말하였다.
"화원華元과 악거樂擧는 그 일에서 신하 노릇을 제대로 하지 못하였다.
신하는 번거로움을 다스리고 미혹함을 없애주어야 한다. 이로써 죽음을
무릅쓰고 쟁간하여야 하는 것이다. 지금 이 두 사람은 임금이 살아있을
때에는 미혹한 짓을 마구 하고 죽은 다음에는 그 사치를 더욱 조장하였으니
이는 임금을 악에 빠지게 내다 버린 셈이니 어찌 신하로서 할 짓이겠는가?"

【蜃炭】큰 조개껍질을 태워 만든 재나 숯. 그러나 孔穎達 疏에는 劉炫의 설을 인용하여 ‘蜃’은 조개껍질의 재(灰)이며, ‘炭’은 나무를 태워 얻은 숯(炭)이라 하였음. 모두 무덤 안의 습기를 방지하기 위한 것이라 함.

【車馬】杜預 注에 ‘진흙으로 만든 수레와 풀을 묶어 만든 말로 죽은 사람과 함께 묻은 것’으로 보았으나 실제 수레와 살아있는 말을 넣은 것으로 봄.

【始用殉】宋나라에서는 처음으로 殉葬을 하였다는 것.《史記》秦本紀에 의하면 秦 武公이 죽자 66명을 함께 묻고, 穆公이 죽자 170명을 묻었다고 함.

【重器備】많은 기물을 갖춤. 죽은 사람이 생전에 썼던 기물을 함께 묻음.

【四阿】원래는 천자 宮室이나 宗廟의 건축 형식. 사방이 위로 솟아오름. 이는 원래 천자를 묻을 때 쓰는 槨의 네 귀퉁이를 위로 불룩 솟게 만들었음.

【翰檜】杜預 注에 ‘翰은 옆면의 장식, 檜는 윗면의 장식’이라 함. 천자가 죽었을 때에처럼 棺의 옆면과 윗면을 아름답게 꾸민 것.

【華元】宋나라 대부 華御事의 아들.

【樂擧】宋나라 대부. 文公 때의 執政大臣.

【伏死】죽음을 무릅씀.

【縱其惑】무도한 짓을 마음대로 함.

◉ 916(成2-6)

庚寅, 衛侯速卒.

경인날, 위후衛侯 속速이 죽었다.

【庚寅】9월 5일.

【速】衛 穆公의 이름.《公羊傳》과 《史記》에는 ‘遬’으로 되어 있음. 成公(鄭)의 뒤를 이어 B.C.599~589년까지 11년간 재위하였으며 定公(臧)이 그 뒤를 이음.

九月, 衛穆公卒.

晉三子自役弔焉, 哭於大門之外.
衛人逆之, 婦人哭於門內.
送亦如之, 遂常以葬.

9월, 위衛 목공穆公이 세상을 떠났다.

진晉나라의 세 사람이 싸움에서 돌아가다가 도중에 들러 조문하며 빈소가 차려진 대문 밖에서 곡을 하였다.

위나라 사람들이 대문 밖에서 그들을 맞이하고, 부인들은 문 안에서 곡을 하였다.

그들을 보낼 때에도 역시 이와 같이 하여 드디어 그러한 예가 위나라의 장례 의식의 관례가 되었다.

【三人】 郤克, 士燮, 欒書를 가리킴. 齊 頃公과의 싸움을 끝내고 귀국하는 길이었음.

【哭於大門……遂常以葬】 晉나라의 세 장군이 빈소의 대문 밖에서 곡한 것은, 그들이 진나라 군주의 명으로 조문하러 온 使者가 아니었기에, 빈 관이 안치된 집채의 堂下로 가서 곡하는 예법대로 하지 않았던 것임. 그런데 위나라 사람들은 그들을 대문 밖에서 정식 조객으로 맞이하고, 외국의 조객이 대문 밖에서 곡한다는 이유로, 堂上에서 곡을 해야 할 부인들을 대문 안에서 곡하게 하였음. 그리고 그 후로 위나라 사람들은 나라에 상이 났을 때 외국에서 조객이 오면, 진나라 세 장군이 대문 밖에서 곡한 것과 같은 의식을 지키게 하여, 결국 이것이 통상적인 예법이 되었음.

✹ 917(成 2-7)

取汶陽田.

문양汶陽 땅을 차지하였다.

【汶陽】汶水의 북쪽으로 지금의 山東 寧陽縣 경내. 僖公 元年(381) 傳에 이 땅을
魯나라 조정에서 季氏에게 주었으나 뒤에 齊나라가 차지하였음. 그 땅을
齊 頃公과의 싸움에 이겼을 때 다시 노나라에게 반환하도록 한 것. 杜預 注에
"晉使齊還魯"라 함.

楚之討陳夏氏也, 莊王欲納夏姬.

申公巫臣曰:「不可. 君召諸侯, 以討罪也; 今納夏姬, 貪其色也.
貪色爲淫, 淫爲大罰.〈周書〉曰:『明德愼罰』, 文王所以造周也. 明德,
務崇之之謂也; 愼罰, 務去之之謂也. 若興諸侯, 以取大罰, 非愼之也.
君其圖之!」

王乃止.

子反欲取之, 巫臣曰:「是不祥人也. 是天子蠻, 殺御叔, 殺靈侯,
戮夏南, 出孔·儀, 喪陳國, 何不祥如是? 人生實難, 其有不獲死乎!
天下多美婦人, 何必是?」

子反乃止.

王以予連尹襄老, 襄老死於邲, 不獲其尸.

其子黑要烝焉.

巫臣使道焉, 曰:「歸, 吾聘女.」

又使自鄭召之, 曰:「尸可得也, 必來逆之.」

姬以告王, 王問諸屈巫.

對曰:「其信. 知罃之父, 成公之嬖也, 而中行伯之季弟也, 新佐中軍,
而善鄭皇戌, 甚愛此子. 其必因鄭而歸王子與襄老之尸以求之. 鄭人
懼於邲之役, 而欲求媚於晉, 其必許之.」

王遣夏姬歸.

將行, 謂送者曰:「不得尸, 吾不反矣!」

巫臣聘諸鄭, 鄭伯許之.

及共王卽位, 將爲陽橋之役, 使屈巫聘於齊, 且告師期.

巫臣盡室以行.

申叔跪從其父, 將適郢, 遇之, 曰:「異哉! 夫子有三軍之懼, 而又有〈桑中〉之喜, 宜將竊妻以逃者也.」

及鄭, 使介反幣, 而以夏姬行.

將奔齊, 齊師新敗, 曰:「吾不處不勝之國.」

遂奔晉, 而因郤至, 以臣於晉, 晉人使爲邢大夫.

子反請以重幣錮之, 王曰:「止! 其自爲謀也則過矣, 其爲吾先君謀也則忠. 忠, 社稷之固也, 所蓋多矣. 且彼若能利國家, 雖重幣, 晉將可乎? 若無益於晉, 晉將弃之, 何勞錮焉?」

초楚나라가 진陳나라 하씨夏氏를 토벌하였을 때 초楚 장왕莊王이 하희夏姬를 자신이 차지하고자 하였다.

그러자 신공무신申公巫臣이 이렇게 말하였다.

"안 됩니다. 임금께서는 제후들을 불러 모아 죄 있는 자를 치셨습니다. 그런데 지금 하희를 차지하시면 색을 탐하시는 것이 됩니다. 색을 탐하는 것을 음란한 것이며 음란한 것은 큰 벌이 됩니다. 〈주서周書〉에 '덕을 밝히고 벌을 신중히 하라'라 하였으니 이는 주周 문왕文王께서 주나라를 창건한 정신이었습니다. 덕을 밝힌다는 것은 덕을 숭상하기에 힘씀을 말한 것이요, 벌을 신중히 한다는 것은 이를 없애기에 힘씀을 말한 것입니다. 만약 제후들의 군사를 일으켜 놓고 도리어 큰 벌을 초래한다면 이는 벌을 신중히 하는 것이 아닙니다. 임금께서는 잘 헤아려주십시오!"

장왕은 이에 단념하였다.

그러자 자반子反이 하희를 차지하겠다고 나서자 무신이 다시 말렸다.

"이는 상서롭지 못한 사람입니다. 그녀는 자만子蠻을 요절시켰고, 남편 하어숙夏御叔을 죽였으며, 진陳 영공靈公을 죽였고, 하남夏南을 죽였으며, 공녕孔寧과 의행보儀行父가 그 때문에 도망가야 했으며, 진陳나라는 그녀로 인해 망하고 말았습니다. 그녀만큼 상서롭지 못한 자가 어디 있겠습니까? 사람으로 살기에 실로 어려운 일이 많은데 그런 여인을 가까이 하였다가는 죽음을 제대로 맞이하지 못할 것입니다! 천하에는 아름다운 여인이 얼마든지 있는데 하필이면 그녀여야 한다는 것입니까?"

자반도 단념하고 말았다.

장왕은 하희를 연連 땅의 장관 양로襄老에게 주었는데 양로는 그만 필邲 땅 싸움에서 죽고 말았으며 그 시신도 거두지 못하였다.

그러자 그의 아들 흑요黑要가 하희와 사통하였다.

무신이 하희에게 사람을 보내 이렇게 말을 전하도록 하였다.

"친정 정鄭나라로 돌아가시오. 내 당신을 아내로 맞이하리다."

그리고 다시 정나라로 하여금 그녀를 불러들이되 이렇게 말하도록 하였다.

"남편의 시신을 찾을 수 있으니 반드시 와서 받아가도록 하시오."

하희가 초왕에게 이 사실을 고하자 왕은 이를 굴무屈巫에게 물었다.

굴무는 이렇게 답하였다.

"그것은 믿을 수 있는 일입니다. 지앵知罃의 아버지는 진晉 성공成公이 총애하는 인물이며, 중항백中行伯의 막내아우이기도 합니다. 그는 이번에 새롭게 진나라 중군中軍의 부장副將이 되었는데, 정나라의 황술皇戌과 친할 뿐더러 자신의 아들 지앵을 무척 아끼고 있습니다. 그는 틀림없이 정나라에 의뢰하여 우리 왕자王子 곡신穀臣과 양로의 시신을 돌려주는 대신 자신의 아들을 보내 달라 요구할 것입니다. 그리고 정나라는 필 땅에서의 전투를 겁을 내어 진晉나라에 예쁨을 받고자 아부하고 있는 터이니 틀림없이 이를 허락할 것입니다."

초왕은 하희를 정나라로 가도록 보내주었다.

하희는 장차 떠나면서 자신을 전송하는 사람에게 이렇게 말하였다.

"나는 양로의 시신을 찾지 못하면 다시는 이 초나라로 돌아오지 않겠소!"

무신이 하희를 아내로 맞이하겠다고 정나라에게 청하자 정鄭 양공襄公이 이를 허락하였다.

초楚나라에 공왕共王이 즉위하여 장차 노나라 양교陽橋에서 전투를 벌이고자 굴무신으로 하여금 제齊나라를 예방토록 하며 아울러 출군 시기를 알렸다.

그러자 굴무신은 가산을 모두 거두어 출발하였다.

그때 신숙궤申叔跪가 그의 아버지 신숙시申叔時를 따라 도읍 영郢으로 가려는 길에 굴무신 일행을 만나자 이들의 행동이 이상하다 여겨 이렇게 말하였다.

"이상합니다! 저 사람은 삼군三軍을 출동시키는 큰 임무를 띠고 있으니
두려워하는 모습이어야 하는데 도리어 밀회를 즐기러 가는 것처럼 즐거워
하는 표정이군요. 아마도 장차 남의 아내를 훔쳐 달아나는 것일 것입니다."

굴무신은 정나라에 도착하자, 제나라에게 바치려 가지고 갔던 예물을
수행원을 시켜 초나라로 다시 돌려보내고는 자신은 하희를 데리고 사라져
버렸다.

그들이 제나라로 도망하였더니 마침 제나라 군사가 진晉나라와의 싸움
에서 지고 있는 모습을 보자 그는 이렇게 말하였다.

"나는 싸움에 이기지 못한 나라에는 살수 없다."

그리하여 드디어 다시 진晉나라로 달아나 극지郤至에게 의지하여 진나라의
신하가 되자 진나라는 그를 형邢 땅의 대부로 삼아주었다.

그러자 초나라 자반은 노하여 진나라에 많은 예물을 보내서라도 굴무신이
진나라에서 벼슬을 하지 못하도록 할 것을 초왕에게 청하였다.

그러자 초왕은 이렇게 말하였다.

"그만 되었네! 굴무신이 그 자신을 위해 꾸민 꾀는 지나친 것이었지만
우리 선군을 위해 꾸민 모책은 충성스러운 것이었네. 충성은 국가 사직을
견고히 하는 것이니 그의 충성은 그가 저지른 죄를 많이 덮고도 남을 걸세.
게다가 그가 만약 진나라에 이로운 자라면 우리가 비록 많은 예물을 보내
준다 한들 진나라가 우리의 청을 들어주겠는가? 만약 그가 진나라에
이익이 되지 못한다면 진나라가 그를 버릴 것인데 어찌 노고롭게 벼슬길을
미리 막을 필요가 있겠는가?"

【楚之討陳夏氏】宣公 11년 및 12년을 볼 것. 陳 靈公과 孔寧·儀行父가 夏徵舒의
　　어머니 夏姬와 姦通하여 그 와중에 하징서가 영공을 죽였으며 이 일을 빌미로
　　삼아 楚나라가 하징서의 죄를 묻는다는 구실로 陳나라를 쳤음.
【夏姬】夏御叔 아내. 하징서 어머니. 鄭 穆公 딸이었음. 천하의 淫女로 널리 알려
　　졌으며 그 뒤 본문에서처럼 국제간 많은 사건을 초래하였음.
【申公巫臣】초나라 대부. 屈巫. 자는 子靈. 巫臣은 이름. 식읍이 申이었으며 본래
　　성은 屈氏. 그 때문에 '屈巫', '屈巫臣'으로도 불림. 夏姬를 차지하고자 여러 가지
　　꾀를 썼던 인물. 선공 12년을 볼 것.

【周書】《書經》康誥篇에 "王若曰:「孟侯·朕其弟, 小子封! 惟乃丕顯考文王, 克明德愼罰. 不敢侮鰥寡, 庸庸祗祗, 威威顯民. 用肇造我區夏, 越我一二邦以修, 我西土惟時怙冒, 聞于上帝, 帝休, 天乃大命文王, 殪戎殷, 誕受厥命, 越厥邦厥民惟時敍. 乃寡兄勗, 肆汝小子封, 在玆東土.」"라 함.

【子反】楚나라 公子 側. 子反은 그의 字. 당시 司馬 벼슬에 있었음. 宣公 12년의 傳을 볼 것.

【子蠻】鄭나라 공자. 杜預 注에 鄭 靈公(夷)의 자이며 夏姬의 오빠라 하였음. 그는 즉위하자 즉시 죽음을 당함. 그러나 昭公 28년 傳에 의하면 夏姬의 오빠는 子貉이며 이가 鄭 靈公으로 되어 있어 맞지 않음. 그 때문에 혹 夏姬의 첫 남편 이름이라고도 함.

【御叔】夏御叔. 夏姬 남편. 夏徵舒 아버지.《國語》楚語(上)에 의하면 그는 陳 公子 夏의 아들이라 하였음. 子蠻과 夏御叔은 모두 단명한 것으로 이를 夏姬가 죽인 것으로 설명한 것은 억지 주장으로 보고 있음.

【夏南】夏徵舒. 그의 자가 子南이었음. 陳 靈公과 儀行父 등이 어머니 夏姬와 私通하면서 자신을 두고 서로 상대를 닮았다고 농담을 하는 것을 듣고는 마구간에서 靈公을 기다려 활로 쏘아 죽임. 宣公 10년 傳을 볼 것.

【孔·儀】孔寧과 儀行父. 陳나라 대부들. 靈公과 함께 夏姬를 집단 간통하다가 靈公이 죽음을 당하자 국외로 도망함.

【喪陳國】宣公 11년, 楚나라가 夏徵舒를 토벌한다는 구실로 진나라에 출군하여 진나라를 멸망시킴.

【連尹】'連'은 초나라 고을 이름. '尹'은 그 고을의 首長. 지방장관.

【襄老】連 고을의 수장. 그가 邲의 전투에서 죽은 것은 宣公 11년의 傳을 볼 것.

【邲】鄭나라 땅. 지금의 河南 河陰縣. 혹 鄭州 서북, 榮陽縣 동북쪽.《方輿紀要》(47)에 "石門渠, 在縣西二十里, 榮瀆受河之處, 晉楚之戰, 楚軍于邲, 卽是水也"라 하여 물 이름으로 보았음.《呂氏春秋》至忠篇에는 '兩棠'으로 되어 있음.

【黑要】襄老의 아들.

【烝】淫烝. 아버지의 처나 첩과 간통함. 혹은 아랫사람이 손위 여자와 私通함. 원래 고대 군주나 귀족의 多妻制에서 媵娣制와 烝報制가 있었음. 烝報制란 부친이 죽은 뒤 자신의 생모 이외에는 아버지가 거느리던 모든 여인을 자신의 처로 삼을 수 있으며 그리하여 낳은 아들의 지위도 역시 적자와 같은 대우를 해 주는 것임. 춘추시대 이러한 제도가 통용되었으며《左傳》에 예닐곱 가지 예가 보임. 한편 媵娣制는 여자가 시집갈 때 함께 데리고 가는 여동생 등도 역시 남편의 媵妾이 되는 예로 이는 장기간 지속되었음.

【知罃】荀罃. 晉나라 대부. 荀首(知莊子)의 아들로 宣公 12년(B.C.597) 邲의 싸움에서 사로잡혔음. 시호는 武子. 知武子로도 부름. 그 후손이 春秋末 晉六卿의 하나인 知氏로 발전함.

【成公】晉 成公(黑臀). 景公(獳)의 아버지이며 B.C.606~600년까지 7년간 재위함.

【中行伯】荀林父. 荀首는 荀林父의 막내 아우였음.

【王子】邲의 싸움에서 荀首에게 사로잡힌 楚나라 공자 穀臣을 가리킴. 宣公 12년 傳을 볼 것.

【陽橋】魯나라 지명. 지금의 山東 泰安縣 서북쪽. 이곳에서의 전투는 다음 장(913의 傳)을 볼 것. 楚나라가 魯나라를 친 전투.

【申叔跪】申叔時의 아들. 申叔時는 楚나라 대부로 楚 莊王의 마부였음.

【郢】楚나라 도읍. 지금의 湖北 江陵縣.

【桑中之喜】〈桑中〉은《詩經》鄘風의 편명. 이 시는 남의 아내를 유혹하여 뽕나무밭에서 몰래 만나는 것을 말함. “爰采唐矣, 沬之鄕矣. 云誰之思, 美孟姜矣. 期我乎桑中, 要我乎上宮, 送我乎淇之上矣. 爰采麥矣, 沬之北矣. 云誰之思, 美孟弋矣. 期我乎桑中, 要我乎上宮, 送我乎淇之上矣. 爰采葑矣, 沬之東矣. 云誰之思, 美孟庸矣. 期我乎桑中, 要我乎上宮, 送我乎淇之上矣”라 함.

【宜】注에 ‘宜, 殆也’라 함.

【介】副使. 隨行員.

【郤至】晉나라 대부. 郤豹의 玄孫. 郤克(郤獻子)은 郤豹의 曾孫이었음. 따라서 郤至는 郤克의 族姪. 이들 집안은 당시 晉나라 실력자였음. 封地가 溫邑이어서 ‘溫季’로도 부름.

【邢】晉나라 고을 이름. 지금의 河南 溫縣 동북의 平泉故城.

【錮】벼슬길을 막음. 禁錮를 내림. 그러나《新序》雜事(1)에는 “令尹將徙其族”이라 하여 내용이 다름.

【所蓋多矣】죄를 많이 덮음. 충분히 그 죄를 덮을 만큼 충성을 다하였음.《新序》雜事(1)에 “楚莊王旣討陳靈公之賊, 殺夏徵舒, 得夏姬而悅之. 將近之. 申公巫臣諫曰:「此女亂陳國, 敗其群臣, 嬖女不可近也.」莊王從之. 令尹又欲取, 申公巫臣諫, 令尹從之. 後襄尹取之. 至恭王, 與晉戰於鄢陵, 楚兵敗, 襄尹死, 其屍不反, 數求晉, 不與. 夏姬請如晉求屍, 楚方遣之. 申公巫臣將使齊, 私說夏姬, 與謀. 及夏姬行, 而申公巫臣廢使命, 道亡, 隨夏姬之晉. 令尹將徙其族, 言之於王曰:「申公巫臣諫先善王以無近夏姬, 今身廢使命, 與夏姬逃之晉, 是欺先王也, 請徙其族.」王曰:「申公巫臣爲先王謀則忠, 自爲謀則不忠, 是厚於先王而自薄也, 何罪於先王?」遂不徙”라 함.

※918(成2-8)

冬, 楚師·鄭師侵衛.

겨울, 초楚나라와 정鄭나라 군사가 위衛나라를 침공하였다.

傳

晉師歸, 范文子後入.
武子曰:「無爲吾望爾也乎?」
對曰:「師有功, 國人喜以逆之, 先入, 必屬耳目焉, 是代帥受名也,
故不敢.」
武子曰:「吾知免矣.」
郤伯見, 公曰:「子之力也夫!」
對曰:「君之訓也, 二三子之力也, 臣何力之有焉?」
范叔見, 勞之如郤伯.
對曰:「庚所命也, 克之制也, 燮何力之有焉?」
欒伯見, 公亦如之.
對曰:「燮之詔也, 士用命也, 書何力之有焉?」

진晉나라 군사가 이기고 돌아오면서 범문자范文子는 가장 늦게 도읍 안으로 들어왔다.

그의 아버지 범무자范武子가 물었다.

"너는 내가 기다리고 있다는 생각도 하지 않았느냐?"

무자는 이렇게 대답하였다.

"우리 군사가 승리하여 공을 세웠으니 온 나라 사람들이 기쁘게 맞이하고 있습니다. 그런데 제가 남보다 먼저 입성하면 사람들의 이목이 틀림없이 저에게 쏠릴 것입니다. 그것은 곧 원수元帥 대신 제가 명성을 얻게 되는 것입니다. 그래서 감히 일찍 들어오지 않았던 것입니다."

그러자 범무자가 말하였다.

“내 이제 앞으로 우리 집안이 화를 면할 것임을 알겠도다.”

극극郤克이 임금을 뵙자 군주가 말하였다.

“이번 승리는 그대가 힘쓴 덕분일세!”

극극이 대답하였다.

“임금께서 내려 주신 교훈 때문이었고, 또 다른 두세 장군들의 힘이었습니다. 저에게 무슨 힘이 있었겠습니까?”

범숙范叔이 임금을 뵈었더니 그를 위로하며 극극에게 한 것과 같은 말을 하였다.

그러자 그가 대답하였다.

“신은 순경荀庚의 명령에 따랐을 뿐이고 극극이 군사를 잘 이끌었기 때문이었습니다. 저에게 무슨 힘이 있었겠습니까?”

이번에는 난백欒伯이 임금을 뵈었더니 역시 같은 말로 위로하였다.

그러자 난서는 이렇게 대답하였다.

“사섭의 가르침과 지도로 군사들이 그의 명령을 잘 따랐기 때문이었습니다. 저에게 무슨 힘이 있었겠습니까?”

【范文子】范叔. 士燮. 士會의 아들. 시호는 文子.

【范武子】晉나라 대부. 士會, 隨季, 隨會, 士季, 范會, 季武子 등 여러 이름으로 불림. 士蔿의 손자이며 士縠과 형제. 隨 땅을 채읍으로 하여 '隨會', 혹 '隨武子' 라고도 불렀으며 다시 范 땅을 채읍으로 하여 '范武子'로도 불림. 한때 秦나라로 망명하는 등 우여곡절을 겪기도 함. 그 후손이 뒤에 晉나라 六卿의 하나인 范氏로 발전함.

【郤伯】郤克. 晉나라 大夫. 郤缺 아들 郤獻子.

【公】당시 晉나라 군주는 景公(獳)이었음.

【二三子】몇몇의 장군.

【范叔】士燮. 范文子.

【荀庚】荀林父의 아들이며 荀偃의 아버지. 荀庚은 실제로는 이 전투에 참여하지 않았음. 《史記》 趙世家 索隱을 볼 것.

【欒伯】欒書.

【詔】가르쳐서 인도함.

❈ 919(成2-9)

十有一月, 公會楚公子嬰齊于蜀.

11월, 성공이 초楚나라 공자 영제嬰齊를 촉蜀에서 만났다.

【嬰齊】楚나라 공자 子重. 楚 穆王의 아들이며 莊王의 아우. 일찍이 將軍, 左尹,
令尹 등을 지냄. 宣公 11년 傳을 볼 것.
【蜀】魯나라 땅으로 지금의 山東 泰安縣 서쪽, 혹 汶上縣 서쪽 蜀山湖가 아닌가 함.

㉂

宣公使求好于楚, 莊王卒, 宣公薨, 不克作好.
公卽位, 受盟於晉, 會晉伐齊.
衛人不行使于楚, 而亦受盟於晉, 從於伐齊.
故楚令尹子重爲陽橋之役以救齊.
將起師, 子重曰:「君弱, 羣臣不如先大夫, 師衆而後可.《詩》曰:
『濟濟多士, 文王以寧.』夫文王猶用衆, 況吾儕乎? 且先君莊王屬之曰:
『無德以及遠方, 莫如惠恤其民, 而善用之.』」
乃大戶, 已責, 逮鰥, 救乏, 赦罪.
悉師, 王卒盡行.
彭名御戎, 蔡景公爲左, 許靈公爲右.
二君弱, 皆强冠之.
冬, 楚師侵衛, 遂侵我師于蜀.
使臧孫往, 辭曰:「楚遠而久, 固將退矣. 無功而受名, 臣不敢.」
楚侵及陽橋, 孟孫請往賂之以執斲·執鍼·織紝, 皆百人·公衡爲質,
以請盟.
楚人許平.
十一月, 公及楚公子嬰齊·蔡侯·許男·秦右大夫說·宋華元·陳公
孫寧·衛孫良夫·鄭公子去疾及齊國之大夫盟于蜀.

卿不書, 匱盟也.
於是乎畏晉而竊與楚盟, 故曰「匱盟」.
蔡侯·許男不書, 乘楚車也, 謂之失位.
君子曰:「位其不可不愼也乎! 蔡·許之君, 一失其位, 不得列於
諸侯, 況其下乎!《詩》曰:『不解于位, 民之攸墍.』其是之謂矣.」

선공宣公이 초楚나라에 사신을 보내어 우호관계를 맺을 것을 청하였으나
마침 초 장왕莊王과 노 선공이 잇달아 훙거하여 우호관계가 맺어지지
못하였다.

성공成公이 즉위하자 진晉나라에 복종한다는 맹약을 맺고 진나라와 힘을
합쳐 제齊나라를 쳤다.

위衛나라도 초나라에 사신을 보내지 않고 역시 진晉나라의 맹약을 받아
들여 제나라 치는 일을 따라 나섰다.

그 때문에 초나라 영윤令尹 자중子重이 양교陽橋에서 싸움을 벌여 제
나라를 구한 것이다.

당시 처음 초나라가 군사를 출동시키려 할 때 자중은 이렇게 말하였다.
"우리 임금은 아직 어리고 신하들은 예전 대부들만 못하니 군사 수를
많이 늘린 다음에야 싸울 수 있다.《시》에 '어진 사람이 많으니, 문왕文王은
이로써 안녕을 얻었네'라 하였다. 무릇 문왕과 같은 임금도 많은 사람을
썼었는데 하물며 우리와 같은 사람들이야 말할 것이 있겠는가? 게다가
선군 장왕께서 유언으로 당부하시기를 '먼 곳까지 미치는 덕이 없을 때에는
백성들에게 혜택과 도움을 베풀어 그들을 잘 사용하느니만 못하다'라 하셨다"

이에 대대적으로 호구조사를 실시하여 밀린 세금을 면해주고, 늙고 외로운
사람에게 혜택을 주었으며, 가난한 이들을 구제하고, 죄를 사면해 주었다.

그리고 군사를 모두 모아 왕의 호위병까지 이끌고 출발하였다.

임금의 전차는 대부 팽명彭名이 몰고 채蔡 경공景公이 왼쪽을 맡았으며,
허許 영공靈公이 오른쪽을 맡았다.

초나라와 허나라의 두 군주는 아직 어렸지만 무리하게 관례를 치른
상태였다.

겨울, 초나라 군사가 위衛나라를 침공하고 곧이어 우리 노나라 군사를 촉蜀에서 공격하였다.

노나라에서는 장손臧孫을 초나라에 보내어 화친을 맺도록 하였더니 장손은 이렇게 사양하는 것이었다.

"초나라 군사는 먼 길을 왔을 뿐더러 온 지도 오래되었으니 반드시 곧 퇴각할 것입니다. 그러니 아무런 공도 세우지 않고 명성을 얻는 일을 저는 감히 하지 않겠습니다."

초군이 침공하여 양교陽橋에 이르자 맹손孟孫이 초군에게 뇌물을 주어 교섭하겠다고 청하여, 장인, 여공女工, 직공을 각각 백 명, 그리고 공형公衡을 인질로 보내기로 하고 화친을 청하였다.

초나라에서는 이러한 요청을 받아들여 화평의 맹약을 허락하였다.

11월, 노 성공이 초나라 공자 영제嬰齊, 채 경공, 허 영공, 진秦나라 우대부右大夫 열說, 송나라 대부 화원華元, 진陳나라 공손녕公孫寧, 위衛나라 대부 손량부孫良夫, 정나라 공자 거질去疾 및 제齊나라 대부들과 촉 땅에서 맹약을 맺은 것이다.

경經에 각 나라 경卿들의 이름을 적지 않은 것은 몰래 거짓으로 하였던 맹약이었기 때문이었다.

이에 제후국들은 진晉나라가 두려워 몰래 초나라와 맹약을 맺었던 것이었으므로, 그 때문에 '몰래 거짓으로 맺은 맹약'이라 한 것이다.

그리고 채나라, 허나라 두 임금의 작위를 쓰지 않은 것은 그들이 싸우러 나가면서 초나라 군주의 전차를 탔는데 이는 임금으로서 지위를 잃은 짓이었기 때문이었다.

군자가 말하였다.

"지위라는 것은 신중히 여기지 않으면 안 된다. 채나라와 허나라 임금이 한번 지위를 잃는 짓을 하였다가 제후들의 반열에 끼지 못하였다. 그러니 하물며 제후보다 아랫자리에 있는 자라면 더할 나위가 있겠는가? 《시》에 '윗사람이 자리 지키기를 태만히 하지 않으니, 백성은 편하고 즐겁다네'라 하였다. 이는 바로 이러한 경우를 두고 말한 것이다."

【蜀】魯나라 땅으로 지금의 山東 泰安縣 서쪽, 혹 汶上縣 서쪽 蜀山湖가 아닌가 함.

【莊王卒, 宣公薨】楚 莊王(侶)과 魯 宣公(俀)은 모두 같은 해(B.C.591)에 죽었음.

【子重】이름은 嬰齊. 楚나라 공자. 楚 穆王의 아들이며 莊王의 아우. 일찍이 將軍, 左尹, 令尹 등을 지냄. 宣公 11년 전을 볼 것.

【陽橋之役】본문의 전투 상황을 말함. 晉나라가 패자가 되고자 魯, 衛 등과 합세하여 齊나라를 치자 楚나라 역시 패자가 되고자 許, 蔡와 연합하여 子重이 齊나라를 구하러 나선 것. 陽橋는 魯나라 땅으로 蜀의 근처였다 함.

【君弱】군주의 나이가 어림. 당시 막 즉위한 楚 共王의 12, 13세였다 함.

【詩】《詩經》大雅 文王篇에 "文王在上, 於昭于天. 周雖舊邦, 其命維新. 有周不顯, 帝命不時. 文王陟降, 在帝左右. 亹亹文王, 令聞不已. 陳錫哉周, 侯文王孫子. 文王孫子, 本支百世. 凡周之士, 不顯亦世. 世之不顯, 厥猶翼翼. 思皇多士, 生此王國. 王國克生, 維周之禎. 濟濟多士, 文王以寧"이라 함.

【大戶】대대적으로 호구조사를 함.

【已責】체납된 세금을 탕감함. '책임을 끊어주다'의 뜻.

【逮鰥】홀아비로 되어 고독한 자를 보살핌. 환은 '鰥寡孤獨'을 통틀어 한 말.

【王卒】왕의 호위병. 이들까지 전투에 동원함.

【彭名】楚나라 대부.

【蔡景公】蔡나라 군주 景侯(固). B.C.591~543년까지 49년간 재위함.

【許靈公】許나라 군주 靈公. 이들 두 나라는 楚나라를 패자로 믿고 그들 편에 서서 전투에 참여한 것임. 許나라는 姜姓으로 周 武王이 그 苗裔 文叔을 許에 봉함. 지금의 河南 許昌市 동쪽.

【强冠】蔡 景公과 許 靈公은 아직 冠禮를 치를 나이가 되지 않았으나 억지로 성인식을 올려 전투에 참여시킨 것.

【臧孫】魯나라 대부. 臧宣叔. 臧孫許. 臧文仲의 아들. 武仲紇의 아버지. 宣公 18년 傳을 볼 것.

【孟孫】魯나라 대부. 孟獻子. 孟孫氏 집안. 원래 桓公의 아들 慶父에게서 비롯된 성씨이며 公孫敖(穆伯) 가문. 공손오의 아들 文伯(穀), 惠叔(難), 문백의 아들 孟獻子(仲孫蔑) 등으로 노나라 혈친이며 세도가 집안.

【執斲, 執鍼, 織紝】執斲은 匠人, 執鍼은 女工, 織紝은 옷감 짜는 일을 맡은 여인들. 이들을 초나라에 바치기로 함.

【公衡】杜預 注에 "公衡, 成公子"라 하였으나 成公은 이 당시 어려서 아들이 없었으며 혹 宣公의 아들이며 成公의 아우가 아닌가 함. 한편 이름 역시 '公衡',

'衡' 등으로 서로 다름. 다음 傳文에는 그 이름이 '衡父'로 되어 있음. 이를 인질로 보내기로 함.

【右大夫】秦나라 관직 이름.

【華元】宋나라 대부. 華督의 증손이며 華御事의 아들.

【公孫寧】陳나라 대부.

【孫良夫】衛나라 대부. 孫桓子. 孫林父의 아버지.

【去疾】鄭나라 공자. 子良. 鄭 穆公의 庶子. 임금 자리를 공자 堅(襄公)에게 양보함.

【匱盟】남몰래 맺은 거짓 맹약. 杜預 注에 "匱, 乏也"라 하였고《國語》晉語(5)에 "其言匱, 非其實也"라 함.

【蔡侯·許男不書】蔡는 侯爵. 許는 男爵이었으나 이 작위를 쓰지 않고 '蔡人, 許人'이라 기록한 것을 말함.

【不解于位, 民之攸墍】'解'는 '懈'와 같음. '墍'는 '편안히 쉬다'의 뜻.《詩經》大雅 假樂篇에 "假樂君子, 顯顯令德. 宜民宜人, 受祿于天. 保右命之, 自天申之. 干祿 百福, 子孫千億. 穆穆皇皇, 宜君宜王. 不愆不忘, 率由舊章. 威儀抑抑, 德音秩秩. 無怨無惡, 率由群匹. 受福無疆, 四方之綱. 之綱之紀, 燕及朋友. 百辟卿士, 媚于 天子. 不解于位, 民之攸墍"라 함.

❋ 920(成2-10)

丙申, 公及楚人·秦人·宋人·陳人·衛人·鄭人·齊人·曹人· 邾人·薛人·鄫人盟于蜀.

병신날, 성공이 초인楚人, 진인秦人, 송인宋人, 진인陳人, 위인衛人, 정인鄭人, 제인齊人, 조인曹人, 주인邾人, 설인薛人, 증인鄫人과 촉蜀에서 동맹을 맺었다.

【丙申】11월 12일.

【蜀】魯나라 땅으로 지금의 山東 泰安縣 서쪽, 혹 汶上縣 서쪽 蜀山湖가 아닌가 함.

楚師及宋, 公衡逃歸.

臧宣叔曰:「衡父不忍數年之不宴, 以棄魯國, 國將若之何? 誰居? 後之人必有任是夫! 國棄矣.」

是行也, 晉辟楚, 畏其衆也.

君子曰:「衆之不可以已也. 大夫爲政, 猶以衆克, 況明君而善用其衆乎?〈大誓〉所謂『商兆民離, 周十人同』者, 衆也.」

초楚나라 군사가 귀환하던 중 송宋나라에 이르자 노나라가 인질로 보냈던 공형公衡이 도망쳐 돌아왔다.

그러자 장선숙臧宣叔이 이렇게 말하였다.

"형보衡父는 몇 년의 괴로움을 참지 못하고 노나라를 저버렸다. 앞으로 이 나라를 어찌할 것인가? 누구일까? 뒷날 누군가가 틀림없이 그 책임을 떠맡게 될 것이다. 그러면 나라는 망하게 될 것이다."

이번 싸움에서 진晉나라는 초나라를 피하여 끼어들지 않았다. 그것은 초나라의 많은 군사를 두렵게 여겼기 때문이었다.

군자가 말하였다.

"무리가 많은 것은 어쩔 수가 없다. 대부 자중子重이 정치를 맡았음에도 오히려 많은 군사를 거느리고서야 싸움에 이겼는데 하물며 명석한 임금이 그 많은 군중을 잘 쓰는 경우라면 더 말할 나위가 있겠는가?〈태서大誓〉에 이른바 '상商나라의 억조億兆나 되는 많은 백성은 모두 흩어졌으나, 주周나라의 열 사람은 모두가 한 마음이었다'라 한 것은 많은 사람이란 바로 이런 것이다."

【公衡】衡父. 魯나라 왕자. 앞 장 전문 참조.

【臧宣叔】臧孫. 魯나라 대부. 臧孫許. 臧文仲의 아들. 武仲紇의 아버지.

【不宴】즐겁지 않음. '宴'은 '즐겁다, 편안하다'의 뜻.

【不宴】즐겁지 않음. 괴로움.

【誰居】 누군가가. 居는 뜻이 없는 말.

【大誓】《尚書》商書 泰誓(太誓)篇에 "紂有憶兆夷人, 離心離德, 豫有亂臣十人, 同心同德"이라 하였으며, 昭公 24년 傳에 인용된 구절은 "紂有億兆夷人, 亦有離德; 余有亂臣十人, 同心同德"이라 함.

㊀

晉侯使鞏朔獻齊捷于周.

王弗見, 使單襄公辭焉, 曰:「蠻夷戎狄, 不式王命, 淫湎毀常, 王命伐之, 則有獻捷. 王親受而勞之, 所以懲不敬·勸有功也. 兄弟甥舅, 侵敗王略, 王命伐之, 告事而已, 不獻其功, 所以敬親暱·禁淫慝也. 今叔父克遂, 有功于齊, 而不使命卿鎮撫王室, 所使來撫余一人, 而鞏伯實來, 未有職司於王室, 又奸先王之禮. 余雖欲於鞏伯, 其敢廢舊典以忝叔父? 夫齊, 甥舅之國也, 而大師之後也, 寧不亦淫從其欲以怒叔父, 抑豈不可諫誨?」

士莊伯不能對.

王使委於三吏, 禮之如侯伯克敵使大夫告慶之禮, 降於卿禮一等.

王以鞏伯宴, 而私賄之.

使相告之曰:「非禮也, 勿籍!」

진晉 경공景公이 공삭鞏朔을 주周나라에 보내어 제齊나라와 싸워 얻은 전리품을 바치도록 하였다.

그러자 천자는 그를 만나지 않고, 경사卿士 선양공單襄公으로 하여금 이렇게 사양하도록 하였다.

"만이융적蠻夷戎狄들이 천자의 명령을 따르지 않은 채 주색에 빠져 상도常道를 그르치는 경우, 천자가 그들을 치도록 명하면 그때 이들을 쳐서 얻은 전리품을 바치는 것이다. 그러면 천자는 친히 이를 받고 바친 자를 위로하는 것이니, 이는 천자에 대한 불경不敬을 응징하고, 공이 있는 자를 격려하는 것이다. 왕실과 성姓이 같은 형제 나라와 성姓이 다른 나라로서 혼인관계가 있는 나라가 천자의 법도를 범하였을 때에, 천자가 치도록 명령하면 그 결과만 보고할 뿐, 전리품을 헌상하지 않는 것이다. 이는 왕실과 친한 제후를 공경하고, 음특淫慝한 짓을 금하기 위한 것이다. 지금 숙주 진 경공이 제나라를 쳐서 이긴 공이 있으나 내가 명한 경卿을 보내어 왕실의 안부를 묻지 않고, 사신을 보내어 나 한 사람을 찾아와 보도록 하였다. 공백鞏伯이 실제로 오기는 하였으나 그는 아직 왕실에서 내린 직함이 없고 게다가 선왕께서 만든 예법을 범하였다. 내 비록 공백이 가지고 온 것을 받고 싶다고 해도 어찌 감히 예로부터 전해진 법도를 무시하여 그 수치를 숙부 진나라 군주에게 끼치겠는가? 무릇 제나라는 왕실과 혼인을 한 나라이고, 태사大師 자손이다. 어찌 제나라가 욕심을 부려 숙부 진나라 군주를 화나게 하지 않았다고 말할 수 있으랴마는 그렇다고 어찌 잘 타이르고 가르칠 수는 없다는 것이냐?"

사장백士莊伯은 아무런 대답도 하지 못하였다.

천자가 삼공三公의 관리에게 그의 접대를 하도록 맡겼으며, 그에 대한 예우는 후백侯伯이나 패자霸者가 적을 무찔러 대부를 사신으로 보내 천자에게 그 경사스러움을 알렸을 때에 베푸는 예로 대하여 경卿에게 베푸는 예보다 한 등급을 낮춘 것이었다.

그리고 천자는 공삭에게 주연酒宴을 베풀고 사사로이 선물을 내렸다.

그때 천자는 시중드는 사람에게 이렇게 말하였다.

"이는 예에 맞지 않은 일이니 기록하지는 말라."

【晉侯】晉 景公(獳). 晉나라는 侯爵이었음.
【周】당시 周나라 천자는 定王(姬瑜)이었음.
【鞏朔】晉나라 대부. 鞏伯. 士莊伯으로도 불림. 文公 17년을 볼 것.
【獻捷】戰利品. 포로나 얻은 기물 따위를 천자에게 바치는 일.
【單襄公】주나라 왕실의 卿士.
【蠻夷戎狄】중원을 둘러싸고 있는 사방 이민족. '東夷北狄南蠻西戎'이라 함.
【毁常】常道를 어그러뜨림.
【兄弟甥舅】兄弟는 同姓(姬姓)의 제후국. 甥舅는 혼인 관계를 맺은 다른 성씨의 異姓諸侯國을 말함.
【王略】천자가 정한 법도. 杜預 注에 '經略法度'라 함.

【淫慝】 음란하고 사악한 짓.

【叔父】 천자가 동성의 제후를 부르는 칭호. 여기서는 晉 景公을 가리킴.

【命卿】 천자가 임명한 卿.

【大師】 太師. 즉 齊나라 시조 姜太公(呂尙, 呂望, 子牙).

【王以鞏伯宴】 천자가 공백에게 주연을 베풀어 줌. 당시에 주왕은 晉나라의 보복이 있을까 두려워하여, 사사로이 술자리를 베풀었던 것이라 함.

【相】 시중드는 사람.

【勿籍】 ‘籍’은 ‘기록하다’의 뜻. 竹簡(史冊)에 이를 기록하지 말도록 지시한 것.

135. 成公 3年(B.C.588) 癸酉

周	定王(姬瑜) 19년	齊	頃公(無野) 11년	晉	景公(獳) 12년	衛	定公(臧) 원년
蔡	景公(固) 4년	鄭	襄公(堅) 17년	曹	宣公(廬) 7년	陳	成公(午) 11년
杞	桓公(姑容) 49년	宋	共公(固) 원년	秦	桓公(榮) 17년	楚	共王(審) 3년
許	靈公(甯) 4년						

❋ 921(成3-1)

三年春王正月, 公會晉侯·宋公·衛侯·曹伯伐鄭.

3년 봄 주력 정월, 공이 진후晉侯, 송공宋公, 위후衛侯, 조백曹伯과 함께 정鄭나라를 쳤다.

【宋公】 당시 宋나라 군주는 共公(固) 元年이었음.
【衛侯】 당시 衛나라 군주는 定公(臧) 元年이었음.
【曹伯】 당시 조나라 군주는 成公(廬) 7년이었음.

傳

三年春, 諸侯伐鄭, 次于伯牛, 討邲之役也.
遂東侵鄭, 鄭公子偃帥師禦之, 使東鄙覆諸鄤, 敗諸丘輿.
皇戌如楚獻捷.

3년 봄, 제후들이 정鄭나라를 쳐서 백우伯牛에 주둔하여 필邲 땅에서 초나라와 싸웠을 때 정나라가 진晉나라를 배반하고 초楚나라 편을 들었던 것을 성토하였다.

제후들의 군사들이 동쪽에서 진격하여 정나라를 쳐들어가자 정나라 공자 언偃이 군사를 이끌고 이들을 방어하면서 정나라 동부東部 변방군을 만鄤 땅에 매복시켰다가 구여丘輿에서 이들을 패배시켰다.

정나라 대부 황수皇戌가 그 싸움에서 얻은 전리품을 초나라에 바쳤다.

【次】 군사가 주둔함을 뜻함. 莊公 3년 傳에 "凡師, 一宿爲舍, 再宿爲信, 過信爲次" 라 함.
【伯牛】 鄭나라 지명. 지금의 河南 陳留縣 서남.
【邲之役】 宣公 12년을 볼 것. 이때 정나라는 진나라에 대하여 믿음을 저버리고 楚나라 편을 들었음.
【公子偃】 子游. 鄭나라 공자. 穆公의 아들. 杜預 注에 "公子偃, 爲鄭穆公子"라 함.
【覆】 埋伏과 같음.
【鄤】 丘輿 부근의 정나라 지명.
【丘輿】 鄭나라 지명.
【皇戌】 鄭나라 대부. 혹 '皇戍'로 잘못 표기된 것도 있음.

✽ 922(成3-2)

辛亥, 葬衛穆公.

신해날, 위衛 목공穆公의 장례를 치렀다.

【辛亥】 정월 28일.
【衛穆公】 이름은 速(遬). 衛나라 군주로 成公(鄭)의 뒤를 이어 B.C.599~589년까지 11년간 재위하고 定公(臧)이 그 뒤를 이음. 전해에 죽음. 成公 2년의 經文을 볼 것.
＊無傳

✹ 923(成3-3)

二月, 公至自伐鄭.

2월, 성공이 정鄭나라를 치고 돌아왔다.

＊無傳

✹ 924(成3-4)

甲子, 新宮災, 三日哭.

갑자날, 신궁新宮에 화재가 나 사흘 동안 곡哭을 하였다.

【甲子】 2월 12일.
【新宮】 宣公의 위패를 모신 사당.
【三日哭】《禮記》檀弓(下)에 "有焚其先人之室, 則三日哭; 故曰, 新宮火, 亦三日哭"
이라 함.
＊無傳

✹ 925(成3-5)

乙亥, 葬宋文公

을해날, 송宋 문공文公의 장례를 치렀다.

【乙亥】 2월 23일.
【宋文公】 송나라 군주(鮑). 昭公(杵臼)의 뒤를 이어 B.C.610~588년까지 22년간

재위하였으며 共公(固)이 그 뒤를 이음. 成公 2년을 참조할 것.
＊無傳

✸ 926(成3-6)

夏, 公如晉.

여름, 성공이 진晉나라에 갔다.

㊧

夏, 公如晉, 拜汶陽之田.

여름, 성공이 진晉나라에 간 것은 진나라가 문양汶陽 땅을 제齊나라로 부터 찾아 돌려준 것에 감사를 표하기 위해서였다.

【汶陽之田】 지난해 晉나라가 齊나라로 하여금 汶陽 땅을 魯나라에 돌려줄 것을 청하여 그 일이 이루어지자 감사 표시로 魯 成公이 晉나라를 예방한 것. 成公 2년을 볼 것.

✸ 927(成3-7)

鄭公子去疾帥師伐許.

정鄭나라 공자公子 거질去疾이 군사를 거느리고 가서 허許나라를 쳤다.

【去疾】鄭나라 공자. 子良. 鄭 穆公의 庶子. 임금 자리를 공자 堅(襄公)에게
양보함.
【許】姜姓. 周 武王이 그 苗裔 文叔을 許에 봉함. 지금의 河南 許昌市 동쪽.

⑰

許恃楚而不事鄭, 鄭子良伐許.

허許나라가 초楚나라를 믿고 정鄭나라를 섬기지 않아 정나라 자량子良이
허나라를 친 것이다.

【子良】鄭나라 公子 去疾. 鄭 穆公의 庶子. 임금 자리를 공자 堅(襄公)에게
양보함.

✱ 928(成3-8)

公至自晉.

성공이 진晉나라에서 돌아왔다.

【自晉】汶陽 땅을 돌려받게 된 일에 고마움을 표하러 晉나라에 갔다가 이때
돌아옴.
＊無傳

⑰

晉人歸楚公子穀臣與連尹襄老之尸于楚, 以求知罃.
於是荀首佐中軍矣, 故楚人許之.

王送知罃, 曰:「子其怨我乎?」

對曰:「二國治戎, 臣不才, 不勝其任, 以爲俘馘. 執事不以釁鼓, 使歸卽戮, 君之惠也. 臣實不才, 又誰敢怨?」

王曰:「然則德我乎?」

對曰:「二國圖其社稷, 而求紓其民, 各懲其忿, 以相宥也. 兩釋纍囚, 以成其好. 二國有好, 臣不與及, 其誰敢德?」

王曰:「子歸, 何以報我?」

對曰:「臣不任受怨, 君亦不任受德, 無怨無德, 不知所報?」

王曰:「雖然, 必告不穀.」

對曰:「以君之靈, 纍臣得歸骨於晉, 寡君之以爲戮, 死且不朽. 若從君之惠而免之, 以賜君之外臣首; 首其請於寡君, 而以戮於宗, 亦死且不朽. 若不獲命, 而使嗣宗職, 次及於事, 而帥偏師, 以修封疆. 雖遇執事, 其弗敢違, 其竭力致死, 無有二心, 以盡臣禮, 所以報也.」

王曰:「晉未可與爭.」

重爲之禮而歸之.

진晉나라가 초楚나라 공자 곡신穀臣과 연連 고을 장관 양로襄老의 시신을 초나라에 돌려주는 대신 지앵知罃을 돌려달라고 요구하였다.

당시 지앵의 아버지 순수荀首는 진나라 중군부장中軍副將이었으므로 그 때문에 초나라가 그 요구를 받아들였다.

이에 초楚 공왕共王이 지앵을 돌려보내며 물었다.

"그대는 나를 원망하오?"

그러자 지앵이 답하였다.

"두 나라가 싸움을 하여 저는 재능이 모자라 맡은 임무를 다하지 못하고 포로가 되었습니다. 그런데도 초나라 담당관은 저의 피로 북에 바르는 죽음을 내리지 않고 본국으로 돌아가 처형을 당하게 해 주시니 이는 그대의 은혜입니다. 신은 실로 못난 사람인데 누구를 감히 원망하겠습니까?"

초왕이 다시 물었다.

"그렇다면 나에게 은덕을 입었다고 여기고 있소?"

지앵이 대답하였다.

"두 나라가 각기 사직을 위하고 백성을 평안하게 하고자 각자 분노를 억누르고 서로를 용서하여 잡은 포로의 속박을 풀어 우호관계를 맺으려 합니다. 두 나라가 우호관계로 인한 일일 뿐 저와는 관계가 없는 일로서 제가 누구를 감히 은덕을 베푼 분이라고 여기겠습니까?"

초왕이 물었다.

"그대가 본국으로 돌아가면 나에게 무엇으로 보답할 것이오?"

지앵이 대답하였다.

"저는 원망 받을 일이 없고 임금께서도 은덕을 베풀었다고 감사받을 일이 없습니다. 원망할 일이 없고 은덕도 없는데 보답할 바가 무엇인지 모르겠습니다."

초왕이 말하였다.

"비록 그렇다 해도 그대가 어찌할 것인지를 나에게 반드시 말해 주시오."

지앵은 이렇게 말하였다.

"군주의 은혜로 포로였던 제가 온전한 몸으로 진나라로 돌아가 우리 임금의 처형을 받게 된다면 저는 죽더라도 이름이 남게 될 것입니다. 또한 만일 우리 임금께서 그대가 내려준 은덕을 좇아 저를 죽이지 않고 군주의 외신인 저의 아버지 순수荀首에게 보내셔서 아버지께서 우리 임금께 청하여 저를 저희 본가 사당에서 죽인다 하더라도 제 이름은 썩지 않을 것입니다. 또한 만일 우리 임금께서 저를 죽이는 것을 허락하시지 않아 제 아버지의 관직을 이어받게 하셔서 그 뒤에 나랏일에 관여하고 일부 부대를 끌고 우리나라 변방을 지킨다면, 비록 그대 초나라 장수와 맞닥뜨린다 해도 감히 피하지 않고 죽기를 각오로 싸워 두 마음을 품지 않아 신하로서 지켜야 할 도리를 다 하겠습니다. 이것이 그대에게 보답하는 길이라 생각합니다."

초왕은 이렇게 말하였다.

"진나라는 아직 우리가 다툴 수 없는 나라로구나."

그리하여 지앵을 후하게 예우하여 돌려보냈다.

【穀臣】楚나라 公子. 邲의 싸움에서 荀首에게 사로잡혔음. 宣公 12년 傳을 볼 것.

【連尹襄老】'連'은 楚나라 고을 이름. '尹'은 그 고을의 首長. 지방장관. '襄老'는 連 고을의 수장. 陳 夏姬의 남편으로 邲의 전투에서 죽었음. 당시 夏姬는 楚나라에 있으면서 襄老의 시신을 찾고자 하였음. 宣公 11년 傳을 볼 것.

【知罃】晉나라 대부. 荀罃. 荀首(知莊子)의 아들로 宣公 12년(B.C.597) 邲의 싸움에서 사로잡혔음. 시호는 武子. 知武子로도 부름. 그 후손이 春秋末 晉六卿의 하나인 知氏로 발전함.

【荀首】中行伯(荀林父)의 막내 아우였음. 知莊子로도 불림. 당시 晉나라 中軍佐에 오름.

【俘馘】포로를 뜻함. 괵은 전투에서 敵軍의 귀를 잘라 成果의 首級을 계산하는 것.

【執事】일을 담당한 관원. 여기서는 知罃을 사로잡아 그를 처단하는 임무를 맡은 초나라 관원을 가리킴.

【釁鼓】고대 포로를 잡았을 경우 그를 처단하여 그 피를 북에 바르는 일.

【不穀】君主가 자신을 자칭하는 칭호.《老子》39장에 "故貴以賤爲本, 高以下爲基. 是以侯王自謂孤·寡·不穀, 此非以賤爲本邪? 非歟?"라 함.

【外臣】신하가 다른 나라 군주에 대해서 자신을 가리키는 말.

【宗】조상의 사당. 知罃이 돌아가 자신의 荀氏 집안 사당에서 죽음을 뜻함.

【不獲命】晉 景公이 知罃을 죽일 것을 허락하지 않음. 杜預 注에 "君不許戮"이라 함.

【宗職】집안의 관직. 杜預 注에 "嗣其祖宗之位職"이라 함.

【偏師】군사의 일부.

【遇執事】초나라 장수를 만남.

【違】피함.

【所以報也】이로써 보답을 삼음.

✳ 929(成3-9)

秋, 叔孫僑如帥師圍棘.

가을, 숙손교여叔孫僑如가 군사를 거느리고 극棘 땅을 포위하였다.

【叔孫僑如】魯나라 대부. 宣伯. 叔孫得臣의 아들. 아버지가 狄의 군주 僑如를
  잡아 처단한 기념으로 아들 이름을 '僑如'로 지어 叔孫僑如가 됨. 文公 11년의
  傳文을 볼 것.
【棘】지금의 山東 肥城縣 남쪽, 혹은 泰安縣 서남쪽이라고도 함. 魯나라 지명.
  문양 땅에 소속되어 있던 곳으로 그 지역 사람들이 노나라에 복종하지 않아
  군사로 포위하였음.

㉐

秋, 叔孫僑如圍棘.
取汶陽之田, 棘不服, 故圍之.

가을, 숙손교여叔孫僑如가 극棘을 포위하였다.
  제齊나라로부터 문양汶陽 땅을 돌려받았는데 그곳에 포함되어 있던 극棘
땅 사람들이 노나라에 복종하지 않아 그 때문에 포위한 것이다.

【叔孫僑如】魯나라 대부. 宣伯. 叔孫得臣의 아들. 아버지가 狄의 군주 僑如를
  잡아 처단한 기념으로 아들 이름을 '僑如'로 지어 叔孫僑如가 됨. 文公 11년의
  傳文을 볼 것.
【棘】지금의 山東 肥城縣 남쪽. 혹 泰安縣 서쪽이라고도 함.
【汶陽】汶水의 북쪽으로 지금의 山東 寧陽縣 경내. 僖公 元年 傳에 이 땅을
  魯나라 조정에서 季氏에게 주었으나 뒤에 齊나라가 차지하였음. 그 땅을
  齊 頃公과의 싸움에 이겼을 때 다시 노나라에게 반환하도록 한 것.

✸930(成3-10)
  大雩.

기우제를 크게 지냈다.

* 無傳

✹ 931(成3-11)

晉郤克·衛孫良夫伐廧咎如.

진晉나라 극극郤克과 위衛나라 손량부孫良夫가 장구여廧咎如를 쳤다.

【郤克】晉나라 大夫. 郤缺 아들 郤獻子.
【孫良夫】孫桓子. 孫林父의 아버지. 시호는 桓子.
【廧咎如】赤狄의 한 갈래로 隗姓.《公羊傳》에는 '將咎如'로,《穀梁傳》에는 '牆咎如'로 되어 있음. 僖公 23년의 傳을 볼 것.

⟨傳⟩

晉郤克·衛孫良夫伐廧咎如, 討赤狄之餘焉.
廧咎如潰, 上失民也.

진晉나라 극극郤克과 위衛나라 손량부孫良夫가 장구여廧咎如를 친 것은 적적赤狄의 잔여 무리를 토벌하기 위한 것이었다.
장구여는 궤멸하고 말았는데 이는 그 윗자리의 통치자가 민심을 잃었기 때문이었다.

【郤克】晉나라 大夫. 郤缺 아들 郤獻子.
【孫良夫】孫桓子. 孫林父의 아버지. 시호는 桓子.

【廧咎如】赤狄의 한 종족으로 지금의 山西 太原 일대에 살던 隗姓(媿姓)의 족속.
杜預 注에 "廧咎如, 赤狄之別種也"라 함. 僖公 23년을 볼 것.
【赤狄】赤狄의 부락은 潞氏, 甲氏, 留吁, 鐸辰 등이 있었으며 뒤에 晉 宣公 15년
진나라가 모두들 멸망시켰고 남은 것은 廧咎如 부족이었음. 杜預 注에는 "晉滅
赤狄潞氏, 其餘民散入廧咎如, 故討之"라 하여 다른 부족이 廧咎如 지역으로
들어가자 이를 토벌한 것으로 보았으나 이는 오류로 여김.
【上失民】통치자들이 백성으로부터 신임을 잃음. 杜預 注에 "此傳釋經之文, 而經無
「廧咎如潰」, 蓋經闕此四字"라 함. 그러나 《穀梁傳》에도 이러한 기록은 없음.

✹ 932(成3-12)

冬十有一月, 晉侯使荀庚來聘.

겨울 11월. 진후晉侯가 순경荀庚을 사신으로 보내어 빙문하게 하였다.

【晉侯】당시 晉나라 군주는 景公(獳). 재위 12년째였음.
【荀庚】晉나라 대부. 荀林父의 아들.

✹ 933(成3-13)

衛侯使孫良夫來聘.

위후衛侯가 손량부孫良夫를 사신으로 보내어 빙문하게 하였다.

【衛侯】당시 衛나라 군주는 定公(臧)으로 즉위 원년이었음.
【孫良夫】衛나라 대신. 孫桓子. 孫林父의 아버지.

✹ 934(成3-14)

　丙午, 及荀庚盟.

　병오날, 순경荀庚과 동맹을 맺었다.

【丙午】 11월 28일.
【荀庚】 晉나라 대부. 荀林父의 아들.

✹ 935(成3-15)

　丁未, 及孫良夫盟.

　정미날, 손량부孫良夫와 동맹을 맺었다.

【丁未】 11월 29일.
【孫良夫】 衛나라 대신. 孫桓子. 孫林父의 아버지.

㉑傳

　冬十一月, 晉侯使荀庚來聘, 且尋盟.
　衛侯使孫良夫來聘, 且尋盟.
　公問諸臧宣叔曰:「中行伯之於晉也, 其位在三; 孫子之於衛也,
位爲上卿, 將誰先?」
　對曰:「次國之上卿, 當大國之中, 中當其下, 下當其上大夫. 小國
之上卿, 當大國之下卿, 中當其上大夫, 下當其下大夫. 上下如是,
古之制也. 衛在晉, 不得爲次國. 晉爲盟主, 其將先之.」
　丙午, 盟晉; 丁未, 盟衛, 禮也.

　겨울 11월, 진晉 경공景公이 순경荀庚으로 하여금 노나라를 예방하여 지난날의 맹약을 굳히도록 하였다.

　그러자 위衛 정공定公도 손량부孫良夫로 하여금 역시 노나라를 예방하여 예전의 맹약을 굳히도록 하였다.

　노 성공이 장선숙臧宣叔에게 물었다.

　"중항백中行伯 순경은 진나라에서 그의 서열이 세 번째이며, 손량부는 위나라에서의 지위가 상경上卿이오. 장차 누구를 우선 만나야 하오?"

　장선숙이 말하였다.

　"두 번째 지위의 나라일 경우 그 나라 상경은 큰 나라의 중경中卿에 해당하고, 그 나라의 중경은 큰 나라의 하경下卿에 해당하며, 그 나라의 하경은 큰 나라의 상대부上大夫에 해당합니다. 그리고 작은 나라의 상경은 큰 나라의 하경에 해당하고, 그 중경은 큰 나라의 상대부에 해당하며, 그 하경은 큰 나라의 하대부에 해당합니다. 상하 구별이 이러한 것은 예로부터의 제도입니다. 위나라는 진나라에서 그 다음가는 나라로 칠 수 없으며 진나라는 맹주盟主이니 진나라를 먼저 대하도록 하십시오."

　병오날, 진나라와 맹약을 맺고, 다음날인 정미날에는 위나라와 맹약을 맺었으니 이는 예에 맞는 것이었다.

【荀庚】荀林父의 아들.

【尋盟】지난날의 맹약을 다시 확인함을 뜻함. 晉나라와는 成公 원년 赤棘에서 맹약을 맺었었고, 衛나라와는 宣公 7년에 맹약을 맺었었음.

【臧孫許】魯나라 대부. 臧宣叔. 臧文仲의 아들. 武仲紇의 아버지. 宣公 18년 傳을 볼 것.

【其位在三】당시 晉나라에서는 郤克이 中軍大將으로 제1위였고, 荀首가 中軍副將으로 제2위, 荀庚이 上軍大將으로서 제3위였음.

【丙午】11월 28일.

【丁未】丙午 다음날인 11월 29일.

十二月甲戌, 晉作六軍.

韓厥·趙括·鞏朔·韓穿·荀騅·趙旃皆爲卿, 賞鞌之功也.

12월 갑술날, 진晉나라는 육군六軍의 제도를 편성하였다.

한궐韓厥, 조괄趙括, 공삭鞏朔, 한천韓穿, 순추荀騅, 조전趙旃이 모두 경卿으로 승진되었으며 이는 안鞌 땅에서의 전투에서 세운 공을 포상한 것이었다.

【甲戌】 12월 27일.

【六軍】 원래 晉나라는 3군만 있었으나 이때에 新三軍을 창설한 것임. 新中軍의 원수로는 韓厥, 趙括은 중군부장, 鞏朔은 신상군사장, 韓穿은 신상군부장, 荀騅는 신하군사장, 趙旃은 신하군부장으로 각각 임명한 것임.

【韓厥】 晉나라 대부. 韓獻子. 子輿의 아들. 韓萬의 현손. 그 후손이 뒷날 晉六卿의 하나인 韓氏로 발전하였으며 戰國시대 七雄의 하나인 韓나라를 일으킴.

【趙括】 '屛括'. '屛季'로도 불리며. 趙盾의 이복동생. 趙衰와 君姬氏 사이에 난 아들.

【鞏朔】 晉나라 대부. 鞏伯. 士莊伯으로도 불림.

【韓穿】 晉나라 대부. 《史記》 晉世家에는 '趙穿'으로 잘못되어 있음.

【荀騅】 晉나라 대부. 시호는 文子.

【趙旃】 晉나라 대부. 新下軍副將이 됨.

齊侯朝于晉, 將授玉.

郤克趨進曰:「此行也, 君爲婦人之笑辱也, 寡君未之敢任.」

晉侯享齊侯.

齊侯視韓厥.

韓厥曰:「君知厥也乎?」

齊侯曰:「服改矣.」

韓厥登, 擧爵曰:「臣之不敢愛死, 爲兩君之在此堂也.」

제齊 경공頃公이 진晉 경공景公을 만나 뵙고 옥을 주려 하였다.

그러자 극극郤克이 앞으로 달려 나가 이렇게 말하였다.

"이번 행차는 제 경공의 어머니께서 제가 다리를 저는 것을 보고 웃어 저를 모욕하였던 일 때문에 온 것이니 우리 임금께서는 감히 이를 받아들일 수 없습니다."

진 경공이 제 경공을 위해 잔치를 베풀었다.

제 경공이 한궐韓厥을 유심히 바라보았다.

그러자 한궐이 말하였다.

"임금께서는 저를 알고 계십니까?"

제 경공이 말하였다.

"옷을 바꾸어 입어 잘 알아보지 못하겠구려."

한궐은 군주들의 자리로 올라가 술잔을 올리고 이렇게 말하였다.

"신이 전에 죽는 걸 감히 아깝게 여기지 않고 싸웠던 것은 바로 지금처럼 두 임금께서 이 전당에 마주 앉으실 날을 위해서 그랬던 것입니다."

【授玉】 고대 제후끼리 만날 때 옥을 선물하는 의식이 있었음.

【婦人之笑】 郤克이 齊나라 사신으로 갔을 때 景公의 어머니가 郤克의 다리 저는 모습을 보고 비웃었던 일을 말함. 宣公 17년의 傳文을 볼 것.

【韓厥】 한궐이 이 말을 한 것은 郤克의 無禮함을 덜어내기 위한 것이었음.

⑱

荀罃之在楚也, 鄭賈人有將寘諸褚中以出.

旣謀之, 未行, 而楚人歸之.

賈人如晉, 荀罃善視之, 如實出己.

賈人曰:「吾無其功, 敢有其實乎? 吾小人, 不可以厚誣君子.」

遂適齊.

순앵荀罃이 초楚나라에 잡혀 있었을 때 정鄭나라의 장사꾼이 그를 짐을 담는 큰 전대에 넣어 초나라에서 몰래 구출해 내고자 하였다.

이윽고 꾀를 세웠으나 아직 실행에 옮기지 못하였을 때 초나라에서 그를 돌려보내게 되었다.

그 뒤 그 장사꾼이 진나라에 갔을 때 순앵이 그를 알아보고는 자신을 초나라에서 구출해 낸 사람을 대하듯 대접해 주었다.

그러자 그 장사꾼이 말하였다.

"저는 아무런 공을 세운 일이 없었는데 어찌 감히 그런 공이 있었던 것처럼 대접을 받을 수 있겠습니까? 저 같은 못난 소인이 군자를 계속 속일 수는 없습니다."

그리고는 제齊나라로 가버렸다.

【荀罃】晉나라 대부. 知罃. 荀首(知莊子)의 아들로 宣公 12년(B.C.597) 邲의 싸움에서 사로잡혔음. 시호는 武子. 知武子로도 부름. 그 후손이 春秋末 晉六卿의 하나인 知氏로 발전함.
【褚中】옷 따위의 짐을 담는 큰 자루.
【厚】거듭, 다시.

✹ 936(成3-16)

鄭伐許.

정鄭나라가 허許나라를 쳤다.

【許】姜姓. 周 武王이 그 苗裔 文叔을 許에 봉함. 지금의 河南 許昌市 동쪽.
＊無傳

136. 成公 4年(B.C.587) 甲戌

周	定王(姬瑜) 20년	齊	頃公(無野) 12년	晉	景公(獳) 13년	衛	定公(臧) 2년
蔡	景公(固) 5년	鄭	襄公(堅) 18년	曹	宣公(廬) 8년	陳	成公(午) 12년
杞	桓公(姑容) 50년	宋	共公(固) 2년	秦	桓公(榮) 18년	楚	共王(審) 4년
許	靈公(甯) 5년						

❋ 937(成4-1)

四年春, 宋公使華元來聘.

4년 봄, 송공宋公이 화원華元에게 노나라를 빙문하게 하였다.

【宋公】 당시 宋나라 군주는 共公(固). 재위 2년째였음.
【華元】 宋나라 대부 華御事의 아들.

㉧

四年春, 宋華元來聘, 通嗣君也.

4년 봄, 송宋나라 화원華元이 노나라에 예방하러 온 것은 공공共公이 즉위하였음을 알리러 온 것이었다.

【嗣君】임금이 그 뒤를 이어 즉위한 共公을 가리킴. 宋 文公(鮑)이 成公 2년 8월에 죽어 3년 2월에 장사를 지내고, 共公이 즉위하여 B.C.576년까지 13년간 재위하고 平公(成)이 그 뒤를 이음.

✹ 938(成4-2)

三月壬申, 鄭伯堅卒.

3월 임신날, 정백鄭伯 견堅이 죽었다.

【壬申】3월에는 壬申이 없었으며 2월 28일이었다 하나 이 역시 확실하지 않음.
【鄭伯堅】鄭 襄公. 이름은 堅. 鄭 靈公(夷)을 시해하고 B.C.604~587년까지 18년간 재위하고 悼公(費)이 2년 재위 끝에 죽고 다시 成公(睔)이 그 뒤를 이음.
＊無傳

✹ 939(成4-3)

杞伯來朝.

기백杞伯이 찾아왔다.

【杞伯】杞나라 군주. 伯爵. 노나라 公女가 그의 부인이었으나 離婚함. 杞나라는 姒姓으로 周 武王이 殷을 멸한 다음 禹의 후손 東樓公을 찾아 봉하였음. 지금의 河南 杞縣 일대.

傳

杞伯來朝, 歸叔姬故也.

　기杞나라 군주가 찾아온 것은 노나라 출신의 부인 숙희叔嬉와 이혼하고 그를 노나라로 돌려보내는 일 때문이었다.

【叔姬】魯나라 公女로 杞伯의 부인. ‘叔’은 태어난 순서이며 ‘姬’는 노나라 國姓.

❋ 940(成4-4)

夏四月甲寅, 臧孫許卒.

　여름 4월 갑인날, 장손허臧孫許가 죽었다.

【甲寅】4월 8일.
【臧孫許】臧宣叔. 臧文仲의 아들. 武仲紇의 아버지. 宣公 18년 傳을 볼 것.
　＊無傳

❋ 941(成4-5)

公如晉.

　성공이 진晉나라에 갔다.

㉮

夏, 公如晉. 晉侯見公, 不敬.

季文子曰:「晉侯必不免.《詩》曰:『敬之敬之! 天惟顯思, 命不易哉!』夫晉侯之命在諸侯矣, 可不敬乎!」

여름, 성공이 진晉나라에 갔을 때 진晉 경공景公이 공손하지 못하게 대하였다.

이에 계문자季文子가 이렇게 말하였다.

"진나라 군주는 틀림없이 화를 면하지 못하리라.《시》에 '공경하고 공경하라. 천도는 밝으니 천명을 바꿀 수 없는 것이니라'라 하였다. 무릇 진나라 군주에 대한 천명은 제후들을 잘 다스림에 있거늘 가히 공손을 다하지 않을 수 있겠는가!"

【季文子】季孫行父. 魯나라 대부. 魯나라 三桓의 하나인 季孫氏 집안.

【詩】《詩經》周頌 敬之篇에 "敬之敬之, 天維顯思, 命不易哉. 無曰高高在上, 陟降厥士, 日監在玆. 維予小子, 不聰敬止. 日就月將, 學有緝熙于光明. 佛時仔肩, 示我顯德行"이라 함.

【在諸侯】제후들을 잘 다스리는 데에 있음. 제후들의 맹주 역할을 함.

❀ 942(成4-6)

葬鄭襄公.

정鄭 양공襄公의 장례를 치렀다.

【鄭襄公】3월 壬申날에 죽어 이때 장례를 치른 것임.

＊無傳

✸ 943(成4-7)

秋, 公至自晉.

가을, 성공이 진晉나라에서 돌아왔다.

⑩

秋, 公至自晉, 欲求成于楚而叛晉.
季文子曰:「不可. 晉雖無道, 未可叛也. 國大·臣睦, 而邇於我, 諸侯
聽焉, 未可以貳. 史佚之志有之曰:『非我族類, 其心必異.』楚雖大,
非吾族也, 其肯字我乎?」
公乃止.

가을, 성공이 진晉나라에서 돌아온 뒤 초楚나라와 우호관계를 맺고
진나라를 배반하려 하였다.
그러자 계문자季文子가 말하였다.
"안 됩니다. 진나라가 비록 무도하게 굴었으나 아직 배반할 수는 없습
니다. 진나라는 나라가 크고 신하들도 서로 화목하며 게다가 우리나라와도
가깝고 다른 제후들도 그에게 복종하고 있으니 아직 두 마음을 가질 때가
아닙니다. 주周나라 사일史佚의 기록에 '나와 핏줄이 다른 사람은 그 마음도
틀림없이 다르다'라 하였습니다. 초나라는 비록 크나 우리나라의 일족이
아니니 어찌 우리를 사랑하려 하겠습니까?"
성공은 생각을 바꾸고 그만두었다.

【叛晉】成公 6년의 傳文을 볼 것.
【季文子】季孫行父. 魯나라 대부. 魯나라 三桓의 하나인 季孫氏 집안.
【史佚】周 文王 때의 유명한 太師. 僖公 15년을 볼 것.
【族類】혈통이 같은 사람. 魯나라와 晉나라는 姬姓으로 같았으나 楚나라는
熊姓(羋姓)으로 전혀 다른 族類였음.

【字】'愛'와 같음. '사랑하다, 길러주다'의 뜻.

❈ 944(成4-8)

冬, 城鄆.

겨울, 운鄆에 성을 쌓았다.

【鄆】魯나라에는 鄆의 지명이 두 곳이었으며 여기서는 西鄆을 가리킴. 지금의
山東 鄆城縣 동쪽.
＊無傳

❈ 945(成4-9)

鄭伯伐許.

정백鄭伯이 허許나라를 쳤다.

【鄭伯】鄭 襄公(堅)이 죽어 1년이 넘지 않았으며 悼公(費)이 즉위하여 그 작위
(伯爵)를 기록한 것.
【許】姜姓. 周 武王이 그 苗裔 文叔을 許에 봉함. 지금의 河南 許昌市 동쪽.

㊕

冬十一月, 鄭公孫申帥師疆許田.
許人敗諸展陂.
鄭伯伐許, 取鉏任·泠敦之田.

晉欒書將中軍, 荀首佐之, 士燮佐上軍, 以救許伐鄭, 取氾·祭.
楚子反救鄭, 鄭伯與許男訟焉, 皇戌攝鄭伯之辭.
子反不能決也, 曰:「君若辱在寡君, 寡君與其二三臣共聽兩君之
所欲, 成其可知也. 不然, 側不足以知二國之成.」

겨울 11월, 정鄭나라 공손신公孫申이 군사를 허許나라 땅의 국경선을 정비
하였다.

그러자 허 영공靈公이 정나라 군사를 전피展陂에서 패배시켰다.

이에 정鄭 도공悼公이 허나라를 쳐서 서임鉬任과 영돈泠敦의 땅을 차지한
것이다.

진晉나라 난서欒書가 중군사장이 되고, 순수荀首가 중군부장, 사섭士燮이
상군부장이 되어 허許나라를 구원하기 위하여 정鄭나라를 쳐서 범氾과
제祭 땅을 점령하였다.

초楚나라 자반子反이 정나라를 구원하러 나서자 정 도공悼公과 허許
영공靈公이 송사를 벌여 황수皇戌가 정 도공의 대리가 되어 변론하였다.

자반은 판결을 내릴 수가 없어 이렇게 말하였다.

"두 나라의 임금께서 우리나라 임금 앞에 가서 말씀하신다면 우리나라
임금께서는 몇몇 신하들이 함께 두 임금의 말씀을 듣고 이를 판결할 수
있을 것임은 가히 알 수 있습니다. 그렇게 하지 않고서는 두 나라의 화해가
이루어지기에는 부족하군요."

【公孫申】鄭나라 대부. 叔申. 10년과 15년의 傳을 볼 것.
【彊】국경선의 疆域을 정함.
【許田】지난해 이미 許나라를 정벌하여 그 땅을 차지하였었음.
【許公】許 靈公(甯). 재위 5년째였음.
【展陂】許나라 지명. 지금의 河南 許昌縣 서북쪽.
【鄭伯】鄭나라는 襄公(堅)이 죽고 悼公(費)이 들어섰으나 이듬해 정월을 즉위년
　으로 삼아 정백이라 한 것임.
【鉬任·泠敦】모두 許나라 지명. 지금의 河南 許昌縣 경계.
【欒書】晉나라 대부. 欒盾의 아들 欒武子. 欒伯으로도 부름.

【荀首】中行伯(荀林父)의 막내 아우였음. 당시 晉나라 中軍佐에 오름. 知莊子
  로도 불림.
【士燮】晉나라 대부. 文子. 范文子. 范武子(士會)의 아들. 그 후손이 뒷날 晉六卿의
  하나인 范氏로 발전함.
【氾·祭】모두 鄭나라 지명. '氾'은 지금의 河南 氾水縣. 祭는 지금의 河南 鄭州市
  북쪽.
【子反】楚나라 公子 側. 子反은 그의 字. 당시 司馬 벼슬에 있었음. 宣公 12년의
  傳을 볼 것.
【訟】옳고 그름을 가리는 일. 訟事를 벌임. 霸者에게 잘잘못을 가려줄 것을
  요청함.
【皇戌】鄭나라 대부. 혹 '皇戍'로 잘못 표기된 것도 있음.
【側】公子 側. 자는 子反. 한 때 夏姬를 차지하고자 申公巫臣과 경쟁하기도
  하였음.

晉趙嬰通于趙莊姬.

진晉나라 조돈趙盾의 동생 조영趙嬰이 조돈의 아들 조삭趙朔의 아내이자,
진나라 성공成公의 딸인 조장희趙莊姬와 간통하였다.

【趙嬰】晉나라 대부. 趙盾의 아우. 樓嬰. 趙嬰齊 등 여러 가지로 불림. 僖公
  24년을 볼 것.
【趙莊姬】晉나라 成公의 딸이며(혹 晉 文公의 딸이라 함.) 趙盾의 아들 趙朔의
  아내. 趙朔의 시호가 '莊'이었으며 그에 따라 莊姬로도 불림. 叔父와 姪媳
  사이에 간통을 벌인 것.

137. 成公 5年(B.C.586) 乙亥

周	定王(姬瑜) 21년	齊	頃公(無野) 13년	晉	景公(獳) 14년	衛	定公(臧) 3년
蔡	景公(固) 6년	鄭	悼公(費) 원년	曹	宣公(廬) 9년	陳	成公(午) 13년
杞	桓公(姑容) 51년	宋	共公(固) 3년	秦	桓公(榮) 19년	楚	共王(審) 5년
許	靈公(甯) 6년						

❋ 946(成5-1)

五年春王正月, 杞叔姬來歸.

5년 봄 주력 정월, 기杞나라에서 숙희叔姬가 돌아왔다.

【杞叔姬】 杞나라 군주가 그와 이혼하고 친정 본국으로 돌려보낸 것. 成公 4년
의 經文 및 傳文을 볼 것.《禮記》雜記(下)에 諸侯로써 부인을 축출할 수 있는
조건과 禮가 기술되어 있음.

傳

五年春, 原·屛放諸齊.
嬰曰:「我在, 故欒氏不作. 我亡, 吾二昆其憂哉! 且人各有能·有不能,
舍我, 何害?」

弗聽.
嬰夢天使謂己,「祭余, 余福女.」
使問諸士貞伯.
貞伯曰:「不識也.」
旣而告其人曰:「神福仁而禍淫. 淫而無罰, 福也. 祭, 其得亡乎?」
祭之, 之明日而亡.

5년 봄, 조영趙嬰의 형 조원趙原과 조병趙屏이 동생 조영趙嬰을 제齊나라로
쫓아냈다.

그러자 조영이 말하였다.

"내가 나라 안에 있으므로 난씨欒氏가 난리를 일으키지 않는 것입니다.
내가 없어지고 나면 두 형께서 난씨의 핍박을 받을까 걱정입니다! 게다가
사람이란 저마다 할 수 있는 일과 할 수 없는 일이 있는데 나를 용서해
준다고 해서 무슨 해로움이 있겠습니까?"

그러나 두 형은 이 말을 듣지 않았다.

조영이 꿈을 꾸었는데 하늘이 보낸 사자가 이렇게 일러주는 것이었다.

"네가 나에게 제사를 올리면, 내 너에게 복을 내리리라."

조영은 곧 사람을 사정백士貞伯에게 보내어 이를 물어보도록 하였다.

사정백은 이렇게 말하였다.

"잘 모르겠다."

그리고는 정백은 자신의 시종에게 이렇게 말하였다.

"천신은 어진 사람에게는 복을 내리고, 음탕한 사람에게는 화를 내린다.
조장희와 간통하고도 벌을 받지 않은 것은 복이다. 그가 제사를 올리면
도망해 살아날 수 있는 복을 얻을 것인가?"

조영은 제사를 올리고 난 다음날 달아났다.

【原】趙同. 原同. 晉 成公의 누이동생이며 文公의 딸인 趙姬는 趙盾의 아버지
趙衰의 아내로 晉 文公이 돌아와 왕위에 오르자 趙衰에게 자신의 딸을 주어
趙括을 낳음. 僖公 24년 傳에 "文公妻趙衰, 生原同·屛括·樓嬰』이라 함.

【屛】屛括. 趙括. 屛季. 趙盾의 이복동생. 趙衰와 君姬氏 사이에 난 아들.

【放諸齊】'放'은 '放逐하다'. '諸'는 '之於'의 合音字. 齊는 齊나라. 趙嬰齊가 趙
  莊姬와 사통한 사건을 해결하기 위해 趙同(原)과 趙括(屛)이 趙嬰齊를 齊나라로
  방축함.

【嬰】趙嬰. 趙嬰齊. 趙莊姬와 사통한 사건이 발각되어 쫓겨나게 된 것임. 成公
  4년의 傳文을 볼 것.

【欒氏】欒書의 일족. 당시 欒書는 中軍帥로 晉나라 실권을 잡고 있었음.

【二昆】두 형. 趙同과 趙括은 趙嬰齊의 형이었음.

【有能有不能】欒氏 집안을 억제하여 趙氏 집안을 지키는 것은 자기가 잘 할 수
  있는 일이며, 예의를 잘 지켜 집안을 잘 다스리는 것은 자기로서는 할 수 없는
  일이라는 뜻. 趙同과 趙括은 成公 8년 晉나라에서 죽음을 당하였으며 이를 그
  원인으로 미리 기술한 것임.

【士貞伯】晉나라 대부. 士渥濁. 士貞子. 士伯, 貞伯.

✳ 947(成5-2)

仲孫蔑如宋.

중손멸仲孫蔑이 송宋나라에 갔다.

【仲孫蔑】孟獻子. 魯나라 대부. 孟文伯(穀)의 아들이며 公孫敖의 손자. 魯나라
  門閥.

㉐

孟獻子如宋, 報華元也.

맹헌자孟獻子가 송宋나라에 간 것은 화원華元이 찾아온 것에 답례하기
위함이었다.

【孟獻子】仲孫蔑. 魯나라 대부. 孟文伯(穀)의 아들이며 公孫敖의 손자. 魯나라
門閥.
【華元】宋나라 대부 華御事의 아들. 지난해 화원이 魯나라를 聘問하였으며
이번에 仲孫蔑이 答聘한 것임.

✹ 948(成5-3)

夏, 叔孫僑如會晉荀首于穀.

여름, 숙손교여叔孫僑如가 진晉나라 순수荀首를 곡穀에서 만났다.

【叔孫僑如】魯나라 대부. 宣伯. 叔孫得臣의 아들. 아버지가 狄의 군주 僑如를
잡아 처단한 기념으로 아들 이름을 '僑如'로 지어 叔孫僑如가 됨. 文公 11년의
傳文을 볼 것.
【荀首】中行伯(荀林父)의 막내 아우였음. 당시 晉나라 中軍佐에 오름. 知莊子
로도 불림.《公羊傳》에는 '荀秀'로 되어 있음.
【穀】齊나라 땅. 지금의 山東 東阿縣 穀城. 원래 '穀'은 姬姓의 작은 나라였으나
뒤에 齊나라에게 망함.

傳
夏, 晉荀首如齊逆女, 故宣伯餫諸穀.

여름, 진晉나라 순수荀首가 제齊나라에 가서 제나라 공녀를 맞이하였는데
그 때문에 노魯나라 선백宣伯이 제나라 곡穀 땅까지 식량을 가져다주어
진나라에 대한 경의를 표한 것이다.

【逆女】晉 景公(獳)의 아내가 될 齊나라 公女를 맞이함. '逆'은 '迎'과 같음.
【宣伯】叔孫僑如. 魯나라 대부. 宣伯으로도 부름. 叔孫得臣의 아들. 아버지가

狄의 군주 僑如를 잡아 처단한 기념으로 아들 이름을 '僑如'로 지어 叔孫僑如가
됨. 文公 11년의 傳文을 볼 것.
【饙】'교외에서 식량을 보내 대접하다'의 뜻.

✹ 949(成5-4)

梁山崩.

양산梁山이 무너졌다.

【梁山】고대 梁山의 이름은 여러 곳이 있으며 여기서는 지금의 陝西 韓城縣의
산을 가리킴. 그러나 혹 山西 離石縣 동북의 呂梁山으로 보기도 함.

㊀

梁山崩, 晉侯以傳召伯宗.
伯宗辟重, 曰:「辟傳!」
重人曰:「待我, 不如捷之速也.」
問其所. 曰:「絳人也.」
問絳事焉. 曰:「梁山崩, 將召伯宗謀之.」
問:「將若之何?」
曰:「山有朽壞而崩, 可若何? 國主山川, 故山崩川竭, 君爲之不擧·
降服·乘縵·徹樂·出次, 祝幣, 史辭以禮焉. 其如此而已. 雖伯宗,
其若之何?」
伯宗請見之, 不可.
遂以告, 而從之.

양산梁山이 무너지자 진晉 경공景公은 역전驛傳을 보내어 대부 백종伯宗을 불렀다.

백종이 부름을 받고 가는 도중이었는데 짐을 실은 수레가 뒤집혀 길을 가로막고 있어 백종이 수레 주인에게 말하였다.

"그 수레를 치워주시오!"

그러자 수레 주인이 대답하였다.

"내가 비키기를 기다리는 것보다 옆길로 가는 것이 나을 것입니다."

백종이 그가 가는 곳을 물었더니 그는 이렇게 대답하였다.

"도읍 강絳에 사는 사람입니다."

백종이 강읍에 무슨 일이 생겼는가를 묻자 그는 이렇게 말하였다.

"양산이 무너져 백종을 불러 그 일에 관한 상의를 하려 한답디다."

백종이 물었다.

"그렇다면 장차 어찌하면 좋겠소?"

그가 대답하였다.

"산에 썩은 흙이 있어 무너진 것인데 어찌할 수 있겠습니까? 나라는 산천의 제사를 지내고 잘 보존하는 일을 주관합니다. 그러니 산이 무너지고 물이 마르게 되면 임금은 좋은 음식도 들지 않고 화려한 옷도 입지 않으며, 꾸미지 않은 수레를 타고, 음악도 울리지 않고 궁전 밖에 나가서 지내고, 제관祭官은 산천의 신神에게 폐백을 드리며, 사관史官은 제문祭文을 지어 제사를 올려 예禮를 다해야 합니다. 이렇게 하기만 하면 되는데 백종이 온들 무슨 일을 할 수 있다는 것입니까?"

백종은 그에게 함께 임금을 만나러 가자고 청하였지만 그는 거부하였다.

그리하여 백종은 임금에게 가서 그대로 고하였고 경공이 그 말대로 따랐다.

【晉侯】 당시 晉나라 군주는 景公(獳) 재위 14년째였음.

【傳】 驛傳. 驛車.

【伯宗】 晉나라 대부. 孫伯紏의 아들. 伯尊으로도 부름. 伯州犁의 아버지. 《穀梁傳》에는 '伯尊'으로 되어 있음.

【辟重】《國語》晉語(5)에 “遇大車當道而覆, 立而辟之, 曰:「避傳.」”이라 하여 생략된 문장을 의미에 맞게 넣어 풀이하였음. 앞의 ‘辟’은 ‘闢’과 같음. ‘重’은 무거운 짐을 실은 수레를 뜻함.

【絳】지명. 당시 晉나라 도읍. 지금의 山西 翼城縣. 혹 侯馬市라고도 함.

【國主山川】나라는 경내의 산천을 같은 등급으로 여겨 이에게 제사를 올리는 일을 주관함.

【降服】의복 제도에서 한 단위가 낮은 복장을 함. 화려한 복장을 검소한 복장으로 갈아입음.

【出次】평소 있던 궁궐을 떠나 궁궐 밖 누추한 곳에서 생활함.

【乘縵】무늬를 넣지 않은 수레. 卿 大夫들이 타는 수레.

【不擧】살생을 하지 않음. 육식을 하지 않고 검약한 식사를 함을 말함. 이 고사는 《韓詩外傳》(8)에 “梁山崩, 晉君召大夫伯宗, 道逢輦者, 以其輦服其道. 伯宗使其右下, 欲鞭之. 輦者曰:「君趨道豈不遠矣? 不知事而行, 可乎?」伯宗喜, 問其居. 曰:「絳人也.」伯宗曰:「子亦有聞乎?」曰:「梁山崩, 壅河, 顧三日不流. 是以召子.」伯宗曰:「如之何?」曰:「天有山, 天崩之; 天有河, 天壅之. 伯宗將如之何?」伯宗私問之. 曰:「君其率羣臣, 素服而哭之, 旣而祠焉, 河斯流矣.」伯宗問其姓名, 弗告. 伯宗到, 君問, 伯宗以其言對. 於是君素服, 率羣臣而哭之, 旣而祠焉, 河斯流矣. 君問伯宗何以知之, 伯宗不言受輦者, 詐以自知. 孔子聞之, 曰:「伯宗其無後, 攘人之善.」《詩》曰:『天降喪亂, 滅我立王.』又曰:『畏天之威, 于時保之.』”라 하였고, 《國語》晉語(五)에도 “梁山崩, 以傳召伯宗, 遇大車當道而覆, 立而辟之, 曰:「避傳.」對曰:「傳爲速也, 若俟吾避, 則加遲矣, 不如捷而行.」伯宗喜, 問其居, 曰:「絳人也.」伯宗曰:「何聞?」曰:「梁山崩而以傳召伯宗.」伯宗問曰:「乃將若何?」對曰:「山有朽壤而崩, 將若何? 夫國主山川, 故川涸山崩, 君爲之降服·出次·乘縵·不擧, 策於上帝, 國三日哭, 以禮焉. 雖伯宗亦如是而已, 其若之何?」問其名, 不告; 請以見, 不許. 伯宗及絳, 以告, 而從之”라 하였으며 《論衡》感虛篇에도 “傳書言:「梁山崩, 壅河, 三日不流, 晉君憂之. 晉伯宗以輦者之言, 令景公素縞而哭之, 河水爲之流通.」此虛言也. 夫山崩壅河, 猶人之有癰腫, 血脉不通也. 治癰腫者, 可復以素服哭泣之聲治乎? 堯之時, 洪水滔天, 懷山襄陵, 帝堯吁嗟, 博求賢者. 水變甚於河壅, 堯憂深於景公, 不聞以素縞哭泣之聲能厭勝之. 堯無賢人若輦者之術乎? 將洪水變大, 不可以聲服除也? 如「素縞而哭」, 悔過自責也, 堯·禹之治水, 以力役, 不自責. 梁山, 堯時山也; 所壅之河, 堯時河也. 山崩河壅, 天雨水踊, 二者之變, 無以殊也. 堯·禹治洪水以力役, 輦者治壅河用自責, 變同而治異, 人鈞

而應殊, 殆非賢聖變復之實也. 凡變復之道, 所以能相感動者, 以物類也. 有寒則復之以溫, 溫復解之以寒. 故以龍致雨, 以刑逐暑, 皆緣五行之氣, 用相感勝之. 山崩雍河, 素縞哭之, 於道何意乎? 此或時河雍之時, 山初崩, 土積聚, 水未盛. 三日之後, 水盛土散, 稍壞沮矣. 壞沮水流, 竟注東去. 遭伯宗得輦者之言, 因素縞而哭, 哭之因流, 流時(則)謂之河變起此而復. 其實非也. 何以驗之? 使山恒自崩乎? 素縞哭無益也. 使其天變應之, 宜改政治. 素縞而哭, 何政所改, 而天變復乎?"라 하는 등 널리 실려 있음.《穀梁傳》成公 5년에도 "梁山崩, 雍遏河三日不流, 晉君召伯尊而問焉, 伯尊來遇輦者, 輦者不辟, 使車右下而鞭之, 輦者曰:「所以鞭我者, 其取道遠矣.」伯尊下車而問焉, 曰:「子有聞乎?」對曰:「梁山崩, 雍遏河三日不流.」伯尊曰:「君爲此召我也, 爲之奈何?」輦者曰:「天有山, 天崩之, 天有河, 天雍之, 雖召伯尊, 如之何?」伯尊由忠問焉, 輦者曰:「君親素縞, 帥羣臣而哭之, 旣而祠焉, 斯流矣.」伯尊至, 君問之曰:「梁山崩, 雍遏河三日不流, 爲之奈何?」伯尊曰:「君親素縞帥羣臣而哭之, 旣而祠焉, 斯流矣.」孔子聞之曰:「伯尊其無績乎, 攘善也.」"라 함.

❀ 950(成5-5)

秋, 大水.

가을, 홍수가 났다.

＊無傳

㉮

許靈公愬鄭伯于楚.
六月, 鄭悼公如楚訟, 不勝, 楚人執皇戌及子國.
故鄭伯歸, 使公子偃請成于晉.
秋八月, 鄭伯與晉趙同盟于垂棘.

허許 영공靈公이 정鄭나라가 자신을 괴롭힌다고 초楚나라에 호소하였다.

6월, 정鄭 도공悼公이 초나라로 가서 이에 송사를 벌였으나 이기지 못하자 초나라에서는 정나라 황수皇戍와 자국子國을 체포하였다.

그 때문에 정 도공은 초나라에서 돌아와 공자 언偃을 진晉나라로 보내어 맹약을 청하도록 한 것이다.

가을 8월, 정 도공과 진나라 조동趙同이 수극垂棘에서 동맹을 맺었다.

【許靈公】許나라 군주. 이름은 甯. 鄭나라에게 고통을 당하고 있었음. 許나라는 姜姓으로 周 武王이 그 苗裔 文叔을 許에 봉함. 지금의 河南 許昌市 동쪽.

【鄭悼公】이름은 費. B.C.586~585년까지 2년간 재위함.

【皇戍】鄭나라 대부. 혹 '皇戍'로 잘못 표기된 것도 있음.

【子國】鄭나라 공자 發(子發). 穆公의 아들. 그러나 《史記》 鄭世家에는 "悼公 使弟睔於楚自訟. 訟不直, 楚囚睔"이라 하여 본문의 내용과 다름. 睔은 悼公 다음의 鄭 成公 이름.

【公子偃】子游. 鄭나라 공자. 穆公의 아들.

【趙同】原同. 晉 成公의 누이동생이며 文公의 딸인 趙姬는 趙盾의 아버지 趙衰의 아내로 晉 文公이 돌아와 왕위에 오르자 趙衰에게 자신의 딸을 주어 趙括을 낳음. 僖公 24년 傳에 "文公妻趙衰, 生原同·屛括·樓嬰』"이라 함.

【垂棘】晉나라 지명. 지금의 山西 潞城縣 북쪽.

㊧

宋公子圍龜爲質于楚而歸, 華元享之.

請鼓譟以出, 鼓譟以復入, 曰:「習攻華氏.」

宋公殺之.

송宋나라 공자 위구圍龜가 초楚나라에 인질이 되었다가 돌아오자 화원 華元이 그를 위로하는 잔치를 베풀었다.

공자 위구는 임금에게 화원의 집을 나갈 때 북을 치고 소리 지르며 나가고, 돌아갈 때에도 북을 울리고 소리치게 해달라고 청하며 이렇게 말하였다.

“이것은 화씨華氏를 치기 위한 연습입니다.”
그러자 송宋 공공共公은 공자 위구를 죽이고 말았다.

【圍龜】자는 子靈. 宋 文公의 아들. 華元 대신에 楚나라에 인질로 잡혀있었음.
【華元】宋나라 대부 華御事의 아들.
【習攻華氏】宣公 15년 華元이 공자 圍龜를 자기 대신 楚나라에 인질로 보낸 것에 대해 원한을 표출한 것임.
【宋公】당시 宋나라 군주는 共公(固) 재위 3년째였음.

✹ 951(成5-6)

冬十有一月己酉, 天王崩.

겨울 11월 기유날, 천자가 붕어하였다.

【己酉】11월 12일.
【天王】周나라 천자 定王 姬瑜. 匡王(姬班)의 아우. B.C.606~586년까지 21년간 재위하고 簡王(姬夷)이 그 뒤를 이음.

㊧

十一月己酉, 定王崩.

겨울 11월 기유날, 주나라 천자 정왕定王이 세상을 떴다.

【定王】東周 천자. 이름은 姬瑜. 이곳의 전문은 원전에는 다음의 전문 뒤에 있으나 경문의 순서에 맞추어 앞으로 옮긴 것임. 杜預 注에 “經在蟲牢盟上, 傳在下, 月倒錯. 衆家傳悉無此八字. 或衍文”이라 함.

✹ 952(成5-7)

　十有二月己丑, 公會晉侯·齊侯·宋公·衛侯·鄭伯·曹伯·
邾子·杞伯同盟于蟲牢.

　12월 기축날, 성공이 진후晉侯, 제후齊侯, 송공宋公, 위후衛侯, 정백鄭伯, 조백曹伯, 주자邾子, 기백杞伯과 만나 충뢰蟲牢에서 동맹을 맺었다.

【己丑】 12월 23일.
【蟲牢】 鄭나라 땅. 지금의 河南 封丘縣 북쪽.

⑬傳

　冬, 同盟于蟲牢, 鄭服也.
　諸侯謀復會, 宋公使向爲人辭以子靈之難.

　겨울, 충뢰蟲牢에서 동맹을 맺은 것은 정鄭나라가 진晉나라에 복종하였기 때문이었다.
　제후들이 다시 모일 것을 도모하자 송宋 공공共公이 대부 상위인向爲人으로 하여금 자령子靈의 난을 구실삼아 자신은 참여하기 어렵다고 하였다.

【向爲人】 宋나라 대부.
【宋公】 宋 共公(固). 재위 3년째였음.
【子靈】 宋나라 공자 圍龜. 成公 5년의 傳文을 볼 것. 한편 본문은 앞의 經傳과 순서가 맞지 않아 이를 근거로 흔히 公子가 수찬한 《春秋》와 左丘明이 근거한 《春秋》가 다른 것이었을 것이라는 주장을 펴기도 함.

138. 成公 6年(B.C.585) 丙子

周	簡王(姬夷) 원년	齊	頃公(無野) 14년	晉	景公(獳) 15년	衛	定公(臧) 4년
蔡	景公(固) 7년	鄭	悼公(費) 2년	曹	宣公(廬) 10년	陳	成公(午) 14년
杞	桓公(姑容) 52년	宋	共公(固) 4년	秦	桓公(榮) 20년	楚	共王(審) 6년
吳	壽夢 원년	許	靈公(甯) 7년				

✹ 953(成6-1)

六年春王正月, 公至自會.

6년 봄 정월, 성공이 모임에서 돌아왔다.

【會】蟲牢에서의 모임을 가리킴.
＊無傳

傳

六年春, 鄭伯如晉拜成, 子游相, 授玉于東楹之東.
士貞伯曰:「鄭伯其死乎! 自弃也已. 視流而行速, 不安其位, 宜不能久.」

6년 봄, 정鄭 도공悼公이 진晉나라에 가서 화친을 맺은 일에 사례할 때, 자유子游가 도공을 따라와 돕고 있었는데, 정 도공이 진 경공에게 옥玉을 당堂의 동쪽 기둥의 동편 가장자리에서 드렸다.

그러자 사정백士貞伯이 말하였다.

"정나라 군주는 죽게 될 것이다! 자신 지위의 체통을 버렸다. 눈동자가 불안하고 걸음걸이가 빠르며 자신의 자리에서 불안해 하니 아마 오래 살지 못할 것이다."

【拜成】 지난해 垂棘과 蟲牢에서의 회맹을 주선해준 晉나라에게 감사를 표함.
【子游】 公子偃. 鄭나라 공자. 穆公의 아들.
【授玉】 고대 제후끼리 만날 때 옥을 선물하는 의식이 있었음.
【東楹之東】 鄭 悼公과 晉 景公은 동급의 제후로서 응당 東西 기둥의 중간인 中堂에서 옥을 주고받는 의식을 치러야 하나 鄭 悼公이 스스로 東楹의 동쪽에서 이를 바침으로써 스스로의 지위에 대해 비천하게 굴었음.
【士貞伯】 晉나라 대부. 土渥濁. 士貞子. 士伯, 貞伯.
【死乎】 鄭 悼公은 과연 6월에 생을 마치고 말았음. 成公 6년을 참조할 것.
【視流而行速】 눈동자가 불안하고, 걸음걸이가 빠름.

954(成6-2)

二月辛巳, 立武宮.

2월 신사날, 무궁武宮을 세웠다.

【辛巳】 2월 16일.
【武宮】 武宮은 두 가지로 쓰였음. 즉 魯 武公의 사당. 昭公 25년의 經文을 볼 것. 武公은 B.C.825~816년까지 10년간 재위하였던 魯나라 先代 군주. 그러나 여기서는 季文子(季孫行父)가 자신의 武功을 기념하기 위해 세운 건축물을 뜻함.

⟨傳⟩

二月, 季文子以鞌之功立武宮, 非禮也.

聽於人以救其難, 不可以立武.

立武由己, 非由人也.

　2월, 계문자季文子가 안鞌에서의 싸움에서 공을 세웠다 하여 이를 기념하는 무궁武宮을 세웠으나 이는 예가 아니다.

　남의 힘을 빌려 국난을 구하였으니 무궁을 세울 수가 없는 것이다.

　스스로의 힘으로 공을 세웠을 경우라야 무궁을 지을 수 있으며 남의 힘을 빌려 이룬 공로를 기념하여 이를 짓는 것이 아니다.

【季文子】 季孫行父. 魯나라 대부. 魯나라 三桓의 하나인 季孫氏 집안.

【鞌】 成公 2년에 있었던 전투. '鞌'은 '鞍'과 같음. 齊나라 땅.《山東通志》에 "鞌在 歷城縣西北十里鞍山下"라 함. '鞍'과 같음.

【聽於人】 남에게 요청하여 그들의 힘을 빌림. 鞌의 전투는 齊나라가 魯나라를 괴롭히자 晉나라 힘을 빌려 齊나라를 물리친 전투였음. 따라서 季孫行父가 스스로 공을 세운 것은 아님.

✱ 955(成6-3)

取鄟.

　전鄟 땅을 차지하였다.

【鄟】 鄟은 원래 魯나라 附庸國이었음.《公羊傳》에 '邾婁之邑'이라 함. 지금의 山東 郯城縣 동북. 혹 山東 兗州 일대라고도 함.

取鄟, 言易也.

노나라가 전鄟을 차지하였다는 것은 쉽게 차지하였음을 말한 것이다.

【易】충돌이나 대치, 혹 전투를 치르지 아니하고 쉽게 차지하였음을 말함. 宣公 9년을 볼 것.

✹ 956(成6-4)

衛孫良夫帥師侵宋.

위衛나라의 손량부孫良夫가 군사를 거느리고 송宋나라를 쳤다.

【孫良夫】衛나라 대부. 孫林父의 아버지. 孫桓子.

傳

三月, 晉伯宗·夏陽說·衛孫良夫·甯相·鄭人·伊雒之戎·陸渾·
蠻氏侵宋, 以其辭會也.
　師于鍼, 衛人不保.
　說欲襲衛, 曰:「雖不可入, 多俘而歸, 有罪不及死.」
　伯宗曰:「不可. 衛唯信晉, 故師在其郊而不設備. 若襲之, 是弃信也.
雖多衛俘, 而晉無信, 何以求諸侯?」
　乃止.
　師還, 衛人登陴.

3월, 진晉나라 백종伯宗, 하양열夏陽說, 위衛나라 손량부孫良夫, 영상窜相, 정鄭나라 사람, 그리고 이수伊水와 낙수雒水 사이에 사는 융戎, 육혼陸渾과 만씨蠻氏가 송宋나라를 침공한 것은 송나라가 회맹에 사양하고 참여하지 않았기 때문이었다.

그들의 군사가 겸鍼에 이르렀을 때, 위나라 사람들은 아무런 수비를 하지 않고 있었다.

그러자 하양열이 위나라를 급습하려 하면서 이렇게 말하였다.

"비록 위나라 도읍까지 들어갈 수는 없다 해도 많은 포로를 잡아 돌아간다면 죄를 얻더라도 사형은 면할 것입니다."

그러자 백종이 말하였다.

"안 됩니다. 위나라는 지금 우리 진나라만 믿고 있습니다. 그러므로 군사를 교외로 보내 놓고도 아무런 대비를 하고 있지 않는 것입니다. 만약 우리가 급습한다면 그것은 신의를 버리는 것입니다. 비록 많은 포로를 잡는다 하더라도 진나라는 믿음이 없는 나라가 될 것이니 어떻게 다른 제후들이 우리를 따라주기를 요구할 수 있겠습니까?"

이에 하양열이 위나라를 습격하려던 것을 그만두었다.

그리고 군사를 돌려 귀환할 때 위나라 사람은 성벽 위의 담에 올라 그들을 바라보았다.

【伯宗】晉나라 대부. 孫伯糾의 아들. 伯尊으로도 부름. 伯州犁의 아버지. 《穀梁傳》에는 '伯尊'으로 되어 있음.

【夏陽說】晉나라 대부. 夏陽은 원래 지명으로 혹 그 채읍을 성씨로 삼은 것이 아닌가 함.

【孫良夫】衛나라 대부. 孫林父의 아버지. 孫桓子.

【窜相】衛나라 대부.

【伊雒之戎】伊水와 雒水(洛水) 사이에 분포하였던 戎族.

【陸渾】戎族 부락의 이름.

【蠻氏】지금의 河南 臨汝縣 서남에 분포하였던 戎族 부락으로 哀公 4년 楚나라에 의해 망함.

【辭會】宋 共公이 圍龜의 난을 핑계로 회맹에 참여하지 않음. 成公 5년의 傳을 볼 것.

【鍼】衛나라 지명. 지금의 河南 濮陽縣 衛나라 도읍 帝丘와 멀지 않은 곳.
【陴】성벽 위에 쌓은 담. 성가퀴.

❋ 957(成6-5)

夏六月, 邾子來朝.

여름 6월, 주邾나라 군주가 내조하였다.

【邾】周나라 武王이 祝融 八姓의 하나였던 邾俠(曹俠)을 封하여 부용국으로
삼았으며 지금의 山東 鄒縣. 이 때문에 전국시대에 이름을 '鄒'로 바꾸었음.
曹姓이며 子爵 작위를 받았으나 魯나라에 예속되어 있었음.
＊無傳

㊉

晉人謀去故絳, 諸大夫皆曰:「必居郇瑕氏之地, 沃饒而近鹽, 國利
君樂, 不可失也.」
韓獻子將新中軍, 且爲僕大夫.
公揖而入, 獻子從.
公立於寢庭, 謂獻子曰:「何如?」
對曰:「不可. 郇瑕氏土薄水淺, 其惡易覯. 易覯則民愁, 民愁則
墊隘, 於是乎有沈溺重膇之疾. 不如新田, 土厚水深, 居之不疾, 有汾·
澮以流其惡, 且民從敎, 十世之利也. 夫山·澤·林·鹽, 國之寶也.
國饒, 則民驕佚. 近寶, 公室乃貧. 不可謂樂.」
公說, 從之.
夏四月丁丑, 晉遷于新田.

진晉나라가 강絳에서 다른 곳으로 도읍지를 옮기려 하자 여러 대부들이 한결같이 말하였다.

"반드시 옛 순하郇瑕나라 땅이었던 곳을 도읍으로 삼아야 합니다. 그곳은 땅이 기름져 풍요롭고 소금 못이 가까워 나라에는 이롭고 임금께서는 안락할 것이니 그곳은 놓칠 수 없습니다."

그러자 한헌자韓獻子는 신삼군新三軍이며 동시에 임금의 시종대부侍從大夫를 겸하고 있었다.

성공成公이 자리에서 일어나 경대부들에게 읍을 하고 안으로 들어가자 한헌자는 군주의 뒤를 따라갔다.

성공이 침전寢殿의 뜰에 서서 한헌자에게 물었다.

"어떻게 생각하오?"

한헌자는 이렇게 답하였다.

"그것은 안 됩니다. 순하씨들이 살던 땅은 토질은 얇고 물도 얕고 더러운 것이 눈에 띄기 쉽습니다. 더러운 것이 눈에 띄기 쉬우면 백성들의 마음이 좋지 못하고, 백성들의 마음이 좋지 못하면 몸이 불편해집니다. 이에 습기 때문에 병과 각기병이 일어날 것입니다. 신전新田으로 옮기느니만 못합니다. 신전은 지대가 높고 흐르는 물이 깊어 그러한 곳에 살면 병에 걸리지 않을 것입니다. 또 분수汾水와 회수澮水의 두 강이 흘러 더러운 것들을 흘려 보내니 백성들이 이를 따라 십 세世까지 이익을 누릴 수 있습니다. 무릇 산, 못, 수풀, 소금 못은 나라의 보배입니다. 그러나 나라가 너무 부유하면 백성들이 교만하게 되고, 보물이 너무 가까이 있으면 공실公室이 가난하게 됩니다. 임금께서 즐겁기만 한 것은 아닙니다."

경공은 기꺼워하며 그의 말을 따랐다.

여름 4월 정축날, 진나라는 도읍을 신전으로 옮겼다.

【絳】 지명. 당시 晉나라 도읍. 지금의 山西 翼城縣. 혹 侯馬市라고도 함. 진나라는 이때 新田으로 도읍을 옮기고도 그곳을 '絳'이라 불러 옛 絳邑은 '故絳'이라 불렀음.

【郇瑕氏】郇瑕는 옛 나라의 이름으로 그 나라의 도읍은 山西 解縣 서북쪽에 있었음. 그러나 이 땅은 넓어 다시 세분하여 郇과 瑕로 나누어 그중 한 곳을 도읍으로 정할 것을 건의한 것임.

【沃饒】토지가 기름지고, 산물이 풍부함.

【鹽】鹽池. 지금의 解池를 가리킴.《說文》에 "鹽, 河東鹽池"라 함.

【韓厥】晉나라 대부. 韓獻子. 子輿의 아들. 韓萬의 현손. 그 후손이 뒷날 晉六卿의 하나인 韓氏로 발전하였으며 戰國시대 七雄의 하나인 韓나라를 일으킴.

【僕大夫】侍從大夫. 즉 侍從長.

【寢庭】군주가 政務를 보는 正殿의 뜰.

【土薄水淺】저지대여서 땅이 낮고, 흐르는 강물이 얕음.

【其惡易覯】더러운 것이 눈에 띄기 쉬움.

【墊隘】'괴로워하다, 곤궁하다'의 뜻.

【沈溺重膇之疾】습기로 일어나는 병과 각기병.

【新田】지금의 山西 曲沃縣 남쪽. 혹 지금의 山西 侯馬市라 함.

【汾澮】汾水는 新田 서북을 흐르는 山西 최대의 강이며, 澮水는 新田을 거쳐 汾水로 흘러드는 물.

【從敎】군주의 가르침을 잘 따름. 교화가 이루어질 수 있음.

【公室乃貧】보물이 너무 가까이 있으면 백성들이 工商에 주력하는 한편, 농업과 잠업 등은 소홀히 하므로 공실로 들어오는 부세가 적어져 빈곤하게 된다는 말.

【丁丑】4월 14일.

❋ 958(成6-6)

公孫嬰齊如晉.

공손영제公孫嬰齊가 진晉나라에 갔다.

【公孫嬰齊】魯나라 대부. 자는 子叔. 叔肸의 아들. 仲嬰齊로도 부르며 시호는 聲伯.

✹ 959(成6-7)

壬申, 鄭伯費卒.

임신날, 정鄭 도공悼公 비費가 죽었다.

【壬申】6월 9일.
【費】鄭 悼公의 이름. B.C.586~585년까지 2년간 재위하고 이때에 생을 마쳤으며
成公(睔)이 그 뒤를 이어 B.C.571년까지 재위함.

㉆

六月, 鄭悼公卒.

6월, 정鄭 도공悼公이 죽었다.

✹ 960(成6-8)

秋, 仲孫蔑·叔孫僑如帥師侵宋.

가을, 중손멸仲孫蔑과 숙손교여叔孫僑如가 군사를 거느리고 송宋나라를
쳤다.

【仲孫蔑】孟獻子. 魯나라 대부. 孟文伯(穀)의 아들이며 公孫敖의 손자. 魯나라
門閥.
【叔孫僑如】魯나라 대부. 宣伯. 叔孫得臣의 아들. 아버지가 狄의 군주 僑如를
잡아 처단한 기념으로 아들 이름을 '僑如'로 지어 叔孫僑如가 됨. 文公 11년의
傳文을 볼 것.

子叔聲伯如晉, 命伐宋.

노魯나라 자숙성백子叔聲伯이 진晉나라로 가자 진나라가 그에게 송宋나라를 칠 것을 명하였다.

【子叔聲伯】公孫嬰齊. 자는 子叔. 魯나라 대부. 叔肸의 아들. 仲嬰齊로도 부르며 시호는 聲伯.
【伐宋】3월에 晉나라 伯宗이 제후들 군사를 이끌고 宋나라를 쳤으나 宋나라가 여전히 晉나라에 복종하지 않자 魯나라로 하여금 치도록 명한 것.

秋, 孟獻子·叔孫宣伯侵宋, 晉命也.

가을, 노나라의 맹헌자孟獻子와 숙손선백叔孫宣伯이 송宋나라를 친 것은 진晉나라의 명령에 의한 것이었다.

【孟獻子】仲孫蔑. 魯나라 대부. 孟文伯(穀)의 아들이며 公孫敖의 손자. 魯나라 門閥.
【叔孫宣伯】叔孫僑如. 魯나라 대부. 宣伯. 叔孫得臣의 아들. 아버지가 狄의 군주 僑如를 잡아 처단한 기념으로 아들 이름을 '僑如'로 지어 叔孫僑如가 됨. 文公 11년의 傳文을 볼 것.

✳ 961(成6-9)

楚公子嬰齊帥師伐鄭.

초楚나라 공자 영제嬰齊가 군사를 거느리고 정鄭나라를 쳤다.

【嬰齊】楚나라 공자. 자는 子重. 楚 穆王의 아들이며 莊王의 아우. 일찍이 將軍, 左尹, 令尹 등을 지냄. 宣公 11년의 傳文을 볼 것.

㊧

楚子重伐鄭, 鄭從晉故也.

초楚나라 자중子重이 정鄭나라를 친 것은 정나라가 진晉나라에 복종하였기 때문이었다.

【子重】楚나라 公子 嬰齊의 자.

❋ 962(成6-10)

冬, 季孫行父如晉.

겨울, 계손행보季孫行父가 진晉나라에 갔다.

【季孫行父】季文子. 魯나라 대부. 魯나라 三桓의 하나인 季孫氏 집안.

㊧

冬, 季文子如晉, 賀遷也.

겨울, 계문자季文子가 진晉나라에 간 것은 진나라가 천도한 것을 축하하기 위한 것이었다.

【季文子】季孫行父. 魯나라 대부. 魯나라 三桓의 하나인 季孫氏 집안.
【遷】晉나라가 絳에서 新田으로 도읍을 옮김. 앞 장의 傳을 볼 것.

✹ 963(成6-11)

晉欒書帥師救鄭.

진晉나라 난서欒書가 군사를 거느리고 정鄭나라를 구원하였다.

【欒書】晉나라 대부. 欒盾의 아들 欒武子. 欒伯으로도 부름.
【救鄭】楚나라가 鄭나라를 자신에게 복종시키려 시도하자 晉나라가 나서서 鄭나라를 구원한 것. 앞 장의 傳을 볼 것. 그러나《公羊傳》에는 ‘救’가 도리어 ‘侵’으로 되어 있음.

⑫

晉欒書救鄭, 與楚師遇於繞角, 楚師還.
晉師遂侵蔡, 楚公子申·公子成以申·息之師救蔡, 禦諸桑隧.
趙同·趙括欲戰, 請於武子, 武子將許之.
知莊子·范文子·韓獻子諫曰:「不可. 吾來救鄭, 楚師去我, 吾遂至於此, 是遷戮也. 戮而不已, 又怒楚師, 戰必不克. 雖克, 不令. 成師以出, 而敗楚之二縣, 何榮之有焉? 若不能敗, 爲辱已甚, 不如還也.」
乃遂還.
於是軍帥之欲戰者衆.
或謂欒武子曰:「聖人與衆同欲, 是以濟事, 子盍從衆? 子爲大政, 將酌於民者也. 子之佐十一人, 其不欲戰者, 三人而已. 欲戰者可謂衆矣.〈商書〉曰:『三人占, 從二人』, 衆故也.」
武子曰:「善鈞從衆. 夫善, 衆之主也. 三卿爲主, 可謂衆矣. 從之, 不亦可乎?」

진晉나라 난서欒書가 정鄭나라를 구원하러 나서서 요각繞角에서 초楚나라 군사와 마주치자 초나라 군사는 진나라 군사를 피하여 귀환하였다.

진나라 군사가 바로 채蔡나라를 쳐들어갔을 때 초나라 공자 신申과 공자 성成이 신申과 식息 두 고을의 군사를 이끌고 채나라를 구원하여 진나라 군사를 상수桑隧에서 막고 있었다.

당시 진나라 조동趙同과 조괄趙括이 초군과 전투를 벌이고자 무자武子에게 요청하자 무자가 허락하려 하였다.

그러자 지장자知莊子, 범문자范文子, 한헌자韓獻子가 반대하고 나섰다.

"안 됩니다. 우리가 정나라를 구원하러 나서자 초나라 군사가 우리를 피하여 떠났습니다. 그런데 우리가 이곳 채나라에 이른 것은 엉뚱한 자를 죽일 상대로 삼은 것입니다. 엉뚱한 자를 죽이기를 중지하지 아니하고 게다가 초나라 군사를 노하게 하였다가는 싸워도 틀림없이 이기지도 못할 뿐더러 비록 이긴다 해도 훌륭하다는 소리를 듣지 못할 것입니다. 군사 행동을 성취하여 초나라 두 고을의 군사를 패배시킨다고 해서 그것이 무슨 영광이 되겠습니까? 게다가 싸워서 그들을 패배시키지도 못한다면 치욕만 심해질 것이니 돌아가느니만 못합니다."

그리하여 드디어 귀환하고 말았다.

그때 장수들 가운데에는 싸우고자 하는 사람이 많았다.

어떤 사람이 난무자欒武子에게 말하였다.

"성인聖人은 많은 사람들이 하고자 하는 것을 허락합니다. 이 까닭으로 일을 성취하는 것입니다. 그런데 그대는 어찌 많은 사람의 뜻을 따르지 않습니까? 그대는 큰 정치를 임무를 맡아 장차 백성들의 뜻을 참작하셔야 할 사람입니다. 그대를 보좌하는 이들은 열한 사람이나 됩니다. 그들 가운데 싸우지 않겠다는 분은 세 사람뿐이며 싸우고자 하는 사람이 더 많습니다. 〈상서商書〉에 '세 사람이 점을 쳐서 두 사람의 뜻을 따른다'라 하였으니 이는 같은 뜻을 가진 사람이 더 많기 때문입니다."

난무자가 말하였다.

"좋은 의견이 균등할 경우 수가 많은 편을 따르는 것이다. 무릇 좋은 의견이란 무리의 주체이다. 세 경卿은 무리를 따르는 분들이니 그들의 뜻이 곧 무리의 뜻이라 할 수 있다. 그분들의 뜻을 따르는 것이 또한 옳지 않겠는가?"

【欒書】晉나라 대부. 欒盾의 아들 欒武子. 欒伯으로도 부름.

【繞角】鄭나라 지명. 지금의 河南 魯山縣 동남쪽.

【公子申】楚나라 공자.

【公子成】역시 楚나라 공자.

【申, 息】초나라의 두 고을 이름. 원래 작은 나라였으나 초나라에게 합병당함.

【桑隰】蔡나라 지명. 지금의 河南 確山縣 동쪽.《一統志》에 "今河南確山縣東南
有桑里亭, 卽成公六年, 晉侵蔡, 楚救蔡, 禦諸桑隰處也"라 함.

【趙同】原同. 晉 成公의 누이동생이며 文公의 딸인 趙姬는 趙盾의 아버지 趙衰의
아내로 晉 文公이 돌아와 왕위에 오르자 趙衰에게 자신의 딸을 주어 趙括을
낳음. 僖公 24년 傳에 "文公妻趙衰, 生原同·屛括·樓嬰』이라 함. 당시 下軍副將
이었음.

【趙括】屛括. 趙括. 屛季. 趙盾의 이복동생. 趙衰와 君姬氏 사이에 난 아들. 당시
新中軍副將이었음.

【武子】欒武子. 欒書.

【知莊子】荀首. 中行伯(荀林父)의 막내 아우였음. 당시 晉나라 中軍佐에 오름.
知莊子로도 불림.

【范文子】士燮. 晉나라 대부. 文子. 范文子. 范武子(士會)의 아들. 그 후손이 뒷날
晉六卿의 하나인 范氏로 발전함.

【韓獻子】晉나라 대부. 韓厥. 子輿의 아들. 韓萬의 현손. 그 후손이 뒷날 晉六卿의
하나인 韓氏로 발전하였으며 戰國시대 七雄의 하나인 韓나라를 일으킴.

【不令】좋지 못함. '令'은 '훌륭하다. 아름답다'의 뜻.

【二縣】楚나라의 두 고을인 申과 息.

【子之佐十一人】당시 진나라에는 六軍이 있어 중군사장 欒武子, 중군부장 荀首,
상군사장 荀庚, 상군부장 士燮, 하군사장 郤錡, 하군부장 趙同, 신중군사장
韓厥, 신중군부장 趙括, 신상군사장 鞏朔, 신상군부장 韓穿, 신하군 대장 荀騅,
신하군부장 趙旃 등이었음. 이들 11명은 모두 총대장 欒書를 보좌하는 장군
이었음.

【商書】'商書'는 '周書'의 오기.《書經》周書 洪範篇에 "凡七, 卜五, 占用二, 衍忒.
立時人作卜筮, 三人占, 則從二人之言. 汝則有大疑, 謀及乃心, 謀及卿士, 謀及
庶人, 謀及卜筮"라 함.

【善鈞從衆】'鈞'은 '均'과 같음. 좋은 의견이기는 하나 팽팽히 균형을 이루어 결정
하기 어려울 경우에는 다수결을 따름.

139. 成公 7年(B.C.584) 丁丑

周	簡王(姬夷) 2년	齊	頃公(無野) 15년	晉	景公(獳) 16년	衛	定公(臧) 5년
蔡	景公(固) 8년	鄭	成公(睔) 원년	曹	宣公(盧) 11년	陳	成公(午) 15년
杞	桓公(姑容) 53년	宋	共公(固) 5년	秦	桓公(榮) 21년	楚	共王(審) 7년
吳	壽夢 2년	許	靈公(甯) 8년				

❋ 964(成7-1)

七年春王正月, 鼷鼠食郊牛角, 改卜牛.

鼷鼠又食其角, 乃免牛.

7년 봄 주력 정월, 생쥐가 교제郊祭에 바칠 희생의 소 뿔을 갉아먹어 점을 쳐서 다른 소로 바꾸었다.

생쥐가 또 그 소의 뿔을 갉아먹어 그 소를 풀어주었다.

【鼷鼠】 아주 작은 회색의 쥐. 《本草綱目》 獸部(3) 李時珍 〈集解〉에 陳藏器의 설을 인용하여 "鼷鼠, 極細, 卒不可見, 食人及牛馬皮膚成瘡"이라 함.

【免牛】 그 소를 희생으로 쓰지 않고 풀어줌. 僖公 31년을 볼 것.

　＊無傳

✹ 965(成7-2)

　吳伐郯.

　오吳나라가 담郯나라를 쳤다.

【吳】 이해 吳나라 군주는 壽夢으로 그 즉위 2년이었음. 吳나라는 姬姓. 周 太王
(古公亶父)의 맏이 太伯이 세운 나라. 姬姓. 지금의 江蘇 蘇州市. 그러나 吳나라
이름은 《左傳》에는 여기에 처음 등장하며 孔穎達의 疏에 "至壽夢而稱王. 壽夢
以上世數可知而不紀其年. 壽夢元年, 魯成公之六年也. 夫差十五年獲麟之歲也.
二十三年, 魯哀公之二十二年, 而越滅吳"라 함. 뒤에 夫差가 오만을 부리다가
越王 句踐에게 망함.
【郯】 춘추시대 소국. 《一統志》에 "今山東郯城縣西南三十里有古郯城"이라 함.
郯나라는 少皡의 後孫으로 己姓이었음. 그러나 《史記》秦本紀贊에 의하면
伯益의 盈姓(嬴姓)에서 분파되어 나온 것으로 되어 있음.

　㊩

七年春, 吳伐郯, 郯成.
季文子曰:「中國不振旅, 蠻夷入伐, 而莫之或恤. 無弔者也夫!
《詩》曰:『不弔昊天, 亂靡有定』, 其此之謂乎! 有上不弔, 其誰不受亂?
吾亡無日矣.」
君子曰:「知懼如是, 斯不亡矣.」

7년 봄, 오吳나라가 담郯나라를 치자 담나라가 오나라와 화친을 맺었다.
계문자季文子가 말하였다.

"중원의 제후들이 군사를 정비하지 않고 있으니 만이蠻夷가 중원으로
들어오는구나. 그럼에도 중원에는 이를 막아주거나 혹 불쌍히 여기는 자도
없고 애도하지도 않는구나! 《시》에 '하늘이 불쌍히 여기지 않으니, 난리는
평정되지 못하리로다'라 하였으니 이런 경우를 두고 하는 말이리라! 윗사람이
있음에도 불쌍히 여기지 않고 있으니 그 누가 난을 당하지 않겠는가? 우리

노나라가 망할 날도 얼마 남지 않았구나."
　군자가 말하였다.
"이처럼 두려움을 안다면 망하지는 않을 것이다."

【郊成】郊나라가 吳나라와 화친을 맺은 것은 오나라에게 복종한 것이며 오나라를
　蠻夷로 보아 중원의 노나라가 이렇게 기록한 것임. 郊은 宣公 4년을 볼 것.
【季孫行父】季文子. 魯나라 대부. 魯나라 三桓의 하나인 季孫氏 집안.
【中國】中原을 뜻함. 黃河를 중심으로 발전한 華夏族을 일컫는 말.
【振旅】군사를 정비함. 僖公 28년을 볼 것.
【蠻夷】당시 吳나라는 長江 하류 일대로 中原에서는 이들을 미개한 蠻族으로
　여겼음.
【詩】《詩經》小雅 節南山篇에 "節彼南山, 維石巖巖. 赫赫師尹, 民具爾瞻. 憂心
　如惔, 不敢戱談. 國旣卒斬, 何用不監. 節彼南山, 有實其猗. 赫赫師尹, 不平維何.
　天方薦瘥, 喪亂弘多. 民言無嘉, 憯莫懲嗟. 尹氏大師, 維周之氏. 秉國之均, 司方
　是維. 天子是毗, 俾民不迷. 不弔昊天, 不宜空我師"라 함.

　　㉑

鄭子良相成公以如晉, 見, 且拜師.

　정鄭나라 자량子良이 새로 즉위한 정鄭 성공成公을 보좌하여 진晉나라에
가서 경공景公을 찾아뵙고 지난해에 군사를 보내 도와준 데 대하여 감사를
드렸다.

【子良】去疾. 鄭나라 공자. 鄭 穆公의 庶子. 임금 자리를 공자 堅(襄公)에게 양보함.
【鄭成公】이름은 곤(睔). 悼公(費)을 이어 막 즉위하였음. 그러나 정식 즉위
　원년은 이듬해(B.C.584년)로 계산하고 있음.
【晉景公】이름은 누(獳). 재위 15년째였음.
【拜師】지난해 楚나라의 침략에 晉나라가 군사를 내어 鄭나라를 구해준 일에
　대해 감사히 여김.

✹ 966(成7-3)

夏五月, 曹伯來朝.

여름 5월, 조曹나라 군주가 찾아왔다.

【曹伯】 당시 曹나라 군주는 宣公(盧). 재위 10년째였음.

㉒

夏, 曹宣公來朝.

여름, 조曹 선공宣公이 노나라를 찾아왔다.

【曹宣公】 이름은 盧.

✹ 967(成7-4)

不郊, 猶三望.

교제郊祭는 지내지 않았으나 삼망三望은 행하였다.

【三望】 '望'은 '望祭'. 제후가 자신의 영내 산천에 지내는 제사. 魯나라의 三望은 東海, 泰山, 淮水였음. 僖公 31년의 傳文을 볼 것.
＊無傳

● 968(成7-5)

秋, 楚公子嬰齊帥師伐鄭.

가을, 초楚나라 공자 영제嬰齊가 군사를 이끌고 정鄭나라를 쳤다.

【嬰齊】楚나라 공자. 자는 子重. 楚 穆王의 아들이며 莊王의 아우. 일찍이 將軍, 左尹, 令尹 등을 지냄. 宣公 11년의 傳文을 볼 것.
【伐鄭】晉나라와의 패권 다툼에 다시 鄭나라를 굴복시키고자 한 것.

● 969(成7-6)

公會晉侯·齊侯·宋公·衛侯·曹伯·莒子·邾子·杞伯救鄭.
八月戊辰, 同盟于馬陵.

성공이 진후晉侯, 제후齊侯, 송공宋公, 위후衛侯, 조백曹伯, 거자莒子, 주자邾子, 기백杞伯과 함께 정鄭나라를 구원하였다.
8월 무진날, 마릉馬陵에서 동맹을 맺었다.

【戊辰】8월 11일.
【馬陵】鄭나라 땅.《一統志》에 "今河北大名縣東南十五里, 有馬陵城, 卽成公七年 同盟處. 亦卽魏惠王三十年孫臏殺龐涓處"라 함.

㊀

秋, 楚子重伐鄭, 師于氾, 諸侯救鄭.
鄭共仲·侯羽軍楚師, 囚鄖公鍾儀, 獻諸晉.
八月, 同盟于馬陵, 尋蟲牢之盟, 且莒服故也.
晉人以鍾儀歸, 囚諸軍府.

가을, 초楚나라 자중子重이 정鄭나라 군사를 공격하여 범氾 땅에 진을
치자 제후들이 정나라를 구원하러 나섰다.

정나라 대부 공중共仲과 후우侯羽는 초나라를 포위하여 운鄖 고을의 수령
종의鍾儀를 사로잡아 진晉나라에 바쳤다.

8월, 마릉馬陵에서 동맹을 맺은 것은 충뢰蟲牢에서 맺었던 동맹을 굳건히
다지기 위한 것이었으며 아울러 거莒나라가 진晉나라에 복종하였기 때문
이기도 하였다.

진晉나라가 종의鍾儀를 데리고 돌아가 군용 창고에 가두었다.

【子重】嬰齊. 楚나라 공자. 楚 穆王의 아들이며 莊王의 아우. 일찍이 將軍, 左尹,
  令尹 등을 지냄. 宣公 11년의 傳文을 볼 것.
【氾】鄭나라 지명. 지금의 河南 襄城縣 남쪽, 혹 氾水縣 동쪽.
【共仲】鄭나라 대부.
【侯羽】鄭나라 대부.
【軍楚師】'軍'은 '포위하다'의 뜻.《說文》에 "軍, 圓圍也"라 하였고,《廣雅》釋言
  에도 "軍, 圍也"라 함.
【鄖公】'鄖'은 지금의 湖北 安陸縣 雲夢湖 근처에 있던 나라. 뒤에 楚나라에 귀속
  되었음. 桓公 12년의 傳文을 볼 것. 鄖姓. 公은 그곳의 수령.
【鍾儀】鄖 땅 고을의 수령 이름.
【馬陵】鄭나라 땅.《一統志》에 "今河北大名縣東南十五里, 有馬陵城, 卽成公七年
  同盟處. 亦卽魏惠王三十年孫臏殺龐涓處"라 함.
【蟲牢】鄭나라 땅. 지금의 河南 封丘縣 북쪽. 이곳에서의 맹약은 成公 5년을
  볼 것.
【莒服故】莒나라는 원래 齊나라에 복종하였으나 齊나라가 晉나라에 복종하자
  莒나라 역시 晉나라에 복종하였음.
【鍾儀】초나라 鄖 고을의 수령. 鄭나라 대부 共仲과 侯羽에게 사로잡혀 진나라에
  바쳐짐. 앞장 참조.
【軍府】병기고. 무기를 갈무리하는 창고.

✹ 970(成7-7)

公至自會.

성공이 모임에서 돌아왔다.

【會】앞 장의 馬陵 회담을 마치고 귀국함.
＊無傳

✹ 971(成7-8)

吳入州來.

오吳나라가 주래州來로 쳐들어갔다.

【吳】姬姓. 周 太王(古公亶父)의 맏이 太伯이 세운 나라. 姬姓. 지금의 江蘇
蘇州市. 그러나 吳나라 이름은《左傳》에는 여기에 처음 등장하며 孔穎達의
疏에 "至壽夢而稱王. 壽夢以上世數可知而不紀其年. 壽夢元年, 魯成公之六年也.
夫差十五年獲麟之歲也. 二十三年, 魯哀公之二十二年, 而越滅吳"라 함. 뒤에
夫差가 오만을 부리다가 越王 句踐에게 망함.
【州來】원래 나라 이름. 楚나라 땅이었으나 鷄父之戰 때 吳나라 땅이 되었으며
지금의 安徽 鳳臺縣. 뒤에 吳나라 延陵季子(季札)가 이곳을 봉지로 받음.

㊛

楚圍宋之役, 師還, 子重請取於申·呂以爲賞田.
王許之, 申公巫臣曰:「不可. 此申·呂所以邑也, 是以爲賦, 以御
北方. 若取之, 是無申·呂也, 晉·鄭必至于漢.」
王乃止.

子重是以怨巫臣.

子反欲取夏姬, 巫臣止之, 遂取以行, 子反亦怨之.

及共王卽位, 子重·子反殺巫臣之族子閻·子蕩及淸尹弗忌及襄
老之子黑要, 而分其室.

子重取子閻之室, 使沈尹與王子罷分子蕩之室, 子反取黑要與淸
尹之室.

巫臣自晉遺二子書, 曰:「爾以讒慝貪惏事君, 而多殺不辜, 余必
使爾罷於奔命以死.」

巫臣請使於吳, 晉侯許之.

吳子壽夢說之.

乃通吳於晉, 以兩之一卒適吳, 舍偏兩之一焉.

與其射御, 敎吳乘車, 敎之戰陳, 敎之叛楚.

寘其子狐庸焉, 使爲行人於吳.

吳始伐楚·伐巢·伐徐, 子重奔命.

馬陵之會, 吳入州來, 子重自鄭奔命.

子重·子反於是乎一歲七奔命.

蠻夷屬於楚者, 吳盡取之, 是以始大, 通吳於上國.

초楚나라가 송宋나라를 포위하였던 싸움에서 군사가 돌아갈 때 자중
子重이 신申과 여呂 두 고을을 자신에게 상으로 줄 것을 청하였다.

초 공왕共王이 그 요청을 들어주려 하자 신공무신申公巫臣이 반대하였다.

"안 됩니다. 이 신과 여, 두 고을이 있어야 하는 것은 그곳에서 군사를
징발하여 북방을 방어하기 때문입니다. 만약 그 땅을 그가 차지하게 되면
이는 신과 여 두 읍이 없어지는 것입니다. 그렇게 되면 진晉나라와 정鄭나라는
틀림없이 한수漢水까지 밀려올 것입니다."

왕은 이를 중지하였다.

자중은 이로써 무신을 원망하게 되었다.

한편 자반子反은 하희夏姬를 차지하고자 하였을 때 무신이 말리고는
자신이 하희를 차지하여 국외로 달아난 일이 있었던 터라 자반 역시

무신을 원망하고 있었다.

초 공왕共王이 즉위하자 자중과 자반은 무신의 일족인 자염子閻, 자탕子蕩, 그리고 청윤清尹 불기弗忌와 양로襄老의 아들 흑요黑要를 죽이고 그들의 가산을 나누어 가졌다.

자중은 자염의 가산을 차지하고 심沈 고을의 장관과 왕자 피罷에게는 자탕의 가산을 나누어 갖도록 하였으며, 자반은 흑요와 청윤의 가산을 차지하였다.

이에 무신은 진晉나라에서 이 두 공자에게 이렇게 편지를 보냈다.

"너희는 타인을 모함하고 나쁜 짓을 하며 탐욕스러운 마음으로 군주를 섬기며 죄 없는 사람을 수없이 죽였다. 나는 반드시 너희가 군주의 명으로 이리저리 돌아다니다가 죽게 할 것이다."

무신이 진晉 성공成公에게 오吳나라에 사신으로 가기를 청하자 진 성공이 이를 허락하였다.

오나라 군주 수몽壽夢이 기꺼워하였다.

무신은 오나라가 진나라와 서로 통호할 수 있도록 길을 열어주고 30대로 이루어진 전차부대를 이끌고 오나라로 가서 그 절반을 오나라에 주었다.

그는 오나라에 전차부대의 사수와 말을 모는 이들을 주어 전차 모는 법과 진을 치는 법을 가르쳐주고 오나라로 하여금 초나라를 배반하도록 하였다.

그리고 아들 호용狐庸을 오나라에 남겨두어 그로 하여금 오나라에서 외교 업무를 맡도록 하였다.

오나라가 처음으로 초나라를 치고 소巢나라와 서徐나라를 치자 자중은 군주의 명으로 이들을 막느라 분주히 돌아다녔다.

마릉馬陵의 회담 때 오나라가 초나라 주래州來로 쳐들어가자, 자중은 정나라에서 왕의 명령을 받고 구원하기 위해 달려가야 하였다.

자중과 자반은 이 한 해에 일곱 번이나 임금의 명령으로 여기저기를 뛰어다녔다.

초나라에 복종하고 있던 남방 만이들은 오나라가 모두 차지하게 되었고 이로써 비로소 오나라는 큰 나라가 되어 중원 여러 나라들과 통하게 되었다.

【圍宋之役】宣公 14년과 15년을 볼 것.

【子重】嬰齊. 楚나라 공자. 楚 穆王의 아들이며 莊王의 아우. 일찍이 將軍, 左尹, 令尹 등을 지냄. 宣公 11년 傳文을 볼 것.

【申·呂】지금의 河南 南陽縣 땅. 원래 고대 나라 이름으로 姜姓. 周 穆王 때 봉을 받았으며《尙書》呂刑은 呂侯가 지은 것임.

【申公巫臣】초나라 대부. 屈巫. 자는 子靈. 巫臣은 이름. 식읍이 申이었으며 본래 성은 屈氏. 그 때문에 ‘屈巫’, ‘屈巫臣’으로도 불림. 夏姬를 차지하고자 여러 가지 꾀를 썼던 인물.

【爲賦】병력을 징발함.

【漢】漢水. 楚나라 동쪽 지금의 四川을 흐르는 큰 강.

【夏姬】夏御叔 아내. 夏徵舒 어머니. 鄭 穆公 딸이었음. 천하의 淫女로 널리 알려졌음. 宣公 11년 및 12년을 볼 것. 陳 靈公과 孔寧·儀行父가 夏徵舒의 어머니 夏姬와 간통하여 그 와중에 하징서가 영공을 죽였으며 이 일을 빌미로 삼아 楚나라가 하징서의 죄를 묻는다는 구실로 陳나라를 치기도 하였음.

【共王】楚 共王. 이름은 審. 莊王의 뒤를 이어 B.C.590~560년까지 31년간 재위하고 康王이 그 뒤를 이음.

【遂取以行】巫臣이 夏姬를 차지하고 晉나라로 간 일은, 成公 2년을 볼 것.

【子反】楚나라 公子 側. 한때 夏姬를 차지하고자 무신과 경쟁하였음. 成公 2년을 참조할 것

【子閻】臣公巫臣의 가족.

【子蕩】역시 申公巫臣의 일족.

【淸尹】淸 읍의 수령. 그러나 章炳麟은 朝廷의 관직 이름이라 하였음.

【弗忌】淸尹의 이름. 杜預 注에는 이들 모두를 “巫臣之族”이라 함.

【襄老】‘連’ 고을의 首長이었으며 陳 夏姬의 남편으로 邲의 전투에서 죽었음. 당시 夏姬는 楚나라에 있으면서 襄老의 시신을 찾고자 하였음. 宣公 11년 傳文을 볼 것.

【黑要】襄老의 아들로 아버지가 죽자 夏姬와 사통하였음.

【沈尹】申公巫臣의 同黨.

【王子罷】楚나라 왕자. ‘罷’는 ‘피’로 읽음. 注에 ‘罷音皮’라 함.

【二子】子重과 子反.《史記》晉世家에 “巫臣怒, 遺子反書”라 하여 子重의 이름은 생략하고 있음.

【讒慝】아주 못된 짓을 함. 連綿語.

【貪惏】 '貪婪'과 같으며 疊韻連綿語.

【壽夢】 吳나라 군주. 재위 2년째였으며 이때부터 南方 蠻夷 중에 두각을 세우기 시작하였으며 비로소 諸侯의 반열에 오름. B.C.585~561년까지 25년간 재위하였으며 諸樊이 그 뒤를 이음.

【兩之一卒】 전차 30대로 편성된 한 부대.

【偏兩之一】 전차 15대.

【子狐】 신공무신의 아들.

【行人】 고대 관직 이름. 오늘날의 외교관과 같음. 《周禮》에 大行人, 小行人 등의 관직 이름이 보임.

【巢】 殷(商)때부터 있던 아주 오래된 나라. 偃姓. 《尙書》序에 "巢伯來朝, 芮伯作旅巢命"이라 함. 여러 舒나라 중의 하나로 보고 있음. 지금의 安徽 巢縣 동북에 居巢의 遺址가 있으며 이곳에 巢國이 있었던 것으로 추정하고 있음.

【徐】 나라 이름. 嬴姓으로 고대 徐國은 지금의 安徽 泗縣 서북쪽에 있었으며 徐子國으로도 부름.

【馬陵】 鄭나라 땅. 《一統志》에 "今河北大名縣東南十五里, 有馬陵城, 卽成公七年同盟處. 亦卽魏惠王三十年孫臏殺龐涓處"라 함. '馬陵之盟'은 成公 7년을 볼 것.

【州來】 원래 나라 이름. 楚나라 땅이었으나 鷄父之戰 때 吳나라 땅이 되었으며 지금의 安徽 鳳臺縣. 뒤에 吳나라 延陵季子(季札)가 이곳을 봉지로 받음.

【七奔命】 오나라를 방어하기에 한 해에 7번을 쫓아다님.

【蠻夷】 남방 미개지를 일컫던 말. 당시 楚나라에 속해 있었으나 이들이 이때부터 모두 吳나라에 속하게 됨.

【上國】 中原의 여러 나라들을 가리킴. 《史記》吳世家에 "吳於是始通於中國"이라 함.

✸ 972(成7-9)

冬, 大雩.

겨울, 기우제를 크게 지냈다.

＊無傳

✸ 973(成7-10)

衛孫林父出奔晉.

위衛나라 손림보孫林父가 진晉나라로 달아났다.

【孫林父】衛나라 대부. 孫良夫(孫桓子)의 아들이며 시호는 '文'. 그 때문에 孫文子
로도 부름.

㊟

衛定公惡孫林父.
冬, 孫林父出奔晉.
衛侯如晉, 晉反戚焉.

위衛 정공定公이 손림보孫林父를 미워하였다.
겨울, 손림보가 진晉나라로 달아났다.
위 정공이 진나라에 가자 진나라는 손림보의 봉읍 척戚 땅을 위나라
에게 돌려주었다.

【衛定公】이름은 臧. 穆公(遬)의 뒤를 이어 B.C.588~577년까지 12년간 재위하고
  獻公(衎)이 그 뒤를 이음.
【孫林父】孫良夫의 아들. 시호는 文. 孫文子로도 불림.
【戚】衛나라의 읍. 원래 孫氏의 采邑이었으며 孫林父가 晉나라로 달아나자
  그 땅도 함께 가지고 갔던 것으로 보임. 이를 위나라에게 돌려줌. 지금의 河南
  濮陽縣 북쪽.

140. 成公 8年(B.C.583) 戊寅

周	簡王(姬夷) 3년	齊	頃公(無野) 16년	晉	景公(獳) 17년	衛	定公(臧) 6년
蔡	景公(固) 9년	鄭	成公(睔) 2년	曹	宣公(廬) 12년	陳	成公(午) 16년
杞	桓公(姑容) 54년	宋	共公(固) 6년	秦	桓公(榮) 22년	楚	共王(審) 8년
吳	壽夢 3년	許	靈公(甯) 9년				

✸ 974(成8-1)

八年春, 晉侯使韓穿來言汶陽之田, 歸之于齊.

8년 봄, 진晉나라 군주가 한천韓穿을 노魯나라로 보내어 문양汶陽 땅을
제齊나라에게 돌려주도록 하라 하였다.

【晉侯】당시 晉나라 군주는 景公(獳)이었음.
【韓穿】晉나라 대부.《史記》晉世家에는 '趙穿'으로 되어 있음.
【汶陽】汶水의 북쪽으로 지금의 山東 寧陽縣 경내. 僖公 元年 傳에 이 땅을
魯나라 조정에서 季氏에게 주었으나 뒤에 齊나라가 차지하였음. 그 땅을
齊 頃公과의 싸움에 이겼을 때 다시 노나라에게 반환함. 그런데 이번에 다시
이 땅을 제나라에게 돌려주도록 晉나라가 지시해온 것임.

⟨傳⟩

八年春, 晉侯使韓穿來言汶陽之田, 歸之于齊.

季文子餞之, 私焉, 曰:「大國制義, 以爲盟主, 是以諸侯懷德畏討,
無有貳心. 謂汶陽之田, 敝邑之舊也, 而用師於齊, 使歸諸敝邑. 今有
二命, 曰:『歸諸齊』. 信以行義, 義以成命, 小國所望而懷也. 信不可知,
義無所立, 四方諸侯, 其誰不解體?《詩》曰:『女也不爽, 士貳其行.
士也罔極, 二三其德.』七年之中, 一與一奪, 二三孰甚焉? 士之
二三, 猶喪妃耦, 而況霸主? 霸主將德是以, 而二三之, 其何以長有
諸侯乎?《詩》曰:『猶之未遠, 是用大簡.』行父懼晉之不遠猶而失諸
侯也, 是以敢私言之.」

8년 봄, 진晉 경공景公이 한천韓穿으로 하여금 노나라에게 문양汶陽 땅을
제齊나라에 돌려주도록 하라는 말을 전하도록 하였다.

노나라 대부 계문자季文子가 한천에게 전별연을 베풀면서 사사롭게
이렇게 항의를 하였다.

"대국께서 의로움으로써 제후를 제압하여 맹주가 되셨습니다. 이 까닭
으로 제후들은 그 덕을 따르며 토벌을 두려워하여 두 마음을 갖지 않는
것입니다. 문양 땅은 원래 우리나라의 옛 땅입니다. 그런데 제나라가 무력
으로 점령하자 그대 진나라가 우리나라에 돌려주도록 하셨던 것입니다.
지금 다시 명령을 달리하여 '제나라에게 돌려주라'하시니 믿음으로는
의를 실행하고, 의로써는 명령을 성취하는 것이니 작은 나라들이 그것이
지켜지기를 소망하며 따랐던 것입니다. 믿음을 알 수 없고 의가 세워지지
않는다면 사방 제후들이 그 누가 해체되지 않을 수 있겠습니까?《시》에
'아내는 도를 벗어나지 않는데, 남편은 그 행동이 두 가지라네. 남자의 마음
정해지지 않으니, 아내 마음 흔들릴 수밖에'라 하였습니다. 7년 동안 한 번
주었다가 한 번 빼앗으니 누군들 마음이 두세 가지로 흔들리지 않을 수
있겠습니까? 남자로서 두 세 마음을 가지면 그 짝을 잃고 마는 것인데
하물며 제후들을 이끄는 패자에 있어서야 다시 말할 나위가 있겠습니까?
패자는 덕으로써 거느려야 하거늘, 두세 가지 마음을 지니고서야 길이
제후들의 우두머리가 될 수 있겠습니까?《시》에 '꾀함이 먼 데까지 미치지
못하니 크게 충고하는 것이로다'라 하였습니다. 행보行父 저는 진나라가

먼 앞날을 헤아리지 못하여 제후들을 잃게 될 것이라 두려워하고 있습니다.
이 까닭으로 감히 사사롭게 말씀드리는 것입니다."

【季文子】季孫行父. 魯나라 대부.

【餞】餞別式. 祖餞과 같음. 길을 떠나보낼 때 여는 잔치. 고대 黃帝의 아들 유조
　(纍祖)가 먼 길을 떠나 도중에 죽자 사람들이 그를 '路神'으로 여겨 길 떠나는
　자를 보호해 달라는 뜻으로 제를 올리기 시작한 것에서 유래되었다 함.(《四民
　月令》)

【用師於齊】齊나라가 무력으로 문양 땅을 빼앗아갔음. 成公 2년에 鞌 땅에서
　싸웠던 일을 참조할 것.

【解體】떨어져나감. 晉나라를 霸者로 믿지 않고 흩어짐.

【詩】《詩經》衛風 氓篇에 "桑之落矣, 其黃而隕. 自我徂爾, 三歲食貧. 淇水湯湯,
　漸車帷裳. 女也不爽, 士貳其行. 士也罔極, 二三其德. 三歲爲婦, 靡室勞矣. 夙興
　夜寐, 靡有朝矣. 言旣遂矣, 至于暴矣. 兄弟不知, 咥其笑矣. 靜言思之, 躬自悼矣"
　라 함.

【二三】두세 가지 마음. 갈팡질팡하는 모양.

【妃耦】아내. 배우자.

【詩】《詩經》大雅 板에 "上帝板板, 下民卒癉. 出話不然, 爲猶不遠. 靡聖管管,
　不實于亶. 猶之未遠, 是用大諫. 天之方難, 無然憲憲. 天之方蹶, 無然泄泄. 辭之
　輯矣, 民之洽矣. 辭之懌矣, 民之莫矣"라 함.

【行父】季孫行父. 季文子.

【私言之】《公羊傳》에 "鞌之戰, 齊師大敗. 齊侯歸, 弔死視疾, 七年不飮酒, 不食肉.
　晉侯聞之, 曰:「嘻! 奈何使人之君七年不飮酒不食肉? 請皆反其所取侵地.」"라 함.

✹ 975(成8-2)

晉欒書帥師侵蔡.

진晉나라의 난서欒書가 군사를 거느리고 채蔡나라를 쳤다.

【欒書】晉나라 대부. 欒盾의 아들 欒武子. 欒伯으로도 부름.
【蔡】姬姓. 周 文王의 아들 蔡叔(姬度)의 후손 蔡仲이 받았던 봉지. 지금의 河南
　上蔡縣.

㊛

晉欒書侵蔡, 遂侵楚, 獲申驪.
楚師之還也, 晉侵沈, 獲沈子揖初, 從知·范·韓也.
君子曰:「從善如流, 宜哉!《詩》曰:『愷悌君子, 遐不作人?』求善
也夫! 作人, 斯有功績矣.」
是行也, 鄭伯將會晉師, 門于許東門, 大獲焉.

　진晉나라 난서欒書가 채蔡나라를 침공하고, 곧이어 초楚나라를 침공, 신리
申驪를 사로잡았다.
　초나라 군사가 물러나자 진나라는 심沈나라를 침공하여, 심나라의 군주
읍초揖初를 사로잡았는데 이는 지장자知莊子, 범문자范文子, 한헌자韓獻子의
의견을 따른 것이었다.
　군자가 말하였다.
　"선함에 따르기를 물처럼 한다 하였으니 옳은 말이로다!《시》에 '즐겁고
화락한 군자여, 어찌 선한 사람을 널리 활용하지 않겠는가?'라 하였다. 이는
선한 사람을 등용함을 말한 것이로다! 선한 사람을 등용하여 쓰면 이에
공적을 이루게 되는 것이다."
　이번 행동에 정鄭 성공成公이 진나라 군사와 합치려고 가는 길에 허許
나라 동문東門을 공격하여 큰 전과를 거두었다.

【欒書】晉나라 대부. 欒盾의 아들 欒武子. 欒伯으로도 부름.
【申驪】楚나라 대부. '驪'는 '力馳反'으로 '리'로 읽음.
【沈】고대 작은 나라. 姬姓. 周公의 曾孫이 봉을 받았던 땅으로 지금의 安徽
　臨泉縣에 있었음. 子爵.

【揖初】杜預 注에는 '初'를 '自是'로 보아 沈子, 즉 심나라 군주의 이름을 '揖'으로 여겼으나 해석이 되지 않아 '揖初'를 그 군주의 이름으로 보았음.

【知, 范, 韓】'知'는 知莊子(荀首), '范'은 范文子(士燮), '韓'은 韓獻子(韓厥)를 가리킴.

【楚師之還也】成公 6년에 楚나라 군사가 繞角에서 퇴군한 일을 말함. 따라서 이 일은 지난 사건을 거슬러 인용한 것임.

【詩】《詩經》大雅 旱麓에 "瞻彼旱麓, 榛楛濟濟. 豈弟君子, 干祿豈弟. 瑟彼玉瓚, 黃流在中. 豈弟君子, 福祿攸降. 鳶飛戾天, 魚躍于淵. 豈弟君子, 遐不作人. 淸酒旣載, 騂牡旣備. 以享以祀, 以介景福"이라 함.

【鄭伯】成公(睔) 재위 2년째였음.

【許】姜姓으로 周 武王이 그 苗裔 文叔을 許에 봉함. 지금의 河南 許昌市 동쪽.

【東門】許나라 東門. 杜預 注에 "過許, 見其無備, 因攻之"라 함.

✹ 976(成8-3)

公孫嬰齊如莒.

공손영제公孫嬰齊가 거莒나라로 갔다.

【公孫嬰齊】자는 子叔. 魯나라 대부. 叔肸의 아들. 仲嬰齊로도 부르며 시호는 聲伯.

㉙

聲伯如莒, 逆也.

성백聲伯이 거莒나라에 간 것은 자신의 아내를 맞이하기 위해서였다.

【聲伯】公孫嬰齊. 자는 子叔. 子叔聲伯, 仲嬰齊로도 부르며 시호는 聲伯.

✺977(成8-4)

宋公使華元來聘.

송宋 공공共公이 화원華元으로 하여금 노나라를 빙문하게 하였다.

【宋公】共公(固). 재위 6년째였음.
【華元】宋나라 대부 華御事의 아들.

✺978(成8-5)

夏, 宋公使公孫壽來納幣.

여름, 송宋 공공共公이 공손수公孫壽를 노나라에 보내 납폐하게 하였다.

【公孫壽】宋나라 대부.

(傳)

宋華元來聘, 聘共姬也.

송宋나라 화원華元이 노나라를 빙문한 것은 노나라 공희共姬를 송나라 군주의 부인으로 맞이하기 위해서였다.

【華元】宋나라 대부 華御事의 아들.
【共姬】魯나라 宣公과 穆姜 사이에 난 딸이며 成公의 姉妹로 송나라 共公의 부인이 됨. '共'은 共公을, '姬'는 노나라 國姓(姬)을 취하여 칭호로 삼은 것임.

(傳)

夏, 宋公使公孫壽來納幣, 禮也.

　여름, 송宋나라 공손수公孫壽가 노나라에 와서 납폐納幣한 것은 예에 맞는
일이었다.

【公孫壽】송나라 대부. 文公 16년을 볼 것.
【納幣】고대 士婚禮 중 六禮의 하나. 남자 쪽에서 중매를 보내어 通婚의 의사를
　　밝히는 것. 莊公 22년을 볼 것.

✸ 979(成8-6)

　晉殺其大夫趙同·趙括.

　진晉나라가 대부 조동趙同과 조괄趙括을 죽였다.

【趙同】趙原. 原同. 晉 成公의 누이동생이며 文公의 딸인 趙姬는 趙盾의 아버지
　　趙衰의 아내로 晉 文公이 돌아와 왕위에 오르자 趙衰에게 자신의 딸을 주어
　　趙括을 낳음. 僖公 24년 傳에 "文公妻趙衰, 生原同·屏括·樓嬰』이라 함.
【趙括】'屏括'. '屏季'로도 불리며. 趙盾의 이복동생. 趙衰와 君姬氏 사이에 난
　　아들.

(傳)

晉趙莊姬爲趙嬰之亡故, 譖之于晉侯, 曰:「原·屏將爲亂.」
　欒·郤爲徵.
　六月, 晉討趙同·趙括.

武從姬氏畜于公宮.

以其田與祁奚.

韓厥言於晉侯曰:「成季之勳, 宣孟之忠, 而無後, 爲善者其懼矣. 三代之令王皆數百年保天之祿. 夫豈無辟王? 賴前哲以免也. 〈周書〉曰『不敢侮鰥寡』, 所以明德也.」

乃立武, 而反其田焉.

진晉나라 조장희趙莊姬는 조영趙嬰이 도망한 일을 이유로 진晉 경공景公에게 조씨 형제들을 이렇게 헐뜯었다.

"조원동趙原同과 조병계趙屛季가 난을 일으키려 하고 있습니다."

그러자 난씨欒氏와 극씨郤氏가 그 일을 증명해 주었다.

6월, 진나라는 조동趙同과 조괄趙括을 토벌하였다.

어린 조무趙武는 어머니 조장희를 따라 경공의 궁 안에서 길러지고 있었다.

조씨 집안의 봉지는 기해祁奚에게 주어지고 말았다.

그러자 한궐韓厥이 경공에게 말하였다.

"성계成季의 공훈과 선맹宣孟의 충성이 있던 집안이 후손이 없게 되면 선한 일을 하는 자들이 자신들도 역시 이렇게 될까 두려워할 것입니다. 하夏, 은殷, 주周 삼대의 뛰어난 왕들이 모두 수백 년 동안 천하를 보유하는 복을 누리면서 어찌 사벽한 짓을 한 왕이 없었겠습니까? 그러나 그 이전의 어진 조상의 덕으로 화를 면한 것입니다. 〈주서周書〉에 '홀아비, 과부를 감히 업신여기지 않는다'라 하였으니 이는 덕을 밝히기 위한 것입니다."

이에 경공은 조무를 조씨 집안의 후계자로 삼고 그 봉지를 되돌려주었다.

【趙莊姬】晉나라 成公의 딸이며(혹 晉 文公의 딸이라 함.) 趙盾의 아들 趙朔의 아내. 趙朔의 시호가 '莊'이었으며 그에 따라 莊姬로도 불림. 叔父 趙嬰과 姪媳 사이에 간통을 벌여 조영이 쫓겨남. 成公 4년의 傳文을 참조할 것.

【趙嬰】晉나라 대부. 趙盾의 아우. 樓嬰. 趙嬰齊 등 여러 가지로 불림. 僖公 24년을 볼 것. 그가 趙莊姬와 사통하여 그 일로 쫓겨난 것은 宣公 5년을 볼 것.

【晉侯】晉 景公(獳). 趙莊姬의 친정 오빠.

【原】趙同. 原同. 晉 成公의 누이동생이며 文公의 딸인 趙姬는 趙盾의 아버지 趙衰의 아내로 晉 文公이 돌아와 왕위에 오르자 趙衰에게 자신의 딸을 주어 趙括을 낳음. 僖公 24년 傳에 “文公妻趙衰, 生原同·屛括·樓嬰”이라 함.

【屛】屛括. 趙括. 屛季. 趙盾의 이복동생. 趙衰와 君姬氏 사이에 난 아들.《史記》晉世家에 “誅趙同·趙括, 族滅之”라 함.

【欒·郤】欒書와 郤克의 一族. 이들이 난을 일으키리라 본 것은 成公 5년의 傳을 볼 것.

【武】趙武. 趙朔과 趙莊姬 사이에 난 아들. 당시 어린 아이였음.

【公宮】晉 景公의 궁궐. 景公은 趙武의 외삼촌이었음.

【田】趙氏 집안의 봉지. 趙氏가 모두 멸족되고 趙武만이 궁궐에서 살아남아 그 봉지를 다른 사람, 즉 祁奚에게 준 것임.

【祁奚】高梁伯의 아들. 자는 黃羊. ‘祁’는 원래 읍 이름이며 지금의 山西 祁縣 동남쪽.

【韓厥】晉나라 대부. 韓獻子. 子輿의 아들. 韓萬의 현손. 成公 17년 傳에 의하면 韓厥은 어릴 때 趙盾에게 길러져 그 때문에 본문에서처럼 조씨 집안을 위해 변호에 나선 것임. 韓氏 집안은 뒷날 晉六卿의 하나인 韓氏로 발전하였으며 戰國시대 七雄의 하나인 韓나라를 일으킴.

【成季】趙衰. 일찍이 晉 文公(重耳)을 망명시절부터 보좌하여 큰 공을 세워 조씨 집안을 일으킨 인물,

【宣孟】趙盾. 趙衰의 아들로 역시 晉나라의 功臣.

【三代】夏, 殷, 周의 삼대 왕조.

【辟王】‘辟’은 ‘僻’과 같음. 邪僻함. 偏僻함. 잘못을 저지른 왕.

【周書】《書經》周書 康誥篇에 “王若曰:「孟侯·朕其弟, 小子封! 惟乃丕顯考文王, 克明德愼罰. 不敢侮鰥寡, 庸庸祗祗, 威威顯民. 用肇造我區夏, 越我一二邦以修, 我西土惟時怙冒, 聞于上帝, 帝休, 天乃大命文王, 殪戎殷, 誕受厥命, 越厥邦厥民惟時敍. 乃寡兄勗, 肆汝小子封, 在玆東土.」”라 함.

【鰥寡】홀아비와 과부. 고대 사회적 보호 대상자이며 불쌍히 여겨 보살피고 구제하도록 하였음.

【立武】趙武를 통해 조씨 집안을 다시 일으키도록 함.

✸ 980(成8-7)

秋七月, 天子使召伯來賜公命.

　가을 7월, 천자가 소백召伯을 노나라에 보내 공명公命을 하사하도록
하였다.

【天子】 당시 주나라 왕은 簡王(姬夷) 재위 3년째였음.
【召伯】 천자국 周나라 卿士. 召桓公.
【賜公命】 '賜'는 다른 기록에는 '錫'으로 되어 있음. '錫命'(賜命)은 천자가 내리는
　策命을 뜻함. 여기서는 諸侯가 군주로 즉위하였을 경우 이를 인정하는 천자의
　'賜命'을 가리킴. 그러나 成公은 즉위한 지 이미 8년이나 되어 단순한 하사품일
　가능성이 있음.《公羊傳》과《穀梁傳》에는 모두 '錫'으로 되어 있음.

　⑱

秋, 召桓公來賜公命.

　가을, 주周 왕실의 경사卿士 소환공召桓公이 노나라에 와서 천자의 하사품을
전해주었다.

【召桓公】 周 왕실의 卿士. 王室의 卿士는 제후국 군주와 같은 爵位나 諡號를
　사용하였음.

　⑱

晉侯使申公巫臣如吳, 假道于莒.
與渠丘公立於池上, 曰:「城已惡.」
莒子曰:「辟陋在夷, 其孰以我爲虞?」

對曰:「夫狃焉思啓封疆以利社稷者, 何國蔑有? 唯然, 故多大國矣. 唯或思或縱也. 勇夫重閉, 況國乎?」

진晉 경공景公이 초楚나라에서 망명해 와 있던 신공무신申公巫臣을 오吳나라에 사신으로 보냈는데 가는 길에 거莒나라 길을 빌려 가게 되었다.

그는 거나라의 군주 거구공渠丘公과 함께 성 아래 못가에 서서 이렇게 말하였다.

"도성이 매우 낡았군요."

거나라 군주가 말하였다.

"우리나라는 궁벽한 곳이고 이족夷族 사이에 끼여 있으니 누가 나를 넘보리라는 걱정을 하겠소?"

무신은 이 말에 이렇게 대답하였다.

"무릇 교활한 마음으로 영토를 늘려 자신의 사직을 이롭게 하고자 하는 사람이 어느 나라인들 없겠습니까? 오직 그렇게 함으로써 큰 나라가 많이 생긴 것이지요. 다만 어떤 나라는 그런 생각을 가지고 있고, 또 어떤 나라는 방심하고 있는 것입니다. 용맹한 사나이도 자신의 문을 겹겹으로 잠그거늘 하물며 나라라면 어떠해야 하겠습니까?"

【晉侯】 晉 景公(獳).
【申公巫臣】 楚나라 대부. 屈巫. 자는 子靈. 巫臣은 이름. 식읍이 申이었으며 본래 성은 屈氏. 그 때문에 '屈巫', '屈巫臣'으로도 불림. 夏姬를 차지하고자 여러 가지 꾀를 썼던 인물.
【渠丘公】 莒나라 군주. 당시 거나라 군주의 이름은 朱. 渠丘는 거나라의 읍 이름. 거나라는 夷族 사이에 있어 諡號가 없었으며 읍 이름을 칭호로 삼았음.
【覦】 '넘보다'의 뜻.
【蔑】 '無'와 같음. 雙聲互訓으로 사용한 것.
【唯或思, 或縱也】 어떤 나라는 다른 나라를 쳐 영토를 넓히려 생각하고 있고, 어떤 나라는 이를 풀어놓고 방심하고 있음.
【重閉】 집의 문단속을 단단히 함. 겹겹으로 문을 채움.

※ 981(成8-8)

　　冬十月癸卯, 杞叔姬卒.

겨울 10월 계묘날, 기숙희杞叔姬가 세상을 떠났다.

【癸卯】 10월 23일.
【杞叔姬】 杞나라 군주가 그와 이혼하고 친정 본국으로 돌려보내어 노나라에 와 있었음. 成公 4년의 經文 및 傳文을 볼 것.《禮記》雜記(下)에 諸侯로서 부인을 축출할 수 있는 조건과 禮가 실려 있음. 杞나라는 姒姓으로 周 武王이 殷을 멸한 다음 禹의 후손 東樓公을 찾아 봉하였음. 지금의 河南 杞縣 일대.

傳

　　冬, 杞叔姬卒. 來歸自杞, 故書.

겨울, 기숙희杞叔姬가 세상을 떠났다.
기나라에서 노나라로 돌아와 있었기에 경經에 이를 기록한 것이다.

【書】 杜預 注에 "愍其見出來歸, 故書卒也. 若更適大夫, 則不復書卒"이라 함.

※ 982(成8-9)

　　晉侯使士燮來聘.

진晉 경공景公이 사섭士燮을 보내어 빙문하게 하였다.

【晉侯】 晉 景公(獳).
【士燮】 晉나라 대부. 文子. 范文子. 范武子(士會)의 아들. 그 후손이 뒷날 晉六卿의 하나인 范氏로 발전함.

❀ 983(成8-10)

叔孫僑如會晉士燮·齊人·邾人伐郯.

숙손교여叔孫僑如가 진晉나라 사섭士燮과 제인齊人, 주인邾人과 함께 담郯
나라를 쳤다.

【叔孫僑如】魯나라 대부. 宣伯. 叔孫得臣의 아들. 아버지가 狄의 군주 僑如를
잡아 처단한 기념으로 아들 이름을 '僑如'로 지어 叔孫僑如가 됨. 文公 11년의
傳文을 볼 것.
【郯】춘추시대 소국.《一統志》에 "今山東郯城縣西南三十里有古郯城"이라 함.
郯나라는 少皞의 後孫으로 己姓이었음. 그러나《史記》秦本紀贊에 의하면
伯益의 盈姓(嬴姓)에서 분파되어 나온 것으로 되어 있음.

傳
晉士燮來聘, 言伐郯也, 以其事吳故.
公賂之, 請緩師.
文子不可, 曰:「君命無貳, 失信不立. 禮無加貨, 事無二成. 君後
諸侯, 是寡君不得事君也. 燮將復之.」
季孫懼, 使宣伯帥師會伐郯.

진晉나라 사섭士燮이 노나라를 예방한 것은 담郯나라 치는 일을 알려
주기 위한 것이었는데 담나라가 오吳나라를 섬기고 있었기 때문이었다.
노 성공은 사섭에게 뇌물을 주며 노나라 군사의 출군을 미루어 달라고
청하였다.
그러자 문자文子(士燮)는 불가하다고 하며 이렇게 말하였다.
"군주의 명령은 둘이 될 수 없고, 신의를 잃으면 신하는 바로 서지 못합
니다. 예로써 대함에는 분수에 넘치는 재물을 주는 일이 없고, 일을 함에
있어서는 두 가지 사정을 곁들여 이루는 법이 없습니다. 임금께서 다른

제후들보다 늦게 참여하시면 우리 임금을 임금으로 섬길 수 없게 될 것입니다. 저는 장차 이를 우리 임금에게 보고할 것입니다."

계손자季孫子는 두려워하며 선백宣伯으로 하여금 군사를 이끌고 담나라를 치는 군사에 합류하도록 하였다.

【事吳】鄶나라가 晉나라를 霸者로 인정하다가 吳나라로 그 대상을 바꿈. 成公 7년을 볼 것.

【緩師】군사를 보내는 일을 늦춤.

【文子】士燮. 晉나라 대부. 范文子. 范武子(士會)의 아들.

【君命無貳】군주의 명은 두 가지가 아님. 즉 오직 하나임.

【失信不立】신의를 잃으면 존립하지 못함.

【禮無加貨】예의에 맞게 대함에는 반드시 선물을 주기는 하나 규정이 있으며 따로 특별하게 더 붙여 주는 일은 없음. 여기서는 자신에게 뇌물을 주어 군사 출동을 늦추고자 한 것을 말함.

【事無二成】공적인 일을 할 때 사사로운 일을 곁들여 함께 이루어지게 하는 일이 없음.

【季孫】季孫行父. 季文子. 魯나라 대부. 魯나라 三桓의 하나인 季孫氏 집안.

【宣伯】叔孫僑如. 魯나라 대부. 叔孫得臣의 아들. 아버지가 狄의 군주 僑如를 잡아 처단한 기념으로 아들 이름을 '僑如'로 지어 叔孫僑如가 됨. 文公 11년의 傳文을 볼 것.

※ 984(成8-11)

衛人來媵.

위衛나라 사람이 잉첩媵妾이 되어 왔다.

【媵】媵妾. 公女가 다른 나라로 시집갈 때 다른 3나라가 그를 따라 함께 가는 시녀를 보내줌. 여기서는 魯나라의 공녀 伯姬가 宋 共公에게 시집갈 때 따라간 衛나라 여자를 가리킴. 《公羊傳》에 "諸侯娶一國, 則二國往媵之"라 함.

衛人來媵共姬, 禮也.
凡諸侯嫁女, 同姓媵之, 異姓則否.

　위衛나라가 송宋 공공共公에게 시집가는 노나라 공희共姬의 잉첩으로서 따라가도록 여인을 보낸 것은 예에 맞는 일이었다.
　무릇 제후가 딸을 시집보낼 때 동성同姓의 제후는 공녀를 보내어 잉첩이 되도록 하지만 이성異姓의 나라라면 그렇게 하지 않는다.

　【共姬】宋 共公(高)에게 시집을 간 魯나라 公女. 宣公과 穆姜 사이에 난 딸이며 成公의 姊妹로 송나라 共公의 부인이 됨. '共'은 共公을, '姬'는 노나라 國姓 (姬)을 취하여 칭호로 삼은 것임.

141. 成公 9年(B.C.582) 己卯

周	簡王(姬夷) 4년	齊	頃公(無野) 17년	晉	景公(獳) 18년	衛	定公(臧) 7년
蔡	景公(固) 10년	鄭	成公(睔) 3년	曹	宣公(廬) 13년	陳	成公(午) 17년
杞	桓公(姑容) 55년	宋	共公(固) 7년	秦	桓公(榮) 23년	楚	共王(審) 9년
吳	壽夢 4년	許	靈公(甯) 10년				

❋ 985(成9-1)

九年春王正月, 杞伯來逆叔姬之喪以歸.

9년 봄 주력周歷 정월, 기백杞伯이 와서 숙희叔姬의 시신을 맞이하여
돌아갔다.

【杞伯】杞桓公. 杞나라는 姒姓으로 周 武王이 殷을 멸한 다음 禹의 후손 東樓公을
　찾아 봉하였음. 지금의 河南 杞縣 일대.
【叔姬】杞叔姬. 杞나라 군주가 그와 이혼하고 친정 본국으로 돌려보내어 본국
　에서 죽은 노나라 公女.

㊀

九年春, 杞桓公來逆叔姬之喪, 請之也.
「杞叔姬卒」, 爲杞故也;「逆叔姬」, 爲我也.

9년 봄, 기杞 환공桓公이 와서 숙희의 시신을 맞이해 간 것은 노나라에서
요청에 의한 것이었다.

'기나라 숙희가 세상을 떠났다'라 쓴 것은 그가 기나라에서 쫓겨났기
때문이었으며, 여기에 '숙희의 시신을 맞이해 갔다'라 쓴 것은 우리 노나라의
요청에 의한 것이었기 때문이다.

【請之】《穀梁傳》에는 "夫無逆出妻之喪而爲之也"라 하였고, 《公羊傳》에는
　　노나라가 가져가도록 협박을 하였기 때문에 杞 桓公이 와서 가져간 것이라
　　하였음.
【杞叔姬卒】成公 8년의 經文 기록을 말함.
【逆叔姬】본장의 經文을 말함.

✹ 986(成9-2)

公會晉侯·齊侯·宋公·衛侯·鄭伯·曹伯·莒子·杞伯同盟
于蒲.

성공이 진후晉侯, 제후齊侯, 송공宋公, 위후衛侯, 정백鄭伯, 조백曹伯, 거자莒子,
기백杞伯과 만나 포蒲에서 만나 동맹을 맺었다.

【蒲】지금의 河南 長垣縣 동쪽의 蒲城. 衛나라 땅. 桓公 3년을 볼 것.

㊛

爲歸汶陽之田故, 諸侯貳於晉.
晉人懼, 會於蒲, 以尋馬陵之盟.
季文子謂范文子曰:「德則不競, 尋盟何爲?」

范文子曰:「勤以撫之, 寬以待之, 堅彊以御之, 明神以要之, 柔服而伐貳, 德之次也.」

是行也, 將始會吳, 吳人不至.

문양汝陽 땅을 제齊나라로 돌려주도록 한 일로 인해 제후들이 진晉나라를 믿지 않게 되었다.

진나라는 이에 두려워 포蒲에서 모임을 갖고 마릉馬陵에서 맺었던 맹약을 굳게 다졌다.

계문자季文子가 범문자范文子에게 말하였다.

"덕을 베푸는 일에는 힘쓰지 않고, 맹약만 다져서 무엇을 한단 말이오?"

범문자가 말하였다.

"힘써 제후들을 달래고 너그럽게 대하는 한편, 엄하게 다스려 통제하고 신령 앞에서 맺은 동맹을 따르게 하는 것입니다. 복종하는 자에게는 부드럽게 대하고 배반하는 자는 치는 것은 덕으로 다스리는 그 다음가는 방법이지요."

이번 모임에 처음으로 오吳나라를 참석시키도록 하였으나 오나라 사람은 오지 않았다.

【汝陽之田】 晉나라가 노나라의 이 땅을 齊나라에 돌려주도록 하여 패자로서의 지위에 불신을 얻게 된 사건은 成公 8년을 볼 것.

【貳】 의혹을 품음. 晉나라를 믿음이 없는 나라로 여김.

【馬陵】 鄭나라 땅.《一統志》에 "今河北大名縣東南十五里, 有馬陵城, 卽成公七年同盟處. 亦卽魏惠王三十年孫臏殺龐涓處"라 함. '馬陵之盟'은 成公 7년을 볼 것.

【季文子】 季孫行父. 魯나라 대부. 魯나라 三桓의 하나인 季孫氏 집안.

【范文子】 士燮. 晉나라 대부. 시호는 文子. 채읍은 范邑. 范武子(士會)의 아들. 그 후손이 뒷날 晉六卿의 하나인 范氏로 발전함.

【不競】 힘쓰지 않음. 서로 덕을 베풀겠노라 경쟁을 할 정도임. 그러나 '강하게 하다. 확고하게 약속을 지키다'의 뜻으로도 봄.

【德之次也】 덕으로 다스리는 일 다음으로 좋은 방법임.

✹987(成9-3)

公至自會.

공이 모임에서 돌아왔다.

【會】成公이 蒲 땅에서의 회담을 마치고 귀국함.
＊無傳

✹988(成9-4)

二月, 伯姬歸于宋.

2월, 백희伯姬가 송宋나라로 시집갔다.

【伯姬】共姬를 가리킴. 宣公과 穆姜 사이에 난 딸이며 成公의 姉妹로 송나라
共公의 부인이 됨. '共'은 共公을, '姬'는 노나라 國姓(姬)을 취하여 칭호로 삼은
것임. 成公 8년의 傳을 참조할 것.

㉖
二月, 伯姬歸于宋.

2월, 백희伯姬가 송나라로 시집갔다.

㉖
楚人以重賂求鄭, 鄭伯會楚公子成于鄧.

초楚나라가 많은 정鄭나라에게 많은 뇌물을 주면서 자신의 편이 되어
줄 것을 요구하자 정 성공成公이 초나라 공자 성成을 등鄧에서 만났다.

【鄭伯】당시 鄭나라 군주는 成公(睔)이었음.
【公子成】楚나라 공자 이름.
【鄧】지금의 河南 偃城縣 동쪽 鄧城. 莊公 6년을 볼 것.

✹ 989(成9-5)

　　夏, 季孫行父如宋致女.

　여름, 계손행보季孫行父가 송宋나라로 가서 공녀를 송나라의 공가公家로
들여보냈다.

【季孫行父】季文子. 魯나라 대부. 魯나라 三桓의 하나인 季孫氏 집안.
【致女】공녀 伯姬를 송나라 공실로 들여보내어 인계해 줌. 桓公 3년을 볼 것.

　⑫

　夏, 季文子如宋致女, 復命.
　公享之, 賦〈韓奕〉之五章.
　穆姜出于房, 再拜, 曰:「大夫勤辱, 不忘先君, 以及嗣君, 施及
未亡人, 先君猶有望也. 敢拜大夫之重勤.」
　又賦〈綠衣〉之卒章而入.

　여름, 계문자季文子가 송宋나라에 가서 백희伯姬를 송나라로 들여보내고,
돌아와 성공에게 결과를 보고하였다.
　성공이 그에게 위로의 연회를 베풀자 그는 〈한혁韓奕〉편 제5장을 읊었다.

그러자 백희의 어머니 목강穆姜이 방에서 재배하며 이렇게 말하였다.

"대부께서는 애쓰셨습니다. 선군을 잊지 않고 뒤이은 임금의 미망인인 나에게까지 은혜를 베푸시니 이는 선군께서도 바라던 바였습니다. 감히 대부의 큰 고생에 감사드립니다."

그리고 〈녹의綠衣〉편 마지막 장을 읊고는 방으로 들어갔다.

【季文子】季孫行父. 魯나라 대부.

【復命】명을 받고 나가 일을 마치고, 그 결과를 보고함.

【韓奕】《詩經》大雅의 편명. 이 시는 6장으로 되어 있으며 그 제5장의 내용은 厥父가 딸을 韓나라 제후에게로 시집보내어, 좋은 짝이 되어 그 즐거움을 노래한 것임. 5장의 원문은 "厥父孔武, 靡國不到. 爲韓姞相攸, 莫如韓樂. 孔樂韓土, 川澤訏訏, 魴鱮甫甫, 麀鹿噳噳, 有熊有羆, 有貓有虎. 慶旣令居,韓姞燕譽"라 함.

【穆姜】魯 宣公(倭)의 부인. 成公(黑肱)의 어머니. 襄公의 할머니. 成公 9년, 11년, 16년 등을 볼 것. 叔孫僑如와 私通하면서 季氏와 孟氏를 축출하고자 갖은 애를 썼다가 9년 傳에 의하면 東宮에 폐위되었던 여인임.《列女傳》孼嬖傳에도 그의 淫行이 실려 있음.

【綠衣】《詩經》邶風의 편명. 이 시는 모두 4장으로 되어 있으며 마지막 장은 未亡人이 죽은 남편을 생각하는 심정을 읊은 것임. 전체 원문에 "綠兮衣兮, 綠衣黃裡. 心之憂矣, 曷維其已. 綠兮衣兮, 綠衣黃裳. 心之憂矣, 曷維其亡. 綠兮絲兮, 女所治兮. 我思古人, 俾無訧兮. 絺兮綌兮, 凄其以風. 我思古人, 實穫我心"이라 함.

✹ 990(成9-6)

晉人來媵.

진晉나라 사람이 와서 잉첩媵妾이 되어 따라갔다.

【媵】衛나라 사람이 잉첩이 되어 따라갔듯이 晉나라에서도 잉첩으로 보내어 백희를 따라 宋나라로 가게 함. 杜預 注에 "媵伯姬也"라 함. 成公 8년을 참조할 것.

傳

晉人來媵, 禮也.

진晉나라 사람이 노나라로 와 잉첩으로서 백희伯姬를 따라간 것은 예에
맞는 일이었다.

【禮】杜預 注에 "同姓故"라 함.

※ 991(成9-7)

秋七月丙子, 齊侯無野卒.

가을 7월 병자날, 제후齊侯 무야無野가 죽었다.

【丙子】7월에는 丙子날이 없었음.
【無野】齊 頃公. 이름은 無野. 惠公(元)을 이어 B.C.598~582년까지 17년간 재위
하였으며 靈公(環)이 뒤를 이음.
＊無傳

※ 992(成9-8)

晉人執鄭伯.

진晉나라가 정백鄭伯을 잡았다.

【鄭伯】당시 鄭나라 군주는 成公(睔)이었음.

秋, 鄭伯如晉, 晉人討其貳於楚也, 執諸銅鞮.

가을, 정鄭 성공成公이 진晉나라에 가자 진나라에서 그가 초楚나라 편을 들며 두 마음을 가졌음을 성토하여 그를 잡아 동제銅鞮에 유폐시켰다.

【銅鞮】晉나라의 別宮이 있던 곳으로 지금의 山西 沁縣 남쪽으로 원래 羊舌赤의 채읍이 있었음. 昭公 29년 傳文을 볼 것.《一統志》에 "今山西沁縣南十里, 中有 宮闕臺基, 卽晉別宮. 其北卽晉大夫羊舌赤之邑"이라 함.

※ 993(成9-9)

晉欒書帥師伐鄭.

진晉나라의 난서欒書가 군사를 거느리고 정鄭나라를 쳤다.

【欒書】晉나라 대부. 欒盾의 아들 欒武子. 欒伯으로도 부름.

欒書伐鄭, 鄭人使伯蠲行成, 晉人殺之, 非禮也.
兵交, 使在其間可也.
楚子重侵陳以救鄭.

난서欒書가 정鄭나라를 치자 정나라가 백견伯蠲을 보내어 화해하도록 하였음에도 진나라에서 그를 죽인 것은 예가 아니었다.
두 나라의 싸움에 사신은 두 나라 사이를 얼마든지 오갈 수가 있는 것이다.
초楚나라 자중子重이 진陳나라를 쳐들어가 정나라를 구원하였다.

【伯蠲】鄭나라 行人(외교관).

【使在其間可】《後漢書》來歙傳에 "古者列國交兵, 使在其間, 所以重兵貴和而不任戰也"라 함.

【子重】嬰齊. 楚나라 공자. 楚 穆王의 아들이며 莊王의 아우. 일찍이 將軍, 左尹, 令尹 등을 지냄. 宣公 11년 傳을 볼 것.

【侵陳】당시 陳나라는 晉나라 편이었으므로 楚나라가 이를 친 것임.

㊟

晉侯觀于軍府, 見鍾儀, 問之曰:「南冠而縶者, 誰也?」

有司對曰:「鄭人所獻楚囚也.」

使稅之, 召而弔之, 再拜稽首.

問其族.

對曰:「泠人也.」

公曰:「能樂乎?」

對曰:「先父之職官也, 敢有二事?」

使與之琴, 操南音.

公曰:「君王何如?」

對曰:「非小人所得知也.」

固問之, 對曰:「其爲大子也, 師·保奉之, 以朝于嬰齊而夕于側也. 不知其他.」

公語范文子.

文子曰:「楚囚, 君子也. 言稱先職, 不背本也; 樂操土風, 不忘舊也; 稱太子, 抑無私也; 名其二卿, 尊君也. 不背本, 仁也; 不忘舊, 信也; 無私, 忠也; 尊君, 敏也. 仁以接事, 信以守之, 忠以成之, 敏以行之, 事雖大, 必濟. 君盍歸之, 使合晉·楚之成?」

公從之, 重爲之禮, 使歸求成.

진晉 경공景公이 병기고를 돌아보다가 초나라 종의鍾儀를 발견하고 물었다. "저 남쪽 나라의 관冠을 쓰고 잡혀 있는 자는 누구냐?"

유사有司가 대답하였다.

"정나라 사람이 보내어 온 초나라의 포로입니다."

경공이 그를 풀어주도록 하고 불러 위로하자 그는 재배하고 머리를 조아렸다.

경공이 그의 관직을 묻자 종의가 대답하였다.

"영인泠人입니다."

경공이 다시 물었다.

"음악에 능한가?"

종의가 대답하였다.

"선대로부터 맡아온 벼슬인데 어찌 다른 일을 해 보았겠습니까?"

경공이 그에게 거문고를 내어주도록 하자 그는 남방의 음악을 연주하였다.

경공이 물었다.

"그대 나라 임금은 어떠한 사람인가?"

그는 대답하였다.

"소인이 감히 알 수 있는 일이 아닙니다."

경공이 고집스럽게 묻자 그는 이렇게 대답하였다.

"우리 임금께서는 태자이셨을 때 사師와 보保가 태자를 받들어 모셔, 아침에는 공자 영제嬰齊를 찾아가 뵙고 저녁이면 공자 측側을 찾아뵈셨습니다. 그 외의 일은 알지 못합니다."

경공이 이를 범문자范文子에게 말해주자 범문자는 이렇게 말하였다.

"그 초나라 포로는 군자입니다. 선대의 직업을 말해 내세운 것은 그가 가업의 근본을 어기지 않았음을 말은 것이요, 자기 고향의 음악을 연주한 것은 자신의 고국을 잊지 않고 있는 것이요, 임금의 태자 시절을 말한 것은 사심이 없는 것이며, 경卿 두 사람의 이름을 거론한 것은 우리 진나라 임금을 높인 것입니다. 가업의 근본을 배반하지 않음은 인仁이요, 고국을 잊지 않음은 신信이며, 사심이 없는 것은 충忠이요, 타국인 임금을 존중함은 민敏입니다. 인으로는 일을 처리할 수 있고, 신으로는 이를 지켜내며, 충으로는 이를 성취하고, 민으로는 이를 실행할 수 있으니 그렇다면 비록 큰일일지라도 틀림없이 잘 처리해낼 수 있습니다. 임금께서는 어찌 그를 초나라로 돌려보내어 우리 진나라와 초나라를 화목하게 되도록 하지 않으십니까?”

경공은 이 말에 따라 그를 후하게 예우한 다음 초나라로 돌아가 두 나라가 화친을 맺도록 하였다.

【鍾儀】 초나라 鄖 고을의 수령. 鄭나라 대부 共仲과 侯羽에게 사로잡혀 진나라에 바쳐짐. 앞 장 참조. 成公 7년을 볼 것.

【南冠】 남쪽 초나라가 즐겨 쓰는 모자. 《淮南子》主術訓에 “楚 文王이 獬冠을 즐겨 쓰자 초나라 사람들이 이를 흉내내었다”라 하여 ‘南冠’은 ‘獬冠’을 가리키는 것으로 봄. 한편 《國語》周語(中)에는 “陳靈公與孔寧·儀行父南冠以如夏氏”라 하여 陳나라에서 이 모자를 썼던 것으로 봄.

【稅】 ‘脫’자와 같음. 묶은 차꼬를 풀어줌.

【族】 원래 성씨를 뜻하는 말이었으나 본문 내용으로 보아 官族, 즉 대대로 이어온 관직을 가리킴.

【泠人】 伶人과 같음. 樂官을 뜻함. ‘泠’은 ‘伶’자를 假借하여 쓴 것임.

【大子】 太子. 楚 共王(審)이 태자였을 때를 말함.

【師·保】 태자를 가르치는 스승 太傅와 그를 보호하는 少傅(保傅). 《禮記》文王世子에 “立大傅·少傅以養之, 欲其知父子君臣之道也. 師也者, 敎之以事而喩諸德者也. 保也者, 愼其身以輔翼之, 而歸諸道者也”라 함. 共王이 태자였을 때 아버지 莊王이 그를 위해 스승으로 선택함. 《國語》楚語(上)를 볼 것.

【嬰齊】 楚나라 공자. 자는 子重. 楚 穆王의 아들이며 莊王의 아우. 일찍이 將軍, 左尹, 令尹 등을 지냄. 宣公 11년 전을 볼 것.

【側】 子反. 楚나라 公子 側. 子反은 그의 字. 당시 司馬 벼슬에 있었으며 한때 申公巫臣과 夏姬를 두고 다투기도 하였던 인물. 宣公 12년의 傳文을 볼 것.

【范文子】 士燮. 晉나라 대부. 文子. 范武子(士會)의 아들. 그 후손이 뒷날 晉六卿의 하나인 范氏로 발전함.

【尊君】 禮法에 군주 앞에서는 자신의 아버지를 거론할 때도 이름을 직접 부르는 법이며 鍾儀가 자신 고국의 대신 子重과 子反을 직접 그들 이름 嬰齊와 側으로 부른 것은 晉 景公 앞이었으므로 그렇게 한 것임. 이는 景公을 존경한 태도로 본 것임.

❀ 994(成9-10)

冬十有一月, 葬齊頃公.

겨울 11월, 제齊 경공頃公의 장례를 치렀다.

【齊頃公】 이름은 無野. 惠公(元)의 뒤를 이어 B.C.598~582년까지 17년간 재위
하였으며 靈公(環)이 그 뒤를 이음. 成公 2년을 참조할 것.
＊無傳

❀ 995(成9-11)

楚公子嬰齊帥師伐莒.
庚申, 莒潰.
楚人入鄆.

초楚나라 공자公子 영제嬰齊가 군사를 거느리고 거莒나라를 쳤다.
경신날, 거나라가 무너지고 말았다.
초나라가 운鄆으로 쳐들어갔다.

【嬰齊】 楚나라 공자. 자는 子重. 楚 穆王의 아들이며 莊王의 아우. 일찍이 將軍,
左尹, 令尹 등을 지냄. 宣公 11년 傳文을 볼 것.
【庚申】 11월 17일.
【鄆】 莒나라 고을 이름.《一統志》에 "今山東沂水縣東南四十里, 有員亭, 在沭水
西岸, 卽鄆城也, 是爲東鄆"이라 함. 따라서 成公 4년에 쌓은 鄆城은 西鄆임.

㊁

冬十一月, 楚子重自陳伐莒, 圍渠丘.

渠丘城惡, 衆潰, 奔莒.

戊申, 楚入渠丘.

莒人囚楚公子平.

楚人曰:「勿殺, 吾歸而俘.」

莒人殺之.

楚師圍莒.

莒城亦惡, 庚申, 莒潰.

楚遂入鄆, 莒無備故也.

君子曰:「恃陋而不備, 罪之大者也; 備豫不虞, 善之大者也. 莒恃其陋, 而不修城郭, 浹辰之間, 而楚克其三都, 無備也夫!《詩》曰:『雖有絲麻, 無弃菅蒯; 雖有姬姜, 無弃蕉萃; 凡百君子, 莫不代匱.』言備之不可以已也.」

겨울 11월, 초楚나라 자중子重이 진陳나라로부터 거莒나라를 쳐서 거구渠丘를 포위하였다.

거구의 성이 낡아 무리들이 궤멸되자 그들은 거나라 도읍으로 달아났다.

무신날, 초나라 군사가 거구로 들어갔다.

그때 거나라 사람이 초나라 공자 평平을 사로잡고 말았다.

초나라가 이렇게 제의하였다.

"그를 죽이지 마라. 우리가 너희 포로들을 돌려보내 주겠다."

그러나 거나라 사람들은 그를 죽이고 말았다.

초나라 군사는 거나라 도읍을 포위하였다.

거나라 도성 역시 낡아 경신날 거나라는 무너지고 말았다.

이리하여 초나라 군사가 드디어 운鄆으로 쳐들어갔으니 거나라는 미리 지키고 대비하지 않았기 때문이었다.

군자가 말하였다.

"편벽한 곳임을 믿고 방비하지 않은 것은 잘못 중에 큰 것이었고, 뜻밖의 일에 방비하는 것은 좋은 계책 중 큰 것이다. 거나라는 편벽한 곳임을 믿고 성곽을 잘 손질하지 않고 있다가 12일 만에 초나라가 그 세 곳 도읍을 무너뜨렸으니 방비를 하지 않을 수 있겠는가! 《시》에 '비록 삼과 비단 끈이 있다 해도 억새 띠를 버리지 말라. 비록 대국과 인척관계를 맺고 있다 해도 비쩍 마른 추녀를 버리지 말라. 무릇 모든 군자는 인재가 모자랄 때 대신 쓰이지 않음이 없다'라 하였다. 이것은 예비하는 것을 그만두어서는 안 된다는 것을 말한 것이다"

【子重】 嬰齊. 楚나라 공자. 楚 穆王의 아들이며 莊王의 아우. 일찍이 將軍, 左尹, 令尹 등을 지냄. 宣公 11년 傳文을 볼 것.
【渠丘】 渠丘公이 거주하던 읍. 당시 거나라 군주의 이름은 朱. 渠丘는 거나라의 읍으로 지금의 山東 莒縣 북쪽. 거나라는 夷族 사이에 있어 謚號가 없었으며 읍 이름을 칭호로 삼았음. 成公 8년의 傳文을 참조할 것.
【城惡】 성이 제대로 수리되지 않음.
【戊申】 11월 5일.
【公子平】 전투에 참여했던 楚나라 공자.
【而俘】 '而'는 '爾'와 같음. 白話語 '你'와 같음. 너.
【浹辰】 12일간. '浹'은 '한 바퀴 돌다'의 뜻임. 辰은 子에서 亥까지의 十二辰, 즉 十二支로써 戊申에서 庚申까지 12일간.
【三都】 渠丘, 莒나라 도성, 鄆 등 세 도읍을 가리킴.
【詩】 지금의 《詩經》에 들어 있지 않은 逸詩.
【菅蒯】 억새 띠. '관괴'로 읽으며 雙聲連綿語. 급할 때 이를 묶어 끈이나 지붕을 이을 때 쓸 수 있음.
【姬姜】 姬姓과 姜姓. 고대 黃帝는 姬姓, 炎帝는 姜姓이었으며 춘추시대 역시 姬姓은 周나라와 同姓으로 晉나라 등 대국이며, 姜姓은 齊나라의 성씨. 이들과 인척관계를 맺음으로써 나라의 안전을 도모함. 여기서는 대국 출신의 美女를 가리킴.
【蕉萃】 憔悴와 같으며 雙聲連綿語.
【凡百君子】 모든 많은 군자. 여기에서의 군자는 평범한 관리를 말함.
【莫不代匱】 인물이 모자랄 때에, 인재 대신 쓰이지 않는 이가 없음.

❋ 996(成9-12)

秦人·白狄伐晉.

진秦나라와 백적白狄이 진晉나라를 쳤다.

【白狄】狄人의 일종.

㊀

秦人·白狄伐晉, 諸侯貳故也.

진秦나라와 백적白狄이 진晉나라를 친 것은 제후들이 진나라를 의심하고 있었기 때문이었다.

【貳】晉나라가 패자의 노릇을 제대로 하지 못한다고 여긴 것임.

❋ 997(成9-13)

鄭人圍許.

정鄭나라 사람이 허許나라를 포위하였다.

【許】姜姓. 周 武王이 그 苗裔 文叔을 許에 봉함. 지금의 河南 許昌市 동쪽.

㊀

鄭人圍許, 示晉不急君也.
是則公孫申謀之, 曰:「我出師以圍許, 僞將改立君者, 而紓晉使,晉必歸君.」

　정鄭나라가 허許나라를 포위한 것은 잡혀있는 자신들의 군주 성공成公에
대하여 조급하게 여기지 않고 있음을 진晉나라에게 보여주기 위한 것이었다.
　이는 공손신公孫申의 모책으로써 공손신은 이렇게 말하였다.
　"우리가 군사를 내어 허나라를 포위하여 새롭게 군주를 세우려는 것을
거짓으로 보여주고 진나라로 하여금 사신을 보내는 것을 늦춘다면 진나라는
틀림없이 우리 임금을 돌려줄 것이다."

【不急君】당시 鄭 成公(睔)이 晉나라에 잡혀 있었음. 成公 9년을 참조할 것.
【公孫申】鄭나라 대부. 成公 4년의 傳文을 볼 것.
【紓晉使】晉나라로 사과하러 가는 사신을 보내는 것을 늦춤.

✸ 998(成9-14)

城中城.

중성中城에 성을 쌓았다.

【中城】魯나라 도성 曲阜의 內城. 莒나라가 망하는 것을 보고 두려워 성을
쌓은 것.

城中城, 書時也.

　노나라가 중성中城을 쌓았다는 것은 성 쌓는 일이 시기에 맞았으므로
경經에 기록한 것이다.

十二月, 楚子使公子辰如晉, 報鍾儀之使, 請修好·結成.

12월, 초楚 공왕共王이 공자 진辰을 진晉나라에 보내어 종의鍾儀를 돌려
보내어 사신으로 삼은 것에 대하여 인사하고, 우호관계를 닦는 일과 화친을
맺는 일을 성사시키기를 청하였다.

【楚子】당시 楚나라 군주는 共王(審)이었음.
【公孫辰】楚나라 공자. 자는 子商. 당시 太宰였음.
【鍾儀】楚나라 鄖 고을의 수령. 鄭나라 대부 共仲과 侯羽에게 사로잡혀 진나라에
  바쳐짐.
【結成】《史記》年表에 "楚共王九年, 冬, 與晉成"이라 함.

142. 成公 10年_(B.C.581) 庚辰

周	簡王(姬夷) 5년	齊	靈公(環) 원년	晉	景公(獳) 19년	衛	定公(臧) 8년
蔡	景公(固) 11년	鄭	成公(睔) 4년	曹	宣公(盧) 14년	陳	成公(午) 18년
杞	桓公(姑容) 56년	宋	共公(固) 8년	秦	桓公(榮) 24년	楚	共王(審) 10년
吳	壽夢 5년	許	靈公(寗) 11년						

㊀

十年春, 晉侯使糴茷如楚, 報大宰子商之使也.

10년 봄, 진晉 경공景公이 대부 적패糴茷를 초楚나라로 보내어 초나라 태재大宰 자상子商을 사신으로 보냈던 일에 대해 답례하였다.

【晉侯】 당시 晉나라 군주는 景公(獳). 재위 10년째 마지막 해였음.
【糴茷】 晉나라 대부.
【子商】 楚나라 公子 辰. 당시 楚나라 太宰였음.

✹ 999(成 10-1)

十年春, 衛侯之弟黑背帥師侵鄭.

10년 봄, 위후衛侯의 아우 흑배黑背가 군사를 이끌고 정鄭나라를 쳤다.

【衛侯】 당시 衛나라 군주는 定公(臧)이었음.
【黑背】 衛 定公의 아우. 衛 穆公의 아들. 자는 子叔.

⑱

衛子叔黑背侵鄭, 晉命也.

　위衛나라 자숙흑배子叔黑背가 정鄭나라를 친 것은 진晉나라의 명령에
의한 것이었다.

【子叔黑背】 黑背. 衛나라 대부. 衛 穆公의 아들이며 定公의 아우.

＊ 1000(成 10-2)
　夏四月, 五卜郊, 不從, 乃不郊.

　여름 4월, 교제郊祭 지낼 날을 다섯 번 점쳤으나 모두 불길해 교제를
지내지 않았다.

【不郊】 僖公 31년을 볼 것.
　＊無傳

＊ 1001(成 10-3)
　五月, 公會晉侯·齊侯·宋公·衛侯·曹伯伐鄭.

　5월, 성공이 진후晉侯, 제후齊侯, 송공宋公, 위후衛侯, 조백曹伯과 함께 정鄭

나라를 쳤다.

【晉侯】 여기서의 晉나라 군주는 厲公(州蒲)을 가리킴. 晉 景公(獳)이 병이 들어
태자 州蒲를 임금으로 세워 鄭나라 치는 일에 참여하였음.

(傳)
鄭公子班聞叔申之謀, 三月, 子如立公子繻.
夏四月, 鄭人殺繻, 立髡頑, 子如奔許.
欒武子曰:「鄭人立君, 我執一人焉, 何益? 不如伐鄭而歸其君,
以求成焉.」
晉侯有疾, 五月, 晉立太子州蒲以爲君, 而會諸侯伐鄭.
鄭子罕賂以襄鐘, 子然盟于脩澤, 子駟爲質.
辛巳, 鄭伯歸.

정鄭나라 공자 반班은 숙신叔申의 계략을 듣고, 3월에 자여子如가 공자
수繻를 군주로 세웠다.
　여름 4월, 정나라 사람이 수繻를 죽이고 곤완髡頑을 군주로 세우자
자여는 허許나라로 달아났다.
　진晉나라 난무자欒武子가 말하였다.
　"정나라 사람이 새 군주를 세웠는데, 우리가 군주 한 사람을 잡아놓고
있다고 무슨 이익이 되겠는가? 정나라를 치고 그 임금 성공을 귀국시켜
화평을 맺느니만 못하다."
　이때 진晉 경공景公이 병이 나서 5월 진나라는 태자 주포州蒲를 세워
군주로 삼고 제후들과 모여 정나라를 쳤다.
　정나라 자한子罕은 양공襄公의 사당 종鐘을 뇌물로 주고 자연子然이
수택脩澤에서 진나라와 맹약을 맺었으며 자사子駟가 인질이 되었다.
　신사날, 정 성공이 돌아왔다.

【公子班】鄭나라 공자. 자는 子如.

【叔申】鄭나라 대부. 公孫申. 叔申의 모책은 成公 9년의 傳을 볼 것.

【公子繻】襄公(堅)의 아들이며 成公(睔)의 庶兄.《史記》鄭世家에 “鄭患晉國,
公子如乃立成公庶兄繻”라 함. 당시 成公은 晉나라에 잡혀 있었음. 成公 9년의
傳을 볼 것.

【髡頑】鄭 成公의 태자.《公羊傳》과《穀梁傳》에는 ‘髡原’으로,《史記》鄭世家
에는 ‘惲’으로 되어 있음. 뒤에 鄭 僖公이 되어 B.C.570~566년까지 5년간 재위함.

【欒武子】欒書. 晉나라 대부. 欒盾의 아들 欒武子. 欒伯으로도 부름. 欒黶의
아버지.

【晉侯有疾】晉 景公(獳)이 병이 들어 죽음이 임박함.

【州蒲】孔穎達 疏에 ‘州滿’이라 하였으며《史記》晉世家에는 ‘壽曼’으로 되어
있음. ‘州滿’이 옳은 것으로 보며 ‘蒲’는 ‘滿’자와 자형이 비슷하여 잘못 전해진
것이라 함. 晉 景公의 태자로 뒤에 晉 厲公이 되어 B.C.580~573년까지 8년간
재위하였으며 悼公(周)이 그 뒤를 이음. 한편 景公이 죽지 않은 상태에서 태자
에게 왕위를 물려준 것은 ‘內禪’의 시초라 함.

【子罕】公子 喜. 鄭 穆公의 아들.

【襄鐘】鄭 襄公의 위패를 모신 사당의 鐘. ‘鐘’은 ‘鍾’자로 잘못 표기된 판본도
있음.

【子然】鄭 穆公(蘭)의 아들.

【脩澤】鄭나라 지명. 지금의 河南 原陽縣 서남쪽. 혹은 原武縣 동북쪽이라고도
함.《河南通志》에 “今河南原武縣東北有脩武亭, 卽脩澤. 又名修魚”라 함.

【子駟】公子 騑. 역시 鄭 穆公의 아들. 襄公 9년 및 10년을 볼 것.

【辛巳】5월 11일.

※ **1002**(成 10-4)

齊人來媵.

제齊나라 사람이 와서 잉첩媵妾이 되었다.

【齊人來媵】齊나라 여인이 宋나라로 시집가는 伯姬(共姬)의 잉첩이 되었음. 그러나 齊나라는 노나라(姬姓)와는 다른 姜姓이었으므로 예에 맞지 않았음. 成公 8년 및 9년을 볼 것.
＊無傳

❈ 1003(成10-5)

丙午, 晉侯獳卒.

병오날, 진晉 경공景公 누獳가 죽었다.

【丙午】6월 6일. 사관이 '六月'을 빠뜨린 것임.
【獳】晉 景公. 이름은 獳. 成公(黑臀)의 뒤를 이어 B.C.599∼581년까지 10년간 재위함. 厲公(州蒲, 州滿)이 그 뒤를 이음.

⑫
晉侯夢大厲, 被髮及地, 搏膺而踊, 曰:「殺余孫, 不義. 余得請於帝矣!」
壞大門及寢門而入.
公懼, 入于室, 又壞戶.
公覺, 召桑田巫.
巫言如夢.
公曰:「何如?」
曰:「不食新矣.」
公疾病, 求醫于秦.
秦伯使醫緩爲之.
未至, 公夢疾爲二豎子, 曰:「彼, 良醫也, 懼傷我, 焉逃之?」

其一曰:「居肓之上, 膏之下, 若我何?」

醫至, 曰:「疾不可爲也, 在肓之上, 膏之下, 攻之不可, 達之不及, 藥不至焉, 不可爲也.」

公曰:「良醫也!」

厚爲之禮而歸之.

六月丙午, 晉侯欲麥, 使甸人獻麥, 饋人爲之.

召桑田巫, 示而殺之.

將食, 張, 如廁, 陷而卒.

小臣有晨夢負公以登天, 及日中, 負晉侯出諸廁, 遂以爲殉.

진晉 경공景公의 꿈에 키가 큰 악귀가 머리를 풀어헤쳐 땅에 늘어뜨린 채 가슴을 치고 뛰면서 이렇게 말하는 것이었다.

"나의 자손을 죽였으니 의롭지 못하다. 나는 천제에게 청하여 너에게 벌을 내릴 것을 허락받았다!"

그리고는 대문과 침전寢殿의 문을 부수고 들어오는 것이었다.

경공이 무서워 방으로 들어갔더니 다시 방문을 부수는 것이었다.

경공은 꿈에서 깨어 상전桑田의 무당을 불렀다.

무당은 꿈에서 유령이 한 말과 똑같은 말을 하는 것이었다.

경공이 물었다.

"어찌 되겠느냐?"

무당이 말하였다.

"새로운 보리 곡식을 잡숫지 못할 것입니다."

경공은 병이 깊어지자 진秦나라에게 의사를 보내달라고 부탁하였다.

진秦 환공桓公은 완緩이라는 의사로 하여금 가서 고쳐주도록 하였다.

그 의사가 아직 이르지 않았을 때 경공의 꿈에서 질환이 더벅머리 총각 둘로 변하더니 이렇게 말하는 것이었다.

"저 의사는 용한 의사다. 우리를 상하게 할까 두렵다. 어디로 달아나야 하나?"

그러자 그중 하나가 이렇게 말하였다.

"흉부의 황肓의 위쪽, 고膏의 아래쪽에 가서 있으면 우리를 어찌하겠는가?"

의사가 이르러 병세를 살펴보더니 이렇게 말하였다.

"이 병은 고칠 수가 없습니다. 황의 위쪽, 고의 아래쪽에 있어 치료해도 될 수 없으며 그곳에 닿을 수도 없고 약을 써도 그곳까지 가지 않습니다. 고칠 수 없군요."

경공이 말하였다.

"용한 의사로다!"

그리하여 그를 후하게 예우하여 돌려보냈다.

6월 병오날, 경공이 햇보리를 먹고 싶다하여 전답을 맡은 관리에게 보리를 바치도록 하여 이를 요리사가 음식을 만들었다.

경공은 상전의 무당을 불러 그 음식을 보여주고는 그를 죽여버렸다.

그런데 경공이 그것을 먹으려 할 때 배가 뒤틀려서 변소에 갔다가 그만 빠져서 죽고 말았다.

환관이 그날 새벽, 경공을 업고 하늘로 올라가는 꿈을 꾸었는데 정오가 되자 그는 경공을 업고 변소에서 나오게 되었으며, 결국 그는 경공을 따라 순장되고 말았다.

【大厲】 키가 큰 유령. 惡鬼를 厲鬼라 하며 이를 줄여서 '厲'라 한 것. 여기서는 구체적으로 趙氏 집안의 시조 大業의 유령으로 보고 있음. 《禮記》 祭法에 帝王이 죽어서는 '泰厲', 諸侯가 죽어서는 '公厲'가 된다고 하였음.

【殺余孫】 趙同과 趙括을 죽인 일을 말함. 趙氏의 시조는 大業으로 大業의 후손 중에 요절한 자의 환영이 나타난 것임. 《史記》 趙世家에 "晉景公疾, 卜之, 大業之後不遂者爲祟"라 함.

【桑田】 晉나라 지명. 지금의 河南 靈寶縣. 원래 虢나라 땅이었으나 뒤에 진나라가 합병함.

【不食新矣】 새 곡식을 먹지 못함. 여기에서 새 곡식은 새로 나는 보리. 오뉴월 이전에 생을 마치게 될 것임을 豫斷한 것.

【秦伯】 당시 秦나라 군주는 桓公(榮)이었음.

【緩】 秦나라 의사 이름.

【豎子】 '竪子'로도 표기하며 더벅머리 총각. 어린 아이. 病이 豎子의 모습으로 변신하여 꿈에 나타난 것임.

【肓·膏】 肓은 흉부의 횡격막. 膏는 심장. 흔히 불치병을 '肓膏'라 함. 고대 의학

에서 "心尖脂肪曰膏, 心臟與膈膜之間曰肓"이라 함.

【攻之不可】이 병은 다스릴 수 없음. 즉 손을 댈 수가 없음.

【達之不及】침을 찔러도 닿지 않음.

【甸人】公田의 경작을 주관하는 관리. 《周禮》天官의 甸師와 같음. 햇곡식이 나며 반드시 제일 먼저 임금에게 시식하도록 함. 이를 '嘗新之禮'라 함.

【饋人】요리사. 《周禮》天官의 庖人와 같음.

【示而殺之】무당의 예언이 잘못되었음을 분풀이하고자 한 것임.

【張】'脹'과 같음. 膨脹함.

【小臣】宦官을 가리킴. 僖公 4년 傳文을 볼 것.

【日中】정오. 한낮.

⟨傳⟩

鄭伯討立君者, 戊申, 殺叔申·叔禽.
君子曰:「忠爲令德, 非其人猶不可, 況不令乎?」

정鄭 성공成公이 자신이 없는 동안 새로운 임금을 세우고자 하였던 이들을 토벌하여 무신날, 숙신叔申과 숙금叔禽을 죽였다.

군자가 말하였다.

"충성은 훌륭한 덕이지만, 충성을 바칠 만한 대상이 아니면 오히려 그렇게 할 수가 없다. 하물며 원래 선하지 못한 사람임에랴?"

【鄭伯】鄭 成公. 자신이 晉나라에 구금되었을 때 국내에서 公子 繻를 군주로 세우고자 했던 사건. 成公 10년의 傳文을 볼 것.

【戊申】6월 8일.

【叔申】鄭나라 대부. 公孫申.

【叔禽】숙신의 아우. 杜預 注에 "叔禽, 叔申弟"라 함.

【令德】'令'은 '훌륭하다, 아름답다'의 뜻.

【非其人】충성을 바칠 만한 대상이 아닌 군주를 가리킴. 《周易》繫辭傳(上)에 "苟非其人, 道不虛行"이라 하였고, 《孟子》盡心(下)에는 "好名之人, 能讓千乘 之國; 苟非其人, 簞食豆羹見於色"이라 함.

【況不令乎】杜預 注에 "言申叔爲忠, 不得其人, 還害身"이라 함.

※ **1004(成10-6)**

秋七月, 公如晉.

가을 7월, 성공이 진晉나라에 갔다.

【如晉】晉 景公(獳)의 죽음에 조문을 간 것임.

㊟
秋, 公如晉.
晉人止公, 使送葬.
於是糴茷未反.

가을, 성공이 진晉나라 갔다.
진나라가 성공을 머물게 하여 장례식에 참가하도록 하였다.
이에 적패糴茷가 아직 돌아오지 않고 있었다.

【糴茷】晉나라 대부.
【糴茷未反】당시 晉나라 糴茷가 楚나라와 화친을 맺기 위하여 교섭차 초나라에
갔는데, 노나라 성공이 진나라에 갔을 때 아직 돌아오지 않고 있었음. 진나라는
노나라가 초나라와 밀통하고 있다고 의심하고 있었던 차라, 적패가 돌아오면
그 사실을 확인하려고 장례식을 구실삼아 노나라 성공을 붙잡아두었던 것임.

㊟
冬, 葬晉景公.
公送葬, 諸侯莫在.
魯人辱之, 故不書, 諱之也.

겨울, 진晉 경공景公의 장례를 치렀다.

성공이 장례식에 참가하였으나 다른 제후는 참가한 이가 없었다.

노나라 사람들은 그 사실을 수치로 여겨 그 때문에 경經에 그 일을 기록하지 않은 것이며 그것은 그 일을 꺼렸기 때문이다.

【辱之】 원래 다른 나라의 군주 장례식에는 대부(大夫)를 보냄. 그런데 다른 나라의 제후는 한 사람도 참가하지 않은 장례식에, 노나라 성공이 억지로 참가하였으므로 그것을 수치로 여긴 것임. 앞 장의 傳을 볼 것.

✸ 1005(成10-7)

冬十月.

겨울 10월.

【冬十月】 이 經文은 원래 없던 것을 뒷사람이 덧붙인 것으로 봄.《禮記》中庸의 疏에 "成十年 不書「冬十月」, 賈·服以爲不視朔登臺"라 하여 賈逵본과 服虔본에는 없었던 것임. 그 때문에 浦鏜, 段玉裁, 洪亮吉, 張壽恭 등은 모두 뒷사람이 덧붙인 것이라 여겼음.《公羊傳》에는 이 경문이 없으나《穀梁傳》에는 있음.

143. 成公 11年(B.C.580) 辛巳

周	簡王(姬夷) 6년	齊	靈公(環) 2년	晉	厲公(州蒲) 원년	衛	定公(臧) 9년
蔡	景公(固) 12년	鄭	成公(睔) 5년	曹	宣公(廬) 15년	陳	成公(午) 19년
杞	桓公(姑容) 57년	宋	共公(固) 9년	秦	桓公(榮) 25년	楚	共王(審) 11년
吳	壽夢 6년	許	靈公(甯) 12년				

✹ 1006(成 11-1)

十有一年春王三月, 公至自晉.

11년 봄 주력 3월, 성공이 진晉나라에서 돌아왔다.

【自晉】晉 景公의 장례에 구실을 붙여 귀국을 저지당하다가 풀려났음을 말함. 아래 傳文을 볼 것.

⟨傳⟩

十一年春王三月, 公至自晉.
晉人以公爲貳於楚, 故止公.
公請受盟, 而後使歸.

11년 봄 주력 3월, 성공이 진晉나라에서 돌아왔다.

진나라는 성공이 초楚나라에 내통하는 두 마음을 품고 있다고 여겨 그 때문에 성공을 머물게 하였던 것이다.
성공이 맹약을 수락하겠노라 청하고 난 뒤에야 돌려보냈던 것이다.

【貳於楚】成公 4년 傳에 魯 成公이 楚나라와 통호하고 晉나라를 배반하고자 한 사건이 있어 晉나라에서 景公의 장례를 구실로 그의 귀국을 저지한 것임.

✹ 1007(成11-2)

晉侯使郤犨來聘.
己丑, 及郤犨盟.

진晉나라 군주가 극주郤犨를 보내 빙문하게 하였다.
기축날, 극주와 맹약하였다.

【晉侯】새로 군주에 오른 晉 厲公 州蒲(州滿).
【郤犨】晉나라 대부 苦成叔. 郤克과 함께 克豹의 曾孫. 《公羊傳》에는 '郤州'로 되어 있음. 판본에 따라 '郤犨'로도 표기함. 책 전체 같음.
【己丑】3월 24일.
【盟】앞서 晉나라와 맹약을 약속한 것을 실행하기 위해 郤犨를 보내어 晉나라를 맹주로 받들기로 맹약을 체결한 것임.

㊝

郤犨來聘, 且涖盟.

극주郤犨가 내빙하여 맹약에 입회하였다.

【涖】'臨'과 같음. 회맹에 임함. 입회함. 직적 참여함.

㊝

聲伯之母不聘, 穆姜曰:「吾不以妾爲姒.」

生聲伯而出之, 嫁於齊管于奚, 生二子而寡, 以歸聲伯.

聲伯以其外弟爲大夫, 而嫁其外妹於施孝叔.

郤犫來聘, 求婦於聲伯.

聲伯奪施氏婦以與之.

婦人曰:「鳥獸猶不失儷, 子將若何?」

曰:「吾不能死亡.」

婦人遂行, 生二子於郤氏.

郤氏亡, 晉人歸之施氏.

施氏逆諸河, 沈其二子.

婦人怒曰:「己不能庇其伉儷而亡之, 又不能字人之孤而殺之, 將何以從?」

遂誓施氏.

성백聲伯의 어머니는 정식으로 혼인을 하지 않아 목강穆姜은 그녀에게 이렇게 말하였다.

"나는 너를 동서로 여기지 않는다."

그리하여 그녀가 성백을 낳자 쫓아내어 그녀는 제齊나라 관우해管于奚에게 시집가서 두 아이를 낳고 과부가 되어 아들 성백에게 아이들을 맡겼다.

성백은 자신의 그 의붓동생을 대부로 삼아주고, 또 다른 의붓동생 누이는 시효숙施孝叔에게 시집을 보내주었다.

그런데 진나라 극주郤犫가 노나라를 예방하러 왔을 때 성백에게 아내 될 사람을 찾았다.

성백은 시씨施氏에 시집을 보냈던 의붓동생을 빼앗아 극주에게 주기로 하였다.

동생은 자신의 남편 시씨에게 이렇게 물었다.

"금수도 제 짝을 잃지 않으려 하는데 당신은 어찌하려 하겠소?"

남편은 이렇게 말하는 것이었다.

"나는 이 일 때문에 죽거나 달아날 수가 없소."

아내는 드디어 극주에게 가서 극씨의 두 아이를 낳았다.

뒤에 극씨의 가문이 망하자 진나라 사람은 그녀를 다시 시씨에게 돌려보냈다.

시씨는 하수河水까지 그녀를 마중 나가서는 그녀가 낳은 두 아이를 물속에 빠뜨려 죽여버렸다.

부인은 화를 내며 이렇게 말하였다.

"자신의 짝도 보호하지 못해 나를 빼앗기더니 다시 남의 고아에게 자애로움을 베풀지 못하고 죽여 버리다니 장차 어찌 당신을 따를 수 있겠소?"

그리고는 끝내 시씨와 살지 않을 것임을 맹세하였다.

【聲伯】公孫嬰齊. 자는 子叔. 魯나라 대부. 宣公의 아우 叔肸의 아들. 仲嬰齊로도 부르며 시호는 聲伯. 成公 2년을 볼 것.

【不聘】중매 없이 결혼함. 《禮記》 內則에 "聘則爲妻, 不聘則爲妾"이라 함.

【穆姜】魯 宣公(俀)의 부인. 成公(黑肱)의 어머니. 襄公의 할머니. 成公 9년, 11년, 16년 등을 볼 것. 叔孫僑如와 사통하면서 季氏와 孟氏를 축출하고자 갖은 애를 썼다가 9년 傳에 의하면 東宮에 폐위되었던 여인임. 그녀와 성백의 어머니는 동서 사이가 됨. 《列女傳》 孽嬖傳에도 그의 淫行이 실려 있음.

【姒】여자끼리의 동서 사이. 姒婦. 《爾雅》 釋親에 "女子同出, 爲先生爲姒, 後生爲娣"라 함. 그러나 姒娣는 실제 姊妹를 뜻하는 것으로 여기서는 '姒婦'의 줄인 말로 보고 있음.

【管于奚】聲伯의 어머니를 맞아 아내로 삼은 齊나라 사람.

【二子】一男一女. 고대에는 딸도 '子'로 불렀음.

【外弟】異父同母의 아우. 의붓동생.

【施孝叔】杜預 注에 "孝叔, 魯惠公五世孫"이라 함.

【郤犨】晉나라 대부 苦成叔. 郤克과 함께 克豹의 曾孫. 《公羊傳》에는 '郤州'로 되어 있음.

【死亡】죽거나 혹 도망함. 거부하지 못함.

【郤氏亡】郤氏가 망한 것은 成公 17년의 일로써 앞일을 미리 기록한 것.

【伉儷】부부. 配匹. 짝.

【字】'慈愛롭다'와 '育'(기르다)과 등 두 가지 해석이 있음.

【誓】杜預 注에 "約誓不復爲之婦也"라 함.

※ 1008(成11-3)

夏, 季孫行父如晉.

여름, 계손행보季孫行父가 진晉나라에 갔다.

【季孫行父】季文子. 魯나라 대부. 魯나라 三桓의 하나인 季孫氏 집안.

㊙

夏, 季文子如晉報聘, 且涖盟也.

여름, 노나라 계문자季文子가 진晉나라에 간 것은 사신을 보내어 예방해
준 데 대한 답례와 아울러 맹약에 참여하기 위해서였다.

【季文子】季孫行父.

㊙

周公楚惡惠·襄之偪也, 且與伯輿爭政, 不勝, 怒而出.
及陽樊, 王使劉子復之, 盟于鄇而入.
三日復出, 奔晉.

주공周公 초楚는 주周 혜왕惠王과 양왕襄王의 후손들이 권세를 부리는
것을 혐오하였고 또 백여伯輿와의 정권 다툼에 이기지 못하자 화를 내며
떠나버렸다.
　그가 양번陽樊에 이르렀을 때 주나라 천자 간왕簡王이 유劉나라 군주를
보내어 조정으로 돌아오도록 하여 견鄇에서 맹약을 맺고서야 들어갔다.
　그러나 그는 사흘 뒤에 다시 진晉나라로 달아났다.

【周公楚】周나라 왕실의 卿士. 僖公 13년 傳에 '周公閼'이 있어 그 후손으로 보임.
【惠·襄】周 惠王(B.C.676~652년 재위)과 襄王(B.C.651~619년 재위)의 후손들.
【伯輿】'伯與'로도 표기하며 역시 周나라 卿士.
【陽樊】晉나라 지명. 지금의 河南 濟源縣.
【王】당시 周나라 천자는 簡王(姬夷) 재위 6년째였음.
【劉子】劉나라 군주. 子爵. 역시 주나라 卿士로 있었음. 구체적인 이름은 알 수
 없음. 劉康公이 아닌가 함.
【鄩】周나라 직할 구역으로 지금의 河南 孟津縣 서쪽으로 추정하고 있음.

✹ 1009(成11-4)

秋, 叔孫僑如如齊.

가을, 숙손교여叔孫僑如가 제齊나라에 갔다.

【叔孫僑如】魯나라 대부. 宣伯. 叔孫得臣의 아들. 아버지가 狄의 군주 僑如를
 잡아 처단한 기념으로 아들 이름을 '僑如'로 지어 叔孫僑如가 됨. 文公 11년의
 傳文을 볼 것.

㊧

秋, 宣伯聘于齊, 以脩前好.

가을, 선백宣伯이 제齊나라를 예방하여 기존의 우호관계를 두텁게 하였다.

【宣伯】叔孫僑如. 魯나라 대부. 宣伯으로도 부름. 叔孫得臣의 아들. 아버지가
 狄의 군주 僑如를 잡아 처단한 기념으로 아들 이름을 '僑如'로 지어 叔孫僑如가
 됨. 文公 11년의 傳文을 볼 것.

【前好】杜預 注에 "竟以前之好"라 하여 竟之役, 즉 成公 2년 이전의 우호관계를 뜻함.

晉郤至與周爭鄇田, 王命劉康公·單襄公訟諸晉.

郤至曰:「溫, 吾故也, 故不敢失.」

劉子·單子曰:「昔周克商, 使諸侯撫封, 蘇忿生以溫爲司寇, 與檀伯達封于河. 蘇氏卽狄, 又不能於狄而奔衛. 襄王勞文公而賜之溫, 狐氏·陽氏先處之, 而後及子. 若治其故, 則王官之邑也, 子安得之?」

晉侯使郤至勿敢爭.

진晉나라 극지郤至가 후鄇 땅의 토지를 놓고 周나라와 다툼이 벌어지자 간왕簡王은 유강공劉康公과 선양공單襄公에게 명하여 진晉나라에게 소송을 하도록 하였다.

그러자 극지가 말하였다.

"온溫 고을은 예로부터 우리의 영토였습니다. 그 때문에 감히 잃을 수는 없습니다."

그러자 유자劉子와 선자單子가 말하였다.

"옛날 주나라가 상商을 이기고 제후들로 하여금 저마다 봉지를 소유하도록 하였습니다. 소분생蘇忿生은 온溫 땅을 가졌으며 사구司寇로써 단백달檀伯達과 같이 하내河內 지방을 봉지로 받았습니다. 그런데 소씨가 적狄에게 가까이 하였다가 다시 적과 사이가 좋지 않게 되자 위衛나라로 달아났습니다. 그 뒤 양왕襄王께서는 진晉 문공文公의 공로를 위로하여, 문공에게 온溫 땅을 하사하셨습니다. 그리하여 호씨狐氏과 양씨陽氏가 온 땅에 먼저 살게 되었다가 그 뒤 그대 소유가 된 것입니다. 만약 그 연고로써 처리한다면 천자에게 관직을 받았던 사람의 읍이 되어야 할 것입니다. 그런데 어찌 그대가 차지하겠다는 것입니까?"

진晉 여공厲公은 극지에게 더 이상 감히 다투지 말도록 하였다.

【郤至】晉나라 대부. 郤豹의 玄孫. 郤克(郤獻子)은 郤豹의 曾孫이었음. 따라서 郤至는 郤克의 族姪. 이들 집안은 당시 晉나라 실력자였음. 封地가 溫邑이어서 '溫季'로도 부름.

【郟】溫 고을에 속하는 지명. 지금의 河南 武陟縣 서남쪽. 溫 땅은 魯 僖公 25년에 周 襄王이 晉 文公에게 주었음.

【王】당시 周나라 천자는 簡王(姬夷) 재위 6년째였음.

【劉康公】周 王室의 卿士. 王季子로도 부름. 劉國의 後孫으로 조정에 들어가 벼슬한 관리. 왕실의 卿士는 제후들과 동급으로 五爵의 작위를 주었음.

【單襄公】역시 周 王室의 卿士.

【晉】당시 晉나라 군주는 厲公 州蒲(州滿)로 즉위 원년이었으며 晉나라를 패자로 여겨 그에게 판결을 부탁한 것임.

【周克商】周 武王이 商(殷)의 末王 紂를 쳐서 천하를 차지한 일.

【蘇忿生】周 武王 때 司法大臣.

【撫封】봉지를 소유함.《禮記》文王世子 鄭玄 주에 "撫, 猶有也"라 함.

【司寇】지금의 사법장관. 刑獄을 담당하던 최고 관직.

【檀伯達】檀 땅에 봉해진 伯爵의 이름이 達이었던 武王 때의 대신. 檀은 지금의 河南 濟源縣.

【奔衛】蘇忿生이 衛나라로 도망한 것은 僖公 25년 傳을 볼 것.

【襄王】周 襄王. 이름은 姬鄭. B.C.651~619년까지 33년간 재위하였으며 당시 晉 文公(重耳)이 패자가 되자 온 땅을 그에게 하사함.

【文公】晉 文公 重耳. 春秋五霸의 하나. B.C.636~628년까지 9년간 재위함.

【狐氏】狐湊. 溫의 대부가 됨. 僖公 25년 참조.

【陽氏】陽處父. 溫을 采邑으로 가졌음. 文公 6년 傳을 볼 것.

⑰

宋華元善於令尹子重, 又善於欒武子.
聞楚人旣許晉糴茷成, 而使歸復命矣.
冬, 華元如楚, 遂如晉, 合晉·楚之成.

송宋나라 화원華元은 초楚나라 영윤令尹 자중子重과 사이가 좋았고, 또 진晉나라 난무자欒武子와도 사이가 좋았다.

그는 초나라가 이미 진나라 적패羅筏에게 두 나라가 화친할 것을 허락하였으며, 적패가 귀국하여 군주에게 보고하였다는 소식을 듣게 되었다.

겨울, 화원은 초나라에 갔다가 곧이어 다시 진나라로 가서 진나라와 초나라 사이의 화친을 성사시켰다.

【華元】宋나라 대부 華御事의 아들.
【子重】嬰齊. 楚나라 공자이며 令尹. 楚 穆王의 아들이며 莊王의 아우. 일찍이 將軍, 左尹, 令尹 등을 지냄. 宣公 11년 전을 볼 것.
【欒武子】欒書. 晉나라 대부. 欒盾의 아들. 欒伯으로도 부름. 欒黶의 아버지.
【羅筏】晉나라 대부. 晉나라와 楚나라 사이의 협상을 위해 다녔던 인물.

㊀

秦·晉爲成, 將會于令狐.

晉侯先至焉.

秦伯不肯涉河, 次于王城, 使史顆盟晉侯于河東.

晉郤犫盟秦伯于河西.

范文子曰:「是盟也何益? 齊盟, 所以質信也. 會所, 信之始也. 始之不從, 其可質乎?」

秦伯歸而背晉成.

진秦나라와 진晉나라가 화친을 맺게 되어 영호令狐에서 만나기로 하였다.

진晉 여공厲公은 먼저 그곳에 도착하였다.

그런데 진秦 환공桓公은 하수河水를 건너려 하지도 않고 왕성王城에 머무르면서 대부 사과史顆를 대신 보내어 여공과 하동河東(令狐)에서 동맹을 맺도록 하였다.

진晉나라 극주郤犫는 진秦 환공과 하서河西(王城)에서 맹약을 맺었다.

그러자 범문자范文子가 이렇게 말하였다.

"이번 맹약이 무슨 이익이 된다는 것인가? 맹약이란 성실히 임하는 것이 믿음이 바탕이다. 그리고 정해진 장소에서 직접 만나는 것이 믿음의 시발점이다. 그런데 시발점을 지키지 않았으니 그것이 바탕이 될 수 있겠는가?"

진秦 환공은 돌아가자 진晉나라와의 맹약을 배신하고 말았다.

【郤犨】晉나라 대부 苦成叔. 郤克과 함께 克豹의 曾孫.《公羊傳》에는 '郤州'로 되어 있음.

【令狐】晉나라 지명. 山西 猗氏縣 서쪽. 黃河의 동쪽에 있어 秦 桓公이 물을 건너 와야 함. 僖公 24년을 볼 것.

【次】군사가 주둔함을 뜻함. 莊公 3년 傳에 "凡師, 一宿爲舍, 再宿爲信, 過信爲次"라 함. 여기서는 '머물다'의 뜻.

【王城】秦나라 지명. 지금의 陝西 朝邑縣 동쪽. 僖公 15년 전을 볼 것.

【史顆】秦나라 대부.

【河東】黃河의 동쪽. 令狐를 가리킴.

【河西】王城을 가리킴. 각기 대부들이 상대 국가의 임금이 있는 곳을 찾아가 맹약을 맺은 것임.

【范文子】土燮. 晉나라 대부. 文子. 范武子(士會)의 아들. 그 후손이 뒷날 晉六卿의 하나인 范氏로 발전함.

【齊盟】'齊'는 '齋'와 같음. 맹약의 의식을 치르기 전 齋戒하고 성실히 임함을 말함. 이를 '齋盟'이라 함. 그러나 '齊'를 '동등하다'의 뜻으로 보기도 함.

【質】본바탕. 가장 중요한 본질.

【其可質乎】〈阮刻本〉에는 '可'자가 '何'자로 되어 있음.

❀ 1010(成 11 - 5)

冬十月.

겨울 10월.

144. 成公 12年(B.C.579) 壬午

周	簡王(姬夷) 7년	齊	靈公(環) 3년	晉	厲公(州蒲) 2년	衛	定公(臧) 10년
蔡	景公(固) 13년	鄭	成公(睔) 6년	曹	宣公(廬) 16년	陳	成公(午) 20년
杞	桓公(姑容) 58년	宋	共公(固) 10년	秦	桓公(榮) 26년	楚	共王(審) 12년
吳	壽夢 7년	許	靈公(甯) 13년				

✸ 1011(成12-1)

十有二年春, 周公出奔晉.

12년 봄, 주공周公이 진晉나라로 달아났다.

【周公】周公楚. 周 王室의 卿士. 그가 晉나라로 달아난 것은 11년을 볼 것. 지난해 일이었으나 이때 魯나라에 알려와 기록이 된 것임.

(傳)

十二年春, 王使以周公之難來告, 書曰「周公出奔晉」.
凡自周無出, 周公自出故也.

12년 봄, 천자께서 사신을 보내어 주공周公의 난을 알려왔는데 그 글에 '주공이 진나라로 달아났다'고 되어 있었다.

무릇 주周나라에서 다른 나라로 나간다는 말을 쓸 수는 없지만, 주공이 스스로 달아나 다른 곳으로 나갔기 때문에 그렇게 말한 것이다.

【自周無出】周나라는 종주국으로 천하를 자신의 영토로 보아 '出奔'이라는 말은 사용하지 않지만 周公楚가 스스로 다른 나라로 갔기 때문에 이러한 용어를 사용한 것이라는 뜻. 杜預 注에 "天子無外, 故奔者不言'出'. 周公爲王所復, 而自絶於周, 故書出以非之"라 함.

❋ 1012(成12-2)

夏, 公會晉侯·衛侯于瑣澤.

여름, 성공이 진후晉侯, 위후衛侯와 함께 쇄택瑣澤에서 만났다.

【晉侯】晉 厲公(州蒲) 재위 2년째.
【衛侯】衛 定公(臧) 재위 10년째.
【瑣澤】《公羊傳》에는 '沙澤'으로 되어 있음. 지금의 河北 大名縣 북쪽.

㊀

宋華元克合晉·楚之成.
夏五月, 晉士燮會楚公子罷·許偃.
癸亥, 盟于宋西門之外, 曰:「凡晉·楚無相加戎, 好惡同之, 同恤菑危, 備救凶患. 若有害楚, 則晉伐之; 在晉, 楚亦如之. 交贄往來, 道路無壅; 謀其不協, 而討不庭. 有渝盟, 明神殛之, 俾隊其師, 無克胙國.」
鄭伯如晉聽成, 會于瑣澤, 成故也.

송宋나라 화원華元이 진晉나라와 초楚나라의 화친을 성사시켰다.

여름 5월, 진나라 사섭士燮이 초나라 공자 피罷와 허언許偃을 만났다.

계해날, 송나라의 서문西門 밖에서 맹약을 맺으면서 이렇게 하였다.

"무릇 진나라와 초나라는 서로 전쟁을 하지 않으며, 호오好惡를 함께 하며, 재앙과 위험을 서로 구휼하며, 흉한 일은 대비하고 구원해 준다. 만약 초나라를 치는 자가 있으면 진나라가 그를 정벌하고, 진나라에 그러한 일이 있으면 초나라 역시 그렇게 한다. 서로 예물을 주고받으며 왕래하고, 서로 오가는 길을 막지 않는다. 우리 두 나라에 협조하지 않는 나라에 대해서는 함께 상의하고, 찾아오지 않는 나라는 함께 토벌한다. 이 맹약을 어기면 사리에 명석하신 신령께서 죽여 없앨 것이며 그 군사를 잃게 하여 나라가 제대로 이어지지 않게 하리라."

정 성공이 진晉나라에 갔다가 진나라와 초나라가 화친을 맺었다는 것을 듣고 쇄택瑣澤에서 제후들과 모인 것은 진·초 두 나라가 화친을 맺은 일 때문이었다.

【華元】 宋나라 대부 華御事의 아들.

【士燮】 晉나라 대부. 文子. 范文子. 范武子(士會)의 아들. 그 후손이 뒷날 晉六卿의 하나인 范氏로 발전함.

【公子罷】 楚나라 왕자. '罷'는 '피'로 읽음. 注에 '罷音皮'라 함.

【許偃】 楚나라 대부.

【癸亥】 5월 4일.

【西門】 宋나라 도성의 서쪽 문.

【加戎】 '군사 행동을 하다. 전쟁을 하다'의 뜻.

【菑危】 '菑'는 '災'와 같음. 재앙과 위험.

【不庭】 섬기지 않고 따르지 않음. 맹약을 배반함.

【渝盟】 '渝'는 '달라지다. 틀어지다. 넘쳐 못쓰게 되다'의 뜻.

【俾隊其師】 '隊'는 '墜'와 같음. 그 군사를 엎어 쓰러뜨림.

【胙國】 '胙'는 제사를 지내고 난 고기. 여기서는 나라가 존속될 수 없음을 말함. 이상의 誓文은 僖公 28년을 볼 것.

【鄭伯】 당시 鄭나라 군주는 成公(睔). 재위 6년째였음.

◉ 1013(成12-3)

秋, 晉人敗狄于交剛.

가을, 진晉나라가 교강交剛에서 적인狄人을 깨뜨렸다.

【交剛】 지금의 山西 隰縣.

㊝

狄人間宋之盟以侵晉, 而不設備.
秋, 晉人敗狄于交剛.

적인狄人이 송宋나라에서 진晉, 초楚 두 나라의 맹약이 이루어지는 틈을 타 진나라를 쳐들어가면서도 자신들은 아무런 방비를 하지 않고 있었다.
가을, 진나라가 적을 교강交剛에서 깨뜨렸다.

【狄人】 赤狄은 이미 晉나라에게 모두 멸망하여 여기서의 狄은 白狄을 가리킴.
【宋之盟】 晉, 楚가 宋나라 西門에서 맺은 맹약. 앞 장을 참조할 것.

◉ 1014(成12-4)

冬十月.

겨울 10월.

㊝

晉郤至如楚聘, 且涖盟.

楚子享之, 子反相, 爲地室而縣焉.

郤至將登, 金奏作於下, 驚而走出.

子反曰:「日云莫矣, 寡君須矣, 吾子其入也!」

賓曰:「君不忘先君之好, 施及下臣, 貺之以大禮, 重之以備樂. 如天之福, 兩君相見, 何以代此? 下臣不敢.」

子反曰:「如天之福, 兩君相見, 無亦唯是一矢以相加遺? 焉用樂? 寡君須矣, 吾子其入也!」

賓曰:「若讓之以一矢, 禍之大者, 其何福之爲? 世之治也, 諸侯間於天子之事, 則相朝也, 於是乎有享·宴之禮. 享以訓共儉, 宴以示慈惠. 共儉以行禮, 而慈惠以布政. 政以禮成, 民是以息. 百官承事, 朝而不夕, 此公侯之所以扞城其民也. 故《詩》曰:『赳赳武夫, 公侯干城.』及其亂也, 諸侯貪冒, 侵欲不忌, 爭尋常以盡其民, 略其武夫, 以爲己腹心, 股肱·爪牙. 故《詩》曰:『赳赳武夫, 公侯腹心.』天下有道, 則公侯能爲民干城, 而制其腹心. 亂則反之. 今吾子之言, 亂之道也, 不可以爲法. 然吾子, 主也, 至敢不從?」

遂入, 卒事.

歸以語范文子.

文子曰:「無禮, 必食言, 吾死無日矣夫!」

冬, 楚公子罷如晉聘, 且涖盟.

十二月, 晉侯與楚公子罷盟于赤棘.

진晉나라 극지郤至가 초楚나라를 예방하고 아울러 맹약에 참여하였다.

초 공왕共王이 극지에게 잔치를 베풀 때 자반子反이 그 일을 맡아 지하실을 마련하고 악기들을 걸어놓았다.

극지가 연회 자리에 오르려 할 때 발아래에서 악기 소리가 울리자 그는 깜짝 놀라 밖으로 뛰쳐나갔다.

그러자 자반이 말하였다.

"날은 저물었고 우리 임금께서 기다리고 계시니 들어가십시다!"

극지가 대답하였다.

"임금께서 선군의 우호관계를 잊지 않으시고 이렇게 미천한 신하에게
까지도 은혜를 베풀어 크게 예우하시며 음악까지 갖추셨습니다. 만약
하늘이 복을 내려 두 나라 임금들이 만나게 되면 그때는 이보다 어떤
대우를 하시려 그러십니까? 낮은 신하인 저는 감히 받을 수 없습니다."

자반이 말하였다.

"만약 하늘의 복을 받아 두 군주가 만나게 된다면 그것은 전쟁터에서나
만나시게 될 테니 그때엔 역시 단지 화살 하나를 쏘아 서로 주고받고 할
것이 아니겠습니까? 그런데 어찌 음악을 연주하겠습니까? 우리 임금께서
기다리시니 들어가십시다!"

극지가 말하였다.

"만약 서로 상대를 꾸짖어 화살 하나만 써도 그것은 큰 화가 되는 일
입니다. 어찌 복이 있을 수 있겠습니까? 세상이 잘 다스려질 때 제후들은
천자께서 명하신 일에 힘쓰다가 틈이 나면 서로 찾아가는 것입니다. 그때
향享과 연宴의 예禮가 있는 것입니다. 향은 공경과 검소함을 가르치는 것
이요, 연은 자상함과 은혜를 보여주는 것입니다. 공경과 검소로써 예를
실행하고, 자상함과 은혜로써는 정치를 베푸는 것입니다. 이처럼 정치는
예로써 달성되어야 백성들이 이로써 안식을 누릴 수 있으며, 백관들은
책무를 받아 아침에 관청에 나가 일을 하고 저녁에는 쉴 수 있는 것입니다.
이것이야말로 제후가 백성을 위하여 방패가 되고 성城이 되는 길입니다.
그 때문에 《시》에 '용감한 저 무사여, 제후의 방패요 성이로다'라 하였던
것입니다. 한편, 세상이 어지러워지면 제후들은 탐욕으로 침략의 욕망에
거리낌이 없이 아주 작은 땅을 두고 다투어 백성들을 죽이고, 용맹한
무사들을 손아귀에 넣어 자신의 복심腹心, 고굉股肱, 조아爪牙처럼 여기는
것입니다. 그러므로 《시》에 '저 용맹한 무사여, 제후의 복심처럼 되는구나'
라 하였던 것입니다. 천하에 도가 실행되고 있으면 제후들은 백성을 지키는
방패와 성이 될 수 있어 그 복심을 억누릅니다. 그러나 세상이 어지러워
지면 그 반대가 됩니다. 지금 그대의 말씀은 난세의 도이니 법으로 여길
수 없습니다. 그러나 그대는 손님을 대접하는 주인이시니 이 극지가 감히
그대의 말씀을 따르지 않을 있겠습니까?"

극지는 이렇게 말하고는 곧 자리로 들어가 연회를 마쳤다.

그는 진나라로 돌아가 이를 범문자范文子에게 들려주었다.

그러자 범문자가 이렇게 말하였다.

"그 무례한 자는 틀림없이 식언食言을 할 것이다. 내가 죽을 날도 얼마 남지 않았구나!"

겨울, 초나라 공자 피罷가 진나라를 예방하고 맹약을 맺는 일에 참여하였다.

12월, 진晉 여공厲公과 초나라 공자 피罷가 적극赤棘에서 맹약을 맺었다.

【郤至】晉나라 대부. 郤豹의 玄孫. 郤克(郤獻子)은 郤豹의 曾孫이었음. 따라서 郤至는 郤克의 族姪. 이들 집안은 당시 晉나라 실력자였음. 封地가 溫邑이어서 '溫季'로도 부름.

【金奏】쇠로 만든 악기로 음악을 연주함.

【共儉】恭儉과 같음. 공손하고 검소함.

【扞城】방패와 성. 干城과 같음.

【詩】둘 모두 《詩經》 周南의 兎罝篇에 "肅肅兎罝, 椓之丁丁. 赳赳武夫, 公侯干城. 肅肅兎罝, 施于中逵. 赳赳武夫, 公侯好仇. 肅肅兎罝, 施于中林. 赳赳武夫, 公侯腹心"이라 함.

【尋常】극히 작은 땅.

【制其腹心】욕망을 억제함.

【食言】하였던 말을 지키지 않음.

【范文子】士燮. 晉나라 대부. 文子. 范武子(士會)의 아들. 그 후손이 뒷날 晉六卿의 하나인 范氏로 발전함.

【赤棘】晉나라 지명. 《群經釋地》에 "在山西翼城縣南有紫谷水注澮卽赤棘"이라 함. 成公 元年을 볼 것.

145. 成公 13年(B.C.578) 癸未

周	簡王(姬夷) 8년	齊	靈公(環) 4년	晉	厲公(州蒲) 3년	衛	定公(臧) 11년
蔡	景公(固) 14년	鄭	成公(睔) 7년	曹	宣公(廬) 17년	陳	成公(午) 21년
杞	桓公(姑容) 59년	宋	共公(固) 11년	秦	桓公(榮) 27년	楚	共王(審) 13년
吳	壽夢 8년	許	靈公(甯) 14년				

✺ 1015(成 13-1)

十有三年春, 晉侯使郤錡來乞師.

13년 봄, 진후晉侯가 극기郤錡를 보내 군사를 내어 달라고 요청하도록
하였다.

【晉侯】 당시 晉나라 군주는 厲公(州蒲) 재위 3년째였음.
【郤錡】 晉나라 대부. 駒伯. 郤氏 집안 일족. 17년을 볼 것.

⟨傳⟩

十三年春, 晉侯使郤錡來乞師, 將事不敬.
孟獻子曰:「郤子其亡乎! 禮, 身之幹也; 敬, 身之基也. 郤子無基.
且先君之嗣卿也, 受命以求師, 將社稷是衛, 而惰, 弃君命也, 不亡,
何爲?」

13년 봄, 진晉 여공厲公이 극기郤錡를 노나라로 보내 병력을 출동시켜 달라고 요청하도록 하였는데 극기가 태도가 공경스럽지 못하였다.

맹헌자孟獻子가 말하였다.

"극씨는 곧 망하게 될 것이다! 예의는 몸을 지키는 근간이며, 공경은 몸을 지키는 기본이다. 그런데 극씨에게는 그 기본이 없다. 게다가 선군 때의 경卿이었던 아버지의 뒤를 잇고 있는 자로서 임금의 명을 받고 출병을 요청하여 장차 사직을 지키는 일을 하여야 함에도 하는 일이 저토록 게으르니 이는 임금의 명령을 저버린 것이다. 그런데 망하지 않고 어찌하랴?"

【孟獻子】仲孫蔑. 孟孫. 魯나라 대부. 孟孫氏 집안. 원래 桓公의 아들 慶父에게서 비롯된 성씨이며 公孫敖(穆伯) 가문. 공손오의 아들 文伯(穀), 惠叔(難), 문백의 아들 孟獻子(仲孫蔑) 등으로 노나라 혈친이며 세도가 집안.
【幹·基】孔穎達 疏에 "幹以樹木爲喩, 基以牆屋爲喩"라 함. 본 장 끝 杜預 注에 "爲十七年晉殺郤錡傳"이라 함.

※ 1016(成13-2)

三月, 公如京師.

3월, 성공이 경사京師에 갔다.

【京師】周나라 천자가 있는 도성. 지금의 洛陽. 杜預 注에 "伐秦, 道過京師, 因朝王"이라 함.

⑬
三月, 公如京師.
宣伯欲賜, 請先使.

王以行人之禮禮焉.

孟獻子從.

王以爲介而重賄之.

公及諸侯朝王, 遂從劉康公·成肅公會晉侯伐秦.

成子受脤于社, 不敬.

劉子曰:「吾聞之: 民受天地之中以生, 所謂命也. 是以有動作·禮義·威儀之則, 以定命也. 能者養以之福, 不能者敗以取禍. 是故君子勤禮, 小人盡力. 勤禮莫如致敬, 盡力莫如敦篤. 敬在養神, 篤在守業. 國之大事, 在祀與戎. 祀有執膰, 戎有受脤, 神之大節也. 今成子惰, 弃其命矣, 其不反乎!」

3월, 성공이 경사京師에 갔다.

선백宣伯은 천자의 하사품을 받을 욕심으로 공에게 청하여 자신이 먼저 사신으로 주나라에 갔다.

천자는 그를 행인行人의 예로써 예우해 주었다.

맹헌자孟獻子가 성공을 따라 주나라에 갔다.

천자는 맹헌자를 성공의 보좌로 인정하여 많은 상을 내렸다.

성공은 다른 제후들과 천자를 뵙고 곧이어 유강공劉康公과 성숙공成肅公을 따라 진晉 여공厲公과 만나 진秦나라를 쳤다.

이에 출정하면서 성숙공이 사직에서 제사에 쓴 고기를 받으면서 공손하지 못한 태도를 보였다.

그러자 유강공이 말하였다.

"내 듣기로 사람이란 하늘과 땅 사이의 중간 성품을 받고 태어난다 하였소. 이것이 소위 말하는 본성이오. 이 까닭으로 동작과 예의, 위의의 법칙은 정해져 있는 것이오. 이 법도에 능한 자는 본성을 잘 길러 복을 받게 되는 것이요, 능하지 못한 자는 이를 그르쳐 재앙을 초래하게 되는 것이라오. 따라서 군자는 예를 실천하기에 힘쓰고, 소인은 자신의 힘을 아낌없이 쓰는 것이오. 예를 실천하는 방법으로 공경을 다하는 것 만한 것이 없고, 힘을 아낌없이 쓰는 것에는 돈독히 하는 것 만한 것이 없소.

공경은 신神을 위하는 데에 있고, 돈독함은 자신의 업무를 지키는 데에 있소. 나라의 큰일이란 제사와 전쟁에 있소. 평소 제사에는 번膰을 받고, 출정할 때에는 신脤을 받는 것이니 이는 신령을 위한 큰 절차요. 그런데 지금 성숙공은 그 예를 게을리 하였으니 이는 자신의 본성을 버린 것이오. 그는 살아서 돌아오지 못할 것이오!"

【宣伯】叔孫僑如. 魯나라 대부. 宣伯으로도 부름. 叔孫得臣의 아들. 아버지가 狄의 군주 僑如를 잡아 처단한 기념으로 아들 이름을 '僑如'로 지어 叔孫僑如가 됨. 文公 11년의 傳文을 볼 것.

【孟獻子】仲孫蔑. 孟孫. 魯나라 대부. 孟孫氏 집안. 원래 桓公의 아들 慶父에게서 비롯된 성씨이며 公孫敖(穆伯) 가문. 공손오의 아들 文伯(穀), 惠叔(難), 문백의 아들 孟獻子(仲孫蔑) 등으로 노나라 혈친이며 세도가 집안.

【介】보좌관. 보필.

【劉康公】周나라 왕실의 卿士. 王季子로도 부름.

【成肅公】역시 주 왕실의 卿士. 성숙공은 결국 여름 5월 瑕에서 죽음. 앞 장의 전을 볼 것.

【脤】군사가 출정할 때에 제사를 올리고 그 고기를 받음.

【命】하늘이 준 본성.

【養神】귀신을 공양함. 귀신에게 제사를 올려 경건히 복을 구함.

【膰】일상적으로 제사에 올리는 고기.

【戎】출군을 고하는 제사.

✱ 1017(成 13-3)

夏五月, 公自京師, 遂會晉侯·齊侯·宋公·衛侯·鄭伯·曹伯· 邾人·滕人伐秦.

여름 5월, 성공은 경사京師에서 드디어 진후晉侯, 제후齊侯, 송공宋公, 위후衛侯, 정백鄭伯, 조백曹伯, 주인邾人, 등인滕人과 함께 진秦나라를 쳤다.

【滕】周 文王의 아들 叔繡가 받았던 封國. 侯爵이었으며 지금의 山東 滕縣 일대.
戰國시대 齊나라에게 망함.

※ 1018(成13-4)

曹伯盧卒于師.

조백曹伯 노盧가 군사들 속에서 죽었다.

【盧】曹 宣公. 文公(壽)의 뒤를 이어 B.C.594~578년까지 17년간 재위하고 이때에
죽음. 成公(負芻)이 그 뒤를 이음.《公羊傳》과《穀梁傳》에는 모두 이름을 ‘盧’라
하였으며《史記》管蔡世家에는 ‘彊’이라 하여 각기 다름.

傳

夏四月戊午, 晉侯使呂相絶秦, 曰:「昔逮我獻公及穆公相好, 戮力
同心, 申之以盟誓, 重之以婚姻. 天禍晉國, 文公如齊, 惠公如秦. 無祿,
獻公卽世. 穆公不忘舊德, 俾我惠公用能奉祀于晉. 又不能成大勳,
而爲韓之師. 亦悔于厥心, 用集我文公, 是穆之成也. 文公躬擐甲冑,
跋履山川, 踰越險阻, 征東之諸侯, 虞·夏·商·周之胤而朝諸秦, 則亦
旣報舊德矣. 鄭人怒君之疆場, 我文公帥諸侯及秦圍鄭. 秦大夫不詢
于我寡君, 擅及鄭盟. 諸侯疾之, 將致命于秦. 文公恐懼, 綏靜諸侯,
秦師克還無害, 則是我有大造于西也. 無祿, 文公卽世, 穆爲不弔,
蔑死我君, 寡我襄公, 迭我殽地, 奸絶我好, 伐我保城, 殄滅我費滑,
散離我兄弟, 撓亂我同盟, 傾覆我國家. 我襄公未忘君之舊勳, 而懼
社稷之隕, 是以有殽之師. 猶願赦罪於穆公. 穆公弗聽, 而卽楚謀我.
天誘其衷, 成王隕命, 穆公是以不克逞志于我. 穆·襄卽世, 康·靈
卽位. 康公, 我之自出, 又欲闕翦我公室, 傾覆我社稷, 帥我蠹賊, 以來

蕩搖我邊疆, 我是以有令狐之役. 康猶不悛, 入我河曲, 伐我涷川, 俘我王官, 翦我羈馬, 我是以有河曲之戰. 東道之不通, 則是康公絶我好也. 及君之嗣也, 我君景公引領西望曰: 『庶撫我乎!』 君亦不惠稱盟, 利吾有狄難, 入我河縣, 焚我箕·郜, 芟夷我農功, 虔劉我邊垂, 我是以有輔氏之聚. 君亦悔禍之延, 而欲徼福于先君獻·穆, 使伯車來命我景公曰: 『吾與女同好弃惡, 復脩舊德, 以追念前勳.』 言誓未就, 景公卽世, 我寡君是以有令狐之會. 君又不祥, 背弃盟誓. 白狄及君同州, 君之仇讎, 而我婚姻也. 君來賜命曰: 『吾與女伐狄.』 寡君不敢顧昏姻, 畏君之威, 而受命于吏. 君有二心於狄, 曰: 『晉將伐女.』 狄應且憎, 是用告我. 楚人惡君之二三其德也, 亦來告我曰: 『秦背令狐之盟, 而來求盟于我, ‘昭告昊天上帝·秦三公·楚三王曰: 余雖與晉出入, 余唯利是視.’ 不穀惡其無成德, 是用宣之, 以懲不壹.』 諸侯備聞此言, 斯是用痛心疾首, 暱就寡人. 寡人帥以聽命, 唯好是求. 君若惠顧諸侯, 矜哀寡人, 而賜之盟, 則寡人之願也, 其承寧諸侯以退, 豈敢徼亂? 君若不施大惠, 寡人不佞, 其不能以諸侯退矣. 敢盡布之執事, 俾執事實圖利之.」

秦桓公旣與晉厲公爲令狐之盟, 而又召狄與楚, 欲道以伐晉, 諸侯是以睦於晉.

晉欒書將中軍, 荀庚佐之; 士燮將上軍, 郤錡佐之; 韓厥將下軍, 荀罃佐之; 趙旃將新軍, 郤至佐之; 郤毅御戎, 欒鍼爲右.

孟獻子曰:「晉帥乘和, 師必有大功.」

五月丁亥, 晉師以諸侯之師及秦師戰于麻隧.

秦師敗績, 獲秦成差及不更女父.

曹宣公卒于師.

師遂濟涇, 及侯麗而還.

迓晉侯于新楚.

여름 4월 무오날, 진晉 여공厲公은 대부 여상呂相을 진秦나라에 보내어 절교할 것을 통고하며 이렇게 말을 전하도록 하였다.

"옛날 우리 헌공獻公과 귀국 목공穆公 시절에는 서로 사이가 좋아 온 힘을 다하여 한마음이 되었고, 동맹을 맺고 혼인을 하였습니다. 그런데 하늘이 우리 진晉나라에 화를 내리시어 우리 문공文公께서는 제齊나라로 피해 가시고, 혜공惠公께서는 진秦나라로 몸을 피하셨으며, 불행히도 우리 헌공獻公께서 세상을 뜨셨습니다. 그때 귀국의 목공께서는 지난날의 좋은 관계를 잊지 않으시고, 혜공을 우리나라로 들여보내시어 우리 진나라의 제사를 받들 수 있도록 군주로 세워 주셨습니다. 그러나 그 일이 좋은 결과를 낳지는 못하고 한韓에서의 전투가 있게 되었습니다. 그 뒤 귀국의 목공께서는 역시 이를 후회를 하시고 우리 문공을 도와 진晉나라로 들여 보내 주셨으니 이는 목공의 훌륭한 성과였습니다. 그리하여 우리 문공께서는 몸소 무장을 하시고 많은 산천을 넘고 건너며 험한 곳을 넘어 귀국의 동방에 있는 제후들을 정벌하시어, 우순虞舜, 하우夏禹, 상商, 주周 나라의 후손들이 모두 귀국 진秦나라를 찾아뵙도록 하였으니 이는 역시 지난날의 은덕을 이미 갚은 셈입니다. 그 뒤 정鄭나라가 귀국의 강역을 침공하였을 때 우리 문공께서는 제후들과 귀국을 거느리고 함께 정나라를 포위하셨습니다. 그때 귀국의 대부는 우리의 임금에게 아무런 상의도 없이 제멋대로 정나라와 화친을 맺었던 것입니다. 제후들이 노하여 장차 목숨을 바쳐 귀국을 치려하였지만 문공께서는 그 사태를 두려워하셔서 제후들을 타일러 안정시켜 주었습니다. 그리하여 귀국의 군사는 무사히 돌아가 아무 해가 없었으니 그것은 곧 우리가 서방의 귀국에 대하여 크게 공헌한 일 이었습니다. 불행히도 우리 문공께서 세상을 뜨셨을 때 귀국의 목공께서는 조문도 하지 않으면서 돌아가신 우리 임금을 모멸하셨을 뿐만 아니라 우리 양공襄公께서 아직 어리다고 업신여겨 우리 효殽 땅을 마구 쳐들어와서는 귀국에 대한 우리의 호의를 크게 짓밟고 우리의 작은 읍성을 치고, 우리의 우방 활滑나라 비費 땅을 진멸시켰으며 우리의 형제국 사람들을 이산시키고 우리와 동맹국이었던 나라들을 뒤흔들고 우리 국가를 엎어버렸습니다. 우리 양공께서는 지난날 귀국의 군주가 베푼 은혜를 잊지 않고는 있었지만 사직이 망하는 것을 두려워하여 이 까닭으로 어쩔 수 없이 효 땅에서 맞서 싸웠던 것입니다. 그럼에도 도리어 우리 양공께서는 귀국 목공에게 죄를 용서해 달라고 청하였으나 목공께서는 들어주시지 않은 채 오히려 초나라와 한패가 되어 우리나라를 치겠노라 계략을 꾸몄습니다. 마침 하늘이 우리의 진심을 헤아려 초 성왕成王이 세상을 뜨게 되어 귀국의 목공은 그 때문에 우리를 마음먹은 대로 하지 못하였던 것입니다. 귀국의 목공과 우리 양공이 세상을 떠나시고 귀국의 강공康公과 우리의 영공靈公이 즉위하셨습니다. 귀국의 강공은 바로 우리에게서 시집가신 분이 낳으셨건만 또다시 우리 공실을 비워버리고 우리 사직을 뒤엎겠노라 하셨습니다. 그리하여 우리나라 에서 도망간 못된 모적蟊賊의 무리들을 이끌고 쳐들어와 우리 변경을 휘저었습니다. 우리는 이 때문에 영호슈狐에서 맞서 싸울 수밖에 없었던 것입니다. 강공은 그럼에도 마음을 고치지 않고 우리의 하곡河曲 땅으로 들어와 우리의 속천涑川을 치고, 왕관王官에서 우리를 포로로 잡았으며 기마羈馬를 침탈하였습니다. 우리는 그 때문에 하곡에서 맞서 싸울 수밖에 없었던 것입니다. 귀국이 동방으로의 길이 막히게 된 것은 바로 강공이 우리와의 우호관계를 끊으셨기 때문입니다. 지금 그대께서 대를 잇게 되자 우리 선군 경공景公께서는 목을 빼고 서쪽 귀국을 바라보며 '부디 우리와 친하게 지냈으면 좋겠구나'라 하셨습니다. 그러나 그대 역시 우리가 원하는 화친을 맺지 않은 채, 우리가 적狄과 싸우는 어려운 틈을 이용하여 우리의 하현河縣으로 쳐들어와서는 기箕·고郜 두 읍을 불 지르고, 우리가 애써 지어 놓은 곡물을 베어가 버렸으며 변방 백성들을 학살하셨습니다. 우리는 이로써 어쩔 수 없이 보씨輔氏에 군사를 모아 그대와 맞서 싸웠던 것입니다. 그러자 그대는 병화兵禍가 길어지는 것을 후회하시고, 지난날 우리 헌공과 귀국 목공 때의 우호관계를 회복시키겠다고 백거白車로 하여금 우리 경공 景公에게 이렇게 말씀을 전하도록 하셨지요. '나와 그대는 서로 사이좋게 지내 이제까지의 미움을 모두 버리고 옛날의 우호관계를 되찾아 선군들 께서 이룩하신 공을 생각하여 잊지 않도록 합시다.' 그러나 그러한 맹세가 맺어지기도 전에 우리 경공께서는 세상을 뜨셨지만 우리 임금께서는 이를 성사시키고자 영호에서 회담을 갖게 되었던 것입니다. 그러나 그대는 상서롭지 못하게도 그 맹약을 저버리셨습니다. 백적白狄은 그대와 같은 지역에 살고 있어 그대에게는 원수이지만 우리와는 혼인관계에 있습니다.

그런데 그대는 '나와 그대는 적狄을 치자'라고 명령을 내리셨습니다. 그래서 우리 임금께서는 감히 혼인관계를 돌아보지 못한 채 그대의 위세가 두려워 그 명령을 귀국 관리로부터 받아들이고 말았습니다. 그러나 그대께서는 적狄에게는 두 마음을 가지고 그들에게 '진晉나라가 장차 너희 나라를 칠 것이다'라고 하셨습니다. 그러자 그들은 겉으로는 그 말을 받아들이면 서도 그대를 미워하고 있어 그 사실을 나에게 일러 주었습니다. 게다가 초楚나라도 그대의 그러한 이중삼중으로 흉책을 부리는 그대를 증오한 나머지 나에게 와서 이렇게 일러줍디다. '진秦나라는 영호에서 맺은 맹약을 배반하고 우리 초나라에 사람을 보내어 자신들과 맹약 맺자고 하면서 이렇게 말하더라는 것입니다. 즉 호천昊天의 상제上帝와 자신들 진秦나라의 전대 세 임금, 그리고 초나라 전대 세 왕의 영전에 내 비록 진晉나라와 오고 가기는 하나, 내 눈에는 이익 되는 것만 보일 뿐입니다 라고 고했노라 하더이다. 못난 나는 진秦나라 임금의 부덕함을 미워하기에 이로서 당신 에게 알려드리오니 그의 두 마음을 징계해 주시기 바랍니다.' 다른 제후 들도 모두 이 말을 듣고는 마음이 아프고 머리가 괴로워 나를 따라 친밀 함을 가지게 된 것입니다. 나는 군사를 이끌고 그대가 하는 명령은 듣고자 하지만 오직 이는 오직 우호 관계 맺기 위한 것입니다. 그대께서 만약 은혜를 베풀어 제후들을 살펴보시고 나를 불쌍히 여겨 화친의 맹약을 맺자고 하신다면 이것이 바로 내가 바라는 바입니다. 그러면 이를 받아 제후들을 안심시키고 물러나도록 할 것입니다. 내 어찌 감히 병란兵亂이 있기를 바라겠습니까? 그러나 그대께서 만약 큰 은혜를 베풀지 않으신다면 나는 어리석다 해도 제후들을 물러나게 할 수는 없습니다. 내 감히 그대의 집사執事에게 이상과 같이 내 마음을 다 털어놓았으니 집사로 하여금 진실한 이로움을 헤아리도록 하십시오."

진秦 환공桓公은 예전에 진 여공과 영호에서 동맹을 맺어 놓고는 다른 한편으로는 적狄과 초나라를 끌어들여 그들을 앞세워 진晉나라를 치고자 하였기 때문에 제후들은 진晉나라와 화목하게 되었던 것이다.

이에 진晉나라는 난서欒書를 중군사장에, 순경荀庚을 그의 보좌로, 사섭 士燮을 상군사장으로, 극기郤錡를 그 보좌로, 한궐韓厥을 하군사장으로, 순앵

荀罃을 그 보좌로, 조전趙旃을 신군사장新軍大將으로, 극지郤至를 그 보좌로, 극의郤毅는 임금의 전차를 몰고, 난겸欒鍼은 그 오른쪽을 담당하도록 편제를 짰다.

노나라 맹헌자孟獻子가 이렇게 말하였다.

"진晉나라 장수들과 전차가 화합하고 있으니 그들 군사는 틀림없이 큰 공을 세울 것이다."

5월 정해날, 진나라 군사는 제후들의 군사를 이끌고 마수麻隧에서 진秦나라 군사와 만서 싸웠다.

그 싸움에서 진군秦軍은 대패하고 진군晉軍은 진秦나라의 대부 성차成差와 불경不更 벼슬의 여보女父를 사로잡았다.

그 와중에 조曹 선공宣公이 군중에서 죽고 만 것이다.

진晉나라 군사는 드디어 경수涇水를 건너 진秦나라 후려侯麗까지 쳐들어 갔다가 회군하였다.

그리하여 신초新楚에서 진晉 여공厲公을 맞이하였다.

【戊午】4월 5일.

【晉侯】晉 厲公. 秦나라에 대하여 원한을 갖고 있었음.

【呂相】廚武子 魏錡(呂錡)의 아들. 魏相으로도 부르며 채읍이 呂였으므로 呂相, 혹 呂宣子라고도 부름. 뒤에 晉나라 卿이 됨.

【絶秦】秦나라와 절교함. 외교관계를 단절함. 이하의 문장은 〈絶秦書〉로 널리 알려져 있으며 呂相이 지은 것으로 보기도 함. 뒤에 秦나라 역시 이를 모방하여 〈詛楚文〉을 지어 세상에 알려짐.

【獻公】晉 獻公(詭諸). 驪姬로 인해 重耳 등이 망명했던 때의 군주. B.C.676~651년까지 26년간 재위함.

【穆公】秦 穆公(任好). 春秋五霸의 하나이며 B.C.659~621년까지 39년간 재위함.

【昏姻】婚姻과 같음. 秦 穆公의 夫人은 晉 獻公의 딸이었음.

【文公如齊】獻公이 驪姬로 인해 내란이 일어나자 文公(重耳)이 僖公 5년(B.C.655) 狄으로 달아났다가 12년을 그곳에서 지낸 다음 齊나라로 가서 齊 桓公의 딸을 아내로 맞이함.

【惠公如秦】惠公(夷吾) 역시 僖公 6년(B.C.654) 梁으로 달아났다가 다시 秦나라로

들어갔으며 僖公 9년(B.C.651) 獻公이 죽자 秦나라가 그를 귀국시켜 왕으로
세워줌.

【無祿】薄福함. 不幸함. 死亡함.

【韓之役】僖公 15년 傳을 볼 것. 이 전투에서 秦나라는 晉 惠公을 잡아갔음.

【集我文公】秦 穆公이 重耳를 호송하여 입국시켜준 일. 僖公 24년 傳을 볼 것.

【報舊德】秦 穆公이 惠公(夷吾)과 文公(重耳)을 호송하여 귀국시켜준 秦나라에
대하여 이미 보답한 셈이라는 뜻.

【疆場】疆域과 같음. '場'은 '域'과 같음.

【圍鄭】重耳가 亡命 시절 鄭나라가 무례하게 굴어 重耳가 文公이 되자 鄭나라를
친 일. 僖公 30년 참조. 그러나 秦나라가 이에 참여한 사실은 없음.

【大造】큰 공로.

【奸絶】斷絶, 遏絶과 같음. 막아 끊어버림.

【蔑死】타인의 죽음을 멸시하여 모르는 척함.

【保城】작은 城邑. '保'는 '堡'와 같음.

【費滑】滑나라는 費를 도읍으로 하여 '費滑'이라 부른 것임. 활나라는 지금의
河南 偃師縣에 위치.

【兄弟】滑과 鄭 두 나라는 晉과 같은 희성. 그 때문에 형제라 말한 것임.

【殽之師】이 사건은 僖公 33년을 볼 것. 이해에 秦과 晉이 殽에서 전투를 벌였음.

【天誘其衷】僖公 28년 傳文을 볼 것.

【成王隕命】楚 聖王이 죽은 것은 文公 원년.

【穆襄卽世, 康靈卽位】文公 6년 秦 穆公과 晉 襄公이 죽고 秦 康公과 晉 靈公이
뒤를 이어 즉위함.

【我之自出】秦 康公은 晉 獻公의 딸 穆姬의 아들로 晉나라의 外甥이었음.

【蟊賊】원래 벼를 갉아먹는 멸구. 여기서는 晉나라에서 죄를 짓고 도망간 公子
雍을 秦나라에서 앞세워 晉나라를 괴롭혔음을 말함. 文公 6년과 7년을 볼 것.

【令狐之役】이 싸움은 文公 7년 傳을 볼 것.

【入我河曲】文公 12년을 볼 것.

【涑川】晉나라 지명. 지금의 山西 永濟縣 동북.《讀史方輿紀要》에 "涑水城在
永濟縣東北二十六里"라 함.

【王官·羈馬】文公 12년을 볼 것.

【河曲之戰】이 싸움은 文公 12년을 볼 것.

【及君之嗣】秦 桓公이 共公을 이어 즉위한 것은 宣公 5년.

【引領西望】 ‘領’은 목(項). 목을 빼고 서쪽 秦나라를 바라보며 桓公이 새로 즉위
　하였으니 이제부터는 관계가 좋아질 것을 희망함.

【狄難】 狄族으로 인한 어려움. 宣公 15년 晉나라가 赤狄의 潞氏를 멸할 때의
　어려움을 말함.

【河縣】 河曲을 말함.

【箕·郱】 箕는 지금의 山西 蒲縣 동북쪽. 郱는 지금의 浮山縣 남쪽이라 하나
　확실치 않음.

【芟夷】 농작물 등을 마구 베어냄.

【虔劉】 마구 죽임. 혹 ‘騷擾를 일으키다’의 뜻도 있음. 杜預 注에 “皆殺也”라 함.

【邊垂】 변방 귀퉁이. ‘垂’는 ‘陲’와 같음.

【輔氏之聚】 輔氏之戰. 晉나라가 秦나라에 대항 하여 輔氏 땅에 군사를 집결시켜
　전투를 벌인 사건. 輔氏는 지명으로 지금의 陝西 朝邑縣 서북쪽. 宣公 15년 참조.

【獻穆】 晉 獻公과 秦 穆公 시절을 가리킴. 비교적 우호관계가 좋았던 시절.

【伯車】 秦 桓公의 아들. 이름은 鍼, ‘后子’로도 부름.

【景公卽世】 晉 景公은 成公 10년에 죽었음.

【令狐之會】 令狐에서 晉과 秦이 화평의 모임을 가진 것은 成公 11년의 일임.

【同州】 秦나라는 白狄과 같은 지역(雍州 일대)에 섞여 살고 있음.

【昏姻】 ‘婚姻’과 같음. 廧咎如 赤狄의 딸 季隗는 문공의 아내가 되어 伯儵과
　叔劉를 낳았고, 叔隗는 趙衰의 아내가 되어 조돈(趙盾)을 낳는 등 이들은
　晉나라와는 인척관계임을 말한 것. 僖公 23년을 참조할 것.

【狄應且憎】 狄族은 秦나라 계략을 듣고 겉으로는 응하는 척 하였으나 秦나라가
　두 마음을 품고 있음을 알고 속으로는 증오하며 不信함.

【秦三公】 秦나라 穆公·康公·共公을 말함.

【楚三王】 楚나라 成王·穆王·莊王을 말함.

【余雖與晉出入】 이는 秦나라가 楚나라에게 자신의 의중을 말한 내용임.

【不穀】 君主가 자신을 자칭하는 칭호. 《老子》 39장에 “故貴以賤爲本, 高以下
　爲基. 是以侯王自謂孤·寡·不穀, 此非以賤爲本邪? 非歟?”라 함. 여기서는 楚
　共王이 晉나라에게 자신을 낮추어 부른 말.

【不佞】 ‘不才’와 같음. 자신을 낮추어 부르던 당시의 習語.

【召狄與楚欲道以伐晉】 杜預 注에 “晉辭多誣秦, 故傳據此三事以正秦罪”라 함.

【欒書】 晉나라 대부. 欒盾의 아들 欒武子. 欒伯으로도 부름.

【荀庚】 荀林父의 아들. ‘中行伯’으로도 부름. 荀首를 이어 中行軍의 보좌를 맡음.

【士燮】晉나라 대부. 文子. 范文子. 范武子(士會)의 아들. 그 후손이 뒷날 晉六卿의 하나인 范氏로 발전함.

【郤錡】郤克의 아들. '駒伯'으로도 부름. 士燮의 보좌가 됨.

【韓厥】晉나라 대부. 韓獻子. 子輿의 아들. 韓萬의 현손. 韓無忌의 아버지. 그 후손이 뒷날 晉六卿의 하나인 韓氏로 발전하였으며 戰國시대 七雄의 하나인 韓나라를 일으킴.

【荀罃】晉나라 대부. 知罃. 荀首(知莊子)의 아들로 宣公 12년(B.C.597) 邲의 싸움에서 사로잡혔음. 시호는 武子. 知武子로도 부름. 그 후손이 春秋末 晉六卿의 하나인 知氏로 발전함.

【趙旃】晉나라 대부. 新下軍副將이 됨.

【郤至】晉나라 대부. 郤豹의 玄孫. 郤克(郤獻子)은 郤豹의 曾孫이었음. 따라서 郤至는 郤克의 族姪. 이들 집안은 당시 晉나라 실력자였음. 封地가 溫邑이어서 '溫季'로도 부름.

【郤毅】郤至의 아우. 步毅로도 불림.

【欒鍼】欒書의 아들. '鍼'은 '겸'으로 읽음.

【孟獻子】仲孫蔑. 魯나라 대부. 孟文伯(穀)의 아들이며 公孫敖의 손자. 魯나라 門閥.

【五月丁亥】5월 4일.

【麻隧】秦나라 지명. 지금의 陝西 涇陽縣 동남쪽.

【成差】秦나라 대부.

【不更】秦나라 벼슬 이름. 四等級의 비교적 높은 지위였다 함.

【女父】秦나라 대부. 당시 不更의 벼슬을 하고 있었음.

【曹宣公】이름은 盧. 《史記》에는 '彊'으로 되어 있음. 文公(壽)의 아들. 본 장의 經文은 "曹伯盧卒于師"라 하여 曹宣公이 전장에서 죽은 것이 주체임.

【敗績】全軍이 대패하였을 때 쓰는 말. 莊公 11년 傳에 "凡師, 敵未陳曰敗某師, 皆陳曰戰, 大崩曰敗績"이라 함.

【涇】물 이름. 甘肅 固原縣 남쪽 牛營에서 발원하여 隆德, 平凉을 거쳐 大關山을 돌아 涇川縣, 長武縣, 邠縣, 淳化, 醴泉을 거쳐 高陵縣에서 渭水로 흘러들어가는 물. 당시 秦나라는 雍(지금의 陝西 鳳翔縣 남쪽)이 도읍이었음.

【侯麗】秦나라 지명. 지금의 陝西 涇陽縣과 醴泉縣 경계.

【迓】'마중하다, 나아가서 맞이하다'의 뜻.

【新楚】秦나라 지명. 陝西 朝邑縣(지금의 大荔縣) 경계.

傳

成肅公卒于瑕.

성숙공成肅公이 진晉나라 하瑕 땅에서 세상을 떠났다.

【成肅公】周나라 卿士. 그가 죽을 것이라는 예언을 한 것은 앞 장의 傳을 볼 것.
【瑕】晉나라 지명. 지금의 山西 臨晉縣 경계.

傳

六月丁卯夜, 鄭公子班自訾求入于大宮, 不能, 殺子印·子羽, 反軍于市.
己巳, 子駟帥國人盟于大宮, 遂從師而盡焚之, 殺子如·子駹·孫叔·孫知.

6월 정묘날 밤, 정鄭나라 공자 반班이 자訾에서 태궁大宮에 들어갈 수 있도록 요청하였으나 허락을 얻지 못하자 자인子印과 자우子羽를 죽이고, 군사를 돌려 시내에 진을 쳤다.
기사날, 정나라 자사子駟가 나라 사람들을 이끌고 태궁에서 맹서하고 드디어 자반의 군사를 상대로 그 진지를 모두 불태우고, 자여子如, 자방子駹, 손숙孫叔, 손지孫知를 죽였다.

【丁卯】6월 15일.
【公子班】鄭나라 공자. 자는 子如. 成公 10년에 許나라로 달아났었음.
【訾】지명. 南鄭. 河南 鞏縣 訾店으로 추정함. 江永은 "以公子班先奔許, 又自訾求入, 則訾地近許, 在鄭之東南, 許昌西北, 別有訾地"라 함.
【大宮】'태궁'으로 읽음. 宣祖들의 위패를 모신 사당. 鄭나라의 도읍에 있었음. 고국에 돌아오고 싶어 이를 요구하였으나 허락을 얻지 못하자 난을 일으킨 것임.

【子印, 子羽】둘 모두 鄭 穆公(蘭)의 아들.
【己巳】6월 17일.
【子駟】역시 鄭 穆公의 아들.
【子如】公子 班의 字.
【子駹】公子 班(子如)의 아우.
【孫叔】公子 班(子如)의 아들.
【孫知】子駹의 아들.

1019(成 13-5)

秋七月, 公至自伐秦.

가을 7월, 공이 진秦나라를 치고 돌아왔다.

【伐秦】麻隧之戰을 가리킴.
＊無傳

1020(成 13-6)

冬, 葬曹宣公.

겨울, 조曹 선공宣公의 장례를 치렀다.

【曹宣公】이름은 盧(彊). 晉나라와 秦나라의 麻隧 전투에 참여하였다가 죽음을
당함. 앞 장을 참조할 것.

㉐

曹人使公子負芻守, 使公子欣時逆曹伯之喪.

秋, 負芻殺其大子而立也, 諸侯乃請討之.

晉人以其役之勞, 請俟他年.

冬, 葬曹宣公.

旣葬, 子臧將亡, 國人皆將從之.

成公乃懼, 告罪, 且請焉.

乃反, 而致其邑.

조曹나라가 공자 부추負芻에게 도읍을 지키도록 하고, 공자 흔시欣時에게는 선공宣公의 시신을 맞이하도록 하였다.

가을, 부추가 태자를 죽이고 자립하여 군주가 되자 제후들이 부추를 칠 것을 요청하였다.

그러나 진晉나라는 진秦과의 싸움 때문에 지친 것을 이유로 다음해로 미루기를 청하였다.

겨울, 조 선공의 장례를 치렀다.

장례가 끝나고 자장子臧이 망명에 나서자 귀족들이 모두 따라 함께 떠나려 하였다.

그러자 성공成公은 두려워하여 자신의 죄를 털어놓고 떠나지 말 것을 청하였다.

자장은 돌아와서 자신의 영유지를 반환하였다.

【負芻】曹 宣公의 서자. 宣公이 전장에서 죽자 자립하여 임금 자리에 올라 成公이 됨. B.C.577~555년까지 23년간 재위하였으며 襄公(滕)이 그 뒤를 이음.

【欣時】역시 曹 宣公의 서자이며 負芻의 아우. 자는 子臧.《公羊傳》과《新序》節士篇에는 이름이 '喜時'로 되어 있음.

【大子】태자. 宣公의 嫡子. 구체적으로 이름은 알 수 없음.

【子臧】欣時(喜時).

【國人】춘추시대 '國人'은 모두 貴族을 뜻하는 말이었음.

【成公】負芻. 새로 자립하여 군주의 지위에 오른 조나라 임금.

【致其邑】자장이 돌아와 자신의 채읍을 成公에게 바쳐 그의 祿을 먹지 않겠다는 뜻을 보인 것. 15년과 16년의 傳을 볼 것. 한편《新序》節士篇에 "曹公子喜時, 字子臧, 曹宣公子也. 宣公與諸侯伐秦, 卒於師, 曹人使子臧迎喪, 使公子負芻, 與太子留守, 負芻殺太子而自立, 子臧見負芻之當主也, 宣公旣葬, 子臧將亡, 國人皆從之. 負芻立, 是爲曹成公, 成公懼, 告罪, 且請子臧, 子臧乃反. 成公遂爲君. 其後, 晉侯會諸侯, 執曹成公, 歸之京師, 將見子臧於周天子而立之. 子臧曰: 「前記有之: 『聖達節, 次守節, 下不失節』爲君非吾節也, 雖不能聖, 敢失守乎?」遂亡奔宋. 曹人數請, 晉侯謂: 「子臧反國, 吾歸爾君.」於是子臧反國, 晉乃言天子歸成公於曹. 子臧遂以國致成公, 成公爲君, 子臧不出, 曹國乃安. 子臧讓千乘之國, 可謂賢矣. 故《春秋》賢而褒其後"라 함.

146. 成公 14年(B.C.577) 甲申

周	簡王(姬夷) 9년	齊	靈公(環) 5년	晉	厲公(州蒲) 4년	衛	定公(臧) 12년
蔡	景公(固) 15년	鄭	成公(睔) 8년	曹	成公(負芻) 원년	陳	成公(午) 22년
杞	桓公(姑容) 60년	宋	共公(固) 12년	秦	桓公(榮) 28년	楚	共王(審) 14년
吳	壽夢 9년	許	靈公(甯) 15년				

❋ 1021(成 14-1)

十有四年春王正月, 莒子朱卒.

14년 봄 주력 정월, 거莒나라 군주 주朱가 죽었다.

【朱】莒나라 渠丘公을 가리킴. 이름은 季佗. 朱는 莒나라 군주의 이름. 子爵. 宣公 8년과 文公 18년의 傳을 볼 것. B.C.608~578년까지 32년간 재위하였으며 아들 '犁比公'(密州)이 그 뒤를 이음.《穀梁傳》王士勣 疏에 "葬須稱諡, 莒夷無諡, 故不書葬也"라 함.
＊無傳

❋ 1022(成 14-2)

夏, 衛孫林父自晉歸于衛.

여름, 위衛나라 손림보孫林父가 진晉나라에서 위衛나라로 돌아왔다.

【孫林父】衛나라 대부. 孫良夫(孫桓子)의 아들이며 시호는 文. 孫文子로도 부름.
成公 7년 晉나라로 달아났다가 이때 돌아온 것.
【歸】杜預 注에 "晉納之, 故曰歸"라 함.

傳

十四年春, 衛侯如晉, 晉侯强見孫林父焉, 定公不可.
夏, 衛侯旣歸, 晉侯使郤犫送孫林父而見之, 衛侯欲辭.
定姜曰:「不可. 是先君宗卿之嗣也, 大國又以爲請. 不許, 將亡.
雖惡之, 不猶愈於亡乎? 君其忍之! 安民而宥宗卿, 不亦可乎?」
衛侯見而復之.
衛侯饗苦成叔, 甯惠子相.
苦成叔傲, 甯子曰:「苦成叔家其亡乎! 古之爲享食也, 以觀威儀·
省禍福也, 故《詩》曰:『兕觥其觩, 旨酒思柔. 彼交匪傲, 萬福來求.』
今夫子傲, 取禍之道也.」

14년 봄, 위衛 정공定公이 진晉나라에 갔을 때 진晉 여공厲公이 그에게
손림보孫林父를 만나도록 강요하였지만 정공은 사절하였다.
여름, 위 정공이 귀국하자 진 여공이 극주郤犫로 하여금 손림보를 보내어
정공을 찾아뵙도록 하였으나 정공은 이조차 거절하려 하였다.
그러자 부인 정강定姜가 말하였다.
"안 됩니다. 이는 선군의 종경宗卿의 아들이며 대국 진나라에서 또 요청한
일입니다. 허락하지 않으시면 장차 나라가 망할 것입니다. 비록 그가 밉다
해도 나라가 망하는 것보다는 낫지 않습니까? 군주께서는 참으십시오!
백성들을 편안하게 하고 종경을 용서하시는 것도 또한 좋지 않겠습니까?"
이에 정공은 그를 만나보고 본래의 지위에 복귀시켰다.
위 정공이 고성숙苦成叔에게 연회를 베풀 때 영혜자甯惠子가 그를 접대

하는 일을 맡았다.

그런데 고성숙이 거만한 태도를 보이자 영혜자는 이렇게 말하였다.

"고성숙의 가문은 망하게 될 것이다! 옛날에 연회를 열어 대접할 때에는 대접받는 자의 위엄과 의표를 보고 그의 화와 복을 살폈다. 그러므로 《시》에 '소뿔로 만든 술잔 구부러져 있고, 맛좋은 술 한없이 부드럽도다. 저 어진 이 사귐에 거만하지 않으니 만복이 저절로 찾아오리라'라 한 것이다. 지금 저 분의 거만함은 화를 부르는 길이다."

【衛侯】衛 定公(臧).

【晉侯】晉 厲公(州蒲).

【强見孫林父】杜預 注에 "林父以七年奔晉. 强見, 欲歸之"라 함.

【郤犨】晉나라 대부 苦成叔으로도 불리며 '苦'는 지명으로 郤犨의 채읍. 지금의 山西 安邑縣 동북쪽. 郤克과 함께 克豹의 曾孫.《公羊傳》에는 '郤州'로 되어 있음.

【定姜】衛 定公의 부인. 齊나라 출신이었음.

【宗卿】宗親으로서의 卿. 孫林父는 衛 武公의 8세손이었음.

【先君】衛 穆公을 가리킴. 그 당시 孫林父의 아버지 孫良夫가 집정대신이었음.

【苦成叔】郤犨를 가리킴. 그가 손림보를 데리고 온 일을 위로하기 위하여 잔치를 벌인 것임.

【甯惠子】甯殖. 衛나라 대부.

【詩】《詩經》小雅 桑扈에 "交交桑扈, 有鶯其羽. 君子樂胥, 受天之祜. 交交桑扈, 有鶯其領. 君子樂胥, 萬邦之屛. 之屛之翰, 百辟爲憲. 不戢不難, 受福不那. 兕觥 有觩, 旨酒思柔. 彼交匪敖, 萬福來求"라 함.

❋ 1023(成 14-3)

秋, 叔孫僑如如齊逆女.

가을, 숙손교여叔孫僑如가 제齊나라에 가서 제나라 공녀를 맞이하였다.

【叔孫僑如】魯나라 대부. 宣伯. 叔孫得臣의 아들. 아버지가 狄의 군주 僑如를
  잡아 처단한 기념으로 아들 이름을 '僑如'로 지어 叔孫僑如가 됨. 文公 11년)의
  傳文을 볼 것.
【逆女】齊나라 공녀를 魯 成公의 부인으로 맞이함.

㊧

秋, 宣伯如齊逆女.
稱族, 尊君命也.

가을, 선백宣伯이 제齊나라에 가서 제나라 공녀를 맞이하였다.
경經에 숙손叔孫의 족명族名을 쓴 것은 임금의 명령을 존중해서였다.

【宣伯】叔孫僑如. 魯나라 대부. 宣伯으로도 부름. 叔孫得臣의 아들. 아버지가
  狄의 군주 僑如를 잡아 처단한 기념으로 아들 이름을 '僑如'로 지어 叔孫僑如가
  됨. 文公 11년의 傳文을 볼 것. 여기서는 魯 成公의 부인이 될 齊나라 公女를
  맞이하러 간 것.
【叔孫】經文에 정식으로 '叔孫僑如'의 이름을 모두 밝혀 기록한 것을 말함.

※ 1024(成14-4)

鄭公子喜帥師伐許.

정鄭나라의 공자 희喜가 군사를 거느리고 허許나라를 쳤다.

【公子喜】鄭 穆公의 아들. 자는 子罕.
【許】姜姓. 周 武王이 그 苗裔 文叔을 許에 봉함. 지금의 河南 許昌市 동쪽.

㊀

八月, 鄭子罕伐許, 敗焉.

戊戌, 鄭伯復伐許.

庚子, 入其郛, 許人平以叔申之封.

8월, 정鄭나라 공자 자한子罕이 허許나라를 쳤으나 패하였다.

무술날, 정 성공成公이 다시 허나라를 쳤다.

경자날, 허나라 도읍의 외곽까지 들어가자 허나라는 숙신叔申의 봉지를
인정한다는 조건으로 화평을 맺었다.

【子罕】鄭나라 공자 喜. 鄭 穆公의 아들.
【戊戌】8월 23일.
【庚子】8월 25일.
【郛】郭과 같은 뜻임. 도성의 外郭. 外城.
【叔申】鄭나라 대부 公孫申. 그가 차지한 허나라 땅을 정나라 영토로 편입시키려
 하였던 일은 成公 4년을 볼 것.

❀ 1025(成 14-5)

九月, 僑如以夫人婦姜氏至自齊.

9월, 교여僑如가 며느리 강씨姜氏를 데리고 제齊나라에서 돌아왔다.

【僑如】叔孫僑如. 宣伯. 魯나라 대부.
【婦姜氏】魯 成公의 부인이 될 齊나라 公女 姜氏. '婦'(며느리)자를 넣은 것은
 당시 宣公의 부인 穆姜이 살아 있었으므로 시어머니의 입장에서 며느리로
 맞이함의 명분을 앞세운 것임.

傳

九月, 僑如以夫人婦姜氏至自齊.

舍族, 尊夫人也.

故君子曰:「春秋之稱, 微而顯, 志而晦, 婉而成章, 盡而不汙, 懲惡而勸善, 非聖人, 誰能脩之?」

9월, 교여僑如가 성공의 부인 강씨姜氏를 데리고 제齊나라로부터 돌아왔다.

경經에 '숙손'이라는 족명을 쓰지 않고 '교여'만을 쓴 것은 부인을 높이기 위해서였다.

그러므로 군자는 이렇게 말하였다.

"《춘추春秋》의 경經에서 말하고 있는 것은 뜻을 감춘 것 같으면서도 뚜렷하고, 밝게 기록한 것 같으면서도 본뜻이 똑바로 나타나지 않으며, 완곡하게 말하였으되 조리가 있고, 자세하면서도 사실을 그릇되게 하지 않았으며, 악을 징계하고 선을 권장하였다. 성인聖人이 아니고서 누가 이같이 쓸 수 있겠는가?"

【微而顯】《春秋》의 사상인 '微言大義'를 뜻함.
【盡而不汙】杜預 注에 "謂直言其事, 盡其事實, 無所汙曲"이라 함. '汙'를 焦循은 '紆'의 의미로 보았음. '紆曲'의 뜻.

※ **1026(成14-6)**

冬十月庚寅, 衛侯臧卒.

겨울 10월 경인날, 위衛 정공定公 장臧이 죽었다.

【庚寅】10월 16일.
【臧】衛 定公의 이름. 穆公(速)의 뒤를 이어 B.C.588~577년까지 12년간 재위함. 獻公(衎)이 그 뒤를 이음.

傳

衛侯有疾, 使孔成子·甯惠子立敬姒之子衎以爲大子.

冬十月, 衛定公卒.

夫人姜氏旣哭而息, 見大子之不哀也, 不內酌飮, 歎曰:「是夫也, 將不唯衛國之敗, 其必始於未亡人. 烏呼! 天禍衛國也夫! 吾不獲鱄也使主社稷.」

大夫聞之, 無不聳懼.

孫文子自是不敢舍其重器於衛, 盡寘諸戚, 而甚善晉大夫.

위衛 정공定公이 병이 들자 공성자孔成子와 영혜자甯惠子로 하여금 정공의 첩 경사敬姒가 낳은 아들 간衎을 태자로 삼도록 하였다.

겨울 10월, 정공이 세상을 떠났다.

부인 강씨姜氏가 곡哭을 하고 쉬다가 태자가 슬퍼하지 않는 것을 보고는 음식도 들지 않은 채 이렇게 탄식하였다.

"이는 장차 단지 위나라만 망칠 자가 아니다. 틀림없이 나로부터 시작할 것이다. 아! 하늘이 위나라에 재앙을 내렸구나! 내가 전鱄이 사직을 맡도록 하는 일을 하지 못하여 이렇게 되었구나."

대부들이 이 말을 듣고 모두 두려움에 떨었다.

손문자孫文子는 이로부터 귀중한 물건을 위나라 도읍 안에 두지 않고 모두 자신의 봉지인 척戚에 두고는 진晉나라 대부들과 사이좋게 지냈다.

【孔成子】孔達의 아들 孔烝鉏. 衛나라 대부.

【甯惠子】甯殖. 衛나라 대부.

【敬姒】衛 定公의 첩.

【衎】衛 定公과 敬姒 사이에 난 庶子. 뒤에 衛 獻公이 되어 B.C.576~559년까지 18년간 재위하고 殤公(剽)이 그 뒤를 이음.

【姜氏】齊나라 출신의 衛 定公 夫人.

【大子】태자. 공자 衎을 가리킴. 아버지의 죽음에 곡을 하지 않아 매몰찬 성격을 한탄한 것임.

【內酳飲】‘內’은 ‘納’과 같음, 酳飲은 죽을 먹고 물을 마심.《禮記》喪大記에
“군주의 상에는 태자·대부·공자·여러 士는 모두 사흘간 식사를 하지 않으며,
태자·대부·공자·여러 사는 죽을 먹는다. 부인·世婦·諸妻는 모두 疏食을 하고
물을 마신다”라 하였음. 여기서는 강씨가 이조차도 들지 않았음을 말함.
【未亡人】남편을 따라 죽지 않은 자라는 뜻으로 고대 과부가 자신을 낮추어
부르던 칭호.
【鱄】衛 獻公 衎의 同腹 아우 子鮮.
【孫文子】孫林父. 衛나라에서 자신이 해를 입으면 晉나라로 달아날 계책을 세운
것. 이 일의 결과는 襄公 14년 傳을 볼 것.
【重器】귀중한 기물.
【戚】원래 孫氏의 채읍이었으나 孫林父가 晉나라로 도망하자 晉나라에서
衛나라에 돌려주었으며, 다시 孫林父가 귀국하여 직위가 복권되자 채읍 역시
孫林父의 땅이 되었던 곳임. 지금의 河南 濮陽縣 북쪽. 成公 7년의 傳을 볼 것.

✸ 1027(成 14-7)

秦伯卒.

진秦나라 군주가 죽었다.

【秦伯】秦 桓公(榮). 共公(稻)을 이어 B.C.603(혹 604)~577년까지 27(28)년간
재위함. 景公이 그 뒤를 이음. 이름을 밝히지 않은 것은 史官이 그 이름의
기록을 놓친 것이라 하였음.
＊無傳

147. 成公 15年(B.C.576) 乙酉

周	簡王(姬夷) 10년	齊	靈公(環) 6년	晉	厲公(州蒲) 5년	衛	獻公(衎) 원년
蔡	景公(固) 16년	鄭	成公(睔) 9년	曹	成公(負芻) 2년	陳	成公(午) 23년
杞	桓公(姑容) 61년	宋	共公(固) 13년	秦	景公(后伯車) 원년	楚	共王(審) 15년
吳	壽夢 10년	許	靈公(寗) 16년				

❀ **1028(成 15-1)**

十有五年春王二月, 葬衛定公.

15년 봄 주력 2월, 위衛 정공定公을 안장하였다.

【衛定公】 이름은 臧. 穆公(速)의 뒤를 이어 B.C.588~577년까지 12년간 재위함.
獻公(衎)이 그 뒤를 이음. 成公 14년을 참조할 것.
＊無傳

❀ **1029(成 15-2)**

三月乙巳, 仲嬰齊卒.

3월 을사날, 중영제仲嬰齊가 죽었다.

【乙巳】3월 3일.
【仲嬰齊】魯나라 대부. 魯 莊公의 아들 仲遂(襄仲)의 아들. 公孫歸父의 아우이며
　그로부터 仲氏의 姓氏가 이어짐.
＊無傳

※ 1030(成15-3)

癸丑, 公會晉侯·衛侯·鄭伯·曹伯·宋世子成·齊國佐·
邾人同盟于戚.
　　晉侯執曹伯歸于京師.

　계축날, 성공이 진후晉侯, 위후衛侯, 정백鄭伯, 조백曹伯, 송宋나라 세자 성成,
제齊나라 국좌國佐, 주邾나라 사람과 만나 척戚에서 동맹을 맺었다.
　진후晉侯가 조백을 잡아 경사京師로 보냈다.

【癸丑】3월 11일.
【世子成】宋 共公(固)의 아들. 뒤에 宋 平公이 되어 B.C.575∼532년까지 42년간
　재위하고 元公(佐)이 그 뒤를 이음. 당시 宋 共公이 병중이어서 태자가 대신
　참석한 것임. 共公은 6월에 죽음.
【國佐】齊나라 대부. 國歸父의 아들이며 國武子로 불림. 國氏는 齊나라 문벌
　집안이었음.
【曹伯】曹 成公(負芻). 曹 宣公이 죽자 태자를 죽이고 자립하여 임금 자리에 올랐
　으며 이를 옳지 않게 여긴 제후들이 당시 패자로 인정하고 있던 晉나라에게
　칠 것을 요청하였으나 당시 晉나라는 秦나라와 麻隧의 전투에 지쳐 미루었던
　것을 이번에 잡아 천자국 周나라에 바친 것임.
【戚】지금의 河南 濮陽縣 북쪽.

㉧

十五年春, 會于戚, 討曹成公也.

執而歸諸京師.

書曰『晉侯執曹伯』, 不及其民也.

凡君不道於其民, 諸侯討而執之, 則曰『某人執某侯』, 不然則否.

諸侯將見子臧於王而立之.

子臧辭曰:「前志有之曰:『聖達節, 次守節, 下失節』爲君非吾節也. 雖不能聖, 敢失守乎?」

遂逃, 奔宋.

15년 봄, 척戚에서 만난 것은 조曹 성공成公을 응징하기 위한 것이었다.

조 성공을 잡아 천자가 있는 경사京師로 보냈다.

경經에 '진나라 군주가 조나라 군주를 잡았다'라 기록한 것은 조 성공의 피해가 그들 백성들에게는 미치지 않았기 때문이다.

무릇 군주가 백성들에게 도리에 어긋난 짓을 하여 제후들이 쳐서 잡으면 '누가 어느 군주를 잡았다'라 하고, 그렇지 않을 경우에는 그렇게 쓰지 않는다.

제후들이 조나라 자장子臧을 주나라 천자에게 뵙도록 하고 그를 조나라 군주로 세우려 하였다.

그러자 자장은 이렇게 사양하였다.

"옛날 책에 '성인聖人은 하늘에서 받은 자신의 분수를 남김없이 발휘하여 행하고, 그 다음가는 사람은 자기 분수를 잘 지키며, 가장 아래에 해당하는 사람은 자기의 분수를 잃는다'라 하였습니다. 임금이 되는 것은 나의 분수가 아닙니다. 내 비록 성인이야 될 수 없다 해도 어찌 감히 분수를 잃는 사람이 되어서야 되겠습니까?"

그리고는 드디어 송宋나라로 달아났다.

【不及其民】 그의 해악이 백성들에게 미친 것은 아님.

【子臧】 欣時. 曹 宣公의 서자이며 負芻의 아우. 자는 子臧.《公羊傳》과《新序》

節士篇에는 이름이 '喜時'로 되어 있음. 13년 傳을 볼 것.
【前志】옛날 책.
【聖達節】聖人은 하늘이 준 天分을 제대로 모두 행함. 절은 才能, 節操, 分數.

✹ 1031(成 15-4)

公至自會.

성공이 모임에서 돌아왔다.

【會】戚의 모임을 끝내고 귀국함.
＊無傳

✹ 1032(成 15-5)

夏六月, 宋公固卒.

여름 6월, 송공 고固가 죽었다.

【固】宋 共公. 이름은 固.《史記》宋世家와《漢書》古今人名表에는 이름이 '瑕'로
되어 있음. 文公(鮑)을 이어 B.C.588~576년까지 13년간 재위함. 平公(成)이
그 뒤를 이음.

㊀
夏六月, 宋共公卒.

여름 6월, 송宋나라 공공共公이 세상을 떠났다.

【共公】 여기서는 諡號(廟號)가 共公임을 밝힌 것이며 經文에는 이름 固를 밝힌
것임.

※ 1033(成15-6)

楚子伐鄭.

초자楚子가 정鄭나라를 쳤다.

【楚子】 당시 楚나라 군주는 共王(審)으로 재위 15년째였음.

㉝

楚將北師, 子囊曰:「新與晉盟而背之, 無乃不可乎?」
子反曰:「敵利則進, 何盟之有?」
申叔時老矣, 在申, 聞之, 曰:「子反必不免. 信以守禮, 禮以庇身,
信·禮之亡, 欲免, 得乎?」
楚子侵鄭, 及暴隧, 遂侵衛, 及首止.
鄭子罕侵楚, 取新石.
欒武子欲報楚.
韓獻子曰:「無庸, 使重其罪, 民將叛之. 無民, 孰戰?」

초楚나라가 군사를 북진시키려 하자 자낭子囊이 말하였다.
"새롭게 진晉나라와 맹약을 맺었는데 이래서는 안 되는 것이 아닙니까?"
그러자 자반子反이 말하였다.

"적을 쳐서 이익이 생긴다면 쳐야지 무슨 맹약 따위를 지킨다는 것입니까?"

신숙시申叔時는 늙어 신申 고을에 있었는데 이를 듣고 이렇게 말하였다.

"자반은 틀림없이 화를 면하지 못할 것이다. 믿음이란 예를 지키는 것이며 예는 몸을 보호해주는 것이다. 믿음과 예를 잃고 나서 화를 면하고자 한들 그렇게 되겠는가?"

초楚 공왕共王은 정鄭나라를 쳐서 포수暴隧까지 이르렀고, 곧이어 위衛나라를 쳐서 수지首止에까지 이르렀다.

그러자 정나라 자한子罕이 초나라를 쳐서 신석新石 땅을 차지하고 말았다.

한편 진晉나라 난무자欒武子도 초나라에게 보복하려 하였다.

그러자 한헌자韓獻子가 말하였다.

"그럴 필요 없습니다. 그들로 하여금 더욱 무거운 죄를 짓도록 하면 장차 그 백성들이 배반할 것입니다. 백성들이 없으면 그 누가 전쟁에 나가 싸우겠습니까?"

【北師】楚나라는 남쪽에 있어 북쪽 中原의 鄭과 衛 두 나라를 향해 군사를 진군시킴.

【子囊】楚 莊王의 아들이며 共王의 아우. 公子 貞.

【晉盟】成公 12년 傳文을 볼 것.

【子反】楚나라 公子 側. 子反은 그의 字. 宣公 12년의 傳을 볼 것. 그는 다음해 鄢陵 전투에서 패하여 죽음을 당함.

【申叔時】楚나라 대부. 楚 莊王의 마부였으며 그 아들은 申叔跪.

【申】楚나라 읍. 申叔時의 채읍. 고향에 돌아가 있었던 것임.

【暴隧】鄭나라 지명. 暴. 지금의 河南 原武縣. 文公 8년의 經文을 볼 것.

【首止】衛나라 땅. 桓公 18년을 볼 것.

【子罕】公子 喜. 鄭 穆公의 아들.

【新石】楚나라 읍. 지금의 河南 葉縣.

【欒武子】欒書. 晉나라 대부. 欒盾의 아들. 欒伯으로도 부름. 欒黶의 아버지. 당시 中軍帥였음.

【韓獻子】韓厥.

※ 1034(成 15-7)

秋八月庚辰, 葬宋共公.

가을 8월 경진날, 송宋 공공共公의 장례를 치렀다.

【庚辰】 8월 10일.
【宋共公】 이름은 固. 文公(鮑)을 이어 B.C.588~576년까지 13년간 재위함. 平公
(成)이 그 뒤를 이음.

※ 1035(成 15-8)

宋華元出奔晉.

송宋나라 화원華元이 진晉나라로 달아났다.

【華元】 宋나라 대부 華御事의 아들.

※ 1036(成 15-9)

宋華元自晉歸于宋.

송宋나라 화원華元이 진晉나라에서 송나라로 돌아갔다.

❋ 1037(成15-10)

宋殺其大夫山.

송宋나라가 그 대부 산山을 죽였다.

【山】蕩子山. 宋나라 대부. 宋 桓公의 후손. 蕩山. 唐山. 蕩澤. 公孫虺의 아들이며
公孫壽의 손자. 孔穎達 疏에 《世本》을 인용하여 "公孫壽生大司馬虺, 虺生
司馬澤"이라 함.

❋ 1038(成15-11)

宋魚石出奔楚.

송宋나라 대부 어석魚石이 초楚나라로 달아났다.

【魚石】宋나라 대부. 公子 目夷(宋 襄公의 庶兄)의 증손. 共公이 죽고 左師에 오름.

㊀
秋八月, 葬宋共公.
於是華元爲右師, 魚石爲左師, 蕩澤爲司馬, 華喜爲司徒, 公孫師爲
司城, 向爲人爲大司寇, 鱗朱爲少司寇, 向帶爲大宰, 魚府爲少宰.
蕩澤弱公室, 殺公子肥.
華元曰:「我爲右師, 君臣之訓, 師所司也. 今公室卑, 而不能正,
吾罪大矣. 不能治官, 敢賴寵乎?」
乃出奔晉.
二華, 戴族也; 司城, 莊族也; 六官者皆桓族也.
魚石將止華元.

魚府曰:「右師反, 必討, 是無桓氏也.」

魚石曰:「右師苟獲反, 雖許之討, 必不敢. 且多大功, 國人與之; 不反, 懼桓氏之無祀於宋也. 右師討, 猶有戌在. 桓氏雖亡, 必偏.」

魚石自止華元于河上.

請討, 許之, 乃反.

使華喜·公孫師帥國人攻蕩氏, 殺子山.

書曰:「宋殺其大夫山」, 言背其族也.

魚石·向爲人·鱗朱·向帶·魚府出舍於睢上, 華元使止之, 不可.

冬十月, 華元自止之, 不可, 乃反.

魚府曰:「今不從, 不得入矣. 右師視速而言疾, 有異志焉. 若不我納, 今將馳矣.」

登丘而望之, 則馳.

騁而從之, 則決睢澨·閉門登陴矣.

左師·二司寇·二宰遂出奔楚.

華元使向戌爲左師, 老佐爲司馬, 樂裔爲司寇, 以靖國人.

가을 8월, 송宋 공공共公의 장례를 치렀다.

그리고 나서 화원華元이 우사右師, 어석魚石은 좌사左師, 탕택蕩澤은 사마司馬, 화희華喜는 사도司徒, 공손사公孫師는 사성司城, 상위인向爲人은 대사구大司寇, 인주鱗朱는 소사구少司寇, 상대向帶는 태재大宰, 어부魚府는 소재少宰가 되었다.

그런데 탕택이 공실公室을 약화시키고자 공자 비肥를 죽였다.

화원이 말하였다.

"나는 우사로서 임금과 신하의 가르침은 바로 우사가 맡은 임무이다. 지금 공실이 낮아져 능히 바로 잡을 수 없으니 이는 나의 큰 죄이다. 능히 내가 맡은 직무를 다하지 못하면서 감히 군주의 총애만 의지할 수 있겠는가?"

그리고는 곧 진晉나라로 달아났다.

두 화씨華氏는 대공戴公의 자손이었으며, 사성은 장공莊公의 자손이었고,

다른 여섯 벼슬에 있는 이들은 모두가 환공桓公의 자손들이었다.

어석이 장차 떠나려는 화원을 저지하려 하자 어부가 말하였다.

"우사 화원이 돌아온다면 그는 틀림없이 탕씨를 칠 것입니다. 그렇게 되면 환공의 자손들은 모두 없어지게 됩니다."

그러자 어석은 이렇게 말하였다.

"우사 화원이 실로 돌아오게 된다면 우리가 비록 탕택을 치는 것을 허락한다 하더라도 그는 감히 치지 않을 것입니다. 게다가 그는 큰 공을 많이 세웠고 귀족들도 그의 편입니다. 그가 돌아오지 않는다면 송나라 안에 우리 환씨로서 조상의 제사를 받들 자손이 없어질까 두렵습니다. 우사가 우리 일족을 친다 해도 그래도 상술向戌만은 남아 있게 될 것이니 그렇게 되면 다른 환공의 자손이 망하더라도 틀림없이 일부는 살아남게 될 것입니다."

그리고는 어석 자신이 하수河水 가에 가서 화원을 저지하며 가지 말도록 하였다.

그러자 화원은 탕택을 칠 것을 청하였고 어석이 이를 허락하자 화원은 되돌아왔다.

그리고 화희와 공손사로 하여금 귀족을 이끌고 탕씨를 공격하여 자산子山을 죽이도록 하였다.

경經에 '송나라가 그 나라 대부 산山을 죽였다'라 한 것은 그가 자신의 공족公族을 배반하였음을 말한 것이다.

어석, 상위인, 인주, 상대, 어부 등이 도읍을 떠나 수수睢水 가에 머물고 있을 때 화원이 사람을 보내어 이들을 저지하였지만 그들은 듣지 않았다.

겨울 10월, 화원이 직접 찾아가 말렸지만 역시 듣지 않자 화원은 그만 돌아왔다.

그때 어부가 말하였다.

"지금 그의 말을 듣지 않았다가는 도읍으로 들어갈 수 없을 것입니다. 우사 화원의 눈동자는 빨랐고, 말하는 것 또한 급했던 것으로 보면 그는 다른 뜻을 품고 있습니다. 만약 우리를 받아들이지 않으려는 의도였다면 지금쯤 말을 급히 몰아 달려가고 있을 것입니다."

그리하여 언덕에 올라 바라보았더니 과연 화원은 말을 달려서 가고 있었다.

이에 말을 몰아 뒤따라갔더니 그는 이미 수수의 물길을 터놓아 건널 수 없도록 해 놓았으며 도성의 문을 닫고 성벽 위 담에 올라 수비하고 있었다.

좌사와 두 명의 사구, 그리고 태재와 소재는 드디어 초나라로 도망하고 말았다.

화원은 상술向戌을 좌사로, 노좌老佐를 사마로, 악예樂裔를 사구로 삼아 귀족들을 안정시켰다.

【華元】 宋나라 대부 華御事의 아들.

【魚石】 公子 目夷(宋 襄公의 庶兄)의 증손.

【蕩澤】 司馬 澤. 公孫壽의 손자. 孔穎達 疏에 《世本》을 인용하여 "公孫壽生 大司馬虺, 虺生司馬澤"이라 함. 《史記》 宋世家에는 '唐山'으로 되어 있음.

【華喜】 華父督의 현손. 孔穎達 疏에 《世本》을 인용하여 "華父督生世子家, 家生 季老, 老生司徒鄭, 鄭生司徒喜"라 함.

【公孫師】 宋 莊公의 손자. 孔穎達 疏에 《世本》을 인용하여 "莊公生右師戌, 戌生 司城師"라 함.

【向爲人】 宋나라 대부. 구체적인 家系는 알 수 없음.

【鱗朱】 鱗矔의 후손. 孔穎達 疏에 《世本》을 인용하여 "桓公生公子鱗, 鱗生東 鄉矔, 矔生司徒文, 文生大司寇子奏, 奏生小司寇朱"라 함.

【向帶】 宋나라 대부. 向氏 집안의 일족.

【魚府】 역시 宋나라 대부.

【公子肥】 宋 共公의 태자.

【賴寵】 군주의 총애에 의지함.

【奔晉】 화원이 진나라로 달아나고자 한 것에 대해 《史記》 宋世家에는 "司馬 唐山攻殺太子肥, 欲殺華元, 華元奔晉"이라 함.

【二華】 華元과 華喜. 이들은 戴公의 후손이었음.

【司城】 公孫師. 이는 莊公의 후손이었음.

【六官】 魚石, 蕩澤, 向爲人, 鱗朱, 向帶, 魚府. 이들은 모두 桓公의 후손들이었음.

【猶有戌在】 戌은 뒤에 나오는 向戌. 合左師. 역시 桓公의 후손의 桓氏의 일족.

宋 桓公의 曾孫. 華元의 黨羽. 孔穎達 疏에 《世本》을 인용하여 "桓公生向父肸,
肸生司城訾守, 守生小司寇鱣及合左師"라 함. 여기서는 모두 죽인다 하더라도
어진 向戌만은 죽이지 않아 남게 될 것이라는 뜻.
【偏】한 가닥은 남아있다는 뜻.
【子山】蕩子山. 蕩澤. 唐山.
【背其族】宋나라 公族을 배신함. 杜預 注에 "蕩氏本宋公族, 反欲削弱, 危害公室,
　故書其名, 不書其氏, 而示其罪"라 함.
【睢】원래 蒗蕩渠의 나루. 睢水라는 물 이름. 河南 杞縣을 흘러 睢縣을 지나감.
　지금의 商丘市 남쪽.
【滋】睢水의 제방. 그들이 건너오지 못하도록 물을 터서 흘려보냄.
【老佐】戴公의 5世孫이라 함.
【樂裔】宋나라 대부.

⑲

晉三郤害伯宗, 譖而殺之, 及欒弗忌.
伯州犁奔楚.
韓獻子曰:「郤氏其不免乎! 善人, 天地之紀也, 而驟絶之, 不亡,
何待?」
初, 伯宗每朝, 其妻必戒之曰:「『盜憎主人, 民惡其上.』子好直言,
必及於難.」

진晉나라의 극씨郤氏 세 사람이 대부 백종伯宗을 모함하여 죽이고 난불기
欒弗忌에게까지 그 화를 미치게 하였다.
그러자 백주리伯州犁는 초楚나라로 달아났다.
한헌자韓獻子는 이렇게 말하였다.
"극씨 가문은 화를 면치 못할 것이다! 선인善人은 천지의 벼리이다. 그런데
그 벼리를 자꾸 끊어내고 있으니 망하지 않고 무엇을 기다리겠는가?"
이에 앞서, 백종이 매번 조회에 나갈 때마다 그의 아내는 반드시 이렇게
그를 경계시키곤 하였었다.

"'도적은 집주인을 미워하고 백성은 그 윗사람을 미워하는 법'이라
하였습니다. 당신은 바르고 말을 잘 하시니 틀림없이 환란을 당할 수도
있습니다.'"

【三郤】 郤錡, 郤至, 郤犨를 가리킴. 본문의 예언대로 이들 셋은 成公 17년에
　　죽음을 당함.
【伯宗】 晉나라 대부. 《國語》韋劭 注에 "伯宗, 晉大夫孫伯糾之子"라 함. 宣公
　　15년을 볼 것. 《列女傳》仁智傳에 그의 처의 지혜를 근거로 한 「晉伯宗妻」가
　　실려 있으며 《國語》晉語(5)에도 자세히 실려 있음.
【欒弗忌】 晉나라 어진 대부. 《國語》晉語(5)에 伯宗의 黨羽라 하였고 같은 곳에
　　"欒弗忌之難, 諸大夫害伯宗"이라 하여 이곳과 다름.
【伯州犁】 伯宗의 아들. 그는 楚나라로 도망하여 그곳에서 太宰에 오름. 昭公
　　元年 등을 볼 것.
【韓獻子】 韓厥. 晉나라 대부.
【天地之紀】 천지의 도리를 지키는 벼리, 즉 중요한 존재.
【驟絶之】 어진 伯宗을 죽이고 欒弗忌까지 죽게 한 일을 두고 자주 끊었다고
　　말한 것임.
【盜憎主人, 民惡其上】 당시 격언이며 지금도 널리 쓰이고 있음. 한편 《國語》
　　周語(中)에는 "獸惡其網, 民惡其上"이라 하였고, 《說苑》敬愼篇에는 "盜怨主人,
　　民害其貴"라 하였으며, 《孔子家語》觀周篇에는 "盜憎主人, 民怨其上"이라 함.
　　한편 《列女傳》仁智傳「晉伯宗妻」에는 "晉大夫伯宗之妻也. 伯宗賢, 而好以直
　　辯凌人. 每朝, 其妻常戒之曰:「盜憎主人, 民愛其上. 有愛好人者, 必有憎妒
　　人者. 夫子好直言, 枉者惡之, 禍必及身矣.」伯宗不聽. 朝而以喜色歸, 其妻曰:
　　「子貌有喜色, 何也?」伯宗曰:「吾言於朝, 諸大夫皆謂我知似陽子.」妻曰:「實穀
　　不華, 至言不飾, 今陽子華而不實, 言而無謀, 是以禍及其身, 子何喜焉?」伯宗
　　曰:「吾欲飲諸大夫酒而與之語, 爾試聽之.」其妻曰:「諾.」於是爲大會, 與諸
　　大夫飲, 既飲而問妻曰:「何若?」對曰:「諸大夫莫子若也. 然而民之不能戴其上
　　久矣, 難必及子, 子之性, 固不可易也. 且國家多貳, 其危可立待也, 子何不預結
　　賢大夫以託州犁焉?」伯宗曰:「諾.」乃得畢羊而交之. 及欒不忌之難, 三郤害伯宗,
　　譖而殺之, 畢羊乃送州犁於荊, 遂得免焉. 君子謂:「伯宗之妻知天道.」《詩》云:
　　『多將熇熇, 不可救藥.』伯宗之謂也. 頌曰:『伯宗凌人, 妻知且亡, 數諫伯宗, 厚許

畢羊, 屬以州犁, 以免咎殃, 伯宗遇禍, 州犁奔荊.』"이라 하였으며 그 외에《國語》
晉語(5)에도 "伯宗朝, 以喜歸. 其妻曰:「子貌有喜, 何也?」曰:「吾言於朝, 諸大夫
皆謂我智似陽子.」對曰:「陽子華而不實, 主言而無謀, 是以難及其身. 子何喜焉?」
伯宗曰:「吾飮諸大夫酒, 而與之語, 爾試聽之.」曰:「諾.」旣飮, 其妻曰:「諸大夫
莫子若也. 然而民不載其上久矣, 難必及子乎! 盍亟索士整庇州犁焉.」得畢陽.
及欒弗忌之難, 諸大夫害伯宗, 將謀而殺之. 畢陽實送州犁于荊"이라 함.《太平
御覽》(520)에는 "晉宗伯之妻者. 晉大夫伯宗之妻也. 謂伯宗曰:「子之性, 固不可
易也. 且國家多貳, 其危可立待也, 子何不豫結賢大夫以託州黎焉?」伯宗曰:
「諾.」乃得畢羊而交之. 及欒不忌之難, 三郤害伯宗, 譖而殺之, 畢羊乃送州黎于荊,
遂得免焉"이라 함.

❀ 1039(成 15-12)

冬十有一月, 叔孫僑如會晉士燮·齊高無咎·宋華元·衛孫
林父·鄭公子鰌·邾人會吳于鍾離.

겨울 11월, 숙손교여叔孫僑如가 진晉나라 사섭士燮, 제齊나라 고무구高無咎,
송宋나라 화원華元, 위衛나라 손림보孫林父, 정鄭나라 공자 추鰌, 주邾나라
사람 등과 오吳나라와 종리鍾離에서 만났다.

【叔孫僑如】魯나라 대부. 宣伯. 叔孫得臣의 아들. 아버지가 狄의 군주 僑如를
   잡아 처단한 기념으로 아들 이름을 '僑如'로 지어 叔孫僑如가 됨. 文公 11년의
   傳文을 볼 것.
【士燮】晉나라 대부. 文子. 范文子. 范武子(士會)의 아들. 그 후손이 뒷날 晉六卿의
   하나인 范氏로 발전함.
【高無咎】齊나라 대부.
【華元】宋나라 대부 華御事의 아들.
【孫林父】衛나라 대부. 孫良夫(孫桓子)의 아들이며 시호는 文. 孫文子로도 부름.

【公子鰌】鄭나라 공자.

【吳】姬姓. 周 太王(古公亶父)의 맏이 太伯이 세운 나라. 姬姓. 지금의 江蘇 蘇州市. 그러나 吳나라 이름은 《左傳》에는 여기에 처음 등장하며 孔穎達의 疏에 "至壽夢而稱王. 壽夢以上世數可知而不紀其年. 壽夢元年, 魯成公之六年也. 夫差十五年獲麟之歲也. 二十三年, 魯哀公之二十二年, 而越滅吳"라 함. 뒤에 夫差가 오만을 부리다가 越王 句踐에게 망함.

【鍾離】楚나라 읍. 원래는 고대 嬴姓의 소국이었음. 《一統志》에 "鍾離有東西 二城. 濠水流其中. 古城在今安徽鳳陽縣東北五里"라 함. 그러나 吳나라와 만나 면서 楚나라 읍에서 회담을 한 것에 의혹을 가져 吳나라 읍이 아닌가 함.

㊇

十一月, 會吳于鍾離, 始通吳也.

11월, 이들이 오吳나라와 종리鍾離에서 모임을 가짐으로써 오나라와 비로소 통호하게 되었다.

【始通】吳나라는 이 일이 있기 전에는 존재가 미미하여 中原과 교통하지 못하 였음. 이 당시 吳나라 군주는 壽夢 재위 10년째였음.

❀ 1040(成15-13)

許遷于葉.

허許나라가 섭葉으로 도읍을 옮겼다.

【許】姜姓. 周 武王이 그 苗裔 文叔을 許에 봉함. 지금의 河南 許昌市 동쪽. 뒤에 楚나라의 附庸國으로 전락함.

【葉】楚나라 고을. 지금의 河南 葉縣 남쪽 30리에 古葉城이 있음. 許나라는 이곳
  으로 옮긴 다음 본래 땅은 鄭나라 소유가 되었음.

㉙

許靈公畏偪于鄭, 請遷于楚.
辛丑, 楚公子申遷許于葉.

  허許 영공靈公이 정鄭나라한테 핍박당하는 것이 두려워 도읍을 초楚나라
땅으로 옮기게 해 줄 것을 초나라에 요청하였다.
  신축날, 초나라 공자 신申이 허나라를 섭葉으로 옮겼다.

【辛丑】 11월 3일.
【公子申】 楚나라 공자. 子申.

148. 成公 16年(B.C.575) 丙戌

周	簡王(姬夷) 11년	齊	靈公(環) 7년	晉	厲公(州蒲) 6년	衛	獻公(衎) 2년
蔡	景公(固) 17년	鄭	成公(睔) 10년	曹	成公(負芻) 3년	陳	成公(午) 24년
杞	桓公(姑容) 62년	宋	平公(成) 원년	秦	景公(后伯車) 2년	楚	共王(審) 16년
吳	壽夢 11년	許	靈公(甯) 17년					

❋ 1041(成16-1)

十有六年春王正月, 大水, 木冰.

16년 봄 주력 정월, 비가 내려 나무가 얼었다.

【木冰】 나무가 얼어 霧淞(상고대)이 맺힐 정도였음을 말함. 이를 木介, 樹介, 樹挂, 樹稼라고도 함. 劉熙의 《釋名》釋天에 "氛, 粉也, 潤氣著草木, 因寒凍凝, 色白若粉之形也"라 함.
＊無傳

㊉

十六年春, 楚子自武城使公子成以汝陰之田求成于鄭.
鄭叛晉, 子駟從楚子盟于武城.

16년 봄에 초楚 공왕共王이 무성武城에서 공자 성成을 보내어 여수汝水 남쪽 땅을 주는 조건으로 정鄭나라와 화친을 맺도록 하였다.

그리하여 정나라는 진晉나라를 배반하고 자사子駟가 공자를 따라가 무성에서 맹약을 맺었다.

【武城】 楚나라 지명. 지금의 河南 南陽縣 북쪽. 그 무렵 楚 共王이 武城에 머물고 있었음. 僖公 6년을 볼 것.
【公子成】 楚나라 공자. 成公 6년을 볼 것.
【汝陰之田】 汝水 남쪽의 영토. 지금의 河南 郯縣과 葉縣의 사이.
【子駟】 鄭나라 公子 騑. 鄭 穆公의 아들. 10년 傳을 볼 것.

✹ **1042(成16-2)**

夏四月辛未, 滕子卒.

여름 4월 신미날, 등滕나라 군주가 죽었다.

【辛未】 4월 5일.
【滕】 滕 文公. 滕나라는 周 文王의 아들 叔繡가 받았던 封國. 侯爵이었으며 지금의 山東 滕縣 일대. 戰國시대 齊나라에게 망함. 宣公 9년을 볼 것.

㉖

夏四月, 滕文公卒.

여름 4월에 등滕 문공文公이 세상을 떠났다.

【滕文公】 滕나라 군주. 이름은 알 수 없음.

＊ **1043**(成 16-3)

鄭公子喜帥師侵宋.

정鄭나라 공자 희喜가 군사를 이끌고 송宋나라를 쳤다.

【公子喜】鄭 穆公의 아들. 자는 子罕.

㊅

鄭子罕伐宋, 宋將鉏·樂懼敗諸汋陂, 舍於夫渠, 不儆.
鄭人覆之, 敗諸汋陵. 獲將鉏·樂懼.
宋恃勝也.

정鄭나라 자한子罕이 송宋나라를 치자 송나라 대부 장서將鉏와 악구樂懼가 정나라 군사를 작피汋陂에서 쳐부수고 부거夫渠로 물러나 머물면서 경계를 게을리하고 있었다.

정나라가 복병을 숨겨두었다가 이들을 작릉汋陵에서 패배시키고 장서와 악구를 사로잡았다.

이는 송나라가 승리를 믿고 방심하였기 때문이었다.

【子罕】公子 喜. 鄭 穆公의 아들.
【將鉏】宋나라 장수. 樂氏의 일족.
【樂懼】宋 戴公의 六世孫이라 함.
【汋陂·夫渠·汋陵】모두 宋나라 지명. 지금의 河南 商丘와 寧陵縣에 가까운 곳으로 추정하고 있음.
【覆】伏兵을 숨겨두었다가 습격함.

※ 1044(成 16-4)

六月丙寅朔, 日有食之.

6월 병인날 초하루, 일식이 있었다.

【丙寅】 5월 9일. B.C.575년 이날 皆旣日蝕이 있었음.
＊無傳

傳

衛侯伐鄭, 至于鳴雁, 爲晉故也.

위衛 헌공獻公이 정鄭나라를 쳐서 명안鳴雁까지 공격해 간 것은 진晉
나라를 위해서였다.

【衛侯】 衛 獻公(衎). 재위 2년째였음.
【鳴雁】 정나라 지명. 지금의 河南 杞縣 서북쪽 땅.《一統志》에 "今河南杞縣西北
　　四十里有鳴雁亭, 俗謂之白雁亭"이라 함.
【晉故】 晉나라가 鄭나라를 치려 하자 衛나라가 먼저 나서서 출병한 것임.

※ 1045(成 16-5)

晉侯使欒黶來乞師.

진晉 여공厲公이 난염欒黶을 노魯나라로 보내어 군사를 보내줄 것을 요청
하게 하였다.

【晉侯】晉 厲公(州蒲).
【欒黶】晉나라 대부. 欒書의 아들.

❈ 1046(成 16-6)

甲午晦, 晉侯及楚子·鄭伯戰于鄢陵.
楚子·鄭伯敗績.

갑오날 그믐, 진晉 여공厲公이 초楚 공왕共王과 정鄭 성공成公을 마주하여
언릉鄢陵에서 싸웠다.
초나라와 정나라 군사가 크게 패하였다.

【甲午】 6월 29일.
【鄢陵】 지금의 河南 鄢陵縣 북쪽.《水經注》(渠水)에 "蔡澤陂水出鄢陵城西北,
  晉楚相遇處也. 陂東西五里, 南北十里, 下入淮陽扶溝"라 함.
【敗績】 全軍이 대패하였을 때 쓰는 말. 莊公 11년 傳에 "凡師, 敵未陳曰敗某師,
  皆陳曰戰, 大崩曰敗績"이라 함.

❈ 1047(成 16-7)

楚殺其大夫公子側.

초楚나라가 대부 공자 측側을 죽였다.

【公子側】 楚나라 공자. 자는 子反. 한때 夏姬를 차지하고자 申公巫臣과 경쟁
  하기도 하였던 인물.

⟮傳⟯

晉侯將伐鄭.

范文子曰:「若逞吾願, 諸侯皆叛, 晉可以逞. 若唯鄭叛, 晉國之憂, 可立俟也.」

欒武子曰:「不可以當吾世而失諸侯, 必伐鄭.」

乃興師.

欒書將中軍, 士燮佐之; 郤錡將上軍, 荀偃佐之; 韓厥將下軍; 郤至佐新軍.

荀罃居守, 郤犨如衛, 遂如齊, 皆乞師焉.

欒黶來乞師. 孟獻子曰:「晉有勝矣.」

戊寅, 晉師起.

鄭人聞有晉師, 使告于楚, 姚句耳與往.

楚子救鄭, 司馬將中軍, 令尹將左, 右尹子辛將右.

過申, 子反入見申叔時, 曰:「師其何如?」

對曰:「德·刑·詳·義·禮·信, 戰之器也. 德以施惠, 刑以正邪, 詳以事神, 義以建利, 禮以順時, 信以守物. 民生厚而德正, 用利而事節, 時順而物成, 上下和睦, 周旋不逆, 求無不具, 各知其極. 故《詩》曰:『立我烝民, 莫匪爾極』是以神降之福, 時無災害, 民生敦庬, 和同以聽, 莫不盡力以從上命, 致死以補其闕, 此戰之所由克也. 今楚內棄其民, 而外絕其好; 瀆齊盟, 而食話言; 奸時以動, 而疲民以逞. 民不知信, 進退罪也. 人恤所底, 其誰致死? 子其勉之! 吾不復見子矣.」

姚句耳先歸, 子駟問焉.

對曰:「其行速, 過險而不整. 速則失志, 不整, 喪列. 志失·列喪, 將何以戰? 楚懼不可用也.」

五月, 晉師濟河.

聞楚師將至, 范文子欲反, 曰:「我偽逃楚, 可以紓憂. 夫合諸侯, 非吾所能也, 以遺能者. 我若羣臣輯睦以事君, 多矣.」

武子曰:「不可.」

六月, 晉·楚遇於鄢陵.

范文子不欲戰.

郤至曰：「韓之戰, 惠公不振旅; 箕之役, 先軫不反命; 邲之師, 荀伯不復從, 皆晉之恥也. 子亦見先君之事矣. 今我辟楚, 又益恥也.」

文子曰：「吾先君之亟戰也, 有故. 秦·狄·齊·楚皆彊, 不盡力, 子孫將弱. 今三彊服矣, 敵楚而已. 惟聖人能外內無患. 自非聖人, 外寧必有內憂, 盍釋楚以爲外懼乎?」

甲午晦, 楚晨壓晉軍而陳.

軍吏患之.

范匄趨進, 曰：「塞井夷竈, 陳於軍中, 而疏行首. 晉·楚唯天所授, 何患焉?」

文子執戈逐之, 曰：「國之存亡, 天也, 童子何知焉?」

欒書曰：「楚師輕窕, 固壘而待之, 三日必退. 退而擊之, 必獲勝焉.」

郤至曰：「楚有六間, 不可失也. 其二卿相惡, 王卒以舊, 鄭陳而不整, 蠻軍而不陳, 陳不違晦, 在陳而囂, 合而加囂. 各顧其後, 莫有鬪心; 舊不必良, 以犯天忌. 我必克之.」

楚子登巢車, 以望晉軍.

子重使大宰伯州犁侍于王後.

王曰：「騁而左右, 何也?」

曰：「召軍吏也.」

「皆聚於中軍矣.」

曰：「合謀也.」

「張幕矣.」

曰：「虔卜於先君也.」

「徹幕矣.」

曰：「將發命也.」

「甚囂, 且塵上矣.」

曰：「將塞井夷竈而爲行也.」

「皆乘矣, 左右執兵而下矣.」

曰：「聽誓也.」

「戰乎?」

曰:「未可知也.」

「乘而左右皆下矣.」

曰:「戰禱也.」

伯州犁以公卒告王.

苗賁皇在晉侯之側, 亦以王卒告.

皆曰:「國士在, 且厚, 不可當也.」

苗賁皇言於晉侯曰:「楚之良, 在其中軍王族而已. 請分良以擊其左右, 而三軍萃於王卒, 必大敗之.」

公筮之.

史曰:「吉. 其卦遇復䷗, 曰:『南國蹙, 射其元王, 中厥目.』國蹙·王傷, 不敗, 何待?」

公從之.

有淖於前, 乃皆左右相違於淖.

步毅御晉厲公, 欒鍼爲右; 彭名御楚共王, 潘黨爲右; 石首御鄭成公, 唐苟爲右.

欒·范以其族夾公行, 陷於淖.

欒書將載晉侯, 鍼曰:「書退! 國有大任, 焉得專之? 且侵官, 冒也; 失官, 慢也; 離局, 姦也. 有三罪焉, 不可犯也.」

乃掀公以出於淖.

癸巳, 潘尪之黨與養由基蹲甲而射之, 徹七札焉.

以示王, 曰:「君有二臣如此, 何憂於戰?」

王怒曰:「大辱國! 詰朝爾射, 死藝.」

呂錡夢射月, 中之, 退入於泥.

占之, 曰:「姬姓, 日也; 異姓, 月也, 必楚王也. 射而中之, 退入於泥, 亦必死矣.」

及戰, 射共王中目.

王召養由基, 與之兩矢, 使射呂錡, 中項, 伏弢.

以一矢復命.

郤至三遇楚子之卒, 見楚子, 必下, 免胄而趨風.

楚子使工尹襄問之以弓, 曰:「方事之殷也, 有韎韋之跗注, 君子也. 識見不穀而趨, 無乃傷乎?」

郤至見客, 免胄承命, 曰:「君之外臣至從寡君之戎事, 以君之靈, 間蒙甲胄, 不敢拜命, 敢告不寧. 君命之辱, 爲事之故, 敢肅使者.」

三肅使者而退.

晉韓厥從鄭伯, 其御杜溷羅曰:「速從之? 其御屢顧, 不在馬, 可及也.」

韓厥曰:「不可以再辱國君.」

乃止.

郤至從鄭伯, 其右茀翰胡曰:「諜輅之, 余從之乘, 而俘以下.」

郤至曰:「傷國君有刑.」

亦止.

石首曰:「衛懿公唯不去其旗, 是以敗於熒.」

乃內旌於弢中.

唐苟謂石首曰:「子在君側, 敗者壹大. 我不如子, 子以君免, 我請止.」

乃死.

楚師薄於險, 叔山冉謂養由基曰:「雖君有命, 爲國故, 子必射.」

乃射, 再發, 盡殪.

叔山冉搏人以投, 中車, 折軾.

晉師乃止, 囚楚公子茷.

欒鍼見子重之旌, 請曰:「楚人謂夫旌, 子重之麾也, 彼其子重也. 日臣之使於楚也, 子重問晉國之勇, 臣對曰:『好以衆整』曰:『又何如?』臣對曰:『好以暇.』今兩國治戎, 行人不使, 不可謂整; 臨事而食言, 不可謂暇. 請攝飲焉.」

公許之.

使行人執榼承飲, 造于子重, 曰:「寡君乏使, 使鍼御持矛, 是以不得犒從者, 使某攝飲.」

子重曰:「夫子嘗與吾言於楚, 必是故也. 不亦識乎?」

受而飲之, 免使者而復鼓.

旦而戰, 見星未已.

子反命軍吏察夷傷, 補卒乘, 繕甲兵, 展車馬, 鷄鳴而食, 唯命是聽.

晉人患之.

苗賁皇徇曰:「蒐乘·補卒, 秣馬·利兵, 脩陳·固列, 蓐食·申禱, 明日復戰!」

乃逸楚囚.

王聞之, 召子反謀.

穀陽豎獻飲於子反, 子反醉而不能見.

王曰:「天敗楚也夫! 余不可以待.」

乃宵遁.

晉入楚軍, 三日穀.

范文子立於戎馬之前, 曰:「君幼, 諸臣不佞, 何以及此? 君其戒之! 〈周書〉曰:『惟命不于常.』有德之謂.」

楚師還, 及瑕, 王使謂子反曰:「先大夫之覆師徒者, 君不在. 子無以爲過, 不穀之罪也.」

子反再拜稽首曰:「君賜臣死, 死且不朽. 臣之卒實奔, 臣之罪也.」

子重使謂子反曰:「初隕師徒者, 而亦聞之矣. 盍圖之!」

對曰:「雖微先大夫有之, 大夫命側, 側敢不義? 側亡君師, 敢忘其死?」

王使止之, 弗及而卒.

戰之日, 齊國佐·高無咎至于師, 衛侯出于衛, 公出于壞隤.

진晉 여공厲公이 정鄭나라를 치려 하였다.

그러자 범문자范文子가 말하였다.

"만일 우리가 하고 싶은 대로 한다고 제후들이 모두 배반한다면 그때는 우리 진나라의 근심은 늦춰집니다. 그러나 만약 오직 정나라만 배반한다면 우리 진나라의 근심은 선 자리에서 기다려야 할 것입니다."

그러자 난무자欒武子가 말하였다.

"우리가 지금 이 세상을 감당하고 있는 한 제후들 인심을 잃어서는 안 됩니다. 반드시 정나라를 쳐야 합니다."

이에 군사를 일으키기로 하였다.

그때 난서欒書가 중군中軍을 거느리고, 사섭士燮이 그의 보좌, 극기郤錡가 상군上軍을, 순언荀偃이 그의 보좌, 한궐韓厥이 하군下軍을, 극지郤至가 신군新軍의 보좌가 되어 편제를 삼았다.

그리고 순앵荀罃은 나라 안을 지키고 극주郤犨는 위衛나라로 갔다가 다시 제齊나라로 가서 그들에게 모두 군사를 내어 줄 것을 요청하였다.

난염欒黶이 노魯나라에 가서 출병을 해달라고 요청하자 맹헌자孟獻子가 말하였다.

"진晉나라는 초楚나라를 이길 것이다."

무인날, 진나라 군사가 출동하였다.

정나라는 진나라가 군사 행동의 소식을 듣고 초나라에 사람을 보내어 알리면서 요구이姚句耳가 그 일행에 참여하여 가게 되었다.

초楚 공왕共王이 정나라를 구하러 나서면서 사마司馬를 중군사장으로, 영윤令尹을 좌군사장으로, 우윤右尹 자신子辛을 우군사장을 삼았다.

신申 고을을 지나면서 자반子反이 성안으로 들어가 신숙시申叔時를 만나 보고 물었다.

"이번 싸움은 어떻게 되겠습니까?"

신숙시는 이렇게 대답하였다.

"덕德·형刑·상詳·의義·예禮·신信은 전투에 필요한 중요한 요수들 입니다. '덕'으로 백성들에게 혜택을 베풀고, '형'으로 악을 바로잡으며, '상'으로써 신神을 섬기고, '의'로써 이로움을 만들어내며, '예'로써 천시에 순응하며, '신'으로써 만물을 지켜내는 것입니다. 백성들이란 생활이 넉넉해지면 덕이 바르게 닦아지고, 이롭다 여기면 일이 절도에 맞으며, 때가 순조로우면 만물이 이루어지며, 위아래가 화목하면 일처리에 역행함이 없어 구하여 얻지 못할 것이 없게 되어 각각 그 기준을 알게 됩니다. 그 때문에 《시》에 '우리 백성들 살아가는 것은 임금의 지극한 덕이 아님이 없네'라 하였던 것입니다. 이 까닭으로 신은 복을 내려주고, 사시는 재해가 없으며, 백성들의 생활은 풍부하게 되어 서로 화락하여 잘 듣게 되어, 온 힘을 다해

윗사람의 명령을 따르며, 죽음을 무릅쓰고 그 모자란 부분을 채워주는 것입니다. 이것이 전투에서 이길 수 있는 길입니다. 지금 초나라는 안으로는 백성을 버리고, 밖으로는 다른 나라와의 우호 관계를 끊었으며, 맹약은 모두 파기한 채 식언을 하고 있으며, 때를 돌보지 않고 사람을 동원하여 백성을 지치게 하면서 윗사람의 뜻에 즐거움을 느끼고자 합니다. 그러니 백성들은 신의가 무엇인지 알 수 없고, 나가거나 물러서나 죄가 될까 두려워하고 있습니다. 백성들은 그 지독함을 두려워하고 있는데 누가 목숨을 바치겠습니까? 그대는 노력하십시오! 나는 공자를 다시 만나지 못할 것 같군요."

요구이가 사신보다 먼저 정나라로 돌아가자 자사子駟가 물었다.

그는 이렇게 대답하였다.

"초나라는 진군이 너무 빠르고, 험한 곳을 지나면서 대열이 가지런하지 못합니다. 너무 빠르면 뜻을 잃게 되고 가지런하지 못하면 대열을 잃게 됩니다. 그런 군사들로써 어찌 전투를 하겠습니까? 초나라 군사는 아마도 쓸모가 없을까 걱정입니다."

5월, 진나라 군사가 하수河水를 건넜다.

그들은 초나라 군사가 곧 다다를 것이라는 소식을 듣자 범문자(士燮)는 되돌아가고 싶어 하면서 이렇게 말하였다.

"우리가 만약 물러나 초나라 군사로부터 도망쳐 피한다면 우리는 근심을 해소시킬 수가 있을 것입니다. 제후들을 통합하는 것은 우리가 능히 할 수 있는 일이 아니니 훗날 유능한 이에게 그 임무를 넘깁시다. 우리가 물러나, 만약 여러 신하들이 화목함을 모아 임금을 섬긴다면 그것이 훨씬 나은 대책일 것입니다."

그러자 난무자(欒書)가 말하였다.

"안 됩니다."

6월, 진나라와 초나라가 언릉鄢陵에서 마주쳤다.

범문자(士燮)는 싸움을 피하고자 하였다.

그러자 극지가 말하였다.

"한韓에서의 전투에서 혜공惠公은 참패를 당하였고, 기箕에서의 전투에서는 선진先軫이 전사하여 결과도 보고하지 못하였으며, 필邲의 싸움에서는 순백荀伯은 한 번 싸워 패전하고는 다시 상대하여 싸우지 못하였습니다. 이러한 사건들은 모두 우리 진나라의 수치였습니다. 그대 역시 선군 때의 일을 잘 보셨을 것입니다. 지금 우리가 초나라를 피한다면 또다시 수치를 더하는 것입니다."

범문자가 말하였다.

"우리의 선군들께서 자주 싸우셨던 것은 그 이유가 있었습니다. 진秦나라와 적인狄人, 제齊나라, 초나라가 모두 강해서 우리가 있는 힘을 다해서 싸우지 않으면 자손이 장차 약해질 것이기 때문이었습니다. 그런데 지금은 그중 강한 세 무리는 모두 우리에게 복종하였으나 초나라만이 우리를 대적하고 있을 뿐입니다. 오직 성인聖人만이 안팎으로 환난을 없앨 수 있습니다. 성인이 아닌 경우 밖이 평안하면 안으로 근심이 있게 마련입니다. 그런데 어찌 초나라를 그대로 두어 밖의 두려운 존재로 삼아 늘 나라 안의 경계심을 삼도록 하지 않으려 하십니까?"

갑오날 그믐, 초나라가 새벽에 진나라 군사에 접근하여 진을 쳤다.

그러자 진나라 군관이 이를 근심하였다.

이에 범개范匄가 달려 나와 이렇게 말하였다.

"우물을 덮어서 묻고 부뚜막을 모두 평평히 하여 흔적을 남기지 마십시오. 그리고 군영 안에 있는 진은 그 간격을 넓혀 다니는 길이 트이게 하십시오. 진나라나 초나라나 하늘이 주는 천명에 따라 싸울 뿐인데 무엇이 걱정이겠습니까?"

그러자 아버지 범문자가 창을 들고 그를 쫓으며 말하였다.

"나라의 존망이 하늘에 달렸다. 어린 녀석이 무엇을 안다고 그러느냐?"

난서가 말하였다.

"초나라 군사는 경솔하니 우리는 보루를 견고히 하고 기다리기만 하면 사흘이면 그들은 틀림없이 물러갈 것입니다. 그들이 물러날 때 추격하면 우리는 틀림없이 승리를 얻을 수 있을 것입니다."

극지가 말하였다.

"초나라 군사에게는 여섯 가지 틈이 있으니 놓칠 수 없습니다. 군사를 이끌고 있는 두 경卿은 서로 미워하고 있으며, 왕의 친위대는 늙은 병사들이며, 정나라 군사는 진열이 가지런하지 못하고, 만이蠻夷의 군사는 진을 치지 않고 있으며, 초나라는 진을 치면서 그믐날을 피하지 않았고, 진중에서는 시끄럽게 떠들고 있으며, 진과 진이 서로 가까워 더욱 소란스럽습니다. 이들은 각기 자신들 뒤쪽의 군사만 믿어 싸우겠다는 전의가 없으며, 늙은 병사들은 뛰어난 병사라 할 수도 없으며, 금기해야 할 그믐날에 진을 쳤으니 우리는 틀림없이 이길 것입니다."

초 공왕이 소거巢車에 올라가 진나라 군사를 살펴보고 있었다.

그때 자중子重이 진나라에서 도망쳐 온 태재大宰 백주리伯州犁로 하여금 왕을 뒤에서 모시게 하였다.

왕이 백주리에게 물었다.

"진나라 군인이 좌우로 내닫고 있는데 왜 그러는 것인가?"

백주리가 대답하였다.

"군리軍吏들을 소집하고 있는 것입니다."

"모두가 중군中軍으로 모였구나."

백주리가 설명하였다.

"함께 모책을 세우는 것입니다."

"장막을 열었다."

백주리가 설명하였다.

"경건하게 선군의 신령에게 승패를 점치고 있는 것입니다."

"장막을 거두었다."

백주리가 설명하였다.

"곧 명령을 내리려는 것입니다."

"매우 떠들썩하고 게다가 먼지까지 일고 있다."

백주리가 설명하였다.

"우물을 묻고 아궁이를 다 없앤 다음 행진을 하려는 것입니다."

"모두가 전차에 올랐는데 좌우에 탔던 이들은 무기를 들고 내리고 있다."

백주리가 설명하였다.

"맹세의 약속을 듣고 있는 것입니다."

"곧 전투를 벌일 것인가?"

백주리가 설명하였다.

"아직 알 수 없습니다."

"사람들이 전차를 탔다가 그 좌우의 전사들이 모두 내리고 있다."

백주리가 설명하였다.

"전투에 대한 기도를 드리는 것입니다."

백주리는 왕에게 진나라 임금의 친위병에 대하여 낱낱이 설명해 주었다.

한편 초나라에서 진나라로 달아났던 묘분황苗賁皇 역시 진 여공의 곁에서 초왕의 친위병에 대해 설명해 주었다.

그러자 모두가 이렇게 말하였다.

"우리나라의 뛰어난 인사가 초나라에 붙어 있고 게다가 군사가 많으니 우리는 그들을 감당할 수 없습니다."

묘분황이 진 여공에게 말하였다.

"초나라의 정예부대는 중군에 있는 초왕의 친위병뿐입니다. 청컨대 정예부대를 나누어서 초군의 좌우 군사를 치십시오. 그리고 삼군을 병사들을 왕의 친위부대 공격에 집중시키면 틀림없이 크게 패배시킬 수 있을 것입니다."

여공이 점을 쳐서 알아보게 하였다.

점복관이 말하였다.

"길합니다. 그 괘가 복復괘를 만나는 것으로 나왔습니다. '남쪽 나라가 쭈그러들고 활을 그 우두머리 왕에게 쏘면 그의 눈을 맞힌다'라 되어 있습니다. 나라가 지고 왕이 부상을 당한다 하였으니 패하지 않고 무엇을 또 기다리겠습니까?"

여공은 그의 말대로 하였다.

진나라 군사가 가는 길에는 진흙 수렁이 있어 모두들 좌우가 서로 엇갈려 그 구덩이를 비켜 갔다.

그때 보의步毅가 진 여공의 전차를, 난겸欒鍼이 오른쪽을, 초나라는 팽명彭名이 공왕의 전차를, 반당潘黨이 오른쪽을 맡고 있었으며, 정鄭나라는 석수石首가 성공成公의 전차를 몰고, 당구唐苟가 오른쪽을 맡고 있었다.

진나라 난서와 범문자는 그들의 군사로 군주를 좌우로 호위하며 진군하였는데, 여공의 전차가 그만 진흙 수렁에 빠지고 말았다.

난서가 군주를 자신의 전차에 태우려 하자 아들 난겸이 말하였다.

"아버지 난서는 물러나시오! 나라는 각자 맡은 큰 임무가 있습니다. 어찌 혼자 마음대로 할 수 있습니까? 게다가 다른 관원이 할 일을 침범하는 것은 모독이며, 자신이 할 일을 잃는 것은 태만이며, 자신의 자리를 떠나는 것은 나쁜 행위입니다. 이처럼 세 가지 죄를 짓는 것이 되니 손대지 마십시오."

그리고는 자신이 여공을 끌어올리고 전차를 수렁에서 빼내었다.

계사날, 초나라 반왕潘尪의 아들 반당潘黨이 양유기養由基와 함께 갑옷을 올려놓고 활을 쏘았는데 일곱 겹을 꿰뚫는 것이었다.

그는 이를 초왕에게 보여주며 이렇게 말하였다.

"임금께서는 이러한 신하가 둘이나 있는데 전투에 무슨 걱정을 하십니까?"

그러자 초왕은 노하여 말하였다.

"크게 나라에 모욕을 주는구나! 내일 아침에 너희가 마음대로 활을 쏘았다가는 그 재주 때문에 죽게 될 것이다."

진나라 대부 여기呂錡가 달을 쏘아 맞히고, 물러나서는 진흙 속에 빠지는 꿈을 꾸었다.

이를 점을 쳐 보았더니 이렇게 풀이하는 것이었다.

"희성姬姓은 태양이요, 이성異姓은 달을 상징하니 틀림없이 초왕일 것입니다. 그리고 쏘아 맞히고 물러나 진흙 속에 빠졌다는 것은 그대도 또한 틀림없이 죽게 된다는 뜻입니다."

전투가 시작되자 여기는 과연 초 공왕을 쏘아 눈을 맞혔다.

그러자 공왕은 양유기를 불러 화살 두 개를 주면서 여기를 쏘도록 하여, 여기는 그 화살을 목에 맞고 활집에 엎어져 죽었다.

양유기는 남은 화살 하나는 그대로 가진 채 공왕에게 결과를 보고하였다.

진나라 극지는 세 번이나 초 공왕의 친위대와 맞붙게 되었는데 공왕을 보면 반드시 전차에서 내려 투구를 벗고 바람같이 달려 달아나 그에 대한 경의를 표하는 것이었다.

공왕은 공윤工尹 양襄으로 하여금 활을 선물로 하여 그를 찾아가 이렇게 물어보도록 하였다.

"바야흐로 전투가 한창일 때 누런 가죽 바지를 입은 분이 있었는데, 군자의 풍모를 지니고 있었소. 나를 알아보고는 피해 달아났는데 부상은 없었소?"

극지는 그 손님을 만나자 투구를 벗고 그 명령을 받으며 이렇게 말하였다.

"초나라 군주의 외신外臣인 저 극지는 우리 임금의 전투에 참여하면서 그대 초나라 임금의 신령함을 덕택으로 이렇게 갑옷과 투구를 몸에 걸치고 있습니다. 그러나 감히 초나라 군주의 말씀에 감사드리는 절을 하지는 못하지만 감히 상처는 입지 않았음을 고합니다. 그대 임금께서 욕되게 명을 내려 주셨으니 이 일을 이유로 감히 대신 사신에게 엄숙히 절하여 올립니다."

그리고 사신에게 엄숙한 예를 세 번 올리고 물러섰다.

한편 진나라 한궐이 정 성공을 쫓을 때 그 마부 두혼라杜溷羅가 말하였다.

"급히 추격할까요? 성공의 전차를 모는 자가 자꾸 뒤를 돌아보는 것을 보니 말에게는 생각이 없습니다. 따라잡을 수 있습니다."

그러자 한궐이 말하였다.

"두 번이나 한 나라 임금에게 욕보일 수는 없다."

그리고는 멈추었다.

극지도 정 성공을 쫓았는데 그 전차의 오른쪽 전사 불한호茀翰胡가 이렇게 말하였다.

"날쌘 병사를 시켜 그 수레 앞을 가로막게 하십시오. 그러면 저는 여기서 그 전차에 올라 정나라 군주를 포로로 잡아 끌어내리겠습니다."

극지가 말하였다.

"나라의 군주를 상하게 하면 벌을 받게 된다."

그리고 역시 그대로 멈추었다.

그러자 정나라 석수가 말하였다.

"지난날 위衛 의공懿公은 전투 중에 자신이 임금임을 알리는 깃발을 거두지 않았습니다. 그 때문에 형熒에서 패한 것입니다."

그리고 깃발을 거두어 활주머니에 넣었다.

당구가 석수에게 말하였다.

"그대는 임금 곁에 계십시오. 우리는 지고 있으니 오로지 임금만을 보호하십시오. 나는 그대만 못하니 그대가 임금을 모셔 화를 면하도록 하십시오. 나는 여기 남아 있겠습니다."

그는 그 자리에 싸우다 죽었다.

초나라 군사가 험한 곳으로 몰리게 되자, 숙산염叔山冉이 양유기에게 말하였다.

"비록 마음대로 활을 쏘지 말라는 임금의 명령이 있었지만 나라를 위하는 일이니 그대는 반드시 활을 쏘십시오."

그리하여 양유기는 화살 두 발을 쏘아 모두 맞혀 적을 쓰러뜨렸다.

그리고 숙산염이 진나라 군사를 잡아 던지자 전차 앞의 횡목 식軾이 부러지고 말았다.

진나라 군사는 추격을 멈췄으나 초나라 공자 패筏를 붙잡았다.

난겸은 초나라 자중子重의 깃발을 보자 진 여공에게 이렇게 청하였다.

"초나라 사람들이 저 깃발은 자중의 깃발이라 하였으니 저 사람은 분명 자중입니다. 지난날 제가 초나라에 사신으로 갔을 때 자중이 진나라의 용맹함은 어떤 것이냐고 묻기에 제가 '군사가 잘 정돈되어 있기를 좋아하지요'라고 대답하였습니다. 그가 '또 어떤 것이 있는가?'라고 묻기에 '한가한 여유를 즐기지요'라고 대답하였습니다. 지금 두 나라가 전투를 벌이고 있는 중에 사신을 보내지 않으면 잘 정돈되어 있다고 말할 수는 없고, 급한 사태에 임하여 지난날 했던 말을 어긴다면 여유를 가졌다고는 할 수 없겠지요. 청컨대 그에게 술을 보내주어 술시중을 들게 하십시오."

여공은 이를 허락하였다.

이에 사신에게 술통과 술잔을 가지고 자중에게 보내어 이렇게 전하도록 하였다.

"우리 임금께서는 부릴 사람이 모자라 난겸으로 하여금 창을 들고 곁에서 모시도록 하셨습니다. 이 까닭으로 호종犒從할 만한 이를 찾지 못해 저를 대신 보내어 술시중을 들도록 하셨습니다."

자중이 말하였다.

"그 선생께서 일찍이 나와 함께 초나라에서 이야기를 나눈 적이 있었으니 틀림없이 그 때문에 이렇게 대접하는 것이리라. 어찌 기억하지 못하고 있겠는가?"

그리고 이를 받아 마시고는 그 사신을 돌려보내고 다시 전투의 북을 울렸다.

새벽에 싸우기 시작하여 별이 뜰 때까지도 전투는 그치지 않았다.

초나라 자반子反은 군리에게 부상자를 조사하고 보병과 전차 부대를 보충하며 무기를 수선하고 거마車馬를 펼쳐 놓고 닭이 울면 식사를 마치고 출동 명령을 기다리도록 명하였다.

진나라는 이를 듣고 걱정을 하였다.

그러자 묘분황이 군진을 돌며 이렇게 말하였다.

"전차를 검사하고, 보병을 더 채우며, 말에게 꼴을 먹이고, 무기 손질을 하며, 진영을 바르게 하고, 대열을 견고히 하며, 내일 아침 먹을 식사를 미리 잠자리에서 하고, 승리의 기도를 드려라. 내일 다시 전투를 벌이리라!"

그리고는 붙잡았던 초나라 포로를 일부러 풀어 주어 이 소식이 초나라에 알려지도록 하였다.

초 공왕이 이를 듣고 자반을 불러 모책을 세우려 하였다.

그런데 이때 자반의 부하 곡양수穀陽豎가 자반에게 술을 바쳐 자반은 취해 공왕을 만날 수가 없었다.

공왕은 이렇게 한탄하였다.

"하늘이 초나라를 패하게 하려나! 나는 여기서 패배를 기다릴 수가 없다."

공왕은 밤중에 달아나고 말았다.

진나라 군사는 초나라 군사의 군진으로 쳐들어가 사흘간이나 초나라가 비축해 두었던 양식을 먹으며 지냈다.

범문자가 여공의 전투 말 앞에 서서 이렇게 말하였다.

"임금께서는 어리시고 여러 신하들은 재주가 모자란데 어떻게 이렇게 되었겠습니까? 임금께서는 이를 경계로 삼으십시오! 〈주서周書〉에 '하늘이 내리는 명命은 언제나 일정한 것이 아니다'라 하였으니 이는 천명이란 덕 있는 사람에게만 내린다는 뜻입니다."

초나라 군사가 나라로 돌아가는 중 하瑕에 이르자 공왕은 사람을 자반에게 보내어 이렇게 이르도록 하였다.

"지난날 그대 부친 선대부先大夫께서 싸움에서 져서 군사를 잃었을 때 임금은 그 싸움에 참가하지 않았었다. 그러니 그대는 자신이 과실을 저지른 것이라 여기지 말라, 이는 나의 잘못이다."

자반은 두 번 절하고 머리를 땅에 조아린 뒤 이렇게 말씀을 올렸다.

"임금께서 저에게 죽음을 내리시면 저는 비록 죽는다 해도 이름은 썩지 않을 것입니다. 제가 거느린 군사가 패하여 달아난 것이니 이는 모두 저의 죄입니다."

그때 자중子重이 자반에게 사람을 보내어 이렇게 이르도록 하였다.

"전에 싸워 군사를 잃었던 이의 일은 그대 역시 들었을 것이오. 어찌 이번 일에 책임을 지지 않소!"

그러자 자반은 대답하였다.

"비록 저의 선대부의 일이 없었다 하더라도 그대는 저에게 명령을 내렸을 것입니다. 제가 어찌 감히 의로운 말씀이라 아니하겠습니까? 제가 임금의 군사를 잃고도 감히 죽음을 잊고 있겠습니까?"

왕은 사람을 보내 그가 죽는 것을 저지하려 하였지만 그가 다다르기 전에 자반은 이미 목숨을 끊고 말았다.

전투가 벌어지던 다음 날, 제齊나라 국좌國佐와 고무구高無咎가 진나라 군사에 이르렀고, 위衛 헌공獻公은 위나라를 출발하였으며, 노 성공도 괴퇴壞隤에서 출발하였다.

【范文子】士燮. 晉나라 대부. 文子. 范武子(士會)의 아들. 그 후손이 뒷날 晉六卿의 하나인 范氏로 발전함.

【若逞吾願, 諸侯皆叛, 晉可以逞】 이 구절 두 '逞'자는 뜻이 각각 달라 앞의 경우 '快意, 蠻族'의 의미이며, 아래의 경우 '綎'의 假借字로 '緩'의 뜻으로 보고 있음. 모든 제후가 모두 晉나라를 배반한다면 진나라 사람들은 위아래가 다 일치 단결하여 싸워 진나라가 마음먹은 대로 할 수 있다는 뜻.

【晉國之憂, 可立俟也】鄭나라만 배반한다면 한 나라만 치는 것은 쉬운 일이라 여겨 위아래가 단결하지 않을 것이기에 진나라의 걱정거리가 될 것이라는 뜻.

【欒武子】欒書. 晉나라 대부. 欒盾의 아들. 欒伯으로도 부름.

【郤錡】晉나라 대부. 駒伯. 郤氏 집안 일족.

【荀偃】晉나라 대부. 荀庚의 아들. 자는 伯游. 荀林父의 손자. 中行偃. 시호는 獻子. 그 때문에 ‘中行獻子’로도 불리며 그 후손이 뒷날 晉六卿의 하나인 中行氏로 발전함.

【韓厥】晉나라 대부. 韓獻子. 子輿의 아들. 韓萬의 현손. 그 후손이 뒷날 晉六卿의 하나인 韓氏로 발전하였으며 戰國시대 七雄의 하나인 韓나라를 일으킴.

【郤至】晉나라 대부. 郤豹의 玄孫. 郤克(郤獻子)은 郤豹의 曾孫이었음. 따라서 郤至는 郤克의 族姪. 이들 집안은 당시 晉나라 실력자였음. 封地가 溫邑이어서 ‘溫季’로도 부름.

【荀罃】晉나라 대부. 知罃. 荀首(知莊子)의 아들로 宣公 12년(B.C.597) 邲의 싸움에서 사로잡혔음. 시호는 武子. 知武子로도 부름. 그 후손이 春秋末 晉六卿의 하나인 知氏로 발전함.

【郤犨】晉나라 대부 苦成叔. 郤克과 함께 克豹의 曾孫.《公羊傳》에는 ‘郤州’로 되어 있음.

【欒黶】晉나라 대부. 欒書의 아들.

【孟獻子】孟孫. 仲孫蔑. 魯나라 대부. 孟獻子. 孟孫氏 집안. 원래 桓公의 아들 慶父에게서 비롯된 성씨이며 公孫敖(穆伯) 가문. 공손오의 아들 文伯(穀), 惠叔(難), 문백의 아들 孟獻子(仲孫蔑) 등으로 노나라 血親이며 세도가 집안.

【戊寅】4월 12일.

【姚句耳】鄭나라 대부. 자신을 도와줄 楚나라 사정을 살피러 갔던 사신. ‘與往’의 표현으로 보아 정식 사신이 아닌 수행원으로 보임.

【司馬】당시 楚나라 司馬는 公子 側(子反)이었음. 中軍帥을 맡음.

【令尹】당시 令尹은 公子 嬰齊(子重). 左軍帥를 맡음.

【右尹】초나라 관직 이름이며 당시 公子 壬夫(子辛)였음. 右軍帥를 맡음.

【申】楚나라 고을 이름. 申叔時의 채읍. 그가 늙어 자신의 채읍 申에 머물고 있었음.

【各知其極】‘極’은 準則을 뜻함.

【詩】《詩經》周頌 思文篇에 “思文后稷, 克配彼天. 立我烝民, 莫匪爾極. 貽我來牟, 帝命率育. 無此疆爾界, 陳常于時夏”라 함.

【敦厖】‘敦’은 敦厚함. ‘厖’은 厖大(尨大)함.《方言》에 “厖, 豐也”라 함. 백성의

생활이 풍요롭고 돈독함을 뜻함.

【和同】昭公 20년과《晏子春秋》에 "晏子對曰:「據亦同也, 焉得爲和?」公曰: 「和與同異乎?」對曰:「異. 和如羹焉, 水·火·醯·醢·鹽·梅, 以烹魚肉, 燀之以薪, 宰夫和之, 齊之以味, 濟其不及, 以洩其過. 君子食之, 以平其心. 君臣亦然. 君所 謂可而有否焉, 臣獻其否以成其可; 君所謂否而有可焉, 臣獻其可以去其否, 是以 政平而不干, 民無爭心. 故詩曰:『亦有和羹, 旣戒旣平. 鬷嘏無言, 時靡有爭』先王 之濟五味·和五聲也, 以平其心, 成其政也. 聲亦如味, 一氣·二體·三類·四物·五聲· 六律·七音·八風·九歌, 以相成也; 淸濁·小大·短長·疾徐·哀樂·剛柔·遲速· 高下·出入·周疏, 以相濟也. 君子聽之, 以平其心. 心平, 德和. 故《詩》曰:『德音 不瑕』. 今據不然. 君所謂可, 據亦曰可; 君所謂否, 據亦曰否. 若以水濟水, 誰能 食之? 若琴瑟之專壹, 誰能聽之? 同之不可也如是.」飮酒樂. 公曰:「古而無死, 其樂若何!」晏子對曰:「古而無死, 則古之樂也, 君何得焉? 昔爽鳩氏始居此地, 季萴因之, 有逢伯陵因之, 蒲姑氏因之, 而後大公因之. 古若無死, 爽鳩氏之樂, 非君所願也.」라 함.

【瀆齊盟】瀆을 褻瀆. 더럽힘. 모독함. 가볍게 여김. 파기함. 신에게 빌고 약속했던 맹약을 더럽힘. 신성스러움을 모독함. '齊盟'의 '齊'는 '齋'와 같음. 맹약의 의식을 치르기 전 齋戒하고 성실히 임함을 말함. 이를 '齋盟'이라 함. 그러나 '齊'를 '동등 하다'의 뜻으로 보기도 함.

【食話言】'食言'에 '話'자를 더 넣어 뜻을 분명히 한 것.

【奸時】농사 지어야 할 때에 백성을 동원함. '奸'은 '不合當'의 뜻.

【逞】위정자의 뜻을 즐겁게 하기 위한 행동을 뜻함.

【人恤所厎】'恤'은 '걱정하다, 근심하다'의 뜻이며 '厎'(지)는 '지극하다, 지독하다' 의 뜻임.

【吾不復見子】다시는 그대를 볼 수 없음. 초나라가 패할 것이며 그대는 죽게 될 것임을 암시한 것.

【僞】'爲'자여야 하며 '만약'의 뜻. '만약 우리가 물러서기만 한다면'의 뜻.

【紓憂】근심을 해소시킴. 나라의 전쟁에 대한 근심을 해결할 수 있음.

【合諸侯】晉나라와 楚나라는 鄭나라를 두고 서로 霸權 경쟁 때문에 전쟁을 벌이는 것이므로 霸者의 지위를 뜻함.

【我若羣臣輯睦】〈唐石經〉에는 '若'자 곁에 '退'자를 표시하고 있어 정확한 뜻은 '우리가 물러나 신하들이 화목함을 모아 임금을 섬기다'의 뜻으로 內治에 힘쓰기를 유도한 말임.

【多矣】‘그것으로 충분하다’의 뜻.〈唐石經〉에는 곁에 ‘又何求’ 세 글자가 더 있음.

【鄢陵】지금의 河南 鄢陵縣 서쪽 40리.

【不欲戰】士燮은 싸우지 않고자 하였음.《國語》晉語(6)에는 “欒書曰:「君使黶也興齊·魯之師, 請俟之.」”라 하여 欒書의 말로 되어 있음.

【韓之戰】僖公 15년을 볼 것.

【箕之役】僖公 33년을 볼 것.

【邲之師】宣公 12년을 볼 것.

【荀伯】荀林父.

【盍釋楚以爲外懼乎】楚나라를 그대로 두어 국내 경계의 대상으로 활용함. 외부적이 있음으로 해서 국내 결속의 틀을 더욱 다질 수 있음을 말함. 楊伯峻 注에 “晉國大臣大多數主戰, 唯士燮始終主退. 士燮見厲公驕侈, 群臣不和, 如戰而勝楚, 內憂益滋, 故欲釋楚以緩和國內矛盾, 非懼戰敗也”라 함.

【范匄】范文子(士燮)의 아들. 士匄. 시호는 宣子. 당시 아주 젊고 활기가 넘쳤음. ‘匄’는 ‘丐’로도 표기하며 음은 ‘古害反’ ‘개’로 읽음.

【夷竈】음식을 마련하기 위한 임시 부뚜막. ‘夷’는 ‘平’과 같음. 평평하게 하여 그 흔적을 남기지 않음.

【而疏行首】‘行首’는 ‘行道’와 같음. ‘疏’는 너무 바짝 붙어있지 않도록 간격을 넓힘.《司馬法》定爵篇에 “凡陳行惟疏”라 하였고,《淮南子》道應訓에는 “疏隊而擊之”라 함.

【輕窕】輕薄함. 들떠 있음. ‘輕佻’와 같음. 堅靭의 상대어.

【六間】‘間’은 間隙. 틈. 흠. 결점.

【二卿】子反과 子重을 가리킴. 두 사람은 사이가 좋지 않았으며 서로를 미워하고 있었음.

【蠻軍】초나라 남방 자신들의 판도 내에 있는 만족을 징집하여 조직한 군사.《國語》晉語(6)에 “南夷與楚來, 而不與陳”이라 함.

【違晦】그믐날 진을 치는 것을 금기로 여겼음. 고대의 미신. 초나라는 이를 위배하였음을 말함.

【嚻】‘囂’와 같음. 시끄러움. 喧嘩함. 음은 ‘許驕反’ ‘효’.

【巢車】전투용 수레에 그 위를 높게 望樓를 더 얹은 것. 賊情을 살피기 위한 眺望의 역할을 함.《說文》에는 ‘轈車’로 되어 있으며《李衛公問對》에 의하면 8개의 바퀴에 높은 장대를 세워 그 꼭대기에 도르래(轆轤)를 달아 이를 타고 오르내리며, 판자로 사방 4척으로 가려 12개의 구멍을 사방으로 내어, 주위를

살필 수 있도록 안전하게 만든 조망 시설이라 함.

【伯州犁】晉나라 伯宗의 아들. 그는 楚나라로 도망하여 그곳에서 太宰에 오름. 昭公 元年 등을 볼 것.

【苗賁皇】楚나라 鬪椒의 아들. 宣公 4년 晉나라로 망명하였으며 晉나라 역시 그를 통해 楚나라 정보를 얻고 있었음. 宣公 17년 참조.

【國士】伯州犁를 가리킴.

【復】《周易》제 24번째 괘. 地雷復(震下坤上)으로 되어 있으며 "復: 亨. 出入无疾, 朋來无咎; 反復其道, 七日來復. 利有攸往. 彖曰:「復, 亨」, 剛反; 動而以順行, 是以「出入无疾, 朋來无咎」「反復其道, 七日來復」, 天行也.「利有攸往」, 剛長也. 復, 其見天地之心乎? 象曰: 雷在地中, 復; 先王以至日閉關, 商旅不行, 后不省方. 初九, 不遠復, 无祗悔, 元吉. 象曰:「不遠之復」, 以脩身也. 六二, 休復, 吉. 象曰:「休復之吉」, 以下仁也. 六三, 頻復, 厲无咎. 象曰:「頻復之厲」, 義无咎也. 六四, 中行獨復. 象曰:「中行獨復」, 以從道也. 六五, 敦復, 无悔. 象曰: 敦復无悔, 中以自考也. 上六, 迷復, 凶, 有災眚. 用行師, 終有大敗; 以其國, 君凶, 至于十年不克征. 象曰:「迷復之凶」, 反君道也"라 함.

【元王】元帥. 元首. 우두머리. 王. 이 구절은《周易》의 문장이 아님. 杜預 注에 "此卜者辭"라 함.

【淖】진흙탕 구덩이. 진흙 수렁. 泥沼.

【步毅】郤至의 아우. 郤毅로도 불림. 成公 13년 注를 볼 것.

【欒鍼】欒書의 아들. '鍼'은 '겸'으로 읽음.

【彭名】楚나라 대부. 宣公 12년을 볼 것.

【潘黨】역시 楚나라 대부.

【石首】鄭나라 대부.

【鄭成公】이름은 睔. 楚나라와 연합하여 晉나라와 본 鄢陵之戰을 벌였으며 이때는 成公 재위 3년째였음.

【唐苟】鄭나라 대부.

【書退】'書'는 欒書의 이름. 아들 欒鍼이 아버지에게 감히 이런 말을 한 것은 임금 앞이었기 때문임.《禮記》曲禮(上)에 의하면 임금 앞에서는 자신의 아버지를 지칭할 때 그 이름을 부름.

【離局】자신의 직무 범위를 떠남.

【掀】끌어올림.

【潘尪】楚나라 대부. 그의 아들이 潘黨이었음.

【養由基】 역대 이래 최고의 名射手로 이름난 楚나라 弓士. ‘養叔’으로도 부름.
宣公 12년 및 襄公 13년을 볼 것.《戰國策》西周策에 “楚有養由基者, 善射, 去
柳葉者百步而射之, 百發百中”이라 함.

【蹲甲】 갑옷을 다른 물체 위에 올려놓음

【七札】 갑옷의 가죽 일곱 겹.《呂氏春秋》(愛士篇)에 晉 惠公의 신하가 晉 穆公의
六札을 뚫었고,《韓詩外傳》(8)에 齊 景公의 七札을 뚫었으며,《列女傳》(辯通傳)
에 晉 平公 역시 七札을 뚫었다는 고사가 있음.

【詰朝】 이튿날 아침.

【呂錡】 魏錡. 宣公 12년을 볼 것.

【姬姓】 晉나라를 가리킴. 周나라와 동성.

【異姓】 異姓 제후국. 여기서는 楚나라를 가리킴.

【弨】 ‘韜’와 같음. 활을 담는 자루. 弓套.

【趨風】 바람처럼 빨리 피해줌. 이는 초 공왕에게 공경을 표하는 행동이었음.

【不穀】 君主가 자신을 자칭하는 칭호.《老子》39장에 “故貴以賤爲本, 高以下
爲基. 是以侯王自謂孤·寡·不穀, 此非以賤爲本邪? 非歟?”라 함.

【工尹襄】 ‘工尹’은 초나라 관직 이름. 百工을 다스리는 장관. ‘襄’은 그의 이름.

【韎韋】 무두질하여 누런색(혹 붉은색)을 입힌 가죽.

【跗注】 군복의 아랫바지. 疊韻連綿語의 물명. 杜預 注에 “跗注, 戎服, 若袴而屬
於跗, 與袴連”이라 함. 그러나 ‘跗’는 다리의 뒤쪽(脚背), ‘注’는 ‘屬’의 의미로
戎服 다리 아래쪽 뒤를 묶는 보호대가 아닌가 함.

【外臣】 남의 나라 군주에게 자신을 지칭할 때 쓰는 말.

【不寧】 ‘상처를 입다’의 뜻. 따라서 아무런 상처를 입지 않았음을 감히 보고함의
뜻. ‘寧’은 ‘㥏’(은)로 읽으며《方言》에 “㥏, 傷也”라 함.

【肅】 肅拜. 원래 고대 婦女들이 행하는 예. 남자의 경우 ‘拜’나 ‘頓首’로 표현하나
여기서는 매우 정중히 절을 하였음을 강조한 것.

【杜溷羅】 晉나라 대부. 韓厥의 전차를 몰고 있었음.

【再辱】 晉나라는 楚 共王의 눈을 화살로 맞추어 치욕을 주었으며 이번에도
鄭 成公을 잡는다면 적국 두 임금에게 치욕을 보이는 것으로 이렇게 하는 것은
비록 적국이기는 하지만 지나치게 심한 것이라 여긴 것임.

【衛懿公】 이 사건은 閔公 2년을 볼 것. 그가 熒澤에서 벌어진 狄과 전투에서
그 깃발을 감추지 않아 적에게 대패하고 懿公은 피살되었음.

【壹大】 ‘壹’은 ‘專一’의 뜻. ‘大’는 鄭 成公을 가리킴. “임금까지 화를 면하지

못할까 두려우니 그대는 전심하여 임금을 보호하라"의 뜻. 顧炎武는 "敗者壹大, 恐君之不免也"라 함.

【薄】'迫'과 같음. 압박을 당함.

【叔山冉】叔山은 복성. 冉은 이름. 楚나라 대부.

【公子茷】楚나라 공자. 《國語》晉語(6)에는 王子 發鉤로 되어 있음.

【楚人謂】포로로 잡은 초나라 병사에 의해 그 깃발이 자중의 부대임을 알아낸 것임.

【行人】使臣. 두 나라 사이를 오가며 의사를 소통하거나 의전, 통역 따위를 맡은 직책.

【攝飲】술시중을 대신함.

【造】'도착하다. 이르다'의 뜻.

【犒從】술과 음식으로 군사를 위로하는 업무. 欒鍼이 직접 와야 하나 그는 임금 곁을 지켜야 하기에 자신이 대신 왔음을 말한 것.

【夷傷】'夷'는 '痍'와 같음. 傷痍 군병.

【蒐】군사를 검열함. 혹은 蒐集함.

【申禱】재차 한 번 더 기도함.

【穀陽豎】子反의 보좌관. 부관. '豎穀陽', '豎陽穀' 등으로도 불림. 따라서 '豎'는 '內豎', '豎子'의 뜻이 아닌가 함.

【子反醉】이 고사는 《國語》楚語(上), 《呂氏春秋》權勳篇, 《韓非子》十過篇 및 飾邪篇, 《淮南子》人間訓, 《史記》晉世家, 楚世家, 《說苑》敬愼篇 등에 널리 실려 있음.

【戎馬】晉 厲公의 전차를 끄는 말.

【不佞】똑똑하지 못함. 훌륭한 것이 아님.

【周書】《尙書》康誥篇에 "王曰:「嗚呼! 肆, 汝小子封. 惟命不于常, 汝念哉, 無我殄享. 明乃服命, 高乃聽, 用康乂民.」"이라 함.

【瑕】초나라 땅. 江永은 "楚師自鄢陵還荊州, 不當廻遠由今之蒙城, 《水經注》誤也. 桓公六年, 楚武王侵隨軍於瑕以待之, 當是此瑕. 應在今湖北隨縣境"이라 함.

【先大夫】지난날의 대부. 즉 子反의 아버지 子玉(成得臣)을 가리킴. 城濮 싸움에서 楚나라 군사가 晉 文公에게 대패하자 자결함. 당시 楚 聖王은 전투에 직접 참가하지 않았음. 僖公 28년을 참조할 것.

【側】子反의 이름.

【卒】자반이 죽은 것에 대하여 《韓非子》, 《呂氏春秋》, 《淮南子》에는 모두 楚

共王이 "斬子反以爲戮"이라 하였고, 《說苑》에는 "誅子反以爲戮"이라 하였으며, 《史記》楚世家에도 "王怒, 射殺子反"이라 하여 모두 共王이 죽인 것으로 되어 있어 여기와 다름. 다만 《史記》晉世家에는 "王怒, 讓子反, 子反死"라 하였음.

【戰之日】〈金澤文庫〉본에는 '戰之明日'이라 하여 전투가 끝난 이튿날로 되어 있음.

【國佐·高無咎】둘 모두 齊나라 대부. 高無咎는 高固의 아들.

【衛侯】衛 獻公(衎). 재위 2년째였음.

【壞隤】魯나라 도읍 曲阜 성 안. 顧棟高의 〈大事表〉에 "以公待于壞隤, 申宮儆備, 設守而後行, 則壞隤在曲阜城內, 去公宮不遠"이라 함.

✸ 1048(成16-8)

秋, 公會晉侯·齊侯·衛侯·宋華元·邾人于沙隨, 不見公.

가을, 성공이 진후晉侯, 제후齊侯, 위후衛侯, 송宋나라 화원華元, 주인邾人과 사수沙隨에서 모였으나 진晉나라 군주가 성공을 만나주지 않았다.

【華元】宋나라 대부 華御事의 아들.
【沙隨】宋나라 지명. 《一統志》에 "在今河南省寧陵縣西北, 沙隨亭"이라 함.

⑱

宣伯通於穆姜, 欲去季·孟而取其室.

將行, 穆姜送公, 而使逐二子.

公以晉難告, 曰:「請反而聽命.」

姜怒.

公子偃·公子鉏趨而過, 指之曰:「女不可, 是皆君也.」

公待於壞隤, 申宮·儆備·設守, 而後行, 是以後.
使孟獻子守于公宮.

노나라 대부 선백宣伯이 노 성공의 생모 목강穆姜과 사통하면서 계문자 季文子와 맹헌자孟獻子를 없애고 그들의 재산을 차지하려 하였다.

성공이 진晉나라 군사가 있는 곳으로 떠나려 하자 목강은 성공을 보내면서 계문자와 맹헌자 두 사람을 축출하라고 하였다.

그러나 성공은 진나라 군사를 방문하러 가는 것을 구실 삼아 어머니에게 이렇게 말하였다.

"돌아온 뒤에 말씀을 받들도록 해주십시오."

그러자 목강이 화를 냈다.

그때 마침 공자 언偃과 공자 서鉏가 그들 앞을 달려 지나가는 것을 보고 손가락으로 가리키며 이렇게 말하였다.

"네가 안 된다고 한다면 저것들이 모두 임금이 될 것이다."

성공이 괴퇴壞隤에서 기다리면서 궁궐을 수리하며 잘 경비하고 수비를 단단히 하도록 시켜놓은 다음에야 떠나 그 때문에 늦게 도착한 것이었다.

그때 성공은 맹헌자로 하여금 공궁을 지키도록 하였었다.

【宣伯】叔孫僑如. 노나라 대부.
【穆姜】魯 宣公(倭)의 부인. 成公(黑肱)의 어머니. 齊나라 출신으로 繆姜으로도 표기함. 襄公의 할머니. 成公 9년, 11년, 16년 등을 볼 것. 叔孫僑如와 사통하면서 季氏와 孟氏를 축출하고자 갖은 애를 썼다가 9년 傳에 의하면 東宮에 폐위되었던 여인임. 《列女傳》孽嬖篇에도 그의 음행이 실려 있으며 "聰慧而行亂, 故諡曰繆"이라 함.
【季孫行父】季文子. 魯나라 대부. 魯나라 三桓의 하나인 季孫氏 집안.
【孟獻子】孟孫. 魯나라 대부. 孟孫氏 집안. 원래 桓公의 아들 慶父에게서 비롯된 성씨이며 公孫敖(穆伯) 가문. 공손오의 아들 文伯(穀), 惠叔(難), 문백의 아들 孟獻子(仲孫蔑) 등으로 노나라 血親이며 세도가 집안.
【公子偃】魯나라 공자. 成公의 庶弟.
【公子鉏】역시 노나라 공자. 成公의 庶弟.

【壞隤】魯나라 도읍 曲阜 성 안. 成公이 晉나라가 鄢陵之戰에서 楚나라를 이기자 그곳에 위로차 직접 가기로 하였음. 앞 장 참조.《列女傳》孽嬖傳「魯宣繆姜」에 "繆姜者, 齊侯之女, 魯宣公之夫人, 成公母也. 聰慧而行亂. 故諡曰「繆」. 初, 成公幼, 繆姜通於叔孫宣伯名喬如, 喬如與繆姜謀, 去季孟而擅魯國. 晉楚戰於鄢陵, 公出佐晉, 將行, 姜告:「公必逐季孟, 是背君也.」公辭以晉難, 請反聽命. 又貨晉大夫使執季孫行父而止之, 許殺仲孫蔑, 以魯士晉爲內臣, 魯人不順喬如, 明而逐之, 喬如奔齊, 魯遂擯繆姜於東宮. 始往, 繆姜使筮之, 遇艮之六. 史曰:「是謂艮之隨, 隨其出也, 君必速出.」姜曰:「亡是, 於周易曰:『隨元亨利貞, 無咎』元, 善之長也. 亨, 嘉之會也. 利, 義之和也. 貞, 事之幹也. 終, 故不可誣也. 是以雖隨無咎. 今我婦人而與於亂, 固在下位, 而有不仁, 不可謂元; 不靖國家, 不可謂亨; 作而害身, 不可謂利; 棄位而放, 不可謂貞. 有四德者, 隨而無咎, 我皆無之, 豈隨也哉? 我則取惡, 能無咎乎? 必死於此, 不得出矣!」卒薨於東宮. 君子曰:「惜哉繆姜! 雖有聰慧之質, 終不得掩其淫亂之罪.」《詩》曰:『士之耽兮, 猶可說也; 女之耽兮, 不可說也.』此之謂也. 頌曰:『繆姜淫洗, 宣伯是阻. 謀逐季孫, 欲使專魯. 旣廢見擯, 心意摧下. 後雖善言, 終不能補.』"라 함.

⑬ (傳)

秋, 會于沙隨, 謀伐鄭也.
宣伯使告郤犨曰:「魯侯待于壞隤, 以待勝者.」
郤犨將新軍, 且爲公族大夫, 以主東諸侯.
取貨于宣伯, 而訴公于晉侯, 晉侯不見公.

가을, 사수沙隨에서 모인 것은 정鄭나라를 칠 계획을 세우기 위한 것이었다.

노나라 선백宣伯이 진晉나라 극주郤犨에게 다음과 같이 알리도록 하였다.

"노나라 임금께서 괴퇴壞隤에서 기다렸던 것은 진晉나라와 초楚나라 가운데 어느 나라가 이기는가를 기다렸던 때문이었습니다."

당시 극주는 진나라 신군사장新軍大將이면서 게다가 공족대부로서 동방의 제후들에 관한 일을 맡고 있었다.

　그는 선백에게 뇌물을 받고 진 여공厲公에게 고자질을 하여 여공이 성공을 만나주지 않은 것이다.

【伐鄭】楚나라가 鄢陵之戰에 대패하였음에도 鄭나라는 晉나라에 복종하지 않고 있었음.
【宣伯】叔孫僑如. 노나라 대부. 成公이 늦은 것은 자신이 저지른 국내 사정이 있었기 때문이었으나 이에 대해 거짓으로 성공의 죄를 덮어씌운 것임.
【郤犨】晉나라 대부 苦成叔. 郤克과 함께 克豹의 曾孫.《公羊傳》에는 '郤州'로 되어 있음. '郤犫'로도 표기함.
【公族大夫】公族과 卿의 자제들에 대한 사무를 관장한 관직 이름.
【晉侯】晉 厲公(州蒲).

※ 1049(成16-9)

公至自會.

공이 모임에서 돌아왔다.

【會】沙隨의 모임에서 돌아옴.
＊無傳

㊀

曹人請于晉曰:「自我先君宣公卽世, 國人曰:『若之何? 憂猶未弭.』而又討我寡君, 以亡曹國社稷之鎭公子, 是大泯曹也, 先君無乃有罪乎? 若有罪, 則君列諸會矣. 君唯不遺德·刑, 以伯諸侯, 豈獨遺諸敝邑? 敢私布之.」

조曹나라가 진晉나라에게 이렇게 요청하였다.

"우리 선군께서 세상을 떠나신 뒤로 나라 사람들은 '나랏일을 어찌할 것인가? 그 걱정 아직도 그치지 않고 있구나'라 하고 있습니다. 게다가 또 진나라는 우리 임금을 성토하셔서 우리 조나라 사직을 보존할 공자公子까지 다른 나라로 망명하도록 하였습니다. 이는 우리 조나라를 크는 멸망시키실 일입니다. 우리 선군께는 아무런 죄가 없지 않습니까? 죄가 있었지만 군주께서는 제후들의 모임에 우리 선군을 참석시키셨습니다. 군주께서는 오직 덕과 형벌을 바르게 쓰심에 빠뜨림이 없으시기에 패자로서 제후들 위에 군림하고 계시는 것입니다. 그런데 어찌 유독 우리에게만은 바르게 쓰지 않고 계십니까? 이에 감히 사견을 펼칩니다."

【宣公】 이름은 盧. B.C.594~578년까지 17년간 재위하고 成公(負芻)이 그 뒤를 이음. 이해는 成公 재위 2년째였음.
【社稷之鎭】 社稷을 鎭守할 공자를 말함. 구체적으로는 曹나라 公子 臧을 가리킴. 그는 이미 頌나라로 도망하여 있었음.
【列諸會矣】 宣公 17년의 斷道之會를 가리킴. 그곳에는 曹 宣公을 참여시켰음. 본 장 말미 杜預 注에 "爲曹伯歸不以名告傳"이라 함.

✹ 1050(成 16-10)

公會尹子, 晉侯·齊國佐·邾人伐鄭.

성공이 윤자尹子, 진후晉侯, 제齊나라 국좌國佐, 주인邾人과 모여 정鄭나라를 쳤다.

【尹子】 尹武公. 周나라 왕실의 卿士.
【國佐】 齊나라 대부. 國歸父의 아들이며 國武子로 불림. 國氏는 齊나라 문벌 집안이었음.

七月, 公會尹武公及諸侯伐鄭.

將行, 姜又命公如初.

公又申守而行.

諸侯之師次于鄭西, 我師次于督揚, 不敢過鄭.

子叔聲伯使叔孫豹請逆于晉師, 爲食於鄭郊, 師逆以至.

聲伯四日不食以待之, 食使者而後食.

7월, 성공이 윤무공尹武公 및 여러 제후들과 모여 정鄭나라를 쳤다.

성공이 떠나려 할 때 목강穆姜이 다시 전과 같이 계문자季文子와 맹헌자孟獻子를 축출하도록 명하였다.

성공은 이번에도 공궁을 잘 지키도록 신신당부를 하고 떠났다.

제후들의 군사가 정나라 서쪽에 진을 치고 있었는데 우리 노나라 군사는 독양督揚에 머물러 있어 정나라를 감히 지나갈 수가 없었다.

자숙성백子叔聲伯이 숙손표叔孫豹를 사신으로 하여 진晉나라 군사가 와서 노나라 군사를 맞이해 줄 것을 청하도록 하고, 노나라 군사는 정나라 교외에서 진나라 군사를 위한 끼니를 지으며 기다렸다.

성백은 나흘 동안이나 식사를 하지 않은 채 기다렸다가 진나라 사신이 식사를 들고 나서야 식사를 하였다.

【尹武公】周나라 왕실 公爵의 卿士. 經文의 尹子.

【姜】穆姜. 宣公의 부인이며 成公의 생모. 그녀는 宣伯과 사통하면서 成公이 鄢陵之戰이 끝나고 晉나라를 찾아 떠나려 할 때 季文子와 孟獻子를 축출하도록 한 사건(成公 16년의 傳)을 볼 것. 杜預 注에 "復欲使公逐季·孟"이라 함.

【次】군사가 주둔함을 뜻함. 莊公 3년 傳에 "凡師, 一宿爲舍, 再宿爲信, 過信爲次"라 함.

【督揚】鄭나라 동쪽의 지명. 지금의 河南 長葛縣 북쪽.

【子叔聲伯】公孫嬰齊. 자는 子叔. 魯나라 대부. 叔肸의 아들. 仲嬰齊로도 부르며 시호는 聲伯.

【叔孫豹】魯나라 대부. 叔孫僑如의 아우.

諸侯遷于制田, 知武子佐下軍, 以諸侯之師侵陳, 至於鳴鹿.
遂侵蔡, 未反, 諸侯遷于潁上.
戊午, 鄭子罕宵軍之, 宋·齊·衛皆失軍.

　　제후들 군사가 정鄭나라 제전制田으로 옮겨가자, 진晉나라 지무자知武子는 하군부장下軍副將으로서 제후들의 군사를 이끌고 진陳나라를 쳐들어가 명록鳴鹿에 이르렀다.

　　그리하여 드디어 채蔡나라를 쳐들어갔으며, 회군하기 전에 제후들 군사를 영수潁水 강변으로 이동시켰다.

　　무오날, 정나라 자한子罕이 밤에 그들을 습격하여 송宋나라, 제齊나라, 위衛나라의 군사가 모두 대열을 잃고 말았다.

【制田】鄭나라 지명. 지금의 河南 新鄭縣 동북쪽.《一統志》에 "今河南省新鄭縣
　　東北"이라 함.
【知武子】荀罃. 知罃. 鄢陵之戰 때는 국내에 남아 지켰으나 이번에는 출정함.
【蔡】姬姓. 周 文王의 아들 蔡叔(姬度)의 후손 蔡仲이 받았던 봉지. 지금의 河南
　　上蔡縣. 당시 晉나라가 陳과 蔡를 친 것은 그들이 楚나라에 복속하였기 때문
　　이었음.
【鳴鹿】陳나라의 읍. 지금의 河南 鹿邑縣 서쪽에 위치.
【潁上】潁水의 강가. 潁守는 河南 登封縣에서 발원하여 禹縣, 臨潁縣 등을 거쳐
　　淮水로 들어감.
【戊午】7월 24일.
【子罕】鄭나라 公子 喜. 鄭 穆公의 아들.

❋ 1051(成 16-11)

　曹伯歸自京師.

　조曹나라 군주가 경사京師에서 돌아왔다.

【曹伯】당시 曹나라 군주는 成公(負芻)이었음.
【京師】周 天子가 있는 도읍. 지금의 洛陽.

　傳
　曹人復請于晉.
　晉侯謂子臧,「反, 吾歸而君.」
　子臧反, 曹伯歸.
　子臧盡致其邑與卿而不出.

　조曹나라가 다시 임금을 돌려보내 달라고 진晉나라에 요청하였다.
　진 여공厲公이 조나라의 자장子臧에게 말하였다.
"돌아가시오. 내가 그대의 임금이 돌아갈 수 있도록 하겠소."
　이에 자장은 조나라로 돌아가고 조 성공成公도 돌아가게 되었다.
　자장은 영유하던 읍과 경卿 관직을 모두 나라에 반환하고 다시는 조정에
나가지 않았다.

【子臧】欣時. 역시 曹 宣公의 庶子이며 負芻의 아우. 자는 子臧.《公羊傳》과
　《新序》節士篇에는 이름이 '喜時'로 되어 있음. 그가 송나라로 망명해 있었던
　일은 成公 13년의 傳을 참조할 것.
【曹伯歸】曹伯은 曹나라 군주 成公(負芻).《新序》節士篇에 "晉乃言天子歸成
　公於魯"라 함.

※ 1052(成 16-12)

九月, 晉人執季孫行父, 舍之于苕丘.

9월, 진晉나라가 계손행보季孫行父를 잡아 초구苕丘에 가두었다.

【季孫行父】季文子. 魯나라 대부. 魯나라 三桓의 하나인 季孫氏 집안.
【苕丘】晉나라 지명.《公羊傳》에는 '招丘'로 되어 있음. 구체적인 위치는 알 수
없음.

※ 1053(成 16-13)

冬十月乙亥, 叔孫僑如出奔齊.

겨울 10월 을해날, 숙손교여叔孫僑如가 제齊나라로 달아났다.

【乙亥】10월 12일.
【叔孫僑如】魯나라 대부. 宣伯. 叔孫得臣의 아들. 아버지가 狄의 군주 僑如를
잡아 처단한 기념으로 아들 이름을 '僑如'로 지어 叔孫僑如가 됨. 文公 11년의
傳文을 볼 것.

※ 1054(成 16-14)

十有二月乙丑, 季孫行父及晉郤犨盟于扈.

12월 을축날, 계손행보季孫行父와 진晉나라 극주郤犨가 호扈에서 동맹을
맺었다.

【乙丑】12월 3일.
【季孫行父】季文子. 魯나라 대부. 魯나라 三桓의 하나인 季孫氏 집안.
【郤犨】晉나라 대부 苦成叔. 郤克과 함께 克豹의 曾孫.《公羊傳》에는 '郤州'로
  되어 있음.
【鄢】鄭나라 지명. 지금의 河南 原武縣 서북쪽.《一統志》에 "今河南武原縣西
  北有鄢亭"이라 함. 文公 7년을 볼 것.

❋ 1055(成16-15)

公至自會.

성공이 모임에서 돌아왔다.

【會】鄭나라 원정에서 돌아옴.
＊無傳

❋ 1056(成16-16)

乙酉, 刺公子偃.

을유날, 공자公子 언偃을 죽였다.

【乙酉】12월 23일.
【刺】잘못을 꾸짖고 죽이는 것. 僖公 28년을 볼 것.
【公子偃】子游. 鄭나라 공자. 穆公의 아들.

傳

宣伯使告郤犨曰:「魯之有季‧孟, 猶晉之有欒‧范也, 政令於是乎成. 今其謀曰:『晉政多門, 不可從也. 寧事齊‧楚, 有亡而已, 蔑從晉矣』若欲得志於魯, 請止行父而殺之, 我斃蔑也, 而事晉, 蔑有貳矣. 魯不貳, 小國必睦. 不然, 歸必叛矣.」

九月, 晉人執季文子于苕丘.

公還, 待于鄆, 使子叔聲伯請季孫于晉.

郤犨曰:「苟去仲孫蔑, 而止季孫行父, 吾與子國, 親於公室.」

對曰:「僑如之情, 子必聞之矣. 若去蔑與行父, 是大棄魯國, 而罪寡人也. 若猶不棄, 而惠徼周公之福, 使寡君得事晉君, 則夫二人者, 魯國社稷之臣也. 若朝亡之, 魯必夕亡. 以魯之密邇仇讎, 亡而爲讎, 治之何及?」

郤犨曰:「吾爲子請邑.」

對曰:「嬰齊, 魯之常隸也, 敢介大國以求厚焉? 承寡君之命以請, 若得所請, 吾子之賜多矣, 又何求?」

范文子謂欒武子曰:「季孫於魯, 相二君矣. 妾不衣帛, 馬不食粟, 可不謂忠乎? 信讒慝而棄忠良, 若諸侯何? 子叔嬰齊奉君命無私, 謀國家不貳, 圖其身不忘其君. 若虛其請, 是棄善人也. 子其圖之!」

乃許魯平, 赦季孫.

冬十月, 出叔孫僑如而盟之.

僑如奔齊.

十二月, 季孫及郤犨盟于扈.

歸, 刺公子偃, 召叔孫豹于齊而立之.

선백宣伯이 극주郤犨에게 사람을 보내어 이렇게 말을 전하였다.

"노魯나라의 계문자季文子와 맹헌자孟獻子는 진나라의 난무자欒武子와 범문자范文子의 존재와 같습니다. 우리 노나라의 정치 강령은 이 두 사람에게서 이루어집니다. 그런데 지금 이들은 '진나라 정치는 문벌이 많아 종잡을 수가 없다. 차라리 제나라나 초나라를 섬기다가 망하는 한이 있더라도 진나라를 따를 수는 없다'라고들 합니다. 노나라에서 뜻을 펴시려면 청컨대 행보行父(季文子)를 죽여 없애주십시오. 그러면 나는 멸蔑(孟獻子)을 죽이고 진나라를 섬겨 두 마음을 갖지 않도록 하겠습니다. 노나라가 두 마음을 품지 않는다면 다른 작은 나라들도 틀림없이 진나라와 화목하게 지내게 될 것입니다. 그렇게 하지 않았다가는 노나라로 틀림없이 진나라를 배반하고 말 것입니다."

9월, 진나라가 계문자를 초구苕丘에서 잡았다.

그때 노 성공은 정鄭나라를 치고 돌아오는 길에 운鄆에서 기다리면서 자숙성백子叔聲伯으로 하여금 진나라에 가서 계손씨季孫氏(季文子)를 놓아 줄 것을 요청하도록 하였다.

그러자 극주가 이렇게 말하였다.

"진실로 중손멸仲孫蔑(孟獻子)을 없애고 계손행보季孫行父를 억제시켜 준다면 나는 당신 나라와 우리 공실이 더욱 친밀하게 만들어 놓겠소."

자숙성백이 대답하였다.

"숙손교여叔孫僑如(宣伯)의 악행은 그대도 들었을 것입니다. 만약 중손멸과 계손행보를 없앤다면 이는 노나라를 버리고 우리 임금을 죄인으로 만드는 일입니다. 만일 그래도 우리나라를 포기하지 않고 주공周公의 복을 받도록 은혜를 베풀어 우리 임금께서 그대 진나라 임금을 모시게 한다면 그 두 사람은 노나라의 사직의 신하가 될 것입니다. 만약 아침에 그들을 없앤다면 노나라는 틀림없이 그날 저녁에 망하고 말 것입니다. 노나라가 그대 진나라의 원수인 초나라, 제나라와 가까이하고 있는데 망하고 나서 진나라를 원수로 삼는다면 진나라가 어떻게 노나라를 다스릴 수 있겠습니까?"

극주가 말하였다.

"내 그대를 위해 읍을 주도록 청하겠습니다."

성백이 말하였다.

"나(嬰齊)는 노나라의 관리일 뿐, 어찌 감히 큰 나라를 사이에 끼워 후한 녹을 요구할 수 있겠습니까? 나는 우리 군주의 명을 받들고 청을 드리고 있으니 청한 결과만 얻는다면 그대가 나에게 주는 은혜는 이미 아주 많은 것입니다. 그런데 내가 다시 무엇을 구하겠습니까?"

범문자范文子(土燮)가 난무자欒武子(欒書)에게 말하였다.

"계손행보는 노나라에서 두 군주를 섬겨 재상을 역임하였습니다. 그는 첩에게 비단옷을 입히지 않고, 말에게 좁쌀을 먹이는 일이 없으니 충성스럽다고 하지 않을 수 있겠습니까? 그런데도 모함하는 말을 믿어 충성스럽고 훌륭한 그런 사람을 버리면 제후들의 비난을 어찌 감당하겠습니까? 그리고 노나라의 자숙영제子叔嬰齊는 군주의 명을 받들면서 사심이 없고, 국가의 이익을 도모하면서 두 마음을 품지 않으며, 자신의 분수를 헤아리되 임금을 잊지 않고 있습니다. 만약 그의 요청을 거절한다면 이는 선한 사람을 버리는 것입니다. 그대는 잘 헤아려보십시오!"

그리하여 노나라의 요구를 받아들여 화평을 이루고 계손행보를 놓아주었다.

겨울 10월, 노나라에서는 숙손교여를 내쫓고 대부들이 앞으로 그런 일이 없게 할 것을 굳게 맹세하였다.

숙손교여는 제齊나라로 달아났다.

12월, 계손행보가 진나라 극주와 호扈에서 맹약을 맺었다.

그리고 노나라로 돌아와 공자 언偃을 죽이고 숙손표叔孫豹를 제나라에서 불러들여 숙손씨 가문의 후계자로 삼았다.

【宣伯】叔孫僑如. 魯나라 대부. 叔孫得臣의 아들. 아버지가 狄의 군주 僑如를 잡아 처단한 기념으로 아들 이름을 '僑如'로 지어 叔孫僑如가 됨. 문공 11년의 傳文을 볼 것. 그는 穆姜과 사통하면서 季文子와 孟獻子를 몰아내고자 온 힘을 기울였음. 成公 16년을 참조할 것.

【郤犨】晉나라 대부 苦成叔. 郤克과 함께 克豹의 曾孫. 《公羊傳》에는 '郤州'로 되어 있음.

【季·孟】魯나라 季文子(季孫行父)와 孟獻子(仲孫蔑). 둘 모두 季孫氏, 孟孫氏의 가문으로 노나라의 큰 문벌이었으며 宣伯(叔孫僑如)으로부터 경계와 배척을 받고 있었음.

【欒·范】晉나라 欒武子(欒書)와 范文子(土燮). 이들은 노나라에 있어서의 계문자와 맹헌자의 존재와 같다는 뜻임.

【蔑從晉矣】'蔑'은 '勿, 未, 莫, 無' 등과 같음. 雙聲互訓. 否定의 의미임. 그 아래

‘蔑有貳矣’의 ‘蔑’도 같은 용법임.

【郓】魯나라에는 郓의 지명이 두 곳이었으며 여기서는 西郓을 가리킴. 지금의 山東 郓城縣 동쪽.

【子叔聲伯】公孫嬰齊. 子叔嬰齊. 노나라 대부. 자는 子叔. 叔肸의 아들. 仲嬰齊로도 부르며 시호는 聲伯.

【僑如之情】叔孫僑如(宣伯)가 穆姜과 사통하면서 公子 偃과 결탁하여 계문자와 맹헌자를 축출하고자 험담을 일삼는 일을 말함.

【蔑與行父】여기서의 ‘蔑’은 仲孫蔑(孟獻子)의 이름. 行父는 季孫行父(季文子).

【周公】魯나라의 시조 周公(姬旦).

【常隸】子叔聲伯이 자신을 낮추어 부른 말. 자신은 魯나라의 일개 노예와 같은 낮은 신분의 관리일 뿐임을 표현한 것.

【密邇仇讎】‘密邇’는 아주 가까워짐. 仇讎는 晉나라와 적대관계에 있는 齊나라와 楚나라를 가리킴. 晉나라가 魯나라를 버리면 魯나라는 자연히 晉나라와 적대관계인 齊나라나 楚나라와 아주 가까워질 것임을 말함.

【請邑】《國語》魯語(上)에 “子叔聲伯如晉, 謝季文子. 郤犨欲予之邑, 弗受也”라 함.

【介】‘믿고 의지하다(仗恃, 依支)’. 혹은 ‘그를 매개로 하다(因)’의 뜻.

【二君】魯나라 宣公과 成公을 가리킴. 季孫行父(季文子)는 이 두 임금을 모셨음.

【無私】杜預 注에 “不受郤犨請邑”이라 함.

【不貳厚】杜預 注에 “謂四日不食以堅事晉”이라 함.

【不忘其君】杜預 注에 “辭邑·不食, 皆先君而後身”이라 함.

【盟之】노나라 대부들과 다시는 그러한 일이 없도록 서로 맹약함. 노나라 대부들이 숙손교여 같은 나쁜 짓을 하지 않겠다고 맹서한 것.

【公子偃】穆姜이 成公에게 겁을 주면서 ‘이 두 왕자가 너 대신 임금이 되리라’하고 위협한 두 공자 중의 하나. 成公 16년의 傳文을 볼 것.

【叔孫豹】叔孫僑如(宣伯)의 아우. 僑如 대신 그를 叔孫氏 가문의 후계자로 삼음.

⑰

齊聲孟子通僑如, 使立於高·國之間.

僑如曰:「不可以再罪.」

奔衛, 亦間於卿.

제齊나라 영공靈公의 어머니 성맹자聲孟子가 숙손교여叔孫僑如와 사통하자 제나라에서는 그를 고씨高氏와 국씨國氏의 중간 지위로 강등시켰다.

그러자 숙손교여가 말하였다.

"두 번 죄를 지을 수가 없다."

그리고는 위衛나라로 달아나자 위나라에서도 역시 그에게 경卿의 중간 지위를 주었다.

【聲孟子】齊 靈公의 모친이며 宋나라 출신. 叔孫僑如 딸의 시어머니. 그는 뒤에 齊나라 大夫 慶克과도 사통하여 사단을 벌인 일이 있음. 成公 17년의 傳을 볼 것.

【通僑如】叔孫僑如(宣伯)는 노나라에서 穆姜과 사통하며 권력투쟁을 벌이다가 齊나라로 달아났으며(앞 장 참조), 일찍이 자신의 딸을 齊 靈公에게 시집보내어 景公을 낳았음(襄公 25년 傳을 볼 것). 이런 관계로 宋나라의 公女이자 靈公의 어머니 聲孟子와 쉽게 통하게 되었던 것임.

【高·國】이들 두 성씨는 齊나라에서 世襲上卿의 지위였음.

⑱

晉侯使郤至獻楚捷于周, 與單襄公語, 驟稱其伐.

單子語諸大夫曰:「溫季其亡乎! 位於七人之下, 而求掩其上. 怨之所聚, 亂之本也. 多怨而階亂, 何以在位? 〈夏書〉曰:『怨豈在明? 不見是圖.』將愼其細也. 今而明之, 其可乎?」

진晉 여공厲公이 극지郤至를 주周나라에 보내어 초楚나라와 싸워 얻은 전리품을 바치도록 하였을 때 극지는 선양공單襄公과 이야기하면서 자꾸만 자신의 공을 자랑하는 것이었다.

그러자 선양공이 주 왕실의 대부들에게 말하였다.

"온계溫季(郤至)는 망하게 될 것이오! 그는 일곱 장군 가운데에서 가장 아래에 있으면서 그 윗사람들을 가리고자 하더군요. 다른 사람들의 원망을 한 몸에 받는 것은 난을 일으키는 근본이지요. 남에게 많은 원망을 받아

난이 일으키는 계단으로 올라간다면 어찌 그 자리를 지킬 수 있겠소?
〈하서夏書〉에 '타인의 원망이 어찌 사람 눈에 뜨이는 명백한 데에서만 일어
나겠는가? 그런 상황은 눈에 보이지도 않는 법'이라 하였습니다. 이는 미세한
것도 신중히 하라는 뜻이지요. 그런데 지금 명백하게 드러나는데 그래서
될 일이겠소?"

【郤至】晉나라 대부. 郤豹의 玄孫. 郤克(郤獻子)은 郤豹의 曾孫이었음. 따라서
　郤至는 郤克의 族姪. 이들 집안은 당시 晉나라 실력자였음. 封地가 溫邑이어서
　'溫季'로도 부름. 본문의 예언대로 郤至는 다음해 피살되고 말았음.
【捷楚】鄢陵之戰에서 楚나라를 대패시키고 얻은 전리품을 말함. 成公 16년의
　傳을 볼 것.
【單襄公】周나라 왕실의 卿士. 《國語》周語(中)에는 "晉旣克楚于鄢, 使郤至告
　慶于周. 未將事, 王叔簡公飮之酒, 交酬好貨皆厚, 飮酒宴語相說也. 明日, 王叔
　子譽諸朝. 郤至見邵桓公, 與之語. 邵公以告單襄公曰:「王叔子譽溫季, 以爲必
　相晉國. 相晉國, 必大得諸侯, 勸二三君子必先導焉, 可以樹. 今夫子見我, 以晉
　國之克也, 爲己實謀之, 曰:『微我, 晉不戰矣! 楚有五敗, 晉不知乘, 我則强之.
　背宋之盟, 一也; 德薄而以地賂諸侯, 二也; 棄壯之良而用幼弱, 三也; 建立卿
　士而不用其言, 四也; 夷·鄭從之, 三陳而不整, 五也. 罪不由晉, 晉得其民, 四軍
　之帥, 旅力方剛; 卒伍治整, 諸侯與之. 是有五勝也: 有辭, 一也; 得民, 二也; 軍帥
　强禦, 三也; 行列治整, 四也; 諸侯輯睦, 五也. 有一勝足用也, 有五勝以伐五敗,
　而避之者, 非人也. 不可以不戰. 欒·范不欲, 我則强之. 戰而勝, 是吾力也. 且夫
　戰也微謀, 吾有三伐: 勇而有禮, 反之以仁. 吾三逐楚君之卒, 勇也; 見其君必下
　而趨, 禮也; 能獲鄭伯而赦之, 仁也. 若是而知晉國之政, 楚·越必朝』吾曰:『子則
　賢矣. 抑晉國之擧也, 不失其次, 吾懼政之未及子也』謂我曰:『夫何次之有? 昔先
　大夫荀伯自下軍之佐以政, 趙宣子未有軍行而以政, 今欒伯自下軍往. 是三子也,
　吾又過於四之無不及. 若佐新軍而升爲政, 不亦可乎? 將必求之』是其言也, 君以
　爲奚若?」襄公曰:「人有言曰:『兵在其頸』其郤至之謂乎! 君子不自稱也, 非以
　讓也, 惡其蓋人也. 夫人性, 陵上者也, 不可蓋也. 求蓋人, 其抑下滋甚, 故聖人貴讓.
　且諺曰:『獸惡其網, 民惡其上』《書》曰:『民可近也, 而不可上也』《詩》曰:『愷悌
　君子, 求福不回』在禮, 敵必三讓, 是則聖人知民之不可加也. 故王天下者必先
　諸民, 然後庇焉, 則能長利. 今郤至在七人之下而欲上之, 是求蓋七人也, 其亦有

七怨. 怨在小醜, 猶不可堪, 而況在侈卿乎? 其何以待之? 晉之克也, 天有惡於楚也, 故儆之以晉. 而郤至佻天之功以爲己力, 不亦難乎? 佻天不祥, 乘人不義. 不祥則天棄之, 不義則民叛之. 且郤至何三伐之有? 夫仁‧禮‧勇, 皆民之爲也. 以義死用謂之勇, 奉義順則謂之禮, 畜義豐功謂之仁. 姦仁爲佻, 姦禮爲羞, 姦勇爲賊. 夫戰, 盡敵爲上, 守和同順義爲上. 故制戎以果毅, 制朝以序成. 叛戰而擅舍鄭君, 賊也; 棄毅行容, 羞也; 叛國卽讎, 佻也. 有三姦以求替其上, 遠於得政矣. 以吾觀之, 兵在其頸, 不可久也. 雖吾王叔, 未能違難. 在〈太誓〉曰:『民之所欲, 天必從之』王叔欲郤至, 能勿從乎?」郤至歸, 明年死難. 及伯輿之獄, 王叔陳生奔晉"이라 하여 邵桓公이 單襄公에게 한 말로 되어 있음.

【七人】欒書, 士燮, 郤錡, 荀偃, 韓厥, 荀罃, 郤犨 등은 모두 郤之보다 지위가 높은 장수들이었음.

【夏書】《尙書》夏書 五子之歌에 "其一曰:「皇祖有訓, 民可近, 不可下. 民惟邦本, 本固邦寧. 予視天下, 愚夫愚婦, 一能勝予, 一人三失, 怨豈在明? 不見是圖. 予臨兆民, 懍乎若朽索之馭六馬, 爲人上者, 柰何不敬?」"이라 함.

149. 成公 17年(B.C.574) 丁亥

周	簡王(姬夷) 12년	齊	靈公(環) 8년	晉	厲公(州蒲) 7년	衛	獻公(衎) 3년
蔡	景公(固) 18년	鄭	成公(睔) 11년	曹	成公(負芻) 4년	陳	成公(午) 25년
杞	桓公(姑容) 63년	宋	平公(成) 2년	秦	景公(后伯車) 3년	楚	共王(審) 17년
吳	壽夢 12년	許	靈公(甯) 18년				

❋ **1057(成 17-1)**

十有七年春, 衛北宮括帥師侵鄭.

17년 봄, 위衛나라 북궁괄北宮括이 군사를 이끌고 정鄭나라를 쳤다.

【北宮括】 衛나라 대부. 北宮은 複姓. 括은 이름. 시호는 懿子. 그 때문에 '北宮
懿子'로도 부름. 衛 成公(鄭)의 증손. 《公羊傳》에는 '北宮結'로 되어 있음.

Ⓑ

十七年春王正月, 鄭子駟侵晉虛·滑.

衛北宮括救晉, 侵鄭, 至于高氏.

夏五月, 鄭大子髡頑·侯獳爲質於楚, 楚公子成·公子寅戍鄭.

17년 봄 주력 정월, 정鄭나라 자사子駟가 진晉나라의 허虛와 활滑을 침공하였다.

그러자 위衛나라 북궁괄北宮括이 진나라를 구원하기 위하여 정나라를 침공, 고씨高氏 땅에 이르렀다.

여름 5월, 정나라 태자 곤완髡頑과 후누侯獳가 초楚나라에 인질로 가고, 초나라 공자 성成과 공자 인寅이 와서 정나라를 수비하게 되었다.

【子駟】 公子 騑. 鄭 穆公(蘭)의 아들.

【虛·滑】 晉나라 읍. 許는 지금의 河南 偃師縣 동남쪽. 滑은 偃師縣 동쪽.

【高氏】 鄭나라 지명. 지금의 河南 禹縣 서남쪽. 《一統志》에 "今河南禹縣西南有 高氏亭"이라 함.

【髡頑】 鄭나라 태자.

【侯獳】 鄭나라 대부. 曹나라도 역시 '侯獳'라는 인명이 있었음. 僖公 28년 참조.

【公子成】 楚나라 공자.

【公子寅】 역시 楚나라 공자.

✸ 1058(成17-2)

夏, 公會尹子·單子·晉侯·齊侯·宋公·衛侯·曹伯·邾人 伐鄭.

여름, 성공이 윤자尹子·선자單子·진晉 여공厲公·제齊 영공靈公·송宋 평공平公·위衛 헌공獻公·조曹 성공成公·주인邾人과 함께 모여 정鄭나라를 쳤다.

【尹子】 尹武公. 周나라 왕실의 卿士.

【單子】 單襄公. 역시 주나라 왕실의 卿士.

(傳)

公會尹武公·單襄公及諸侯伐鄭, 自戲童至于曲洧.

성공이 윤무공尹武公·선양공單襄公 및 제후들과 모여 정鄭나라를 쳐서, 희동戲童으로부터 곡유曲洧까지 진격하였다.

【戲童·曲洧】 모두 鄭나라 지명. 戲童은 戲 또는 浮戲라고도 하며 지금의 河南 鞏縣 동남쪽과 登封縣 동북쪽. 曲洧는 지금의 河南 洧川縣. 洧水가 근처를 흐름.

(傳)

晉范文子反自鄢陵, 使其祝宗祈死, 曰:「君驕侈而克敵, 是天益其疾也, 難將作矣. 愛我者唯祝我, 使我速死, 無及於難, 范氏之福也.」
六月戊辰, 士燮卒.

진晉나라 범문자范文子(士燮)가 언릉鄢陵에서 돌아와 축종祝宗에게 자신을 빨리 죽게 기도해 달라고 부탁하며 이렇게 말하였다.

"우리 임금 여공厲公께서는 교만하고 사치스러운데 이번 싸움에서 적을 이겼으니 이는 하늘이 그의 악행을 더 키워주는 것입니다. 장차 난리가 일어날 것입니다. 나를 사랑하는 이들이 오직 나를 저주하고 있으니 나로 하여금 빨리 죽어 난리에 휩쓸리지 않게 해주십시오. 그렇게 되면 우리 범씨 가문의 복이 될 것입니다."

6월 무진날, 사섭이 세상을 떠났다.

【范文子】 士燮. 晉나라 대부. 文子. 范武子(士會)의 아들. 그 후손이 뒷날 晉六卿의 하나인 范氏로 발전함.
【鄢陵】 楚나라와 晉나라가 大戰을 벌였던 지역. 지금의 河南 鄢陵縣 북쪽.《水經注》(渠水)에 "蔡澤陂水出鄢陵城西北, 晉楚相遇處也. 陂東西五里, 南北十里, 下入淮陽扶溝"라 함.

【祝宗】제사와 기도를 맡은 벼슬. 祝史의 우두머리.
【六月戊辰】6월 9일.
【士燮】范文子. 昭公 25년 傳에도 "冬十月辛酉, 昭子齊於其寢, 使祝宗祈死.
戊辰, 卒"이라 함.

☀ 1059(成 17-3)

六月乙酉, 同盟于柯陵.

6월 을유날, 가릉柯陵에서 동맹을 맺었다.

【乙酉】6월 26일.
【柯陵】鄭나라 지명. 지금의 河南 臨潁縣 북쪽, 許昌市 남쪽.《淮南子》(人間訓)
  에는 '嘉陵'으로 되어 있음.

㊛

乙酉, 同盟于柯陵, 尋戚之盟也.

을유날, 성공이 가릉河陵에서 동맹을 맺은 것은 척戚에서 맺은 맹약을
더욱 굳건히 하기 위해서였다.

【戚之盟】成公 15년 戚에서 맺었던 맹약.

㊛

楚子重救鄭, 師于首止.
諸侯還.

초楚나라 자중子重이 정鄭나라를 구원하여 수지首止에 군사를 포진시켰다.
그러자 제후들 군사가 돌아갔다.

【子重】嬰齊. 楚나라 공자. 楚 穆王의 아들이며 莊王의 아우. 일찍이 將軍, 左尹,
令尹 등을 지냄. 宣公 11년 전을 볼 것.
【首止】衛나라 땅. 지금의 河南 睢縣 동남쪽. 桓公 18년을 볼 것.
【諸侯還】杜預 注에 "畏楚强"이라 함.

* 1060(成 17-4)

秋, 公至自會.

가을, 성공이 모임에서 돌아왔다.

【會】柯陵之會를 가리킴.
＊無傳

* 1061(成 17-5)

齊高無咎出奔莒.

제齊나라 고무구高無咎가 거莒나라로 달아났다.

【高無咎】齊나라 대부.

齊慶克通于聲孟子, 與婦人蒙衣乘輦而入于閎.

鮑牽見之, 以告國武子.

武子召慶克而謂之.

慶克久不出, 而告夫人曰:「國子謫我.」

夫人怒.

國子相靈公以會, 高·鮑處守.

及還, 將至, 閉門而索客.

孟子訴之曰:「高·鮑將不納君, 而立公子角, 國子知之.」

秋七月壬寅, 刖鮑牽而逐高無咎.

無咎奔莒, 高弱以盧叛.

齊人來召鮑國而立之.

初, 鮑國去鮑氏而來爲施孝叔臣.

施氏卜宰, 匡句須吉.

施氏之宰有百室之邑, 與匡句須邑, 使爲宰, 以讓鮑國而致邑焉.

施孝叔曰:「子實吉.」

對曰:「能與忠良, 吉孰大焉?」

鮑國相施氏忠, 故齊人取以爲鮑氏後.

仲尼曰:「鮑莊子之知不如葵, 葵猶能衛其足.」

제齊나라 경극慶克은 성맹자聲孟子와 사통하면서 어느 날 여장을 하고 궁 안의 여인과 함께 부인용 가마를 타고 후궁의 문으로 들어갔다.

그런데 포견鮑牽이 이를 보고 국무자國武子에게 알렸다.

국무자는 경극을 불러 들은 대로 말하였다.

이에 경극은 오랫동안 집에서 나오지도 않은 채 성맹자에게 고하였다.

"국무자가 저를 꾸짖었습니다."

그러자 성맹자는 크게 화를 냈다.

국무자가 영공靈公을 도와 제후들의 모임에 나가고 고무구高無咎와 포견이 나라에 남아 지키게 되었다.

군주가 돌아와 도읍에 들어가려 할 때 그들은 도읍 성문을 단단히 닫고 출입자를 수색하고 있었다.

성맹자가 임금에게 이렇게 호소하였다.

"고씨와 포씨가 임금을 들어오지 못하게 하고, 공자 각角을 군주로 세우려 하였는데 그 일은 국무자도 알고 있는 일입니다."

가을 7월 임인날, 포견에게 월형刖刑을 내리고 고무구는 나라 밖으로 축출하였다.

고무구는 거莒나라로 달아나고 고약高弱은 노盧 땅에서 반란을 일으켰다.

제나라 사람이 노나라로 와서 포국鮑國을 불러 포씨 가문의 후계자로 삼았다.

당초, 포국은 자신 집안 포씨 가문을 떠나 노나라로 와서 시효숙施孝叔의 가신으로 있었다.

시씨施氏가 가재家宰를 정하면서 점을 쳤더니 광구수匡句須가 길하다는 점괘가 나왔다.

시씨 집안의 가재는 민가 1백 호戶의 땅을 관리하였는데 광구수에게 그 땅을 주고 그를 가재로 삼았더니 광구수는 그 자리를 포국에게 양보하고 영토도 반납하는 것이었다.

시효숙이 말하였다.

"그대가 되어야 실로 길하다는 점괘가 나왔네."

그러자 광구수가 말하였다.

"충성스럽고 어진 사람에게 자리를 줄 수 있다면 이보다 더 길한 것이 어디 있겠습니까?"

그리하여 포국은 시씨를 도와 충성을 다하였으며 그 때문에 제나라 사람이 그를 데려다가 포씨 가문의 후계자로 삼은 것이다.

중니는 이렇게 말하였다.

"포장자鮑莊子(鮑牽)의 지혜는 아욱만도 못하다. 아욱도 제 뿌리는 지킬 줄 안다."

【慶克】齊 桓公의 아들 公子 無虧의 후손. 慶封의 아버지.

【聲孟子】齊 靈公의 모친이며 宋나라 출신. 叔孫僑如 딸의 시어머니. 이미 魯나라 에서 도망간 叔孫僑如(宣伯)와 私通하여 국제적인 파문을 일으킨 적이 있음. 成公 16년의 傳을 참조할 것.

【蒙衣】女裝을 함. 옷으로 얼굴을 가려 신분을 숨김.

【輦】부인들이 타는 작은 수레, 혹 가마.

【閎】後宮으로 들어가는 문.

【鮑牽】鮑叔牙의 증손. 齊나라 대부. 시호는 莊子. 鮑莊子로도 불림.

【國武子】國佐. 齊나라 대부. 國歸父의 아들이며 國武子로 불림. 國氏는 齊나라 문벌 집안이었음.

【靈公】당시 齊나라 군주. 이름은 環. 聲孟子의 아들. B.C.581~554년까지 28년간 재위하고 莊公(光)이 그 뒤를 이음.

【索客】출입객을 색출해 내기 위해 검문을 철저히 함.

【高·鮑】高無咎와 鮑牽.

【公子角】齊 頃公(無野)의 아들이며 靈公의 庶弟.

【七月壬寅】7월 13일.

【刖】刖刑. 고대 五刑의 하나로 발뒤꿈치를 자르는 형벌.

【高弱】高無咎의 아들.

【盧】당시 高氏가 영유하였던 采邑. 지금의 山東 長淸縣 서남쪽.

【鮑國】鮑牽의 아우. 시호는 文子. 鮑文子. 원래 齊나라 출신으로 魯나라에 와서 뿌리를 내리고 있었음. 그 때문에 齊나라에서 와서 그를 귀국시켜 포씨 가문의 후계자로 삼은 것임.

【施孝叔】노나라 대부. 杜預 注에 “孝叔, 魯惠公五世孫”이라 함. 宣伯의 배다른 누이를 아내로 맞은 인물. 成公 11년의 傳을 볼 것.

【家宰】卿 大夫 집안 家臣의 최고 우두머리.

【匡句須】匡 땅의 宰. 땅이름을 성씨로 삼은 것이며 이름은 句須. 施孝叔 집안의 가재.

【鮑莊子】鮑牽. 聲孟子와 慶克의 사통을 제대로 처리하지 못하여 억울하게 刖刑을 받은 것을 지혜롭지 못하게 여긴 것임.

【葵】向日葵(해바라기)로 알려졌으나 중국 고대에 해바라기가 들어오지 않았 으며 채소 아욱으로 추정함. 아욱은 뜯을 때 뿌리(足)가 쉽게 뽑혀 조심해서 잎을 따야 한다고 함. 이 때문에 古詩에 “採葵不傷根. 傷根葵不生”이라 함.

✹ 1062(成 17-6)

九月辛丑, 用郊.

9월 신축날, 교제郊祭를 지냈다.

【辛丑】 9월 13일.
【郊】 교제. 祭天의 행사. 환공 5년을 볼 것.
＊無傳

✹ 1063(成 17-7)

晉侯使荀罃來乞師.

진晉 여공厲公이 순앵荀罃을 보내어 군사를 요청하였다.

【晉侯】 晉 厲公(州蒲).
【知罃】 荀罃. 晉나라 대부. 荀首(知莊子)의 아들로 宣公 12년(B.C.597) 邲의 싸움에서 사로잡혔음. 시호는 武子. 知武子로도 부름. 그 후손이 春秋末 晉六卿의 하나인 知氏로 발전함.
【乞師】 鄭나라를 치기 위해 魯나라에 출병을 요청한 것. 杜預 注에 "爲將伐鄭"이라 함.
＊無傳

✹ 1064(成 17-8)

冬, 公會單子·晉侯·宋公·衛侯·曹伯·齊人·邾人伐鄭.

겨울, 성공이 선자單子, 진후晉侯, 송공宋公, 위후衛侯, 조백曹伯, 제인齊人, 주인
邾人과 함께 정鄭나라를 쳤다.

【單子】單襄公. 周나라 왕실의 卿士.

㋮

冬, 諸侯伐鄭.
十月庚午, 圍鄭.
楚公子申救鄭, 師于汝上.
十一月, 諸侯還.

겨울, 제후들이 정鄭나라를 쳤다.
10월 경오날, 정나라를 포위하였다.
초楚나라 공자 신申이 정나라를 구하기 위해 여수汝水 강가에 진을 쳤다.
11월, 제후들 군사가 철수하였다.

【庚午】10월 12일.
【公子申】楚나라 공자.
【汝】汝水. 지금의 河南 郟縣과 葉縣의 사이를 흐르는 물. 楚나라와 鄭나라의
  경계를 이루고 있었음.

✸ 1065(成 17-9)

十有一月, 公至自伐鄭.

11월, 성공이 정鄭나라 치는 일에서 돌아왔다.

＊無傳

❋ 1066(成17-10)

壬申, 公孫嬰齊卒于貍脤.

임신날, 공손영제公孫嬰齊가 이신貍脤에서 죽었다.

【壬申】11월에는 壬申날이 없었음.
【公孫嬰齊】〈阮刻本〉에는 ‘齊’자가 탈락되어 ‘公孫嬰’으로 되어 있으며, 혹 이것이
　　잘못 전해져 ‘公子嬰’으로도 된 판본도 있음. 公孫嬰齊는 魯나라 대부. 자는
　　子叔. 叔肹의 아들. 仲嬰齊로도 부르며 시호는 聲伯.
【貍脤】지금의 山東 曲阜縣 서쪽으로 추정함.《公羊傳》에는 ‘貍軫’,《穀梁傳》
　　에는 ‘貍蜃’으로 되어 있음.

㉠

初, 聲伯夢涉洹, 或與己瓊瑰食之, 泣而爲瓊瑰盈其懷.
從而歌之曰:『濟洹之水, 贈我以瓊瑰. 歸乎歸乎, 瓊瑰盈吾懷乎!』
懼不敢占也.
還自鄭, 壬申, 至于貍脤而占之, 曰:「余恐死, 故不敢占也. 今衆繁
而從余三年矣, 而無傷也.」
言之, 之莫而卒.

당초, 성백聲伯이 꿈에 원수洹水를 건너는데 어떤 사람이 그에게 구슬을
먹이는 것이었다. 그가 흘리는 눈물이 구슬이 되어 품속에 가득 차는 것
이었다.

성백은 그를 따라가며 이렇게 노래를 불렀다.

"원수를 건너노라니 어떤 분이 나에게 구슬을 주시네. 돌아가리라, 돌아가리라. 구슬이 내 품속에 가득하도다!"

그는 그 꿈을 두려워하여 감히 길흉을 점치지도 못하였다.

그가 정鄭나라를 치고 돌아오는 길, 임신날에 이신貍脤에 이르러 점을 치면서 이렇게 말하였다.

"나는 죽음이 두려워 그 때문에 감히 점을 치지 못한 것이다. 지금 여기에는 사람이 많고 이들은 나를 3년 동안이나 따른 사람들이니 나를 해치지는 않을 것이다."

그런데 성백은 이 말을 한 그날 저녁에 세상을 떠났다.

【聲伯】子叔聲伯. 叔孫僑如. 魯나라 대부.
【洹】黃河의 支流 이름. 지금의 河南 安陽縣 북쪽을 흐름. 지금은 '安陽河'라고 부름.
【瓊瑰】구슬. 이는 죽은 사람을 염할 때에 구슬이나 동전을 입에 넣는 풍습이 있음.
【之莫】'之'는 '至', '莫'는 '暮'의 假借字. '그날 저녁에 이르러'의 뜻.

✹ 1067(成 17-11)

十有一月丁巳朔, 日有食之.

12월 초하루 정사날, 일식이 있었다.

【丁巳】12월 초하루.
【日食】천문 계산으로 B.C.574년 10월 22일 皆旣日蝕이 있었다 함.
＊無傳

※ 1068(成 17·12)

邾子玃且卒.

주邾나라 군주 확저玃且가 죽었다.

【玃且】邾 定公의 이름. 재위 40년에 죽었으며 그 아들 宣公(牼)이 뒤를 이음.
＊無傳

傳
齊侯使崔杼爲大夫, 使慶克佐之, 帥師圍盧.
國佐從諸侯圍鄭, 以難請而歸.
遂如盧師, 殺慶克, 以穀叛.
齊侯與之盟于徐關而復之.
十二月, 盧降.
使國勝告難于晉, 待命于淸.

　제齊 영공靈公이 최저崔杼를 대부로 삼고 경극慶克으로 하여금 그를 도와
군사를 이끌고 노盧 땅을 포위하도록 하였다.
　그때 국좌國佐는 제후들을 따라 정鄭나라를 포위하고 있다가 나라에
난리가 난 것을 이유로 돌아가기를 청하여 귀국하였다.
　그리고 드디어 노 땅을 포위하고 있는 군사들이 있는 곳으로 가서 경극을
죽이고 곡穀 땅을 근거로 반란을 일으켰다.
　이에 제 영공은 그와 서관徐關에서 맹약을 맺고 국좌를 복직시켰다.
　12월, 노 땅의 반란군이 항복하였다.
　영공은 국좌의 아들 국승國勝을 진晉나라에 보내어 난리가 있었음을
보고하도록 하되 청淸 땅에서 출발 명령을 기다리도록 하였다.

【崔杼】齊나라 대부. 齊 莊公(B.C.553~548)이 그의 아내와 사통하자 崔杼는 그를
  弑害하고 景公을 세워 자신은 宰相이 되는 등 춘추 후기 제나라 역사를 뒤흔든
  인물. 晏子(晏嬰)와 여러 차례 부딪치는 등 많은 일화를 낳았음. 뒤에 목을 매어
  자결하였으며 시호는 武子.
【慶克】齊 桓公의 아들 公子 無虧의 후손. 慶封의 아버지.
【盧】당시 高氏가 영유하였던 采邑. 지금의 山東 長淸縣 서남쪽.
【國佐】齊나라 대부. 國歸父의 아들이며 國武子로 불림. 國氏는 齊나라 문벌
  집안이었음.
【穀】齊나라 땅. 지금의 山東 東阿縣 穀城. 원래 '穀'은 姬姓의 작은 나라였으나
  뒤에 齊나라에게 망함.
【徐關】齊나라 都邑 邑城의 관문. 지금의 山東 淄川鎭 서쪽에 있던 關門.
【國勝】國佐의 아들.
【淸】齊나라 지명. 지금의 山東 聊城(옛 堂邑縣) 동북쪽. 國勝으로 하여금 그곳
  에서 晉나라 사신으로 가는 문제가 결정 나면 출발하도록 한 것. 이는 國佐를
  토벌하기 위한 것임. 杜預 注에 "齊欲討國佐, 故留其子於外"라 함.

❈ 1069(成 17-13)

晉殺其大夫郤錡·郤犨·郤至.

진晉나라에서 대부 극기郤錡, 극주郤犨, 극지郤至를 죽였다.

【郤錡】郤克의 아들. '駒伯'으로도 부름. 士燮의 보좌가 됨.
【郤犨】晉나라 대부 苦成叔. 郤克과 함께 克豹의 曾孫. 《公羊傳》에는 '郤州'로
  되어 있음.
【郤至】晉나라 대부. 郤豹의 玄孫. 郤克(郤獻子)은 郤豹의 曾孫이었음. 따라서
  郤至는 郤克의 族姪. 이들 집안은 당시 晉나라 실력자였음. 封地가 溫邑이어서
  '溫季'로도 부름. 이들이 죽음을 당할 것임을 예언한 것은 成公 15년의 傳을
  볼 것.

⑰

晉厲公侈, 多外嬖.

反自鄢陵, 欲盡去羣大夫, 而立其左右.

胥童以胥克之廢也, 怨郤氏, 而嬖於厲公.

郤錡奪夷陽五田, 五亦嬖於厲公.

郤犨與長魚矯爭田, 執而梏之, 與其父母妻子同一轅.

既, 矯亦嬖於厲公.

欒書怨郤至, 以其不從己而敗楚師也, 欲廢之.

使楚公子茷告公曰:「此戰也, 郤至實召寡君, 以東師之未至也, 與軍帥之不具也, 曰:『此必敗, 吾因奉孫周以事君.』」

公告欒書. 書曰:「其有焉. 不然, 豈其死之不恤, 而受敵使乎? 君盍嘗使諸周而察之?」

郤至聘于周, 欒書使孫周見之.

公使覘之, 信.

遂怨郤至.

厲公田, 與婦人先殺而飲酒, 後使大夫殺.

郤至奉豕, 寺人孟張奪之, 郤至射而殺之.

公曰:「季子欺余!」

厲公將作難, 胥童曰:「必先三郤. 族大, 多怨. 去大族, 不逼; 敵多怨, 有庸.」

公曰:「然.」

郤氏聞之, 郤錡欲攻公, 曰:「雖死, 君必危.」

郤至曰:「人所以立, 信·知·勇也. 信不叛君, 知不害民, 勇不作亂. 失茲三者, 其誰與我? 死而多怨, 將安用之? 君實有臣而殺之, 其謂君何? 我之有罪, 吾死後矣. 若殺不辜, 將失其民, 欲安, 得乎? 待命而已. 受君之祿, 是以聚黨. 有黨而爭命, 罪孰大焉?」

壬午, 胥童·夷羊五帥甲八百將攻郤氏, 長魚矯請無用眾, 公使清沸魋助之.

抽戈結衽, 而偽訟者.

三郤將謀於榭, 矯以戈殺駒伯·苦成叔於其位.

溫季曰:「逃威也.」

遂趨, 矯及諸其車, 以戈殺之.

皆尸諸朝.

胥童以甲劫欒書·中行偃於朝.

矯曰:「不殺二子, 憂必及君!」

公曰:「一朝而尸三卿, 余不忍益也.」

對曰:「人將忍君. 臣聞:『亂在外爲姦, 在內爲軌. 御姦以德, 御軌以刑.』不施而殺, 不可謂德; 臣逼而不討, 不可謂刑. 德·刑不立, 姦·軌並至, 臣請行.」

遂出奔狄.

公使辭於二子曰:「寡人有討於郤氏, 郤氏旣伏其辜矣, 大夫無辱, 其復職位!」

皆再拜稽首曰:「君討有罪, 而免臣於死, 君之惠也. 二臣雖死, 敢忘君德?」

乃皆歸.

公使胥童爲卿.

公遊于匠麗氏, 欒書·中行偃遂執公焉.

召士匄, 士匄辭.

召韓厥, 韓厥辭, 曰:「昔吾畜於趙氏, 孟姬之讒, 吾能違兵. 古人有言曰『殺老牛莫之敢尸』, 而況君乎? 二三子不能事君, 焉用厥也?」

진晉 여공厲公은 사치를 좋아하고 총애하는 신하가 많았다.

그는 언릉鄢陵 전투에서 돌아와서는 이전의 대부들을 모두 없애고 좌우의 총신들을 대부로 삼으려 하였다.

당시 서동胥童은 아버지 서극胥克이 극결郤缺 때문에 하군부장下軍副將의 지위에서 물러났던 일로 극씨를 원망하던 터에 마침 여공의 총애를 받고 있었다.

그리고 극기郤錡는 이양오夷陽五의 토지를 빼앗은 일이 있었는데, 이양오 역시 여공의 총애를 받고 있었다.

그런가 하면 극주郤犨는 장어교長魚矯와 토지를 두고 다투는 일이 벌어져 장어교를 잡아 차꼬를 채우고, 그 부모와 처자에게도 수레의 멍에를 씌웠다.

그 뒤로 장어교 역시 여공의 총애를 받게 되었다.

난서欒書는 극지郤至를 미워하고 있었는데 그는 극지가 자신의 명령을 따르지 않은 채 제멋대로 나서서 초楚나라 군사를 패배시켰던 일로 그를 쫓아내려 하고 있던 참이었다.

그리하여 포로로 잡혀온 초나라 공자 패茷를 시켜 여공에게 이렇게 말하도록 하였다.

"이번 전투는 극지가 우리 초왕을 불러낸 것입니다. 그는 동방 제후국의 군사가 아직 다다르지 않았다는 것과 진나라 장수가 제대로 갖추어지지 못하였다는 이유로 초왕을 불러냈던 것입니다. 이에 그는 초왕에게 '이번 싸움은 진나라를 틀림없이 패배시킬 수 있을 것입니다. 저는 곧 손주孫周를 받들고 초나라 군주를 섬기겠습니다'라고 말하였다는 것입니다."

진 여공이 난서에게 이 말을 알리자 난서는 이렇게 대답하였다.

"그런 일이 있었을 것입니다. 그렇지 않았다면 어찌 죽음을 두려워하지 않고 적의 사신이 전해 주는 물건을 받았겠습니까? 임금께서는 어찌 그를 시험 삼아 주周 왕실로 보내어 살펴보지 않으십니까?"

그리하여 극지가 주나라를 예방하게 되자 난서는 주나라에 가 있는 손주에게 사람을 보내어 극지를 만나보도록 하였다.

한편 여공이 극지의 행동을 엿보도록 하였더니 과연 들은 대로 손주를 만나는 것이었다.

그리하여 여공은 극지를 미워하게 되었다.

여공이 사냥을 나가 부인들과 함께 먼저 사냥을 하고 술을 마시면서 그런 다음 대부들에게 사냥을 하도록 하였다.

그때 극지가 자신이 잡은 돼지를 여공에게 바치려는데 시인寺人 맹장孟長이 그것을 빼앗자 극지는 그를 활을 쏘아 죽여버렸다.

여공이 말하였다.

"계자季子는 나를 속이고 있구나!"

여공이 대부들을 축출하는 소란을 일으키려 하자 서동이 말하였다.

"반드시 세 명의 극씨를 먼저 없애십시오. 그들 가문은 클 뿐 아니라 사람들로부터 많은 원망도 받고 있습니다. 대족을 없애면, 공실이 핍박당하지 않고, 많은 원망을 받고 있는 자를 치면 효과를 거두기 쉽습니다."

여공이 말하였다.

"과연 그렇다."

극씨들이 이를 듣고 극기郤錡는 군주를 공격하겠다며 이렇게 말하였다.

"우리가 비록 죽는다 하더라도 임금도 틀림없이 위험해질 것이다."

그러자 극지가 말하였다.

"사람이 세상에 서 있을 수 있는 것은 신信, 지知, 용勇 때문입니다. 신의가 있는 자는 임금을 배반하지 않으며, 지혜가 있는 자는 백성들을 해치지 않고, 용기가 있는 자는 난을 일으키지 않는 법입니다. 그런데 이 세 가지를 잃는다면 누가 우리 편이 되어 주겠습니까? 죽어서 많은 사람들로부터 원망을 듣는다면 어찌 그런 일을 하겠습니까? 임금에게는 실로 신하들이 있으니 그 신하로서 그를 죽인다면 임금을 어떻게 대하는 것이겠습니까? 내게 죄가 있다면 나의 죽음은 이미 늦은 것입니다. 만약 죄 없는 자를 죽인다면 장차 백성들을 잃을 것이니 그렇게 하고서도 편안하려 한들 그렇게 되겠습니까? 우리는 임금의 명령을 기다릴 뿐입니다. 임금의 녹을 받아 이로써 사람들을 모아 거느리고 있는 것인데 우리의 무리가 있다고 해서 임금의 명령을 다툰다면 이보다 더 큰 죄가 어디 있겠습니까?"

임오날, 서동과 이양오가 무장한 병사 8백 명을 이끌고 극씨를 공격하러 나서자 장어교가 너무 많은 사람을 쓰지 말 것을 청하였다. 그래서 영공은 청비퇴淸沸魋에게 장어교를 돕도록 하였다.

그들은 창을 들고 옷섶을 꼭꼭 여미고는 거짓으로 서로 다투는 척하다가 시비를 가려 달라고 하러 가는 듯이 꾸며 극씨 가문으로 갔다.

극씨 세 사람은 궁술 연습을 하는 정자에서 상의하려는 참이었는데 장어교가 창으로 구백駱伯(郤錡)과 고성숙苦成叔(郤犨)을 그 자리에서 찔러 죽였다.

그러자 온계溫季(郤至)가 이렇게 말하였다.

"자리를 피해 달아나야겠노라."

그리고는 달아나자 장어교는 극지가 타려는 수레로 달려가 창으로 죽였다.

세 사람의 시신을 모두 조정에 늘어놓았다.

서동이 무장한 병사를 이끌고 조정에서 난서와 중항언中行偃을 위협하였다.

장어교가 말하였다.

"저 두 사람을 죽이지 않으시면 틀림없이 군주께 화가 미칠 것입니다!"

여공이 말하였다.

"하루아침 경卿을 세 사람이나 죽였으니 나는 차마 더 이상 죽일 수는 없다."

그러자 장어교가 다시 말하였다.

"저들은 임금을 해치는 것을 차마 아무렇지 않게 여길 것입니다. 제가 듣기로 '밖에서 일으키는 난은 간姦이라 하고, 안에서 일으키는 난은 궤軌라 한다. 간은 덕으로써 막지만 궤는 형벌로 막아야 한다'라 하였습니다. 국외에서 난리를 꾀한 자에게 은혜를 베풀지 않고 죽이는 것은 덕스럽다고 이를 수가 없고, 국내에서 신하가 군주를 핍박하는데도 토벌하지 않는 것은 형벌을 제대로 쓴다고 말할 수가 없습니다. 덕과 형벌이 잘 행해지지 않았다가는 간과 궤가 한꺼번에 닥치게 될 것입니다. 청컨대 저는 떠나겠습니다."

그리고 그는 적狄으로 달아나버렸다.

여공은 난서와 중항언에게 사람을 보내 이렇게 사과하도록 하였다.

"내가 극씨를 토벌하였으니 극씨들이 그들의 죄 앞에 죽었소. 대부들은 모욕당하였다고 여기지 말고 지난날의 직위로 돌아오시오!"

난서와 중항언은 재배하고 머리를 땅 위에 조아리며 말하였다.

"임금께서는 죄 있는 자들을 토벌하시면서 저희들을 죽음에서 면하게 해주시니 이는 임금의 은혜입니다. 우리 두 신하는 비록 죽는다 해도 감히 임금의 덕을 잊을 수 있겠습니까?"

그리고 그들은 모두 돌아갔다.

여공은 서동을 경卿으로 삼았다.

여공이 장려씨匠麗氏의 집으로 놀러갔을 때 난서와 중항언이 여공을
붙잡았다.

그리고 사개士匈를 불렀지만 사개는 참여하기를 거절하였다.

이번에는 한궐韓厥을 불렀으나 그 역시 거절하면서 이렇게 말하였다.

"나는 조씨趙氏에게서 길러졌는데 맹희孟姬의 모함으로 조씨가 토벌
당하였을 때 나는 그때 병난을 피할 수 있어 지금 이렇게 살아 있는 것
입니다. 옛사람 말에 '늙은 소를 죽일 때는 자신이 직접 그 죽임의 주체가
되지 말라'라 하였습니다. 그런데 하물며 모시고 있던 임금을 죽이는
일임에야 어떻겠습니까? 그대 몇몇은 임금을 제대로 섬기지도 못하였
으면서 어찌 나 한궐을 써먹으려 하십니까?"

【晉厲公】 이름은 州蒲. 그가 사치와 악행을 저지를 것임은 이미 여러 차례 우려
　하는 표현으로 나타났었음.

【外嬖】 신하들로써 임금의 사랑을 받는 총신들. 임금의 사랑을 받는 嬖妾(內嬖)
　의 상대어. 胥童, 夷羊五, 長魚矯 등을 가리킴.

【鄢陵】 楚나라와 晉나라가 大戰을 벌였던 지역. 지금의 河南 鄢陵縣 북쪽.《水
　經注》(渠水)에 "蔡澤陂水出鄢陵城西北, 晉楚相遇處也. 陂東西五里, 南北十里,
　下入淮陽扶溝"라 함. 成公 16년의 傳을 볼 것.

【胥童】 胥克의 아들.《國語》晉語(6)에는 '胥之昧'로 되어 있음. 한편 郤缺이 胥克을
　폐한 것은 宣公 8년 傳을 볼 것.

【夷陽五】 夷陽은 성씨. 五는 이름. 같은 이곳 아래 본문에 '夷羊五'로 두 가지
　표기를 혼용하고 있음.《國語》晉語(6)에는 '夷羊五'로 되어 있음.

【郤犫】 晉나라 대부 苦成叔. 郤克과 함께 克豹의 曾孫.《公羊傳》에는 '郤州'로
　되어 있음.

【長魚矯】 晉나라 대부. 長魚는 複姓. 矯는 이름.

【同一轅】 하나의 수레에 묶어 꼼짝 못하도록 하는 것.

【欒書】 晉나라 대부. 欒盾의 아들 欒武子. 欒伯으로도 부름.

【郤至】 晉나라 대부. 郤豹의 玄孫. 郤克(郤獻子)은 郤豹의 曾孫이었음. 따라서
　郤至는 郤克의 族姪. 이들 집안은 당시 晉나라 실력자였음. 封地가 溫邑이어서
　'溫季'로도 부름.

【不從己】 鄢陵之戰에서 欒書는 수비한 다음 출정하고자 하였으나 郤至는 速戰을

주장. 厲公이 극지의 의견을 좇아 승리를 거두자 난서는 도리어 극지를 미워함.
成公 16년의 傳을 볼 것.

【公子茷】楚나라 공자. 鄢陵之戰에 晉나라에게 사로잡혔음.《國語》晉語(6)에는
王子 發鉤로 되어 있음.

【東師】齊, 魯, 衛 세 나라의 군사들. 이들이 晉나라와 아직 합세하지 않았음을
이유로 郤至가 楚 共王과 내통하여 전투에 나설 것을 부추김. 그러나 이는 欒書가
극지를 모함하고자 꾸며낸 이야기임.《史記》晉世家에 "乃使人間謝楚. 楚來
詐厲公"이라 함.

【孫周】晉나라 襄公(驪)의 증손인 悼公. 襄公(驪)이 獻公의 부인 驪姬의 모함으로
여러 公族이 사방으로 흩어져 나갔을 때 천자가 있는 京師로 가서 單襄公을
섬기고 있었으며 그 후손으로 談이 낳은 아들이 孫周임.《史記》晉世家에 "悼公
周者, 其大父捷, 晉襄公少子也, 不得立, 號爲桓叔, 桓叔最愛. 桓叔生惠伯談, 談生
悼公周"라 함.

【郤至聘於周】이는 成公 16년 및 17년을 볼 것.

【田】'畋'과 같으며 畋獵(田獵). 사냥.

【先殺】제후의 사냥에 임금이 먼저 첫발을 쏘아 짐승을 잡은 다음에야 대부들이
사냥을 할 수 있었음.《禮記》王制篇 참조.

【寺人】'寺'는 '시'로 읽으며 內侍의 우두머리. 뒤에 '太監'이라 불렀음.

【孟長】太監의 이름.

【季子】郤至. 溫季.

【欺】'속이다, 무시하다'의 뜻. 孟長은 자신의 직속 사람이므로 자신에게 그 사실을
알리면 그 뿐인데 죽이기까지 한 것은 자신을 속인 것이라는 뜻. 극지에 대한
미움의 단계를 설명한 것임.

【三郤】郤錡(駒伯), 郤至(溫季), 郤犫(苦成叔)를 가리킴. 성공 16년 등을 참조할 것.

【郤錡】郤克의 아들. '駒伯'으로도 부름. 士燮의 보좌였음.

【信知勇】'知'는 '智'와 같음.

【聚黨】임금의 녹을 받고 집안과 자신을 따르는 무리를 이끌고 있는 것임.

【壬午】12월 26일.

【夷羊五】앞에 표기된 '夷陽五'.

【淸沸魋】杜預 注에 "沸魋, 亦嬖人"이라 함. '沸'는 '甫昧反'으로 '비'로 읽음.

【栩】궁술 연습을 하는 누대. 그러나 杜預 注에는 '講武堂'이라 하였음.

【抽戈結衽】창을 빼어들고 옷깃을 단단히 맴. 마치 서로 송사를 벌인 모습을

위장한 것.

【逃威】 "죄 없이 죽음을 당하느니 차라리 자리를 피하겠노라"의 뜻이라 함.

【中行偃】 晉나라 대부. 荀偃. 荀庚의 아들이며 荀林父의 손자. 자는 伯游. 中行佐의 벼슬을 하여 '中行'을 씨로 삼아 '中行偃'으로도 부름. 시호는 獻子. 따라서 '中行獻子'로도 불림. 그 후손이 뒷날 晉六卿의 하나인 中行氏로 발전함.

【軌】 '宄'의 假借字. '姦宄'를 나누어 설명한 것.《國語》晉語(6)에는 '宄'로 되어 있음.

【匠麗氏】 厲公의 嬖大夫. 翼 땅을 다스리던 그곳의 대부.《史記》晉世家 賈逵의 注에 "匠麗氏, 晉外嬖大夫在翼者"라 함.《國語》周語(河)와 晉語(6) 등에 厲公은 翼에서 피살되었으며 그곳에 장례를 치렀다 하였음.

【士匄】 范匄. 范文子(士燮)의 아들. 시호는 宣子. '匄'는 '丐'로도 표기하며 '古害反' '개'로 읽음. 그 후손이 뒤에 晉六卿의 하나인 范氏로 발전함.

【韓厥】 晉나라 대부. 韓獻子. 子輿의 아들. 韓萬의 현손. 成公 17년 傳에 의하면 韓厥은 어릴 때 趙盾에게 길러져 그 때문에 본문에서처럼 말한 것임. 韓氏 집안은 뒷날 晉六卿의 하나인 韓氏로 발전하였으며 戰國시대 七雄의 하나인 韓나라를 일으킴.

【孟姬】 莊姬. 趙氏 집안의 趙同과 趙括 등을 죽인 사건. 成公 8년 전을 볼 것.

【吾能違兵】 '나는 병난을 피할 수가 있었다. 맹희의 모함을 이용하였을 때, 난서 당신이 나를 길러준 조씨 집안을 토벌하였으니 그랬던 당신에게 따를 수가 없다'는 뜻.

【尸】 '주체, 주인'의 뜻. 注에 "尸, 主也"라 함. 집에서 기르던 소가 늙어 어쩔 수 없이 잡아야 할 때라도 직접 나서서 잡는 것이 아님. 본 장은《國語》晉語(6)에 "旣戰, 獲王子發鉤. 欒書謂王子發鉤曰:「子告君曰:『郤至使人勸王戰, 及齊·魯之未至也. 且夫戰也, 微郤至王必不免.』吾歸子.」發鉤告君, 君告欒書, 欒書曰: 「臣固聞之, 郤至欲爲難, 使苦成叔緩齊魯之師, 己勸君戰, 戰敗, 將納孫周, 事不成, 故免楚王. 然戰而擅捨國君, 而受其問, 不亦大罪乎? 且今君若使之於周, 必見孫周.」君曰:「諾.」欒書使人謂孫周曰:「郤至將往, 必見之!」郤至聘於周, 公使 覘之, 見孫周. 是故使胥之昧與夷羊五刺郤至·苦成叔及郤錡, 郤錡謂郤至曰: 「君不道於我, 我欲以吾宗與吾黨夾而攻之, 雖死必敗, 君必危, 其可乎?」郤至曰: 「不可. 至聞之, 武人不亂, 智人不詐, 仁人不黨. 夫利君之富, 富以聚黨, 利黨以 危君, 君之殺我也後矣. 且衆何罪, 鈞之死也? 不若聽君之命.」是故皆自殺. 旣刺 三郤, 欒書弑厲公, 乃納孫周而立之, 實爲悼公"이라 함.

※ 1070(成 17-14)

楚人滅舒庸.

초楚나라가 서용舒庸을 멸망시켰다.

【舒庸】 나라 이름. 羣舒의 하나. 지금의 安徽 宿城縣에 있던 작은 나라. 偃姓이며,
舒庸, 舒蓼, 舒鳩, 舒龍, 舒鮑, 舒龔 등의 이름이 있어 이들은 모두 同宗의 각기
다른 작은 나라로 보고 있음. 그 때문에 '羣舒'라 칭함. 僖公 3년을 볼 것.

⑫

舒庸人以楚師之敗也, 道吳人圍巢, 伐駕, 圍釐 · 虺, 遂恃吳而不設備.
楚公子橐師襲舒庸, 滅之.

서용舒庸나라 사람은 초楚나라 군사가 패배하자 오吳나라 사람을 끌어
들여 초나라의 소巢를 포위하고 가駕를 치고 나서 이釐와 휘虺를 포위하고
나서는 그만 오나라를 믿고 아무런 방비를 않고 있었다.
초나라 공자 탁사橐師가 서용을 습격하여 멸망시켜버렸다.

【楚師之敗】 鄢陵之戰에서 楚나라가 晉나라에 대패한 사건.
【巢】 楚나라 지명. 文公 12년 經 및 傳을 볼 것.
【駕 · 釐】 역시 楚나라 지명. 지금의 安徽 無爲縣 근처.
【虺】 楚나라 읍 이름. 지금의 安徽 廬江縣 근처. 《春秋大事表》에 "駕釐皆在無
   爲縣, 虺在廬江縣境"이라 함.
【橐師】 楚나라 공자.

⑫

閏月乙卯晦, 欒書 · 中行偃殺胥童.
民不與郤氏, 胥童道君爲亂, 故皆書曰「晉殺其大夫.」

윤달 을묘날 그믐, 난서欒書와 중항언中行偃이 서동胥童을 죽였다.

진晉나라 백성이 극씨郤氏를 동정하지 않았고 서동은 군주를 유인하여 난동을 부린 것이었으므로 경經에는 모두 '진나라가 그 나라의 대부들을 죽였다'라고 쓴 것이다.

【閏月】 당시에는 윤달을 12월에 두었음. 29일에 해당함.

【欒書】 晉나라 대부. 欒盾의 아들 欒武子. 欒伯으로도 부름.

【中行偃】 晉나라 대부. 荀偃. 荀庚의 아들이며 荀林父의 손자. 자는 伯游. 中行佐의 벼슬을 하여 '中行'을 씨로 삼아 '中行偃'으로도 부름. 시호는 獻子. 따라서 '中行獻子'로도 불림. 그 후손이 뒷날 晉六卿의 하나인 中行氏로 발전함.

【胥童】 胥克의 아들.

【郤氏】 三郤. 즉 郤錡, 郤犨, 郤至. 이들의 죽음은 앞장 등을 볼 것.

149. 成公 18年(B.C.573) 戊子

周	簡王(姬夷) 13년	齊	靈公(環) 9년	晉	悼公(周) 원년	衛	獻公(衎) 4년
蔡	景公(固) 19년	鄭	成公(睔) 12년	曹	成公(負芻) 5년	陳	成公(午) 26년
杞	桓公(姑容) 64년	宋	平公(成) 3년	秦	景公(后伯車) 4년	楚	共王(審) 18년
吳	壽夢 13년	許	靈公(甯) 19년				

※ 1071(成 18-1)

十有八年春王正月, 晉殺其大夫胥童.

18년 봄 주력 정월, 진晉나라가 대부 서동胥童을 죽였다.

【胥童】 이는 원래 17년 12월의 일이었음. 앞장 참조. 杜預 注에 "傳在前年, 經在 今春, 從告"라 함.

※ 1072(成 18-2)

庚申, 晉弑其君州蒲.

경신날, 진晉나라에서 군주인 주포州蒲를 시해하였다.

【庚申】 정월 5일.

【弑】 厲公이 翼의 匠麗氏 집에 놀러 갔을 때 欒書와 中行偃이 그를 잡아 가두었다가 죽인 것임. 成公 17년의 傳을 볼 것.

【州蒲】 晉 厲公의 이름. 孔穎達 疏에 '州滿'이라 하였으며 《史記》 晉世家에는 '壽曼'으로 되어 있음. '州滿'이 옳은 것으로 보며 '蒲'는 '滿'자와 자형이 비슷하여 잘못 전해진 것이라 함. 晉 景公의 태자로 뒤에 晉 厲公이 되어 B.C.580∼573년까지 8년간 재위하였으며 悼公(周)이 그 뒤를 이음. 한편 景公이 죽지 않은 상태에서 태자에게 왕위를 물려준 것은 '內禪'의 시초라 함.

⑬

十八年春王正月庚申, 晉欒書·中行偃使程滑弑厲公.

葬之于翼東門之外, 以車一乘.

使荀罃·士魴逆周子于京師而立之, 生十四年矣.

大夫逆于清原, 周子曰:「孤始願不及此, 雖及此, 豈非天乎! 抑人之求君, 使出命也. 立而不從, 將安用君? 二三子用我今日, 否亦今日. 共而從君, 神之所福也.」

對曰:「羣臣之願也, 敢不唯命是聽?」

庚午, 盟而入, 館于伯子同氏.

辛巳, 朝于武宮, 逐不臣者七人.

周子有兄而無慧, 不能辨菽麥, 故不可立.

18년 봄 주력 정월 경신날, 진晉나라 난서欒書와 중항언中行偃은 정활程滑로 하여금 여공厲公을 죽이도록 하였다.

그 뒤에 익翼의 동문 밖에 안장하면서 수레 한 대만 함께 묻어주었다.

그리고는 순앵荀罃과 사방士魴으로 하여금 경사京師에서 주자周子를 맞이하여 임금으로 세우도록 하였는데 당시 주자는 겨우 열네 살이었다.

대부들이 청원清原까지 가서 그를 맞이하자 주자는 이렇게 말하였다.

"나는 애당초 이런 일이 없도록 원하였었소. 비록 이 지경이 되었다 하더라도 어찌 이것이 천명天命이 아니겠소! 생각건대 사람들이 임금이 있기를 바라는 것은 그로 하여금 명령을 내려 나라가 다스려지기를 바라기 때문일 것이오. 그런데 임금을 세우고도 그 명령을 따르지 않는다면 임금이 무엇에 필요하겠소? 몇몇 분이 나를 군주로 모시는 것은 오늘의 결정에 달렸고 그렇지 않은 것도 오늘의 결정에 달렸소. 공손히 임금을 따르는 것은 신령의 복을 받을 일이오.”

대부들이 대답하였다.

“여러 신하들이 원하던 바입니다. 어찌 감히 명을 따르지 않겠습니까?”

경오날, 임금과 신하들이 서로 맹약을 하고 도읍으로 들어가 백자동伯子同의 집을 숙소로 삼았다.

신사날, 시조 무공武公의 사당에 참배하고 임금에게 신하노릇을 제대로 하지 않은 일곱 명을 축출하였다.

주자에게는 형이 있기는 하였으나 그는 어리석어 콩과 보리도 가리지 못하였으므로 그 때문에 그를 임금으로 삼을 수 없었던 것이다.

【欒書】 晉나라 대부. 欒盾의 아들 欒武子. 欒伯으로도 부름.

【中行偃】 晉나라 대부. 荀偃. 荀庚의 아들이며 荀林父의 손자. 자는 伯游. 中行佐의 벼슬을 하여 ‘中行’을 씨로 삼아 ‘中行偃’으로도 부름. 시호는 獻子. 따라서 ‘中行 獻子’로도 불림. 그 후손이 뒷날 晉六卿의 하나인 中行氏로 발전함.

【程滑】 晉나라 대부.

【弑厲公】 《國語》 晉語(6)와 《呂氏春秋》(驕恣篇), 《淮南子》(人間訓) 등에 모두 “欒書와 荀罃에 厲公을 匠麗氏의 집에 유폐시켰다 석 달 만에 죽였다”라 하였음. 그러나 《史記》 晉世家에는 “厲公囚六日死”라 하였음.

【翼】 晉나라의 옛 도읍. 絳이 본 이름이었으나 晉 孝公 때 翼으로 지명을 고침. 지금의 山西 翼城縣 동남쪽에 古翼城이 있음. 厲公이 匠麗氏가 있던 그곳에 놀러 갔다가 欒書와 中行偃에게 잡혀 죽음을 당함.

【以車一乘】 제후 중 霸者를 장사지낼 때에는 함께 묻는 부장품이 7乘의 수레였으나 晉 厲公이 패자였음에도 예법을 지키지 않고 한 수레만을 묻은 것. 杜預 注에 “諸侯葬車七乘”이라 함.

【荀罃】 晉나라 대부. 知罃. 荀首(知莊子)의 아들로 宣公 12년(B.C.597) 邲의 싸움 에서 사로잡혔음. 시호는 武子. 知武子로도 부름. 그 후손이 春秋末 晉六卿의

하나인 知氏로 발전함.

【士魴】士會의 아들. 그의 식읍이 彘읍이며 시호가 恭子여서 흔히 彘季, 彘恭子로도 부름. 彘는 본래 先縠의 식읍이었으나 先縠이 피살되자 이름을 彘로 바꾸고 士魴의 채읍이 되었음. 宣公 12년을 볼 것.

【周子】孫周. 晉나라 襄公(驪)의 증손인 悼公. 襄公(驪)이 獻公의 부인 驪姬의 모함으로 여러 公族이 사방으로 흩어져 나갔을 때 천자가 있는 京師로 가서 單襄公을 섬기고 있었으며 그 후손으로 談이 낳은 아들이 孫周임. 《史記》晉世家에 "悼公周者, 其大父捷, 晉襄公少子也, 不得立, 號爲桓叔, 桓叔最愛. 桓叔生惠伯談, 談生悼公周"라 함.

【淸原】晉나라 땅 이름. 지금의 山西 稷山縣 동남쪽. 《一統志》에 "在稷山縣東南, 與聞喜縣壤地相接"이라 함. 僖公 31년을 볼 것.

【孤】어린 임금이 자신을 낮추어 부르는 칭호. 《老子》39장에 "故貴以賤爲本, 高以下爲基. 是以侯王自謂孤·寡·不穀, 此非以賤爲本邪? 非歟?"라 함.

【庚午】정월 15일.

【盟而入】《史記》晉世家에 "刑鷄與大夫盟而立之"라 함.

【伯子同氏】晉나라 대부. 그의 씨족 집안을 임시 숙소로 정함.

【辛巳】정월 26일. 그러나 辛未날이었다는 주장도 있음. 신미날은 庚午의 다음 날인 정월 16일. 辛未가 옳다는 견해가 많음.

【武宮】晉 武公 사당. 武宮은 絳에 있었음.

【七人】杜預 注에 "夷羊五之屬也"라 함.

【無慧】어리석음. 바보. 백치. 杜預 注에 "不慧, 蓋世所謂白癡"라 하여 '無慧'가 '不慧'로 되어 있음.

【不辨菽麥】밭에 심어진 콩과 보리도 구별하지 못함. 아주 어리석은 바보를 지칭하는 말로 이곳이 그 원출전임.

✸ 1073(成18-3)

齊殺其大夫國佐.

제齊나라가 대부 국좌國佐를 죽였다.

【國佐】齊나라 대부. 國歸父의 아들이며 國武子로 불림. 國氏는 齊나라 문벌
  집안이었음.

㉑

齊爲慶氏之難故, 甲申晦, 齊侯使士華免以戈殺國佐于內宮之朝.
師逃于夫人之宮.
書曰:「齊殺其大夫國佐」, 棄命·專殺·以穀叛故也.
使淸人殺國勝, 國弱來奔, 王湫奔萊.
慶封爲大夫, 慶佐爲司寇.
旣, 齊侯反國弱, 使嗣國氏, 禮也.

제齊나라는 경씨慶氏의 난을 이유로 갑신 그믐날, 제 영공靈公이 사士
화면華免으로 하여금 내궁內宮의 당堂에서 국좌國佐를 창으로 찔러 죽이도록
하였다.

그러자 놀란 무리들이 임금 부인의 궁으로 달아났다.

경經에 '제나라가 그 대부 국좌를 죽였다'라고 기록한 것은 국좌가
정鄭나라를 치라는 명령을 버리고 돌아가 제멋대로 경극慶克을 죽이고
곡穀 땅을 근거로 반란을 일으켰기 때문이었다.

그리하여 청淸 땅 사람으로 하여금 국승國勝을 죽이도록 하자 국약國弱은
노魯나라로 달아났고 왕추王湫는 내萊나라로 달아났던 것이다.

이어서 경봉慶封은 대부가 되고 경좌慶佐는 사구司寇가 되었다.

이윽고 제 영공은 국약을 돌아오도록 하여 국씨 가문의 후계자로 삼았
으며 이는 예에 맞는 일이었다.

【慶氏之難】國佐가 慶克을 죽인 사건은 成公 17년을 볼 것. 慶克은 齊 桓公의
  아들 公子 無虧의 후손이며 慶封의 아버지. 聲孟子와 私通하면서 齊나라에
  事端을 일으켰음.
【甲申】3월 그믐날로 보았으나 계산상 5월 그믐이라 함.
【齊侯】齊 靈公. 그의 어머니가 聲孟子였으며 叔孫僑如(宣伯) 및 慶克 등과 私通

하는 등 많은 淫行을 저질러 齊나라를 혼란으로 몰아넣었음.

【士】 형벌을 관장하는 관리. 掌刑之官.

【華免】 齊나라 대부. 刑獄을 관장하던 관리.

【師】 '衆'과 같음. 많은 사람들.

【棄命】 정나라를 치도록 한 명령을 어기고 먼저 귀국함.

【專殺】 제멋대로 마구 경극 등을 죽임.

【穀叛】 穀에서 반란을 일으킴. 이상 세 가지 사건은 17년 등을 볼 것.

【淸】 齊나라 지명. 지금의 山東 聊城(옛 堂邑縣) 동북쪽.

【國勝】 國佐의 아들. 아버지가 참살되자 국외로 도망함.

【國弱】 역시 國佐의 아들이며 國勝의 아우. 魯나라로 도망하였음.

【王湫】 國佐의 黨友.

【萊】 姜姓의 나라. 지금의 山東 平陰縣. 혹 昌邑縣, 黃縣 등이라고 함.《史記》
 齊世家에 "萊侯來伐, 與之爭營丘"라 함.

【慶封】 慶克의 아들. 아버지를 이어 大夫에 오름.

【慶佐】 역시 慶克의 아들로 司寇에 오름.

㊟

二月乙酉朔, 晉悼公卽位于朝.

　始命百官, 施舍·已責, 逮鰥寡, 振廢滯, 匡乏困, 救災患, 禁淫慝,
薄賦斂, 宥罪戾, 節器用, 時用民, 欲無犯時.

　使魏相·士魴·魏頡·趙武爲卿; 荀家·荀會·欒黶·韓無忌爲公族
大夫, 使訓卿之子弟共儉孝弟.

　使士渥濁爲大傅, 使修范武子之法; 右行辛爲司空, 使修士蔿之法.

　弁糾御戎, 校正屬焉, 使訓諸御知義.

　荀賓爲右, 司士屬焉, 使訓勇力之士時使.

　卿無共御, 立軍尉以攝之.

　祁奚爲中軍尉, 羊舌職佐之; 魏絳爲司馬, 張老爲候奄.

　鐸遏寇爲上軍尉, 籍偃爲之司馬, 使訓卒·乘, 親以聽命.

　程鄭爲乘馬御, 六騶屬焉, 使訓羣騶知禮.

凡六官之長, 皆民譽也.

擧不失職, 官不易方, 爵不踰德, 師不陵正, 旅不偪師, 民無謗言,
所以復霸也.

2월 을유 초하루, 진晉 도공悼公이 조정에서 즉위하였다.

비로소 백관을 임명하고, 백성에게 은덕을 베풀고, 빚을 탕감해 주었으며,
홀아비와 홀어미에게 은혜를 베풀고, 숨어 있는 인재를 등용하고, 가난한
자를 도우며, 재난에 시달리는 자를 구원하고, 음특淫慝한 짓을 금하며,
세금을 가볍게 하고, 죄인을 너그럽게 다루며, 기구와 재용은 아끼며,
농사철을 피해 백성을 부리며, 개인의 욕망을 채우기 위하여 농사철을
범하는 일이 없도록 하였다.

이에 위상魏相, 사방士魴, 위힐魏頡, 조무趙武를 경卿으로 삼고, 순가荀家,
순회荀會, 난염欒黶, 한무기韓無忌를 공족대부公族大夫로 삼았으며, 경卿의 자제
들에게 공손하고 검약하며 효도하고 우애하는 길을 가르치도록 하였다.

그리고 사악탁士渥濁을 태부大傅로 삼아 범무자范武子가 제정하였던 법을
익히도록 하고, 우항신右行辛을 사공司空으로 삼아 사위士蔿가 제정하였던
법을 익히도록 하였다.

변규弁糾는 임금의 수레를 몰도록 하여 교정校正을 그에게 소속시켰으며
모든 마부들에게 의義를 알도록 가르치게 하였다.

순빈荀賓을 임금 전차의 오른쪽을 담당하도록 하고 사사司士를 그에게
소속시켜 용력勇力 있는 전사들을 전시에 쓸 수 있도록 훈련시키게 하였다.

경들이 타는 수레를 모는 이들은 정원을 없애고 군위軍尉를 두어 그들이
그 일을 맡도록 하였다.

그리하여 기해祁奚를 중군위中軍尉로, 양설직羊舌職을 그의 보좌관으로,
위강魏絳을 사마司馬로, 장로張老를 후엄候奄으로 삼았다.

탁알구鐸遏寇를 상군위上軍尉로, 적언籍偃을 그 사마로 삼아 보병과 전차병을
훈련시켜 친목하여 상관의 명령을 잘 듣도록 훈련을 시키도록 하였다.

정정程鄭을 군주의 평상 수레의 마부로 삼고, 육추六騶를 그에 소속시켜
예의를 알도록 훈련시켰다.

무릇 새로 임명된 여섯 관장들은 모두 백성들이 존중하는 이들이었다. 이렇게 인재를 등용하여 그 직책을 잃지 않도록 하였으며 자신의 직무 범위를 벗어나지 않도록 하였고 작위가 그 덕을 넘어서지 못하게 하였으며, 군사의 우두머리가 군정軍正을 능멸하지 못하게 하였고, 여旅가 사師를 핍박 하지 못하게 하였다. 그리하여 백성들은 헐뜯어 비방하는 일이 없게 되어 진나라는 다시 패자霸者의 지위를 회복할 수 있었던 것이다.

【乙酉】 2월 초하루.

【悼公】 周子. 孫周. 晉나라 襄公(驪)의 증손인 悼公. 襄公(驪)이 獻公의 부인 驪姬의 모함으로 여러 公族이 사방으로 흩어져 나갔을 때 천자가 있는 京師로 가서 單襄公을 섬기고 있었으며 그 후손으로 談이 낳은 아들이 孫周이며 厲公(州蒲)이 시해되고 나서 이를 周나라에서 맞이하여 임금으로 세움. B.C.573～558년까지 16년간 재위하고 平公(彪)이 그 뒤를 이음.《史記》晉世家에 "悼公周者, 其大 父捷, 晉襄公少子也, 不得立, 號爲桓叔, 桓叔最愛. 桓叔生惠伯談, 談生悼公周" 라 함.

【施舍】 은혜를 베풀어 부역을 그만두게 함.

【已責】 진 빚을 갚지 않도록 중지시킴. 동사 '責'는 '債'와 같음.

【鰥寡】 홀아비와 과부. 고대 사회적 배려대상자였음.

【廢滯】 '廢'는 기용되었다가 廢黜된 인재. '滯'는 인재의 적체로 인해 등용되지 못한 인재.

【匡乏困】 곤궁한 사람을 구제함. 杜預 注에 "匡, 救也"라 함.

【犯時】 농사 짓는 때에 일을 시키어 농사를 못하게 함.

【魏相】 呂相. 呂宣子. 魏錡의 아들.

【士魴】 士會의 아들. 그의 식읍이 彘읍이며 시호가 恭子여서 흔히 彘季, 彘恭子 로도 부름. 彘는 본래 先穀의 식읍이었으나 先穀이 피살되자 이름을 彘로 바꾸고 士魴의 채읍이 되었음. 宣公 12년을 볼 것.

【魏頡】 令狐文子. 魏顆의 아들.

【趙武】 趙朔의 아들.

【荀家·荀會】 荀氏의 족인.

【欒黶】 欒書의 아들.

【韓無忌】 韓厥의 長子. 이상 公族大夫의 임명에 대하여 《國語》 晉語(7)에는

"欒伯請公族大夫. 公曰:「荀家惇惠, 荀會文敏, 黶也果敢, 無忌鎭靜. 使茲四人者爲之」라 함.

【士渥濁】士貞子. 士貞伯. 士伯, 貞伯.

【范武子】晉나라 대부. 士會. 隨季. 士季, 季武子 등으로도 불림. 士蔿의 손자이며 士穀과 형제. 隨 땅을 채읍으로 하여 '隨會', 혹 '隨武子'라고도 불렸으며 다시 范 땅을 채읍으로 하여 '范武子'로도 불림. 한때 秦나라로 망명하는 등 우여곡절을 겪기도 함. 그 후손이 뒤에 晉나라 六卿의 하나인 范氏로 발전함. '范武子之法'은 士會가 晉 景公의 太傅가 되어 관작에 대해서 제정하였던 법. 宣公 16년을 볼 것.

【右行辛】賈辛. 右行賈辛. 賈華(혹 賈華의 후손) 등으로 불림.《國語》晉語(7)에 "知右行辛之能以數宣物定功也, 使爲元司空"이라 함.

【士蔿之法】士蔿가 晉 獻公 때 司空이 되어 土木工事에 관해서 정한 법. 莊公 26년 傳을 볼 것.

【弁糾】欒糾.《國語》晉語(7)에 "知欒糾之能御以和於政也, 使爲戎御"라 함.

【校正】말을 관장하는 관리. 掌馬之官.《周禮》夏官에 보이는 '校人'과 같음.

【荀賓】《國語》晉語(7)에 "知荀賓之有力而不暴也, 使爲戎右"라 함.

【司士】전군의 전차 오른쪽 전사를 거느리는 관리.

【軍尉】군 조직의 직책 이름.

【祁奚】자는 黃羊. 祁大夫로도 불림.《國語》晉語(7)에 "公知祁奚之果而不淫也, 使爲元尉"라 함.

【羊舌職】《說苑》(善說篇)에는 '羊殖'으로 되어 있으며《國語》晉語(7)에 "知羊舌職之聰敏肅給也, 使佐之"라 함.

【魏絳】魏犫의 아들. 魏莊子.《禮記》樂記 疏에 "州生莊子絳"이라 하였으며 여기서의 '州'는 '犫', 즉 '魏犫'임.《國語》晉語(7)에 "知魏絳之勇而不亂也, 使爲元司馬"라 함.

【張老】張孟. 이름은 老, 자는 孟.《國語》晉語(7)에 "知張老之智而不詐也, 使爲元候"라 함.

【候奄】元候와 같음. 斥候 부대의 우두머리.

【鐸遏寇】鐸遏은 複姓.《國語》晉語(7)에 "知鐸遏寇之恭敬而信彊也, 使爲輿尉"라 함.

【籍偃】籍游, 籍季子의 아들이며 籍談의 아버지. 昭公 15년 孔穎達 疏를 볼 것.《國語》晉語(7)에 "知籍偃之惇帥舊職而恭給也, 使爲輿司馬"라 함.

【卒乘】 ‘卒’은 步兵, ‘乘’은 乘兵(車兵).

【程鄭】 荀氏의 別族. 程季의 아들.《國語》晉語(7)에 “知程鄭端而不淫, 且好諫
而不隱也, 使爲贊僕”이라 하였고, 韋劭 注에 “程鄭, 荀騅之曾孫”이라 함.

【乘馬御】 평상시에 타는 수레의 조종자.

【六騶】 제후국에는 말을 간수하는 곳을 여섯 군데가 있어 이를 ‘六閑’이라
하였고 그 여섯 군데의 長을 六騶라 하였음. 杜預 注에 “六騶, 六閑之騶”라 함.
‘閑’은 馬廐.《周禮》夏官 校人에 “天子十二閑, 諸侯六閑, 每閑有馬二百一十六匹”
이라 함.

【騶】 말을 다루는 사람.

【六官之長】 당시 진나라에는 六卿이 있어 그 여섯 사람을 말한 것임.

【擧不失職】 인재를 등용하여 직무 능력을 놓치지 않음. 적재적소에 인재를 등용함.

【官不易方】 方은 항상. 항상 해야 하는 일. 각 관리가 항상 지켜야 할 일에서
벗어나지 않음.

【正·師·旅】 군사 조직의 직책. 正은 중군·상군·하군 등의 대장을 말함. 師는
2천5백 명으로 구성된 부대의 장. 旅는 5백 명으로 이루어진 부대의 장. 지금의
사단장, 여단장을 말함.

【所以復霸也】 이상 백관을 갖춤으로써 진나라는 패자의 지위를 회복할 수 있었음.
그러나 杜預 注에 “此以上通言悼公所行, 未必皆在卽位之年”이라 하여 즉위
즉시 이루어진 것은 아닌 것으로 봄.

❋ 1074(成18-4)

公如晉.

성공이 진晉나라에 갔다.

㊖

公如晉, 朝嗣君也.

성공이 진晉나라에 간 것은 진나라의 새로운 군주를 찾아뵙기 위한
것이었다.

【嗣君】厲公(州蒲)을 이어 새로 임금 자리에 오른 悼公(周)을 만나기 위한 것이었음.

✹ 1075(成 18-5)
夏, 楚子·鄭伯伐宋.
宋魚石復入于彭城.

여름, 초자楚子와 정백鄭伯이 송宋나라를 쳤다.
송나라의 어석魚石이 다시 팽성彭城으로 쳐들어갔다.

【楚子】楚 共王(審)으로 재위 18년째였음.
【鄭伯】鄭 成公(睔)으로 재위 12년째였음.
【魚石】宋나라 대부. 成公 15년(B.C.576) 楚나라로 도망갔던 인물.
【彭城】宋나라 지명. 지금의 江蘇 徐州市.

㊀
夏六月, 鄭伯侵宋, 及曹門外.
遂會楚子伐宋, 取朝郟.
楚子辛·鄭皇辰侵城郜, 取幽丘.
同伐彭城, 納宋魚石·向爲人·鱗朱·向帶·魚府焉, 以三百乘戌之
而還.
書曰:「復入」, 凡去其國, 國逆而立之曰「入」, 復其位曰「復歸」,
諸侯納之曰「歸」, 以惡曰「復入」.

宋人患之, 西鉏吾曰:「何也? 若楚人與吾同惡, 以德於我, 吾固事之也, 不敢貳矣. 大國無厭, 鄙我猶憾. 不然, 而收吾憎, 使贊其政, 以間吾釁, 亦吾患也. 今將崇諸侯之姦而披其地, 以塞夷庚. 逞姦而攜服, 毒諸侯而懼吳·晉. 吾庸多矣, 非吾憂也. 且事晉何爲? 晉必恤之.」

여름 6월, 정鄭 성공成公이 송宋나라를 침공하여 조문曹門밖까지 쳐들어 갔다.

그리고는 드디어 초楚 공왕共王과 함께 모여 송나라를 쳐서 조겹朝郟을 빼앗았다.

초나라 자신子辛과 정나라 황진皇辰은 송나라 성고城郜를 공격하여 유구幽丘를 빼앗았다.

이어서 두 나라가 동시에 팽성彭城을 쳐서 송나라 어석魚石·상위인向爲人·인주鱗朱·상대向帶·어부魚府 등을 팽성으로 들여보내고, 전차 3백 대로 그곳을 지키도록 하고 돌아갔다.

경經에는 ‘다시 들어갔다(復入)’라 기록하였는데 무릇 자기 나라를 떠났다가 본국에서 맞아 주어 직위를 받는 것을 ‘入’이라 하고 이전의 자리로 복위復位할 경우에는 ‘復歸’라 하며, 다른 제후들이 들여보내주는 것을 ‘歸’라 하고, 악한 짓을 하고 다시 본국으로 들어갔을 경우에는 ‘復入’이라 한다.

송나라 사람들이 그들의 귀국을 걱정하자 서서오西鉏吾가 말하였다.

“무엇을 걱정하시오? 만약 초나라가 그들을 우리가 미워하듯이 그들을 미워하여 우리에게 덕을 베푼다면 우리도 진실 되게 초나라를 섬기면서 감히 두 마음을 품지 않으면 그 뿐이오. 그러나 대국 초나라는 욕심이 한이 없어 우리를 속국으로 삼고도 오히려 만족하지 못할 것이오. 그런데 우리에게 덕을 베풀지 않고 우리가 미워하는 사람들을 거두어 그들로 하여금 자신들의 정치를 도와 우리의 틈을 노릴 경우, 이는 우리가 근심 해야 할 일이오. 지금 초나라는 제후들에게 간사한 짓을 하는 그들을 높여, 그들에게 땅을 주어 각국이 통하는 길목을 막으려 하고 있소. 이는 간사한

무리를 만족시키고, 자신들에게 복종하고 있는 제후들을 분산시키는 짓
이며 다른 제후들을 괴롭혀 오_吳나라와 진_晉나라를 두려움에 떨게 할
것이오. 우리는 진나라에 공헌한 바가 있으니 걱정할 게 없소. 게다가
우리가 진나라를 무슨 이유로 섬겼겠소? 진나라는 틀림없이 우리를
도와줄 것이오.”

【曹門】宋나라 도읍(商丘) 서북쪽 문 이름. 杜預 注에 “曹門, 宋城門也”라 하였고,
  顧棟高의 〈大事表〉에는 “宋國去曹國必出此門, 故謂之曹門”이라 함.

【朝郏】宋나라 읍. 지금의 河南 夏邑縣의 경계.

【子辛】公子 壬夫. 楚나라 右尹, 令尹 등을 지냈으며 襄公 5년 피살됨.

【皇辰】鄭나라 대부.

【城郜】宋나라 읍. 지금의 安徽 蕭縣 서남쪽 경계.

【幽丘】宋나라 읍. 城郜 부근.

【書曰~復入】이 32자는 《左傳》의 본문이 아니며 뒷사람의 주석으로 잘못 삽입
  된 것으로 보고 있음.

【魚石, 向爲人, 鱗朱, 向帶, 魚府】이 다섯 사람은 모두 송나라 대부들로 성공
  15년 초나라로 달아났었음.

【西鉏吾】宋나라 대부.

【鄙我猶憾】우리 송나라처럼 작은 나라를 차지한 것만으로는 만족하지 않음.

【贊其政】杜預 注에 “謂不同惡魚石, 而用之使佐政”이라 함.

【崇】존중함. 《尙書》牧誓에 “乃惟四方之多罪逋逃是崇是長”이라 함.

【披其地】《史記》宋世家에 “平公三年, 楚共王拔宋之彭城, 而封宋左師魚石”
  이라 함.

【夷庚】수레와 말이 다닐 수 있을 정도의 크고 평탄한 길. ‘夷’는 ‘평탄하다’의
  뜻이며 ‘庚’은 ‘逬’과 같음. 彭城은 각 나라가 통과하는 가장 크고 중요한 길목
  이었음.

【逞姦】악한 사람을 만족케 함. 〈正義〉에 “逞, 快也. 封魚石爲快姦人也”라 함.

【攜服】楚나라에 복종하는 제후들로 하여금 초나라에서 떨어져 나가게 하는
  짓임. 초나라가 그렇게 할수록 초나라를 믿었던 제후들은 떨어져 나갈 것이
  라는 뜻. 〈正義〉에 “攜, 離也. 諸侯見楚助賊, 服從者其心皆離. 是離. 其服從者
  之心”이라 함.

❋ 1076(成 18-6)

公至自晉.

공이 진晉나라에서 돌아왔다.

❋ 1077(成 18-7)

晉侯使士匄來聘.

진晉 도공悼公이 사개士匄를 사신으로 보내어 예방해 왔다.

【晉侯】晉 悼公(周).
【士匄】范匄. 范文子(士燮)의 아들. 시호는 宣子. '匄'는 '丐'로도 표기하며 '古害反'
'개'로 읽음. 그 후손이 뒤에 晉六卿의 하나인 范氏로 발전함.

㉐
公至自晉.
晉范宣子來聘, 且拜朝也.
君子謂:「晉於是乎有禮.」

성공이 진晉나라에서 돌아왔다.
범선자范宣子가 우리 노나라를 예방하고, 성공이 진나라를 찾아가 준
일에 대해서 감사를 표하였다.
군자가 말하였다.
"진나라는 이에 예의를 갖추게 되었다."

【范宣子】士匄.
【禮】小國 魯나라 군주가 晉나라 悼公의 즉위를 축하하기 위하여 찾아가자
 다시 사신을 보내어 고마움을 표한 것은 예에 맞음을 말함.

✹ 1078(成 18-8)

秋, 杞伯來朝.

가을, 기杞나라 군주가 내조하였다.

【杞伯】杞 桓公. 杞나라는 姒姓으로 周 武王이 殷을 멸한 다음 禹의 후손 東樓公을
 찾아 봉하였음. 지금의 河南 杞縣 일대.

⑱

秋, 杞桓公來朝, 勞公, 且問晉故.
公以晉君語之.
杞伯於是驟朝于晉, 而請爲昏.

　가을, 기杞 환공桓公이 노나라로 찾아와 성공에게 진나라에 다녀온 일을
위로하면서 아울러 진나라의 사정을 물었다.
　성공은 진나라 새 군주에 대하여 말해 주었다.
　그러자 기 환공은 급히 진나라를 찾아가서 혼인할 것을 요청하였다.

【語之】그의 德政(백관을 갖춤)을 칭찬한 것이라 함. 杜預 注에 "語其德政"이라 함.
【驟】'급히', '자주' 두 가지 뜻이 있음. 당시 杞 桓公은 재위 64년째였다 함.

※ 1079(成 18-9)

八月, 邾子來朝.

8월, 주邾나라 군주가 내조하였다.

【邾子】邾 宣公.

㊉
七月, 宋老佐·華喜圍彭城, 老佐卒焉.
八月, 邾宣公來朝, 卽位而來見也.

7월에, 송宋나라 노좌老佐와 화희華喜가 팽성彭城을 포위하였으나 노좌가 진중에서 세상을 떠났다.

8월, 주邾 선공宣公이 찾아온 것은 군주 자리에 오르고 나서 성공을 만나러 온 것이다.

【老佐】宋나라 司馬.
【華喜】宋나라 대부.
【彭城】지금의 江蘇 徐州市. 楚나라와 鄭나라에 의해 魚石 등에게 빼앗긴 이곳을 탈환하고자 老佐와 華喜가 포위하였으나 노좌가 진중에서 죽음으로써 승리하지 못함. 1068의 傳을 볼 것. 杜預 注에 "言所以不克彭城"이라 함.

※ 1080(成 18-10)

築鹿囿.

녹유鹿囿를 축조하였다.

【鹿囿】사슴을 기르는 동산. 그러나 地名으로 보기도 함.

⑱

築鹿囿, 書, 不時也.

사슴을 기르는 동산을 만들었다는 것은 적절한 때가 아니었으므로 기록한 것이다.

☀ **1081**(成18-11)

己丑, 公薨于路寢.

기축날, 성공이 노침路寢에서 훙거하였다.

【己丑】8월 7일.
【公】魯 成公. 宣公의 아들. 이름은 黑肱. 어머니는 穆姜. B.C.590~573년까지 18년간 재위함. 謚法에 "安民立政曰成"이라 함.
【路寢】천자나 제후가 政事를 보는 正寢.

⑱

己丑, 公薨于路寢, 言道也.

기축날, 성공이 노침路寢에서 훙거하였다고 쓴 것은 군주로서 올바른 죽음이었음을 말한 것이다.

【道也】객사하거나 시해당하지 아니하고 정상적인 죽음을 맞이하였음을 말함.

※ 1082(成18-12)

冬, 楚人·鄭人侵宋.

겨울, 초楚나라와 정鄭나라가 송宋나라를 쳤다.

※ 1083(成18-13)

晉侯使士魴來乞師.

진晉 도공悼公이 사방士魴을 보내어 노나라에게 군사를 요청하도록
하였다.

【晉侯】晉 悼公(周).
【士魴】《公羊傳》에는 '士彭'으로 되어 있음. 士會의 아들. 그의 식읍이 彘읍이며
시호가 恭子여서 흔히 彘季, 彘恭子로도 부름. 彘는 본래 先縠의 식읍이었으나
先縠이 피살되자 이름을 彘로 바꾸고 士魴의 채읍이 되었음. 宣公 12년을 볼 것.

㉖

冬十一月, 楚子重救彭城, 伐宋, 宋華元如晉告急.
韓獻子爲政, 曰:「欲求得人, 必先勤之. 成霸·安彊, 自宋始矣.」
晉侯師于台谷以救宋, 遇楚師于靡角之谷, 楚師還.

겨울 11월, 초楚나라 자중子重이 팽성彭城을 구원하여 송宋나라를 치자
송나라 화원華元이 진晉나라로 가서 급한 사정을 알렸다.
　　당시 한헌자韓獻子가 진나라의 정치를 맡고 있었는데 그는 임금에게
이렇게 말하였다.

"제후를 우리 편으로 삼으려면 반드시 우리가 먼저 힘을 써야 합니다. 패업을 이루고 나라를 안정시키는 일은 송나라를 구하는 일부터 하십시오."

진 도공悼公은 군사를 태곡台谷에 보내어 송나라를 구원하러 나서서 초나라 군사를 미각靡角 골짜기에서 만나자 초나라 군사는 돌아가고 말았다.

【子重】嬰齊. 楚나라 공자. 楚 穆王의 아들이며 莊王의 아우. 일찍이 將軍, 左尹, 令尹 등을 지냄. 宣公 11년 전을 볼 것.

【彭城】지금의 江蘇 徐州市. 楚나라와 鄭나라에 의해 魚石 등에게 빼앗긴 이곳을 탈환하고자 老佐와 華喜가 포위하였으나 노좌가 진중에서 죽음으로써 승리하지 못하자 그때 초나라가 다시 彭城을 쳐들어 간 것임.

【華元】宋나라 대부 華御事의 아들.

【韓獻子】韓厥. 晉나라 대부. 子輿의 아들. 韓萬의 현손. 그 후손이 뒷날 晉六卿의 하나인 韓氏로 발전하였으며 戰國시대 七雄의 하나인 韓나라를 일으킴.

【安彊】〈石經本〉과 〈宋本〉에 모두 '安彊'으로 되어 있어 '강역을 안전하게 하다' 의 뜻으로 보았음.

【台谷】宋나라의 지명. 지금의 山東 曹縣 부근.

【靡角】彭城 부근.

㊛

晉士魴來乞師.

季文子問師數於臧武仲, 對曰:「伐鄭之役, 知伯實來, 下軍之佐也. 今彘季亦佐下軍, 如伐鄭可也. 事大國, 無失班爵而加敬焉, 禮也.」

從之.

진晉나라 사방士魴이 군사를 내어 달라고 노나라에 와서 청하였다.

그러자 계문자季文子가 출동시켜야 할 군사의 수를 장무중臧武仲에게 묻자 그는 이렇게 대답하였다.

"정鄭나라를 치던 싸움에서 진나라의 지백知伯이 사자로 왔었을 때, 당시

그는 진나라 하군의 보좌였습니다. 지금 온 체계士燮 역시 하군의 보좌이니
정나라를 쳤을 때에 보낸 군사 수만큼 보내면 될 것입니다. 큰 나라를 섬길
때는 사신의 반작班爵에서 벗어나지 않게 하되 공경스러움을 더하는 것이
예입니다."

이에 그의 말을 따랐다.

【士魴】士會의 아들. 士恭子. 그의 식읍이 彘읍이며 시호가 恭子여서 흔히 彘季,
彘恭子로도 부름. 彘는 본래 先縠의 식읍이었으나 先縠이 피살되자 이름을
彘로 바꾸고 士魴의 채읍이 되었음. 宣公 12년을 볼 것.
【季孫行父】季文子. 魯나라 대부. 魯나라 三桓의 하나인 季孫氏 집안.
【臧武仲】魯나라 대부. 臧宣叔(臧孫許)의 아들. 臧孫紇. 臧文仲의 아우.
【知伯】晉나라 대부. 荀罃. 知罃. 荀首(知莊子)의 아들로 宣公 12년(B.C.597) 邲의
싸움에서 사로잡혔음. 시호는 武子. 知武子로도 부름. 그 후손이 春秋末 晉六卿의
하나인 知氏로 발전함.
【班爵】朝廷에서의 班列과 爵位. 莊公 23년을 볼 것.

※ 1084(成 18-14)

十有二月, 仲孫蔑會晉侯·宋公·衛侯·邾子·齊崔杼同盟
于虛打.

12월에 중손멸仲孫蔑이 진후晉侯, 송공宋公, 위후衛侯, 주자邾子, 제齊나라
최저崔杼와 만나 허정虛打에서 동맹을 맺었다.

【仲孫蔑】孟獻子. 魯나라 대부. 孟文伯(穀)의 아들이며 公孫敖의 손자. 魯나라
門閥.

【崔杼】齊나라 대부. 齊 莊公(B.C.553~548)이 그의 아내와 사통하자 崔杼는 그를
　　弑害하고 景公을 세워 자신은 宰相이 되는 등 춘추 후기 제나라 역사를 뒤흔든
　　인물. 晏子(晏嬰)와 여러 차례 부딪치는 등 많은 일화를 낳았음. 뒤에 목을 매어
　　자결하였으며 시호는 武子.
【虛打】宋나라 지명. 지금의 河南 柘城縣으로 보기도 하고 혹 齊나라 땅으로
　　山東 泗水縣으로도 추정하기도 함.

十二月, 孟獻子會于虛打, 謀救宋也.
宋人辭諸侯而請師以圍彭城.
孟獻子請于諸侯而先歸會葬.

　12월, 맹헌자孟獻子가 허정虛打에서 만난 것은 송宋나라 구원을 상의하기
위함이었다.
　송나라 사람은 제후들이 직접 군사를 이끌고 구원하러 가는 일을 사양
하고 군사만을 내어줄 것을 요청하여 팽성彭城을 포위하였다.
　맹헌자는 다른 나라 제후들에게 양해를 구하여 먼저 귀국하여 임금의
장례에 참여하였다.

【孟獻子】노나라 대부 仲孫蔑.
【辭諸侯】제후들이 송나라를 구원하기 위해 직접 군사를 거느리고 싸우는 것을
　　사양함.
【會葬】魯 成公의 장례를 가리킴.

※ 1085(成18-15)

丁未, 葬我君成公.

정미날, 우리 군주 성공成公의 장례를 치렀다.

【丁未】 12월 16일.
【成公】 宣公의 아들. 이름은 黑肱. 어머니는 穆姜. B.C.590~573년까지 18년간
재위함. 諡法에 "安民立政曰成"이라 함.

㊧

丁未, 葬我君成公, 書, 順也.

정미날, 우리 군주 성공의 장례를 치렀다고 경經에 기록한 것은 그
장례식이 옳게 행해졌음을 말한 것이다.

【順也】 杜預 注에 "薨于路寢, 五月而葬, 國家安靜, 世適承嗣, 故云「書順」也"라 함.

성공(成公) 在位期間(18년: B.C.590~573년)

國 B.C.	周	齊	晉	衛	蔡	鄭	曹	陳	宋	秦	楚	燕	魯
	定王	頃公	景公	穆公	景公	襄公	宣公	成公	文公	桓公	共王	宣公	成公
590	17	9	10	10	2	15	5	9	21	14	1	12	1
589	18	10	11	11	3	16	6	10	22	15	2	13	2
588	19	11	12	定公 1	4	17	7	11	共公 1	16	3	14	3
587	20	12	13	2	5	18	8	12	2	17	4	15	4
586	21	13	14	3	6	悼公 1	9	13	3	18	5	昭公 1	5
585	簡王 1	14	15	4	7	2	10	14	4	19	6	2	6
584	2	15	16	5	8	成公 1	11	15	5	20	7	3	7
583	3	16	17	6	9	2	12	16	6	21	8	4	8
582	4	17	18	7	10	3	13	17	7	22	9	5	9
581	5	靈公 1	19	8	11	4	14	18	8	23	10	6	10
580	6	2	厲公 1	9	12	5	15	19	9	24	11	7	11
579	7	3	2	10	13	6	16	20	10	25	12	8	12
578	8	4	3	11	14	7	17	21	11	26	13	9	13
577	9	5	4	12	15	8	成公 1	22	12	27	14	10	14
576	10	6	5	獻公 1	16	9	2	23	13	景公 1	15	11	15
575	11	7	6	2	17	10	3	24	平公 1	2	16	12	16
574	12	8	7	3	18	11	4	25	2	3	17	13	17
573	13	9	8	4	19	12	5	26	3	4	18	14	18

※〈大事記〉(B.C.)

590: 魯나라, 成公 즉위하다. 魯나라, 丘甲制를 두다.

589: 晉나라와 魯나라, 衛나라와 齊나라가 싸워 齊나라가 지다.

588: 12月, 晉나라가 六軍을 두다.

587: 3月, 鄭나라 襄公 죽다. 鄭나라, 겨울에 許나라를 치다.

586: 11月, 周나라 莊王 崩御하다. 12月, 諸侯들이 蟲牢에서 맹약을 맺다.

585: 4月, 晉나라, 都邑을 新田으로 옮기다.

584: 봄, 吳나라가 郯나라를 치다. 가을, 楚나라 공자 嬰齊이 鄭나라를 치다. 諸侯軍이 鄭나라를 구원하고, 8月 馬陵에서 맹약을 맺다.

583: 晉나라, 봄에 蔡나라를 치다. 晉나라 大夫 趙同과 趙括이 죽다.

582: 晉나라, 가을에 鄭나라 成公을 잡아가두다.

581: 5月, 晉나라와 曹나라, 齊나라와 宋나라가 鄭나라를 치다. 晉나라, 鄭나라 군주를 돌려
보내다

580: 晉나라와 楚나라, 겨울에 和平의 盟約을 맺기로 합의하다.

579: 5月, 晉나라와 楚나라가 和平 盟約을 맺다.

578: 晉나라 景公, 呂相을 秦나라에 보내 斷交를 通告하다.

577: 衛나라 定公 죽다.

576: 宋나라 華元, 蕩澤을 죽이다. 晉나라 郤氏, 伯宗을 죽이다.

575: 楚나라와 鄭나라가 鄢陵에서 晉나라와 싸워서 지다. 魯나라 叔孫僑如, 음모를 꾸미다
쫓겨나다.

574: 魯나라 公孫嬰齊 죽다. 晉나라, 郤錡와 郤至, 郤犨를 죽이다. 楚나라, 舒庸나라를 멸망시키다.

573: 晉나라 欒書와 中行偃 등이 厲公을 죽이다. 새 군주가 즉위하여 국정을 쇄신하다. 魯나라
成公 薨去하다.

임동석(茁浦 林東錫)

慶北 榮州 上茁에서 출생. 忠北 丹陽 德尙골에서 성장. 丹陽初中 졸업. 京東高 서울 敎大 國際大 建國大 대학원 졸업. 雨田 辛鎬烈 선생에게 漢學 배움. 臺灣 國立臺灣師範 大學 國文硏究所(大學院) 博士班 졸업. 中華民國 國家文學博士(1983). 建國大學校 敎授. 文科大學長 역임. 成均館大 延世大 高麗大 外國語大 서울대 등 大學院 강의. 韓國中國言語學會 中國語文學硏究會 韓國中語中文學會 會長 역임. 저서에《朝鮮 譯學考》(中文)《中國學術槪論》《中韓對比語文論》. 편역서에《수레를 밀기 위해 내린 사람들》《栗谷先生詩文選》. 역서에《漢語音韻學講義》《廣開土王碑硏究》《東北 民族源流》《龍鳳文化源流》《論語心得》〈漢語雙聲疊韻硏究〉등 학술 논문 50여 편.

임동석중국사상100

춘추좌전 春秋左傳

左丘明 撰 / 林東錫 譯註
1판 1쇄 발행/2013년 4월 10일
2쇄 발행/2017년 7월 1일
발행인 고정일
발행처 동서문화사
창업 1956. 12. 12. 등록 16-3799
서울중구다산로12길6(신당동,4층) ☎546-0331~5 (FAX)545-0331
www.dongsuhbook.com
잘못 만들어진 책은 바꾸어 드립니다.

*

이 책의 출판권은 동서문화사가 소유합니다.
의장권 제호권 편집권은 저작권 법에 의해 보호를 받는 출판물이므로 무단전재와 무단복제를 금합니다.
이 책의 일부 또는 전부 이용하려면 저자와 출판사의 서면허락을 받아야 합니다.

*

사업자등록번호 211-87-75330
ISBN 978-89-497-0817-1 04080
ISBN 978-89-497-0542-2 (세트)